经济管理学术文库·经济类

国际航空运输服务贸易政策研究

Policy on Trade in International Air Transport Services

郑兴无　张　翼／著

经济管理出版社
ECONOMY & MANAGEMENT PUBLISHING HOUSE

图书在版编目（CIP）数据

国际航空运输服务贸易政策研究/郑兴无，张翼著. —北京：经济管理出版社，2018.12
ISBN 978-7-5096-6201-4

Ⅰ.①国… Ⅱ.①郑… ②张… Ⅲ.①国际运输—航空运输—服务贸易—贸易政策—研究—
世界 Ⅳ.①F561.0

中国版本图书馆 CIP 数据核字（2018）第 275693 号

组稿编辑：杨国强
责任编辑：杨国强 张瑞军
责任印制：黄章平
责任校对：陈 颖

出版发行：经济管理出版社
　　　　　（北京市海淀区北蜂窝 8 号中雅大厦 A 座 11 层 100038）
网　　址：www. E-mp. com. cn
电　　话：（010）51915602
印　　刷：玉田县昊达印刷有限公司
经　　销：新华书店
开　　本：720mm×1000mm/16
印　　张：21.5
字　　数：373 千字
版　　次：2018 年 12 月第 1 版 2018 年 12 月第 1 次印刷
书　　号：ISBN 978-7-5096-6201-4
定　　价：88.00 元

前　言

作为贸易政策的国际航空运输政策在国际航空运输发展过程中有重要的基础作用，因为它决定了国际航空运输中的市场准入、产量、价格等诸多经济事项。它不仅影响一国航空运输的发展和竞争力，也影响一国经济发展，特别是影响一个国家在经济全球化中的产业优势发挥和产业结构调整。因而有必要对国际航空运输服务贸易政策进行研究，以便制定合理的国际航空运输服务贸易政策，促进行业和整体经济的发展。

国际航空运输服务贸易政策的萌芽不仅早于国际航空运输的产生，甚至早于莱特兄弟的首次试飞。正如新制度经济学所言，历史很重要，只有把国际航空运输服务贸易政策发展的历史研究清楚，才能为未来的国际航空运输服务贸易政策提供科学的建议。因此需要抽丝剥茧厘清国内外国际航空运输服务贸易政策的历史变迁，而要收集国内外国际航空运输服务贸易政策的历史资料，存在较大困难。笔者克服了多重困难，花费了不少时间，较为全面地掌握了芝加哥会议前后的国际航空运输制度发展变化的材料，也掌握了主要国家的国际航空运输政策发展变化材料。同时，在相关部门的支持下，对中国1949年之后的双边航空运输协定及其修订资料也有了全面的掌握。

在全面拥有一手资料的情况下，笔者对国际航空运输服务贸易政策展开了较为充分和深入的研究。不仅运用了新制度经济学和国际政治经济学的研究方法，也运用了计量经济学的多种方法，对国际航空运输服务贸易政策的发展变化和影响等展开了多角度、多层次的研究，得出一些有意义的研究结论，为我国国际航空运输服务贸易政策的制度变迁提供了有益的借鉴和参考。

本书的研究和写作分工如下：第1章（郑兴无、张翼）、第2章（郑兴无）、第3章（郑兴无）、第4章（郑兴无）、第5章（卢伟）、第6章（郑兴无、张翼）、第7章（郑兴无、张翼）、第8章（郑兴无、张翼）、第9章（张翼）、第10章（金永利、李艳伟）、第11章（郑兴无、张翼）、第12章（郑兴无）。

摘　要

　　一定的生产方式需要一定的交通运输条件与之相适应，航空运输是与以生产分割为特征的当代经济全球化相适应的运输方式。然而与航空运输支持的商品贸易以及其他的一些服务贸易不同，国际航空运输自航空运输产生以来的较长时间里都处于严格规制状态下，目前多数国家对国际航空运输的规制仍然较为严格。自美国1992年大力推进"天空开放"以来，对其动因、伙伴国属性，业内还存在一些模糊的认识。此外，对航空运输产业发展阶段与国际航空运输自由化关系认识也存在分歧；而国内外学术界对国际航空运输自由化的研究更多停留在对航空客货运的影响以及对社会福利的影响上。

　　"十二五"时期以来，我国国际航空运输业快速发展，我国航空公司加快国际市场的布局，新增航线速度前所未有。党的十八届三中全会提出构建开放型社会经济体制的发展战略，2013年以来国家又提出了"一带一路"的全新对外倡议。我国国际航空运输业如何满足经济社会发展的需要，提升对外开放水平，服务国家战略是摆在行业面前需要回答的急迫问题。因此，制定和实施适应国家需要的、具有中国特色的国际航空运输政策显得尤为重要。

　　第一，采用制度经济学和国际政治经济学的研究方法分析研究了国际航空运输体制、政策和"天空开放"协定的历史和发展，其中对国际航空运输体制的追溯延伸到了飞机发明之前的热气球时代，并详细分析了当代国际航空运输中双边体制形成的过程及其背后的各种因素，更对主要国家的国际航空运输政策演变进行了深入分析。不仅对"天空开放"协定的发展、演变以及不同模式进行了详细分析和比较，还研究了"天空开放"一词的起源，以便对"天空开放"的产生与发展正本清源，澄清了美国国际航空运输自由化是在国内放松规制后向国际延伸的认识误区。

　　第二，通过采用格兰杰因果检验和VEC等计量模型，研究分析了中国国际航空运输特别是国际航空运输与部分宏观经济变量的关系，发现面对宏观经济和对外经济贸易关系的持续快速发展，我国航空运输业的市场准入和市场竞争水平不能完全适应快速增长的航空运输需求。国际资本流动尤其是资本流入是我国国内航空运输和国际航空运输发展的重要影响因素。

第三，梳理了中国国际航空运输政策和双边航空运输协定的发展历史，在对WTO（世界贸易组织）双边航空运输协定量化评价指标体系修订完善的基础上，对中国自1954年以来的双边航空运输协定及其修订进行了量化评估，发现中国双边航空运输协定总体自由化情况在1992年以前处于一个比较平稳的较低水平，此后自由化水平逐渐上升，2016年中的自由化水平是1992年末的5倍多。在量化评估的基础上采用引力模型，使用PPML估计方法量化研究了双边航空运输协定自由化程度对贸易和投资的影响，分析发现，国际航空运输自由化对贸易和投资均有促进作用，从而也佐证了国际航空运输是与以生产分割为特征的当代经济全球化相适应的运输方式，为制定积极的国际航空运输政策提供了坚实的理论基础。进一步研究了国际航空运输自由化对中国航空运输业的影响。首先，研究了周边国家国际航空运输自由化的影响，发现周边国家通过与欧美的"天空开放"分流了中国的部分洲际航线客源。其次，通过计量发现中国国际航空运输政策没有促进行业效率的提升，反而产生了负面影响。这说明中国采取的"渐进"式开放措施更多关注在位航空公司利益，压抑了竞争，不利于提升行业效率、发挥基础设施的支持作用。

第四，在严格的双边框架下构建了一个非对称混合寡占模型，通过市场细分方法分析单一市场的消费者剩余和社会福利。从对行业总产出和总福利的影响看，积极的国际航空运输政策可以提升整个双边市场的总体产出和社会福利。一个国家对国有航空公司的偏向政策能够在一定程度上提升本国的相对市场份额，提高本国的相对社会福利。在本国需求规模较小时，放松市场准入会损害本国的社会福利，只有当本国需求规模达到整个市场需求至少一半时，才能改善本国的社会福利。目前我国国际航空运输需求已经基本占据整个市场的一半，因而有必要放松对市场准入的限制。

第五，研究了航空运输业产业发展阶段与国际航空运输自由化的关系以及国际航空运输体制选择的问题。采用增长率方法对部分国家的航空运输产业发展阶段进行了评估，并将评估结果与国际航空运输政策自由化进行比较，发现目前的结论并不支持"产业发展更成熟，国际航空运输政策自由化才更高"的观点。通过对双边、区域和多边国际航空运输体制的比较以及欧美国际航空运输体制演变的研究发现，对于希望控制自由化进程的国家来说，双边是一种更好的选择；对于发展水平接近，又希望达到较高自由化水平的多个国家来说，区域体制不失为一种好的选择。多边体制目前仅仅是一个表达立场和观点的场所。

第六，构建了一个分析和制定国际航空运输政策的模型。通过政策分析模型，系统地提出了我国未来一段时间国际航空运输政策建议，并可以通过这个模型进行定期的政策调整。在国际航空运输政策目标确定中，将支持包括"一带一路"在内的国家发展和外交战略作为国际航空运输政策需要支持的重要经济社会目标，行业则以拓展市场范围、完善全球网络为基本目标。为达到上述目标，需要逐步放松市场准入限制，增加国际航空运输业的投资机会和人员流动，并探索将我国的航空安全、航空安保、竞争政策在其他国家直接适用的可能性或者相互承认规制决定。双边体制仍然应该是基本的政策推进路径，但可以考虑深化与东盟的新型双边模式，上升到区域模式完全取代双边协定，并扩展到其他"一带一路"国家。还提出了分层次实施中国"天空开放"国际航空运输政策的建议。

目　录

第1章　绪　论 ……………………………………………………… 001

  1.1　研究背景 ……………………………………………………… 001

  1.2　研究意义 ……………………………………………………… 003

  1.3　国际航空运输服务贸易政策概念的界定 …………………… 004

  1.4　本书涉及的相关理论 ………………………………………… 007

  1.5　研究思路 ……………………………………………………… 015

  1.6　本研究的创新之处 …………………………………………… 016

第2章　国际航空运输体制的演变 ………………………………… 019

  2.1　芝加哥会议之前的国际航空运输关系 …………………… 019

  2.2　芝加哥会议与"战后"国际航空运输体制 ………………… 024

  2.3　"战后"国际航空运输体制的主要影响因素 ……………… 039

  2.4　小　结 ………………………………………………………… 044

第3章　部分国家国际航空运输政策的发展变化 ………………… 045

  3.1　美国的国际航空运输政策 ………………………………… 045

  3.2　欧洲的国际航空运输政策 ………………………………… 051

  3.3　其他国家的国际航空运输政策 …………………………… 056

  3.4　小　结 ………………………………………………………… 062

第4章　"天空开放"国际航空运输协定研究 …………………… 063

  4.1　"天空开放"概念的含义 …………………………………… 063

  4.2　美国"天空开放"协定的产生和发展 …………………… 066

4.3 大洋洲"天空开放"协定 ···················· 076

4.4 欧盟"天空开放"协定 ····················· 078

4.5 其他国家或者地区"天空开放"协定 ············ 091

4.6 小 结 ······························ 095

第5章 中国航空运输发展及其与宏观经济因素关系的分析 ····· 099

5.1 中国航空运输基本分析 ···················· 099

5.2 国际航空运输对中国航空运输业的重要性 ········· 104

5.3 影响中国国际航空运输的因素分析 ············· 116

5.4 小 结 ······························ 127

第6章 中国国际航空运输政策发展和量化分析研究 ········ 129

6.1 旧中国时期的国际航空运输政策 ·············· 129

6.2 新中国国际航空运输政策发展变化分析 ··········· 137

6.3 中国订立双边协定的总体情况分析 ············· 142

6.4 中国双边航空运输协定自由化程度评价 ··········· 154

6.5 中国国际航空运输政策与"天空开放"政策 ········ 169

6.6 小 结 ······························ 178

第7章 经济全球化下国际航空运输自由化对贸易和投资的影响研究 ····· 179

7.1 经济全球化的主要表现 ···················· 179

7.2 国际航空运输自由化对贸易和投资影响问题的提出 ······ 188

7.3 文献综述 ··························· 190

7.4 国际航空运输自由化与国际贸易关系实证模型和估计方法选取 ····· 195

7.5 估计和结果分析 ······················· 201

7.6 国际航空运输自由化对投资的影响研究 ··········· 210

7.7 小 结 ······························ 213

第8章 国际航空运输自由化对中国航空运输业的影响研究 ········ 215

8.1 国际航空运输政策影响研究的文献综述 ··········· 215

8.2 周边国家国际航空运输自由化对中国航空运输业的影响 ········ 218

8.3　中国航空运输业全要素生产率的测量 ……………………… 222

8.4　中国国际航空运输政策是否提升了行业的效率 …………… 228

8.5　小　结 ……………………………………………………… 232

第 9 章　双边国际航空运输市场混合竞争和贸易政策 ………… 233

9.1　引　言 ……………………………………………………… 233

9.2　混合寡占的单一国际航空运输市场的相关文献评述 ……… 235

9.3　混合寡头模型 ……………………………………………… 237

9.4　竞争和贸易政策的影响 …………………………………… 243

9.5　小　结 ……………………………………………………… 252

附录 1 …………………………………………………………… 253

附录 2 …………………………………………………………… 254

第 10 章　产业发展阶段、国际航空运输政策和贸易体制 ……… 257

10.1　航空运输产业发展阶段划分 …………………………… 257

10.2　航空运输产业发展阶段的判定 ………………………… 259

10.3　航空运输产业发展阶段与国际航空运输政策的相关性 … 263

10.4　国际航空运输体制变迁及趋势 ………………………… 264

10.5　从国际贸易体制演变看国际航空运输体制的选择路径 … 267

10.6　我国国际航空运输体制的演变 ………………………… 273

10.7　小　结 …………………………………………………… 274

第 11 章　中国国际航空运输政策的抉择 …………………… 275

11.1　构建国际航空运输政策分析模型 ……………………… 275

11.2　我国国际航空运输政策制定中的利益分割 …………… 280

11.3　行业和经济社会利益最大化目标分析 ………………… 288

11.4　约束条件分析和消除手段 ……………………………… 293

11.5　政策形成 ………………………………………………… 305

11.6　小　结 …………………………………………………… 307

第 12 章　结　论 ·· 309

　12.1　主要结论 ·· 309

　12.2　需要继续完善和研究的问题 ···································· 311

参考文献 ·· 313

第1章 绪 论

1.1 研究背景

自 1978 年美国和荷兰达成第一个与传统严格限制的双边航空运输协定相比更加自由化的新协定后，国际航空运输自由化开始在全球范围内逐步推进，但真正意义上的国际航空运输自由化则以 1991 年开始、1997 年建成的欧盟单一航空运输市场和 1992 年美国推行双边的"天空开放"为标志。前者以区域一体化为基础，后者则以传统的双边国际航空运输体制为基础。欧盟不仅将成员国之间的国际航空运输市场整合成为一个"国内"市场，而且还在不断向周边国家扩展，同时提出与其他国家订立传统上只有主权国家才能作为订约方的双边航空运输协定，推进其国际航空运输自由化。美国则与 120 多个国家订立了双边"天空开放"协定，将其国际航空运输自由化的概念扩展至全球范围内。此外，新西兰与澳大利亚在 2002 年订立了自由化程度大大超过美国模式的"天空开放"协定，将双边国际航空运输自由化水平推向了一个新的高度。

这些发达国家积极推进国际航空运输自由化，与经济全球化的深入发展有密切关系，它们均将通过国际航空运输自由化获取经济全球化利益作为国际航空运输政策目标之一。

我国自改革开放后，开始逐步融入到全球经济体系中，特别是在 2001 年底加入世界贸易组织后，融入经济全球化的程度已经有了前所未有的提高。[①]但是，

---

① 如果简单按照贸易（包括服务贸易）依存度来看，中国在 2003~2012 年超过 50%，大大高于美国 2011~2012 年最高 30%的水平。

国际航空运输自由化的步伐一直很缓慢，甚至可以说在较长的时间里是被谈判对手推着往前走的。

这与我们自身对一些问题的理解并不深刻有关系。比如，为什么推行国际航空运输自由化的国家，一般都将经济全球化作为一个主要的背景，并且要通过国际航空运输自由化，去获得经济全球化中航空运输业上下游产业的利益？而国内业内一些人士更多将推行国际航空自由化国家的航空运输业本身的属性，比如行业是否成熟、行业是否有竞争力、有没有国内市场，作为是否推进国际航空运输自由化的标准，就显得过于简单了。

同时，无论是国际上还是国内，对国际航空运输自由化的研究更多停留在对航空客货运的影响以及社会福利的影响上。

国际上，在早期主要研究对票价的影响。欧洲民航会议（European Civil Aviation Conference）（1981）和 Jordan（1982）采用单变量的一元回归方法研究了票价和距离之间的关系，此后 Call 和 Keeler（1985）、Morrison 和 Winston（1986）、Beilock 和 Freeman（1987）使用多元回归方法比较不同航线的价格，Graham 等（1983）、Bailey 等（1985）以及使用了联立方程组进行回归估计国际航空运输自由化对票价的影响。近期则有更多研究对客货运输的影响。Micco 和 Serebrisky（2006）认为"天空开放"协议使得航空运输成本下降了 9%，通过空运方式，进口的货物增加了 7%。Piermartini 和 Rousová（2008）借用 WTO（2006）构建的 ALI（Air Liberalization Index，航空运输自由化指标），使用了一个引力模型，发现航空运输市场自由化程度与旅客运输量之间有显著关系。Pitfield（2009）、Cosmas 等（2010）研究了 2008 年生效的欧美第一阶段"开放航空区"协定的影响，前者研究了国际航空运输自由化对英国伦敦与美国四个城市之间旅客运输量的影响，后者研究了国际航空运输自由化对北大西洋航空运输服务水平的影响。InterVISTAS 咨询公司（2006，2009，2015）、Ismaila 等（2014）、Ke 和 Windle（2014）、Surovitskikh 和 Lubbe（2015）也研究了国际航空运输自由化与旅客运输量之间的关系。

在社会福利影响方面，有代表性的是 Dresner 和 Tretheway（1992），他们按照伯特兰定价行为选择价格，推导出一个理论模型，并根据理论模型建立了实证模型。Maillebiau 和 Hansen（1995）研究了北大西洋航线双边自由化对需求和福利的影响。澳大利亚生产率委员会（1999）提出航空公司航线网络问题、定价行为模型以及数值解的运算原则的一般理论。该理论框架是一个短期模型，没有考虑航空公司进出的条件。Gillen 等（2002）建立了一个模型，尝试估计双边协议自由化对单一国家的影响。

国内对包括"天空开放"在内的国际航空运输自由化研究不是很多，第一类研究主要集中在其发展情况、涉及的法律等一般性方面，在高水平的学术刊物上还缺乏相关的研究论文。第二类研究是运用经济学的理论和定量方法分析研究国际航空服务贸易自由化问题。郑兴无（2010）初次在国内构建了一个以古诺市场结构为基础的国际航空运输服务贸易的理论模型，并用一般均衡的方法模拟我国国际航空运输服务贸易政策变化对社会福利和要素报酬的可能影响。

第一类研究更关注对行业本身产出的影响，第二类研究尽管关注了对经济社会的影响，然而只是一个最终的总影响，无法满意回答国际航空运输自由化究竟在经济全球化中发挥了什么样的作用，也无法回答如何制定符合一个国家利益的国际航空运输自由化政策。

1.2　研究意义

1.2.1　现实意义

我国国际航空运输政策在较长时间里处于一种两难的境地：不顺应国际航空运输自由化的潮流，在国际航空运输服务贸易政策体制的演变过程中，有可能处于被边缘化的状态，同时面临国际航空运输不能满足国家参与经济全球化以及对外政治和文化交往需要的境地；如果推行国际航空运输自由化乃至"天空开放"，又会招致部分利益相关者的抵触，甚至可能影响具有战略性的航空运输业的可持续发展。

2013 年以来，国家提出了"一带一路"倡议，"十三五"规划纲要明确提出要以此为基础，提高对外开放的水平。我国国际航空运输业如何主动适应这个倡议，提高对外开放水平，是摆在行业面前需要回答的问题。

因此，制定具有中国特色的国际航空运输政策显得尤为重要，不仅能适应国际航空运输日益自由化的潮流，满足经济社会发展对国际航空运输的需求，还能确保我国航空运输业健康发展。

1.2.2 理论意义

第一，全面梳理国际航空运输政策体制和政策的演变。要制定我国的国际航空运输自由化政策，首先需要对世界范围内基本的国际航空运输政策体制和不同国家具体的国际航空运输政策发展及演变进行全面、深入研究，摸清其中的规律。这方面的研究不仅国内没有，国际上也缺乏系统的和全景式的研究。

第二，丰富和发展以"天空开放"为代表的国际航空运输自由化政策内涵。目前的"天空开放"研究基本上立足于美国模式或者欧盟模式以及大洋洲模式的"天空开放"，美国模式以减少市场准入限制为核心，而欧盟模式还强调开放投资限制，大洋洲模式则突出了国内航权对外开放。本书将提出有差别的中国"天空开放"国际航空运输政策。

第三，在国内首次全面量化评估国际航空运输政策自由化水平基础上，量化研究国际航空运输政策自由化对贸易和投资流动的影响。在严格的双边框架下构建了一个非对称混合寡占模型，分析市场发展与国际航空运输政策之间的关系以及国际航空运输政策对社会福利的影响。

第四，构建一个分析和制定国际航空运输政策的模型。很多政策研究尽管做了较多的基础研究，但缺乏根据多项研究成果科学合理并有逻辑地融合推导出相关的政策，更多的是"往往做了大量的研究工作，政策建议反而匆匆而过"。本书尝试通过一个模型来分析和制定国际航空运输政策，以减少随意性，并能定期进行政策调整。

1.3　国际航空运输服务贸易政策概念的界定

国际航空运输服务贸易政策本质上是关于一个具体行业的国际贸易政策。按照克鲁格曼和奥伯斯法尔德（2002）的观点，国际贸易政策是针对国际贸易所采取的各种政策。这些政策包括对某些国际交易征收税收，对某些交易提供补贴，对一些特殊的进口品在法律上进行价格或数量限制，以及许多其他措施。科恩（1968）在定义美国国际贸易政策时也认为它是一个国家试图影响外部经济环境的那些行动的总称。

日本经济学家小岛清（1984）则认为，贸易政策有广义和狭义之分，广义的贸易政策可能包括一切经济政策，比如资源分配计划、产业结构政策、产业组织政策、工资政策、财政金融政策等，这些政策都或多或少地影响贸易，都可以称作贸易政策。狭义的国际贸易政策是指对贸易有直接影响的经济政策，同时小岛清认为，狭义的贸易政策就是设置各种贸易障碍的措施。

克鲁格曼和奥伯斯法尔德（2002）研究了不同发展中国家为实现本国利益采取的进口替代和出口导向国际贸易政策的成效以及发达国家为争夺高技术产业优势采取的战略性贸易政策。这些贸易政策与小岛清所定义的狭义贸易政策有类似之处。从这个角度看，国际贸易政策也是一国政府出于本国利益最大化的目的对国际交易的活动进行干预的总称（李文峰，2001）。

传统国际贸易政策作用的对象是有形商品，随着世界贸易组织在 1995 年成立，国际贸易政策作用的对象不仅扩展到服务贸易，也扩展到知识产权，与贸易有关的投资措施、环境标准，甚至劳工标准等领域。在服务贸易领域，《服务贸易总协定》不仅制定了一般性政策措施，还针对金融、电信、航海和航空运输等行业做出了特殊安排。

Lissitzyn（1942）认为，美国不能忽略航空运输是一个国家政策工具的事实，对待国际航空运输的态度必须也不能偏离这个事实。因而，一般意义上的国际航空运输服务贸易政策可以看作是一国政府出于本国利益最大化而对国家之间的航空运输活动进行干预的政策总称，也可以简称为国际航空运输政策。

如果这样定义国际航空运输政策，范围就很宽泛，不仅可以包括经济领域，也可以包括技术领域和安全领域，甚至政治领域。这样，研究范围和边界就过于广泛。纵观美国在 1944 年芝加哥会议前的国际航空运输政策方案，1963 年、1970 年、1976 年和 1978 年的总统国际航空运输政策声明，1979 年的《国际航空运输竞争法》和 1995 年运输部国际航空运输政策声明，均聚焦于经济领域，即关注包括通航点、航权、航空公司指定的市场准入以及相关的运价、运力和从事地面服务等商务活动诸多经济领域。欧盟无论是 2005 年和 2012 年的对外航空运输政策通告，还是 2015 年 12 月发布的欧盟航空战略，都是围绕推进开放国际航空运输市场准入展开的。

此外，由于国际贸易政策涉及其他国家利益，因而需要国际协调和合作，世界贸易组织的前身（关税及贸易总协定）就是"二战"后出于在国际贸易政策领域的国际协调和合作目的而产生的。在航空运输领域，由于 1944 年芝加哥会议没有达成一个多边协议来管理国际航空运输，国际航空运输政策的协调和合作均在双边体制下进行。此后，随着经济全球化的发展，开始出现区域性的协调和合作体制。WTO多边体制下的国际航空运输政策协调和合作刚刚起步，还很有限（郑兴无，2002）。

目前，各国或者区域经济一体化组织相互之间均通过订立航空运输协定体现其国际航空运输政策，除了正式协定外，还包括对协定部分内容进行修订的谅解备忘录以及会谈纪要。主要内容包括通航点、航权、运力、运价、航空公司指定的数量和指定标准，以及商务活动、税费等。现在，部分协定发展到国内竞争政策协调、环境保护以及劳工标准等新领域。

由于协定是各方谈判妥协的结果，单个协定不一定能全面反映一个国家真实的国际航空运输政策。比如，美国到2018年初已经和120多个国家订立了自由化的"天空开放"协定，但与中国订立的双边航空运输协定经过修订仍然维持了比美国"天空开放"更多的限制。再比如，中国2014年与柬埔寨订立的双边航空运输协定中允许自由定价，但自由定价不是中国国际航空运输政策的一般原则，因为绝大多数航空运输协定仍然维持双边批准的传统原则。

因此，本书中的国际航空运输服务贸易政策或者国际航空运输政策是指各国或者区域经济一体化组织为了实现本国利益最大化而对国家之间的航空运输活动在通航点、航权、运力、运价、航空公司指定数量和指定标准以及商务活动等经济领域进行干预的政策总称。这些政策主要通过政府发布的国际航空运输政策体现，或者通过订立的航空运输协定体现。通过订立的航空运输协定来分析一国的航空运输政策时，应全面分析其航空运输协定才能避免以偏概全的错误。

另外，研究国际航空运输政策，也必须涉及有关国际航空运输政策的体制，因为这个体制在经历了"二战"后40多年的双边体制后，出现了区域化的发展，WTO的《服务贸易总协定空运附件》生效后也有多边的萌芽。

1.4 本书涉及的相关理论

1.4.1 制度变迁理论视角下的国际航空运输服务贸易政策

新制度经济学关注制度在协调个人行动上的作用，它的分析涉及制度的基础、演化、内容、连贯性和强制执行（柯武刚和史漫飞，2004）。因此，新制度经济学与新古典经济学的不同之处在于它是考察真实经济现象，聚焦于在发现和利用新需求及新的有用资源的过程中所发生的演化（柯武刚和史漫飞，2004）。拉坦·科斯等（1994）、柯武刚和史漫飞（2004）认为，一种制度通常被定义为一套行为规则，它们被用于支配特定的行为模式与相互关系上。

因此，根据新制度经济学的思想，无论从内容还是从形式上看，国际航空运输政策都是一种特殊的制度安排。国际航空运输政策形成和演变的根源可以从制度形成及演变的内在规律来寻找，即表现为制度变迁与创新的过程。从制度变迁角度分析国际航空运输政策，从本质上揭示了利益主体的动机及行为在国际航空运输政策选择方面的决定作用，也提供了动态分析国际航空运输政策的方法。

对国际航空运输形成进行动态分析，说明国际航空运输政策作为均衡点是可以改变的。柯武刚和史漫飞（2004）认为，尽管制度规范人类行为的力量多数源于它们的不变异性，但是，在环境发生变化后，不变的规则如果不进行调整，就会产生负面影响。因此，国际航空运输政策的制度变化过程是一个由均衡向不均衡再向均衡不断重复的过程。国际航空运输政策的产生有其客观的现实需要和历史特征。从一个较长的时间看，国际航空运输政策是一个制度变迁过程，因此，可以用制度变迁理论分析国际航空运输政策的发展变化过程。

国际航空运输政策变迁的历史符合柯武刚和史漫飞（2004）所描述的从开放体制到封闭体制再回归开放秩序的这样一个演变过程。当然，这个演变过程不是所有国家都同步进行的，而是存在先后和快慢，因此，表现出来的是各国国际航空运输政策之间的差异性，特别是发展水平不同国家之间的差异性。同时，在经济全球化中的政治经济博弈中，由于制度竞争导致的"套利"活动，一方面充当了制度演变的主要推动力，另一方面也导致了对制度演变的抵抗（柯武刚和史漫飞，2004）。因而，在一些国家，更加开放的国际航空运输政策成为一般原则，而在另一些国家，严格限制的国际航空运输政策才是一般原则。

为什么在"二战"后开放性的国际航空运输政策制度不能建立，而在 20 世纪 90 年代后这种制度得以逐步推广呢？按照戴维斯和诺斯的观点，一种新的制度安排只有在创新改变了潜在的利益或者降低了创新成本之下才能发生（科斯等，1994）。因此，国际航空运输政策均衡的非稳定性或者由利益变化所引起，或者由创新成本变化所引起，制度变迁是经济主体成本—收益不断变化的结果。而按照戴维斯和诺斯的观点，第一，市场规模的变化可以改变一项制度安排的利益和成本。第二，技术对制度变迁有普遍的影响。第三，社会中的不同利益集团对收入预期的改变会导致它们对制度安排变化的收益和成本评价的根本修正（科斯等，1994）。20 世纪 70 年代后，经济全球化的发展使得国际运输市场的规模越来越大，使得更多的航空公司进入国际市场或者进入新的市场成为有利可图的事情，而现有的国际航空运输政策制度构成了障碍。宽体客机的投入运行以及飞机燃效不断提高不仅使航空运输业的密度经济性更加显著和降低了成本，也使得航空公司进入长途的洲际航线更为有利可图。包括收益管理在内的管理新技术出现也提升了航空公司的盈利能力，并促使航空公司扩展市场。此外，经济全球化导致了航空运输相关产业对国际航空运输制度重新安排的欲望，国内市场的逐步饱和以及在更大范围内获取网络经济性也迫使航空公司重新审视对开放性国际航空运输政策的抵抗。但是，这些收益的潜在增加在现有的国际航空运输政策制度下是不能实现或者说内在化的，而一项新制度的创新可能使得获取这些潜在收入成为可能。

新制度经济学认为制度变迁有两种，即诱致性制度变迁和强制性制度变迁。林毅夫认为，诱致性制度变迁是指现行的制度安排的变更或替代，或者是新制度安排的创造，它是由个人或一群人，在响应获利机会时自发倡导、组织和实行的（科斯等，1994）。强制性制度变迁是由政府命令和法律所引致的变迁（科斯等，1994）。诱致性制度变迁又分为正式的制度安排和非正式的制度安排。一般而言，贸易政策的创新属于正式的制度变迁。正式的制度安排中，规则的变动和修改需得到受其所管束的群体的准许，它的变迁需要创新者花时间及精力与其他人谈判以达成一致意见。国际航空运输政策创新的发动者一般需要与各相关利益者达成比较一致的意见才能推动政策的制定与执行，特别是国际航空运输政策必定影响国外的利益群体，因而不仅需要首先在国内达成创新的共识，还需要与其他国家就国际航空运输服务贸易政策进行谈判与协调，达成政策创新的共识。国际航空运输政策的国际协调和谈判都是在政府主导下进行的，因此，国际航空运输政策的创新同时具备诱致性制度变迁和强制性制度变迁的特点。这时，国际协调的谈判成本成为制度变迁中至关重要的因素。比如，美国与中国的"天空开放"国际航空运输政策经历长时间的谈判仍然未能达成，主要原因在于中国并未把"天空开放"作为基本的国际航空运输政策。当然，尽管中美之间没有达成"天空开放"国际航空运输政策，从而实现根本性的制度变迁，但也取得了一些开放的成果。

新制度经济学在研究制度变迁中发现制度系统会在相当程度上存在惯性，因为新制度要求人们付出学习成本，并可能在转型期导致协调不良。新的规则因无法在自愿遵循上达到一个临界的多数，从而无法在共同体内得到普遍认可。"老规则是好规则"减少了制度协调成本，结果制度变迁中普遍存在路径依赖性（柯武刚和史漫飞，2004）。因而新制度经济学发展了路径依赖的理论，用来描述制度变迁中存在的报酬递增和自我强化机制，也就是说一旦制度变迁进入某一条路径，它将沿着该既定的路径一直发展下去，这一路径可能是低效率甚至无效率的。路径依赖理论强调历史的重要性、时间的重要性和制度的自我强化作用。诺思（2005）认为，路径依赖的形成不仅是历史偶然事件或小事件引起的，更多的是由行动者的有限理性以及制度转换的较高的交易成本引起的，并认为由于经济、政治的交互作用和文化遗产的制约，制度变迁比技术变迁更复杂。

国际航空运输政策路径依赖内容表现在两个方面：一是对体制的路径依赖，芝加哥会议 70 多年后的今天，双边体制仍然是主流；二是政策内容上的路径依赖，即依赖严格限制的政策工具。

路径依赖理论告诉我们历史是至关重要的，人们过去做出的选择决定了他们现在可能的选择。初始的制度选择即使是偶然的，但由于其带来"报酬递增"，结果强化了这一制度的刺激和惯性。"报酬递增"下造成路径依赖的四种机制是成本降低、学习效应、协作效应和适应性预期（Arthur，1994）。国际航空运输政策的路径依赖内容和机制在不同时期和不同国家的表现并不完全相同。芝加哥会议后形成的双边严格限制体制可能就是"二战"中英美两国在飞机生产上的不同分工这个历史偶然事件引起的，它能够在世界范围保持长时间的稳定，主要作用机制是成本降低、学习效应和适应性预期，世界各国对体制的依赖至今仍然如此，但在政策内容上的路径依赖有所不同，美欧已经开始"天空开放"的国际航空运输政策内容的制度变迁，而包括中国在内的很多国家仍然维持严格限制的国际航空运输政策，这些国家发挥主要作用的机制是协作效应和适应性预期。管理国际航空运输政策的政府机构与国有为主的从事国际航空运输的航空公司很容易产生直接的协作效应，同时两者也有很强的适应性预期。再加上信息不完全的问题（因为除了航空公司以外的相关利益者很难加入到决策过程中），路径依赖表现更为强烈，国际航空运输政策内容的制度变迁更难实现。

1.4.2　国际政治经济学视角下的国际航空运输服务贸易政策

在第 1.4.1 节的分析已经表明，国际航空运输服务贸易政策的最终产生涉及两个层面：第一个层面，一个国家内部需要就采取什么样的国际航空运输政策，即开放型还是限制性或者介于两者之间而做出决策。第二个层面，需要与伙伴国谈判磋商就最终两国之间共同认可的国际航空运输政策达成一致。本部分将从国际政治经济学理论的角度分析国际航空运输政策产生的这两个层面。

1.4.2.1　一国内部的国际航空运输政策选择

传统贸易理论注重分析自由贸易对各国的福利影响，而实践中的贸易行为距离理想的自由贸易体制甚远，不同程度的贸易扭曲总是存在于各种贸易形式中。从一国贸易政策形成的行为体看，政府无疑主导着整个的贸易政策过程，那么政府的政策倾向如何形成，政策过程的形成机制如何演进，政策及政策工具是否符合基本的社会福利标准等，这些内容自 20 世纪下半叶以来就成为贸易政策的政治经济学研究的重要内容。在一国贸易政策的具体形成过程中，行为体、行为体的政策倾向、政策过程以及行为体与代理人之间的激励机制等都会对贸易政策工具产生影响（盛斌，2006），将贸易政策本身内生化是新贸易理论与传统贸易理论的明显区别，特别是 Grossman 和 Helpman（2001，2002）在充分借鉴新政治经济学的政治选举理论（Downs，1957）以及公共选择理论（Olson，1965；Buchanan 和 Bullock，1962）的基础上，利用博弈论分析利益集团（行为体）影响下国内贸易政策的形成，从而反映不同的社会行为体对贸易政策形成的具体机制和影响效果。

与传统的贸易理论不同的是，国际政治经济学基本放弃了善意政府的假设，由于无论从理论还是实践中，都难以判断政府或者政府管理者总能够以本国福利最大化为政策制定的出发点，而是会受到各利益集团或组织，以及政策程序等因素的影响（余淼杰，2009），不同的利益集团对政府政策的影响方式也存在明显的差异。Grossman 和 Helpman（2002）总结的代议制民主体制下，利益集团可以通过游说、选举和捐献等方式影响政府或政府官员的决策，游说是其中最为常用的影响方式。当政策工具与利益集团的偏好可能不一致或者存在冲突时，利益集团就有激励通过各种方式影响最终的政策决策，从而实现个体利益最大化，除了通过与政府官员直接接触、信息传播等游说方式外，通过影响选举人投票或者直接的政治捐献也是可能的影响方式。同时，贸易政策制定过程中，不同利益集团对政府和政策的影响程度也存在差异，而政府官员本身就是政策制定过程中的关键因素。我国不存在西方社会的代议制选举，政策制定过程往往体现为威权集中决策机制，但这也不能忽视在政策过程中，各行为体对政策制定过程的影响（吴敬琏，2010；盛斌，2006）。

　　一国的国际航空运输业中广泛存在着不同的行业利益相关者，包括承运人、机场、航辅企业，涉及生产要素的代表组织，比如飞行员组织、劳工组织等，以及来自外部主要的航空器制造商、国际组织等。而政府及政府官员是贸易政策过程的主要行为体，在政策过程中起着至关重要的作用。国际航空运输业发展肇始，无论是巴黎公约还是芝加哥公约都强调国家对国际航空运输权利的直接控制，各国政府对国际定期、不定期航空运输业务都拥有最终权力，运力、指定、航点、航空器国籍等都成为规制国际航空运输的贸易政策工具，这也使得各国政府可以凭借这些政策工具轻易地规制市场，而以美国为代表的自由开放政策在初始时期并没有占到上风。同时我们也注意到，虽然自由主义一直被美国吹嘘为其与生俱来的鼓励竞争的政策主张，但在当时，从国际民航运输整个行业发展看，一方面，美国迫切需要借助最先进的运输工具将其发达的工业产能输送到全球各地；另一方面，"二战"之后全球民航运输市场的商用航空器主要由美国制造商主导，制造商也需要一个开放发展的航空运输市场。而以英国为代表的多数国家则对市场开放的态度相对谨慎，这才有了百慕大 I 协议。可以说，在国际航空运输发展的起始阶段，多数国家由于产业规模相对弱小，利益分化并不明显，政府意志在国际航空运输市场的开放过程中起到决定性作用，英国、法国等国家也是更多强调对本国市场和企业的保护。即使在美国"天空开放"之前，美国的航空运输主管机构——民航委员会（CAB）对行业发展政策和贸易政策也一直起着主导作用，极为严格的国内市场管制和双边市场是美国航空运输市场的基本特征。但在当时，CAB 和主要的承运人、制造商中间存在着千丝万缕的政商联系，包括高管人员的频繁流动等（Jordan，1972）。而美国之后的放松规制，也更多是来自政府的推动力量。

航空承运人是市场的主要参与力量，特别是在国际航空运输市场中，各国在制定贸易政策时，无论是保护主义还是自由主义，对本国产业从业者的利益保护从来都是重要的考虑因素。这方面比较典型的是欧洲，在航空运输业起步时期，各国为了保护本国承运人的利益，往往坚持严格的单边政策，因而在欧共体一体化之初，航空运输基本都是被排除在外的，但欧洲各国由于地域狭小，随着行业规模的发展，各国的承运人（以法荷航、汉莎等为代表）逐步需要更广阔的市场空间，同时欧共体也需要更为统一的一致对外的开放政策，才促成了欧洲单一航空运输市场的形成，也正在促进目前欧洲共同航空区统一签订对外贸易政策的推进（Kassim 和 Stevens，2009）。制造商、消费者组织等对国际航空运输政策的影响也逐步增强，特别是在代议制选举体制下，政府及其代理人随着监管能力的增强，也在逐步加强对消费者权益的保护，以提升其政治影响（Gillen 等，1998）。

行业组织与协会对本国制定国际航空运输的贸易政策的影响也广泛存在，IATA 航空承运人间的协会组织成立之初的目的是协调承运人间的竞争，在一定程度上限制竞争，保障成员承运人都可以在市场中获得一定的生存空间。比较典型的是在成立之初建立的价格协调机制，相对稳定的协调价格水平在一定程度上限制了双边市场的价格竞争，使得每个国家的指定承运人都可以获得一定的市场份额和利益，但这种机制严重地扭曲了市场竞争，遭到了竞争力强的航空公司抵制。到了 20 世纪 60 年代，主要国家的双边协定就舍弃了按照 IATA 价格协调确定运价的政策，但基本都保留了"双不批准原则"（Double Disapproval）条款（Doganis，2013）。

而我国则一直是政府主导的国际航空运输贸易政策模式。改革开放之初，由于我国航空运输产业发展能力弱，为了保护相对弱小的国内航空运输企业（当时基本为国有企业），保护政策在很长一段时期内是基本的政策主张。但随着行业发展和产业市场规模的扩大，各市场主体获得了快速成长的空间，承运人、航辅企业的数量规模不断扩张；消费者、产业关联部门的利益逐步受到关注等，我国行业的贸易政策逐步转向相对开放，但政策决策过程中各利益方的影响逐步开始体现，比如主要双边市场的开放中，在位承运人和新进入承运人如何竞争，承运人和机场如何博弈（在后续章节有详述）等都影响我国航空运输贸易政策的制定。由于我国的航空运输业目前还不是完全放开的市场化运行机制，我们很难从利益集团视角总结一个同一的分析框架来解析我国国内航空运输贸易政策的形成，这也并不是本书的研究重点，后续章节中在涉及政策过程部分内容时，对重点研究内容会有针对性的讨论。

1.4.2.2 国家之间的共同国际航空运输政策选择

国际航空运输是一种跨国的经济活动，传统的研究要么基于经济理论，要么基于政治理论，国际政治经济学的出现则从不同的角度对管理国际航空运输的体系进行研究。吉尔平（1989）认为，跨国经济只有放到国家间政治这一大背景下才能被人们理解，这个观点也同样适用于国际航空运输活动。

普格尔和林德特（2001）认为，国家拥有主权，则意味着没有一个中央法院可以通过全球警察而将自己的意志强加于各个国家。拥有主权的国家可以在其成员实体与其他国家之间树立各种各样的壁垒，它们可以更为关心本国而不是他国的利益。因而为了确保国际经济活动的顺利开展，需要建立相应的国际体系。在这个过程中，拥有不同立场的国家就会发生激烈的碰撞。

经济民族主义认为，国家是国内外政治经济领域的主要行为主体，经济政策应该用来建立一个更加强大的国家，因而国家优先于市场，市场关系是由政治权力塑造的（奥布莱恩和威廉姆斯，2016）。因而全球经济的本质反映了最强大国家的利益。经济民族主义认为贸易收益是不平等分配的，贸易对那些拥有更大经济和政治权力的国家更有利。国际经济体系中存在的是零和博弈，因此，国际经济体系的结构被视为冲突的。

自由主义则强调个人，不把国家看作一个统一的行为主体，认为国家被很多因素影响，认为冲突是可以避免的，国际经济体系中存在的不是零和博弈，而是正和博弈。对自由主义来说，市场是经济活动的中心，而非国家，不同个体在追逐个人利益的过程中的相互交往带来了经济发展。

"二战"后国际航空运输体系的建立，是经济民族主义和自由主义在芝加哥会议上激烈冲突后，以英国为代表的国际航空运输领域的经济民族主义占据上风的结果。这个结局与"在一个霸权国家处于绝对优势地位期间，最容易产生开放的贸易体制"（Krasner，1976）的观点似乎不吻合。当然这也说明在国际航空运输体系形成过程中，美国的势力在芝加哥会议上远不如在布雷顿森林会议上的表现，抑或是美国利用在国际航空运输体系的让步换取其他更大利益的结果。所以，尽管"二战"后，美国在航空运输领域有一定的优势，但并未取得压倒性的优势，特别是英国手里还有大英帝国广袤的国际航空运输市场，这也是英国用以在芝加哥会议上对抗美国的武器。

芝加哥会议后形成的国际航空运输体系解决了国际航空运输的无序状态，并对相互依存关系进行有效管理，降低交易成本，最大限度地寻求共同利益，将潜在的利益冲突控制在最低限度，并使各国之间的国际航空运输关系处于可控的稳定状态。这个国际航空运输体系包含了国际制度理论认定的国际制度所包括的"一系列隐含的或明确的原则（Principles）、规范（Norms）、规则（Rules）以及决策程序（Decisionmaking）"（Keohane 和 Nye，2000），但它没有采取正式的组织安排，而是采用双边方式实现上述国际制度内容的具体安排，因为芝加哥会议后成立的国际民用航空组织这个多边国际组织没有被赋予管理经济事务的权力。因而国际航空运输体系本质上是一个没有正式国际经济组织的国际制度安排。

国际航空运输体系的制度安排也符合国际政治经济学的相互依赖理论，即相互依存的出现和发展是"二战"后国际关系的一个突出变化，其特征表现为国家间增长的对外经济发展的敏感性（Cooper，1968）。在这个过程中，国际航空运输的相互依存也变得必不可少。正因为相互依赖，因而需要合作和妥协，尽管没有建立正式的国际制度安排，但找到了一个特殊的解决办法——各自遵循共同的原则、规范、规则和程序双边解决。

Keohane 和 Nye（2000）认为，相互依存是指国际社会中不同角色之间互动的影响和制约关系，这种互动的影响和制约关系可以是对称的，也可以是不对称的，其程度取决于角色对外部的"敏感性"和"脆弱性"的大小。因而相互依存的特征是"敏感性"和"脆弱性"。这种"敏感性"和"脆弱性"可以较好地解释为什么遵循共同的原则、规范、规则和程序的双边国际航空运输关系最终却表现出多样性。由于不同国家对外部的"敏感性"和"脆弱性"不同，以及双边国际航空运输关系下共同认可的原则、规范、规则和程序可能都是最低要求，因而不同的双边航空运输协定会表现出较大的差异。

芝加哥会议不能达成多边的国际航空运输体系，也可以从国际政治经济学的交易成本来解释。国际政治经济学认为国家之间的一切交往都可以视为某种交易，它们为达成交易所花费的时间和谈判费用等都属于交易成本。迪克西特（2004）指出，在信息不对称、机会主义等因素的影响下，贸易政策制定的政治过程存在大量的交易成本，很多契约会因为交易成本过高而无法达成，从而导致自由贸易政策无法形成。传统双边国际航空运输体系中的对等原则也反映了交易成本过高的结果，"天空开放"协定的出现则反映了交易成本的足够下降。

总之，无论是一个国家内部还是国家之间的国际航空运输政策，都可以通

过国际政治经济学的理论和方法加以分析，以便更深刻地理解其起源和发展
变化。

1.5 研究思路

本书以新制度经济学和国际政治经济学理论为基础，以国际航空运输政策体
制和各类国际航空运输政策的系统梳理为起点，厘清国际航空运输政策体制以及
政策演变的动力，为制定我国国际航空运输政策提供基本的参照。

研究各类具体的"天空开放"政策，归纳总结其特征及其差异，研究产生这
些差异的原因，结合上述政策演变研究澄清"天空开放"是否是美国 1978 年放
松国内规制提升行业竞争力后，将国内自由化政策向国际扩散的结果。

然后分析中国航空运输市场特别是国际航空运输市场的发展变化以及国内
和国际航空运输市场与部分宏观经济因素之间的关联关系，为后文中国际航空
运输政策对贸易投资的影响研究提供初步的基础，并为最后的政策指定提供初
步支持。

在市场发展变化研究的基础上，全面整理和研究中国国际航空运输政策以及
双边航空运输协定及其修订的发展变化。分析不仅包括 1949 年以后的国际航空
运输政策，也对 1949 年以前的国际航空运输政策进行一个梳理，以便更为全面
了解新旧中国的国际航空运输政策的制度变迁。另外，还对 1949 年以后包括历
次修订在内的中国双边航空运输协定自由化程度进行量化研究，不仅可以更好掌
握双边航空运输协定的发展变化的变迁历史，也为定量研究双边航空运输协定对
贸易和投资的影响奠定基础。在本部分研究中，需要关注中国与"一带一路"国
家的双边航空运输协定订立情况、修订情况和自由化程度。最后，对比分析中国
国际航空运输政策与不同类型"天空开放"政策的差异。

在前述中国航空运输市场的发展变化与宏观经济之间的关系、定量分析中国
双边航空运输协定自由化的水平基础上，结合经济全球化的一般表现和经济全球
化中的航空运输业新发展的分析，综合考察双边航空运输协定自由化是否对贸易
和投资产生影响，一方面试图验证欧美发达国家在其国际航空运输政策中将获取
经济全球化利益作为重要目标，另一方面也为最终的政策制定寻求实证依据。

在分析研究国际航空运输自由化对宏观经济影响的基础上，进一步分析研究国际航空运输自由化对中国航空运输业的影响，研究世界范围内国际航空运输自由化对中国航空运输业的影响和中国国际航空运输政策对中国航空运输业的影响。通过这两方面的研究探究中国现行国际航空运输政策是否真正有利于行业的健康持续发展，是否需要进行必要的制度变迁。

从国际政治经济学的角度出发，解决国际航空运输体系形成的问题，即一国国内是如何形成"最优"国际航空运输政策的。研究分析市场规模与国际航空运输政策的关系。

还需要进一步研究澄清国际航空运输自由化政策与行业发展阶段的关系。因为在研究背景中已经指出，部分业内人士认为国际航空运输自由化政策与行业发展阶段存在必然联系，故而需要通过研究来证明该认识是否与实际相吻合，从而决定政策制定中是否需要重点关注行业发展阶段问题。

由于国际航空运输政策体制的特殊性，尽管前文对国际航空运输政策体制的演变进行了梳理，但还需要进一步展开对国际运输政策体制的研究，归纳总结各种体制的优劣以及和一般国际贸易体制的关系，研究欧美国际航空运输政策体制的发展和变化，同时研究中国国际航空运输政策体制的演变，为我国未来国际航空运输政策体制选择提供指导。

最后构建一个国际航空运输政策制定和分析模型，在这个模型基础上，结合前面的研究分析结论，提出适合中国实际的国际航空运输政策目标、政策工具和实施方式，以利于行业的发展，满足经济社会发展需要，并能满足中国参与经济全球化的需要。

1.6　本研究的创新之处

本书从学术价值看，首先，提升了国内研究国际航空运输政策的层次，并为未来研究国际航空运输政策提供了基础。过去国内关于国际航空运输政策的研究多是局部的、某个时期甚至时点的研究，这容易导致一些模糊甚至错误的结论，影响研究结论的科学、客观和公正性。对中国双边航空运输协定自由化的全面量化分析为后续展开其他研究提供了坚实的数据基础。其次，扩展了国际贸易研究的领域。过去国际贸易理论和政策的研究更多是一般性和通用性的研究，由于国际航空运输在全球经济体系中的重要作用，很有必要对国际航空运输服务贸易的理论和政策进行研究。本书中关于双边航空运输自由化程度对贸易和投资的影响研究以及尝试性地构建一个非对称的混合寡占模型分析国际航空运输政策与社会福利之间的关系，不仅是国际贸易一般理论的运用和检验，更为丰富和发展国际贸易理论提供了具体行业的实证基础。

从应用价值看，本书首先为国际航空运输政策制定者提供了国际航空运输政策国内外发展详尽的定性分析和量化分析，量化研究了国际航空运输政策对行业和贸易以及投资的影响，为推动制度变迁提供了历史的、实证的理论依据。其次为国际航空运输政策制定者提供了适用性工具。长期以来，我国国际航空运输政策的制定不仅缺乏科学的手段，也缺乏透明性。研究中建立的国际航空运输政策制定模型，不仅提升了政策制定的科学性，也确保了政策制定的透明性。一是模型确保了政策制定的程序以及需要输入的变量，为科学制定国际运输政策提供了基础保障，按照模型对相关变量的分析也减少了主观性和随意性；二是模型减少了政策制定者出于个人动机对政策制定的影响，也就增加了政策的透明性。

经济全球化在较长时间内仍然是国际经济秩序发展的趋势，国际航空运输则是和经济全球化相适应的运输方式。如果能够形成运转良好的国际航空运输政策体系，既可以为国际航空运输业的持续发展提供条件，也可以为提升我国在全球产业链和价值链的地位提供基础设施支持，确保经济社会的可持续发展，同时也为国家安全提供了机动保障能力。这是本书的社会影响和价值所在。

第 2 章　国际航空运输体制的演变

研究"天空开放"国际航空运输政策，需要先对国际航空运输体制的整个历史发展进行梳理和研究。本部分借鉴新制度经济学和国际政治经济学的分析方法，首先，研究芝加哥会议之前的国际航空运输关系，包括在飞机投入使用初期国际航空运输关系的状况、两次世界大战之间的国际航空运输关系；其次，重点研究芝加哥会议和"战后"国际航空运输体制形成的关系，分析英美两个"战后"国际航空运输体制建议方案是如何导致"战后"国际航空运输体制形成的。

2.1　芝加哥会议之前的国际航空运输关系

2.1.1　第一次世界大战前的国际航空运输关系

关于国际航空运输关系的国际会议比莱特兄弟在 1903 年的第一次试飞还早。在热气球时代的 1880 年，来自不同国家著名法学家组成的国际法学会（Institut de Droit International）在英国伦敦召开的会议上讨论了航空问题。在 1889 年的世界博览会期间，来自巴西、法国、英国、墨西哥、俄罗斯和美国的代表在巴黎举行了第一次正式的航空国际会议。在莱特兄弟第一次试飞的 1903 年的多边外交会议上，考虑了航空飞行的国际性以及跨国界的航空飞行规则统一的需要。有识之士已经意识到，飞机的问世为运输增加了一种新的方式，而这种方式可能不再被严格限制在一个国家界限内。[①]

---

① ICAO. The Paris Convention of 1910: The path to internationalism [EB/OL]. Available at http://www.icao.int/secretariat/PostalHistory/1910_the_paris_convention.htm（Accessed January 2013）.

1906 年，国际法学会在布鲁塞尔举行的会议上做出了一个决议，这个决议里包含了一个重要的原则，后来被称为航空自由（Air Freedom）：即天空是自由的，除了必要的保留外，国家无论是在和平时期还是战时都没有对空间的主权。[①]

1908 年，至少有来自德国的 10 个热气球跨越法德边界，在法国降落。为了避免国际冲突，法国政府建议举行一次国际会议讨论制定有关航空管制程序和进出外国领土的规则。[②] 在法国的主持下，1910 年在法国巴黎举办了起草航空飞行公约的会议，有来自 19 个欧洲国家的代表参加。会议上参会国对飞行权利和特权存在很大分歧。法国和德国代表赞同按照雨果·格劳秀斯（Hugo Grotius）海洋自由航行的模式为航空运输安排一个宽泛的自由权。而英国坚持一国对其领土上方空域完全的国家主权和控制权。由于基本立场的不同，会议不可能达到目标，即达成有关国际航空运输的全面框架。但会议也确认了关键的术语、概念和技术规定，这些都成为以后会议的标准。[③]

在缺乏统一的多边国际航空运输关系规则情况下，各国之间的国际航空运输只能通过双边协商解决。最早关于国际航空运输的双边协定可以追溯到 1898 年奥匈帝国和德国订立的关于军事气球飞越边界时的法律地位的协定，它是双方通过交换外交照会的简单方式达成的。1910 年，美国与墨西哥和加拿大就航空运输进行了双边谈判。同年，法国和德国达成了类似 1898 年奥匈帝国和德国之间的协议。协议对军用和民用飞机进行了区分，确定了对外国飞机进入的要求，以及特别的禁飞区。这被认为是对国家空域主权的确认。[④]

在不存在国际框架协议的情况下，英国在 1911 年率先宣布对其领土上的空域享有主权。1913 年的《英国空中航行法》（*The British Aerial Navigation Act*）授予内政大臣管理航空器进入其空域和活动的完全权力。[⑤] 随后其他欧洲国家在第一次世界大战前纷纷效仿。直到 1913 年马德里会议又重新讨论天空自由的问题，但仍然没有达成一致的意见。[⑥]

---

① Thomas, A. V. W. and Thomas, A. J. Theories of trade in international law and their influence on air commerce [J]. Southwest Law Journal, 1953 (7): 219–257.

② ICAO. The Paris Convention of 1910: The path to internationalism [EB/OL]. Available at http://www.icao.int/secretariat/PostalHistory/1910_the_paris_convention.htm (Accessed January 2013).

③⑥ Rhoade, D. L. Evolution of international aviation phoenix rising, 2nd edition [M]. Ashgate, Hampshire, England, 2008.

④ Sand, P. H., Freitas, J. S. and Pratt, G. N. An historical survey of international air lawbefore the second world war [M]. McGill Law Journal, 1960, 17 (1): 24–42.

⑤ Johnson, D. H. N. Rights in Air Space [M]. Manchester University Press, 1965.

随着 1914 年第一次世界大战的爆发，各国纷纷宣布对其领土上方空域的主权，禁止飞机飞越其领土上的空域，国家空域主权得到强化和国际社会的普遍接受，[1] 国际航空运输活动和关系基本上陷于停顿。

因而，关于国际航空运输关系基本准则，从一开始就存在两个基本对立的立场，即完全的航空自由和领空主权论。前者以法国和德国为代表，后者是以英国为代表。在基本立场不能调和从而形成统一的国际公约的情况下，国际航空运输活动从一开始就只能通过双边协商和谈判解决。

2.1.2　两次世界大战之间的国际航空运输关系

第一次世界大战后的巴黎和平会议上组建了一个专门的航空委员会，主要关注两个航空问题：第一是处理战败国的军用和民用飞机；第二是完成 1910 年没有完成的工作。会议被称为"与空中航行管理有关的会议"（Convention Relating to Regulation of Aerial Navigation）。会议接受美国建议，允许德国在其境内发展民用航空，禁止其发展军用航空。会议形成了《1919 年巴黎公约》，第一条明确规定各国对其空域享有主权，还制定了航空器需要国籍注册、限制军用飞机移动、适航规则、飞行员规则等规定。规定了一国航空器无害通过其他国家空域的权利，还规定了缔约方有权为在其领土内两点之间运送旅客和货物制定限制条件及做出保留，从而有利于本国航空公司。这实际上是将国内航权排他性地授予本国航空公司。公约还对这种限制和保留提出了无条件的对等，即做出限制和保留缔约方的航空器在另一个缔约方境内至少要遵守自己提出的限制和保留，如果该缔约方没有制定限制和保留。[2] 根据公约组建了国际航空航行委员会（ICAN）。巴黎公约最终为 26 国所批准，美国和俄罗斯没有加入，中国也没有加入。到"二战"爆发之前，已经有 32 个签字国。[3]

1927 年 5 月，泛美航空和商业航行委员会在美国华盛顿召开会议，起草了《航空航行泛美公约》。尽管它也参照了巴黎公约，但在几个关键问题上与巴黎公约不同，它不寻求建立统一的国际航空运输技术标准，也没有建立一个机构定期

---

① Sand, P. H., Freitas, J. S. and Pratt, G. N. An historical survey of international air lawbefore the second world war [J]. McGill Law Journal, 1960, 7 (1): 24–42.

② 参见公约第 15、第 16 和第 17 条。

③ United States Government Printing Office. Proceedings of the International Civil Aviation Conference [M]. Chicago, Illinois, 1948.

对存在的问题寻求解决办法。该公约在 1928 年 1~2 月在哈瓦那召开的第六届泛美国家会议上通过，正式定名为《哈瓦那商业航空公约》(*The Havana Convention on Commercial Aviation*，简称"哈瓦那公约") 美国和其他 20 个国家于 2 月 8 日签署该公约，最终有 16 个国家批准该公约。哈瓦那公约制定了有关航空运输的基本原则和规则，也承认各国对其领土上的空域享有完全主权，但允许一个缔约国的航空器在另一个缔约国许可的任意机场上下旅客和货物，并装载旅客和货物前往其他的缔约国，即区域性框架下授予第 5 航权。该公约使得美国的航空器可以在美洲大陆国家内自由运营，提供服务。

这些公约的订立为商业航空权利以及技术和航行规则应受国际协议管辖奠定了基础。

航空技术的发展没有相应的国际协定相辅佐。1919 年的巴黎公约和 1928 年的哈瓦那公约以及国际航空运输协会 (International Air Traffic Association)[1] 的目标都很有限，即国家空域主权和技术标准化，在范围上远远没有普及化。1939 年，美国的航空公司也只有泛美航空公司加入了上述的国际航空运输协会。国际航空运输协会的缺乏迫使国家之间进行双边谈判。

这种双边体制的两个主要角色是泛美航空公司 (Pan America) 和大英帝国航空公司 (British Imperial)。直到 1935 年，英国航空公司的发展还是杂乱无章的，随着 20 世纪 30 年代运输量的减少和竞争的增加，英国政府鼓励合理化，并开始补贴大英帝国航空公司。从战略上和交通原因上看，补贴是合理的。但由于设计上的失误，以及英国大量的运输点，使得大英帝国航空公司即使没有远程飞机，也可以运营，但这使得与美国大型的、设备齐全的客运航空公司相比远远落后。1941 年，大英帝国航空公司改组为英国海外航空公司 (B. O. A. C)，与美国对手相比具有三大优势，第一，是一家方便政府支持的国营企业；第二，英国可以比美国影响更多国家的航空运输政策；第三，英国可以将美国的航空器排除在大英帝国之外。

而在美国，泛美航空公司基本上是美国海外市场的垄断者，是一个真正的洲际航空服务提供者，在商业和国内以及国际政治中具有强势的地位。但经济大萧条使得执政的罗斯福要对资本主义加以限制，而在航空运输业，泛美航空公司首

---

① 1919 年成立于海牙的航空公司行业组织，为现存成立于 1945 年的国际航协 (International Air Transport Association) 的前身。

当其冲。1938 年的民用航空法设立了民用航空委员会，马上将邮件运输的费率下调了 10%。"二战"的爆发使得泛美航空暂时获得了喘息的机会，它的机队对于美国远距离供给线的重要性不言而喻。所以，它又获得了大量的补贴，并被作为海外行动的主要工具。然而，很显然政府对于一家私营航空公司垄断美国的海外航空市场无论是出于商业还是战略考量都是反感的。

由于一国航空公司进入其他国家运营需要该国的同意，同时又缺乏一个国际协定来对有关的原则进行规范，所以，当时国际航线上的任何一个国家都可以要求其他国家的运营人提供保证金，即使这个运营人只是在其领土内加油或者飞越其领空。同时，也没有什么方式可以控制对航空公司的大量补贴，尽管维持这些补贴的代价巨大，原因在于国家的声望或者维持战争潜力。就过境权和商业权的讨价还价引入了外在的因素，引发了国际的猜疑和不信任。[1]

2.1.3 "航空自由"与"空域国家主权"

尽管早在 1906 年国际法学会的会议上，就提出了"航空自由"的原则，但由于国际法学会是一个非政府组织，其决定或者其他形式的文件对各国并没有约束力。尽管 1910 年的巴黎起草航空飞行公约国际会议上也提出了"航空自由"的建议，但并没有得到参会国的一致同意。

"航空自由"原则的提出，完全是模仿雨果·格劳秀斯（Hugo Grotius）1608 年在《论海洋自由》（*The Freedom of the Seas*）[2] 一书中提出的"航海自由"。当年格老秀斯为了反对葡萄牙和西班牙对东印度海上航线和贸易的垄断，以自然法理论为基础，从葡萄牙对东印度无主权、无权垄断海洋和海上航行权以及无权垄断国际贸易权三个角度阐释其海洋自由和贸易自由理论。在格劳秀斯的论证中，"航海自由"和"贸易自由"是紧密相关的。因为上帝并不希望每个地方均产生人类生活所需要的一切东西，他要求某些国家在某一方面占据优势，而另一些国家在另外一个方面占据优势，因为上帝希望人类通过彼此间的互为需要和资源共享来促进人类友谊，因此根据神的命令，一地的人民应当为另一地的人民提供必需品，人们之间的交往和贸易不可避免。他列举了古代发生的一系列战争来证

---

[1] United States Government Printing Office. Proceedings of the International Civil Aviation Conference［M］. Chicago, Illinois, 1948.

[2] 雨果·格劳秀斯. 论海洋自由或荷兰参与东印度贸易的权利［M］. 上海：上海世纪出版社，2013.

明，根据自然法，人类在陆路或海路上均享有通行自由权或自由贸易权，如果一方企图独占而不让他方行使这些权利，则战争就不可避免，连十字军东征也可能是因为异教徒们企图剥夺基督徒通往圣地的自由而导致的。因此，航行和贸易对所有人来说是自由的，任何人都不能阻止别人的航行。①

因而"航空自由"这个原则的背后实质上暗含了"航空运输贸易自由"的思想，即一国的航空器可以不受限制地在其他国家上下旅客和货物，并以此收取报酬，还可以在其他国家载运收取报酬的旅客和货物前往第三国。

然而，由于在第一次世界大战中确立的"空域国家主权"原则，国际航空运输的经济发展受到了限制，即航空运输被看作和用于提升主权民族国家利益的工具。交通及公共运输的便利和需求是次要的，国家在商业和军事领域的航空竞争成为国力竞争的标志。

同时，一旦空域的主权原则在国际法上绝对确立，发展国际航空运输的途径显然就只有通过艰难的双边讨价还价了。就各国政策来说，各国都维护自己的航空运输系统，谁也不会冒险授予第1~5航权来实施普遍性的"天空开放"，从而将自己的航空运输系统置于国际竞争的威胁下。同时，由于空域主权是基本原则，按照次要权利的理论，商业航空运输必然要求确保每个国家在运输量上的公平份额。②

2.2 芝加哥会议与"战后"国际航空运输体制

"二战"前，定期商业航空运输在实践中需要获得所要经过的国家的同意。③但是并没有成形或者成体系的协定。国际航空运输受限于政治考量而非经济考量，从而使世界交通的有序发展受到限制。④

芝加哥会议是"战后"国际航空运输体制的发端。尽管芝加哥会议没有达成一个多边的国际航空运输体制，但在其后确立的国际航空运输双边体制一直发展

---

① 雨果·格老秀斯. 论海洋自由或荷兰参与东印度贸易的权利 [M]. 上海：上海世纪出版社，2013.

② Thomas, A. V. W. and Thomas, A. J. Theories of trade in international law and their influence on air commerce [J]. Southwest Law Journal, 1953 (7): 219–257.

③④ United States Government Printing Office. Proceedings of the International Civil Aviation Conference [M]. Chicago, Illinois, 1948.

至今。因此，在"天空开放"国际航空运输政策的研究中很有必要研究芝加哥会议关于国际航空运输体制的建议、争议和现行体制的形成。

2.2.1　芝加哥会议的起源

"二战"仍在进行中，盟军就认识到航空对世界和平重建的重要性。早在1943 年各国就开始设想"战后"的国际航空运输制度。有的建议应该废除空域国家主权的概念，再次提出了"航空自由"（Freedom of the Air）的设想，这个概念与"空中自由航行"（Free Circulation in the Airspace）不同，包含有"通过航空进行自由贸易"（Free Trade by Air）的经济含义。[①] 另外，空域主权的思想在航空的经济演变中也找到新的法理依据。过去的主权原因是领土统一和安全，现在对国家航空运输业的经济保护则是主要原因了。

当 1943 年 8 月美国总统罗斯福和英国首相丘吉尔在加拿大魁北克聚会讨论登陆欧洲的问题时，就已经讨论到"战后"航空运输体制的问题。美国副总统华莱士提出了一个囊括航线和国际机场的全球网络，该网络由未来的联合国监管，这个想法被称为"全球化"（Globaloney）。美国民航委员会副主席爱德华·华纳认为，航空航行协议应能防止倒退到以小心和怀疑的心态看待航空运输的年代。

影响英国"战后"民航运输可选方案的因素很多，其中最为重要的是与美国的两个战时协议。第一是两国之间的劳动分工，即英国集中精力生产战斗机，美国则主要生产重型飞机。显然，后者可以很容易地在战后改装为民用飞机。第二是在 1942 年 5 月 27 日和 7 月 28 日两国之间交换的外交照会，两国同意不订立相互排斥或者歧视的航空运输协定。这就是所谓的哈利法克斯协议（Halifax Agreement），它对英国发展航空运输的限制大于对美国的限制。[②]

英国在 1942 年就意识到上述因素对"战后"国际航空运输制度的影响，因而开始考虑民用航空的未来。英国研究过多种可能性，除了国际化的选择外，其余的表面上都直接显露出民族主义，如果坚持，必将与美国对抗，而英国当时还需要美国的经济援助。而英国认为美国的"全球化"设想本质上是"美国化"。如果全世界只有美国化和国际化两种选择，英国认为只有国际化的国际航空运输

① Sand，P. H.，Freitas，J. S. and Pratt，G. N. An historical survey of international air lawsince 1944 [J]. McGill Law Journal，1960，7（2）：125-160.

② Dobson，A. P. The other air battle：The American pursuit of post war civil aviation rights [J]. The Historical Journal，1985，28（2）：429-439.

体制才能最大限度保障英国的利益。

英国倾向于国际化，但也担心自身讨价还价的能力不足以达成能够确保英国利益的国际协议。1943 年，英国上议院就这个问题展开了辩论，认为英国的策略是确保在航空运输发展中的恰当份额，维持王国海内外的交通运输，而无须进行痛苦的补贴式竞争。但是，英国政府认为有必要采取民族主义的手法以增强谈判地位。

英国在 1943 年的自治领和帝国会议以及 1944 年的部长会议上进一步讨论在权利互惠基础上建立一个制度。1944 年部长会议后的 10 月英国发布"国际航空运输"白皮书，核心是呼吁无害通过和技术经停，而上下旅客和货物前往非航空器始发地国家的权利和在另一个国家从事国内航权应通过谈判解决，同时建议成立一个国际管理机构，管理航线、航班频率和票价，以避免不经济的竞争。①

1943 年春天，美国成立了一个政府部门间的委员会来处理"战后"民航事务问题，由时任民用航空委员会主席的威利·珀格（Welch Pogue）任主席，这个委员会初步形成了美国的国际航空运输政策，并在同年 3 月向罗斯福总统提交的备忘录中得到体现。美国关于国际航空运输的主要设想是：过境权和技术经停权，出于安全原因，某些地区可以不开放；一周两次的商业着陆权，再增加则需要谈判；在境外，有限的维持机组人员；国内航权（国内航空公司独占国内航线）。②

在后来的讨论中又增加了美国的基本利益是维持军事安全，即美国应至少维持与其他国家在航空技术和生产领域持平；在世界范围内扩展航线，与各基地衔接；部分美国地区由于安全原因，不允许进入。从商业层面上看，等于是放弃了不受限制的自由企业是必需的这一思想。此外，航空公司应取得民用航空委员会的授权，并在国际协议下运营。上述政府部门间委员会建议应授予多家美国航空公司运营国际航空运输的权利，而不仅仅是一家（即泛美航空公司）。

1943 年 9 月美国形成了最终的国际航空运输政策：剥夺德国和日本的航空运输业；各国应运营自己所有的航空公司；美国国际航空通过一系列的优惠安排进行；避免补贴，政府可以运营没有经济性的航线直到私营企业可以运营为止；

---

① Rhoade, D. L. Evolution of international aviation phoenix rising, 2ⁿᵈ edition [M]. Ashgate, 2008; Dobson, A. P. The other air battle: The American pursuit of post war civil aviation rights [J]. The Historical Journal, 1985, 28 (2): 429–439.

② Dobson, A. P. The other air battle: The American pursuit of post war civil aviation rights [J]. The Historical Journal, 1985, 28 (2): 429–439.

最自由的航权交换，比如加拿大航空公司在加拿大—水牛城—迈阿密—西印度群岛的航线上，可以在水牛城和迈阿密装载客货到西印度群岛，但不能从水牛城装载以迈阿密为目的地的客货；在外国维持美国的机场；过境和技术经停权；与英国筹备谈判。① 美国力促航空运输领域的自由化，就是因为前述的技术优势。早在 1942 年，Lissitzyn（1942）就认为如果"航空自由"已经是一个普遍接受的国际原则，美国在当时就应该获益了，而不是遭受损失。

英国认为如果采用一个"航空自由"的竞争体制，就等于给美国人一个"开门红"，全球民用航空将被美国独占。② 英国在"战后"为了抵消美国在航空运输技术上的优势，就只能利用英联邦成员国的领土优势，强调主权，限制飞机的起降。英国还认为如果接受一定程度的国际化，则英国和其自治领在一个双边谈判中团结起来，就可以确保在太平洋与美国取得互惠的安排。1944 年初，英国试图将外国航空公司从其帝国领土内排除，遭到美国的强烈反对。

英国在芝加哥会议之前指望建立一个强有力的国际机构来管理国际航空运输中的运力、运价和航线，一种弱化的国际化安排是英国人没有考虑的。

2.2.2　芝加哥会议的建议方案

1944 年 9 月，美国邀请 55 个国家参与民用航空的国际会议。该会议于 1944 年 11 月开始在芝加哥召开，一共有 51 个国家出席。这是一个在有关货币事务的布雷顿森林体系会议和签署联合国宪章的旧金山会议之间的一个会议。美国总统罗斯福在芝加哥会议的致辞中要求代表"不要抱有创立一个封闭性航空的大集团的想法，从而在天空中追逐未来战争的条件"，他号召建立一个开放性的天空，造福人类社会。③

美国在大会的邀请函中列明了大会的三大目标：第一，通过总协定建立一个世界航线的临时安排；第二，建立临时理事会作为过渡期的清算所和咨询机构；第三，就建立永久性的国际航空机构达成协议，达成航空运输、空中航行和技术领域的多边航空公约。④

---

①② Dobson，A. P. The other air battle: The American pursuit of post war civil aviation rights [J]. The Historical Journal，1985，28（2）：429–439.

③ Rhoade，D. L. Evolution of international aviation phoenix rising，2ⁿᵈ edition [M]. Ashgate，2008.

④ Pogue，L. W. International civil air transport–transition followingWWII [R]. Massachusetts Institute of Technology Flight Transportation Laboratory Report FTL-R79-6，1979.

芝加哥会议上关于未来的国际航空运输管理体制有四个建议，第一个是美国提出的，它建议成立一个专门负责技术领域的执行机构，该机构对经济领域只有咨询权；第二个是英国提出的，与美国不同的是该机构负责确定航线、航班频率和费率；第三个是加拿大提出的，建议国际机构也应具有经济功能，比如类似美国民用航空委员会负责向国际航空运输运营人颁证；第四个是澳大利亚—新西兰联合提出的，建议国际航空运输服务的国际所有和运营。

下面分别对上述四个建议的内容详细介绍。

美国向会议提交了一份详细的国际航空运输公约建议文本，[①] 其中涉及未来国际航空运输管理体制的内容包括：

（1）多边体制下承认过境权和经停权，承认非定期航班的商业运营权，均不需要对方国家事先同意。[②]

（2）定期航班的商业运营权，除直接相关的当事国允许外，需要当事国家订立专门的协议，并向未来国际民航组织的执行理事会报备。专门的协议应符合公约的规定。缔约国不能授予某外国或某航空公司对其国际航空商业运输的独占权。[③]

（3）一国内部或者一国与其殖民地和领地之间，或者殖民地与领地之间的商业航空运输作为国内航权（Cabotage），单独授予该国自己的航空公司。[④]

上述建议中未来的国际航空运输机构在国际航空运输中的经济事务没有实际的管辖权力，尽管美国打算将第 5 航权纳入未来的国际航空运输体制，但从一开始就没有打算在多边体制下完全解决国际航空运输的经济事务。

英国向大会提交的建议是 1944 年英国"国际航空运输政策"白皮书的内容。主要包括：[⑤]

（1）国际航空运输政策目标：满足世界人民对丰富、高效和低廉的航空运输服务的需要；维持世界航空运输运力与需求之间的平衡；确保不同国家平等参与国际航空运输；消除无用的竞争行为，特别是控制补贴；就确保安全飞行的重要技术事务实行标准化做法；为世界安全做出贡献。[⑥]

（2）同意在国际公约中包括第 1~4 项航权，但第 3 和第 4 航权需要相关国家进行谈判解决。

---

① ② ③ ④ ⑤ ⑥ United States Government Printing Office. Proceedings of the International Civil Aviation Conference [M]. Chicago, Illinois, 1948.

（3）界定需要受国际规则管辖的国际航线。

（4）通过对运力的决定、运力在相关国家之间的分配、按照与飞行速度和设施相关的标准将费率固定，消除不经济的竞争。[①]

（5）未来的国际民航机构的主要任务是依照公约确定和分配航班频率、确定费率。

比较英美的两个建议方案可以看出，最大的区别是英国建议的未来国际民航组织有管理国际航空运输运力、费率和航线的权力，而美国则认为不应该对运力、费率和航线进行管制。尽管英美两个建议中涉及航权部分都需要进行双边磋商，但英国仅仅是磋商第 3 和第 4 航权，而美国的建议是包括第 5 航权的。美国建议的本质是建立一个对航线、航班频率和票价不做任何限制的完全开放的市场准入。英国则担心美国利用其庞大的、没有遭受战争损失的航空基础设施、商业机队和航空制造能力统治遭受战争蹂躏的欧洲天空，因而将美国的建议视为伪装成哲学原则的自私行为，要求成立包括一个独立国际管理机构的实行严格规制的体制。

作为英联邦成员的加拿大也提出了自己的建议。[②] 主要内容有：

（1）未来的国际民航机构的职责之一是满足世界人民对高效和经济的航空运输的需要，并尽可能确保国际航线和服务在不同成员国之间公平和平等的分配。

（2）一国的国际航空运输是由国营或者私营航空公司运营、是由一家还是多家航空公司运营属于一国的内部政策，国际公约不应干涉。

（3）由国际机构向意图经营国际航空运输的航空公司颁发运营许可证，授权其运营国际航空运输。应确保一国的一家航空公司有权运营从该国始发的国际航班，每周一个来回程；一家航空公司只有在一年内的平均载运率超过 65%，才可以增加服务；一家航空公司在一年内的运营运力份额达到 40%，可以要求其减少航班频率。

（4）获得国际机构颁证的航空公司自动获得第 1~4 航权。

（5）费率应按照服务特征进行调整，比如速度和设施，但是应允许在一条航线上的最经济的运营人回收全部成本和获取合理的利润。

加拿大的建议与英美最大的不同在于第 1~4 航权均不需要进行双边磋商，而

---

①② United States Government Printing Office. Proceedings of the International Civil Aviation Conference [M]. Chicago，Illinois，1948.

是由未来的国际民航组织通过向航空公司的颁证授予，实际上是将航权的管理多边化了。与英国方案不同的是，加拿大方案对运力的管理是有自动调节机制的，费率应保证航空公司的合理盈利。加拿大试图在美英之间进行协调，提出一个妥协方案，提出创立一个多边的规制机构，允许体制内的有限竞争。

此外，澳大利亚和新西兰提出更为雄心勃勃的建议：①

（1）没有规制的航空运输发展会导致国家之间的误解和敌对。

（2）相信航空运输可以作为维护世界和平和造就"免于恐惧的自由"的强有力工具。

（3）深信通过联合使用所有国家的材料、技术和运营资源来发展航空运输，无论大国和小国的利益都可以得到最好的提升。

（4）建立一个国际航空运输机构，负责规定的国际干线航空运输服务的运营，并拥有在这些航线使用的航空器和辅助设备。

（5）各国保留在国内运营航空运输的权利。

澳大利亚和新西兰的建议实际上是要组建一个国际性的卡特尔组织来运营国际干线的航空运输。这个建议与第二次世界大战后民族国家的兴起格格不入，也与英美的建议相去甚远，一开始就没有被大会严肃、认真对待。尽管这个建议得到了阿富汗以及法国的支持，② 但由于美国、英国、加拿大和巴西等的反对，在11月8日第一委员会会议上被否决。③

2.2.3　芝加哥会议上的交锋

1944年11月的芝加哥会议开始后，很快英美两国就面临核心的问题，美国有飞机，希望最大限度地利用它们；英国有地盘，则希望建立一个国际机构，以确保英国航空公司的市场。英国准备谈判一个就国际航空运输公平分工的公约。

芝加哥会议下设四个专门委员会，第一委员会名为"多边航空公约和国际航空机构"（Multilateral Aviation Convention and International Aeronautical Body），负责国际航空运输服务问题，其余三个委员会负责有关航空运输的技术问题。三个负责技术的委员会结束工作时，第一委员会则陷入僵局。罗斯福和丘吉尔就委员

---

①②③ United States Government Printing Office. Proceedings of the International Civil Aviation Conference [M]. Chicago, Illinois, 1948.

会面临的问题几次交换意见，关键方也在私下进行了几次磋商，英美仍然无法就基本立场达成协议。美国拥有可以飞行的机队，如果没有起降权利，则对一个国际航空运输系统中的美国航空公司来说只拥有运营所需资源的一半。美国航空公司需要起降权利，而英国及其联邦成员国拥有丰富的起降资源。在会议进行期间，英国公布了一个计划，组建一个包括全英联邦成员的航空公司——全红航空公司（All-Red Line），该公司被授予在英联邦内起降的专有权。全红航空公司提醒人们英国还是那个日不落帝国，英国不是空手来到芝加哥会议的，也不会允许构建一个损害英国和其他小航空国家利益的国际航空运输体制。

但在芝加哥会议上，英国并没有得到自治领的有力支持，因而美国认为英国有可能接受由加拿大提出的四项航权，即过境权、技术经停权、从始发地国家载客货前往另一个国家、从另一个国家载客货返回始发地国家。在后两个航权上，按照英国立场的一个妥协方案是进行航班数量限制，而美国则希望有一个自动上调条款，即当航班的载运率超过 65%，则自动增加航班数量。绊脚石在于美国提出的第 5 航权，即经停权。如果没有第 5 航权，一个国家的航空运输就被航班数量限制在来自和前往东道国的运输量上。如果开放经停点，则会有一个更为自由的竞争环境。

英国则认为美国试图通过经停点打入更多的国际航空运输市场，可以通过对经停航班实行差别费率的办法进行限制，因而英国内阁尽管不满意，但也准备接受这样的安排。

但到了 11 月中旬才发现存在误解，美国并不打算接受差别费率的安排，并对第 3、第 4 航权建议了自动上调条款。由于没有人能够和美国在相同条件下竞争，英国认为这将导致美国垄断世界航空运输，在第 5 航权上的分歧导致了僵局，最终罗斯福和丘吉尔直接介入也不能弥合分歧。英国坚持认为以价格差别为基础的第 5 航权是底线，否则就只能暂时搁置，只能就技术事务问题达成协议。为此，丘吉尔在给罗斯福的信中写道："协调最大限度的航空商业自由，同时最大限度确保无论大国还是小国的公平，是我们的愿望，也是你们的愿望；企业自由经营不应蜕化为对国家优势的利用，因为这种状况最终谁也无法忍受，这是你们的愿望，也是我们的愿望。"[1]

---

[1] Dobson, A. P. The other air battle: The American pursuit of post war civil aviation rights [J]. The Historical Journal, 1985, 28（2）: 429-439.

眼看第一委员会将一事无成，荷兰提出了一个妥协方案，将"国际航空运输协定"（也称为5项航权协议）中的飞越权和经停权剥离，单独起草一个"国际航空运输过境协定"，包含这两个自由权。经过多次讨价还价，英国首相丘吉尔表示可以向世界航空运输开放其领地，但不会在第5航权上做更多的让步。最终在12月1日的全体会议上，过境权和技术经停权被接受。大会参与者都认为这是英美之间的交易，即美国用夏威夷换取纽芬兰，美国跨越大西洋，英国跨越太平洋。

最终"国际航空运输过境协定"被多数参会国签署，并于1945年6月30日生效。① 而"国际航空运输协定"只有29个国家签署，正式生效的国家有17个，随后到1947年底包括美国和中国在内的8个国家退出。② 多数国家没有签署的原因在于其授予了第5航权。

随后大会提出了一份文件，名为《交换航线和服务的双边协定》（*Bilateral Agreement for the Exchange of Routes and Services*），试图加入到大会的最后文件中，以便在没有多边商业航空协议的情况下国际社会顺利开展国际航空运输活动。最后成为大会通过文件中的"临时航线协议的标准格式"（Standard Form of Agreement for Provisional Air Routes），③ 也称为芝加哥模式协议，该模式的主要内容是一国航空公司进入另一国家运营需要该国的授权，以及有关适航、机场收费和航油、备件及机载物品等的税费问题和法律适用等内容。与此相对的是英国模式协议，④ 它还对航线、运力和运价做了规定。

芝加哥大会上还有一个争论激烈的领域就是航空公司的多数所有权和实际控制权。

关于多数所有权和实际控制权问题，最初的芝加哥公约文本中有一条"航空公司国籍"（第14条），规定只要航空公司满足由其所在国国民多数所有权和实际控制，一成员国就应授予该航空公司权利。⑤

---

① 到2016年10月，有131个成员国。当时的中国政府没有签署这个协议。中华人民共和国恢复在国际民航组织的席位后也没有签署这个协议。

② United States Government Printing Office. Proceedings of the International Civil Aviation Conference ［M］. Chicago, Illinois, 1948. 到2016年10月有11个成员国。当时的中国国民政府签署了这个协议，但在1946年退出。

③⑤ United States Government Printing Office. Proceedings of the International Civil Aviation Conference ［M］. Chicago, Illinois, 1948.

④ 第一个是1945年10月26日签署的英国—南非协议。

随后的第一次修订稿修改为：每一成员国在任何情况下有权取消和撤回对另一成员国航空公司的许可，即使该航空公司满足由其所在国民多数所有权和实际控制。①

第二修订稿则修改为：每一成员国有权取消和撤回对另一成员国航空公司的许可，只要该航空公司不满足由其所在国民多数所有权和实际控制。同时将此条标题从"航空公司国籍"修改为"航空公司所有权"。② 这个修改是在加拿大的提议下做出的。这一变动，实际上更加强化对多数所有权和实际控制权的认定，因为国籍就是一个公司注册的问题，和公司的所有权有联系，但没有绝对明确的联系。

英国支持进行严格的多数所有权和实际控制限制，防止虚假的航空公司国籍，③ 而澳大利亚和新西兰则认为国际所有权可以为小国从事国际航空运输提供便利，建议国际干线的国际航空运输服务运营可以采用国际所有权。④ 巴西反对澳大利亚和新西兰国际所有权的提议，认为这不是一个新的建议，早在 1932 的裁军会议上，法国和西班牙就提出过航空运输国际化的问题。巴西认为航空运输国际化的时机并不成熟，或者说这样的时机永远也不会有。解决人类冲突的途径不是国际化，国家是所有经济和精神的人类活动的必要基础。⑤ 加拿大赞同对国际航空运输的国际规制，但反对国际所有权。

萨尔瓦多代表团认为很多小国没有能力和资源建设自己的航空运输业，它们只能借助外国的资本和技术。为了保护外国投资者和本国不受外国资本的盘剥，这些国家也制定了对外国公司进行规制的法律。这些外国公司从法律上看构成了该国的公司，而认定航空公司国籍的问题是一个主权国家的权利，因此只要一家航空公司按照所在国法律组建，其国籍就不应被质疑。它建议满足所有权和实际控制权的一个比例。⑥

第三稿又回到第一稿的内容上。⑦ 但由于各国在国际组织介入国际航空运输服务规制上的立场差距很大，有关经济内容没有列入到芝加哥公约的最后文本中，但关于航空公司所有权和实际控制权的讨论深深影响了以后的双边航空运输协定。

---

①②③④⑤⑥⑦ United States Government Printing Office. Proceedings of the International Civil Aviation Conference [M]. Chicago, Illinois, 1948.

2.2.4 芝加哥会议上的中国声音

当时中国国民政府派出了一个规模较大的代表团，[①] 有正式代表 3 人，顾问 1 人，专家 8 名，秘书 5 人，新闻联络官 1 人。由前交通部长张嘉璈[②] 任团长。

中国代表团在向大会提交的提案中也提出了有关过境权和商业航空权的看法，认为在确保主权和安全的前提下，中国急于欢迎大量的和高效的外国航空服务扩展至全国。过境权和商业航空权的授予应在适当的规定下进行。认为过境权应以对商业进入权利的相互满意理解为基础，无论是定期航班还是非定期航班的过境都应按照过境国指定的航线，改变指定过境航线应事先通知；国际航空运输服务下的商业进入航线和机场都应由所在国指定，指定应遵循国民待遇和最惠国待遇；外国航空公司应遵守进入运营国的法律和规章；出于国家安全原因，一国可以在提前通知后，临时暂停过境权和商业进入权。[③]

当时中国政府的建议没有要求进入一国的定期过境和商业进入需要该国的特别许可，基本立场还是认为商业进入权利应在合理自由的条件下授予，认为国家安全原因不应构成对国际航空运输发展的限制，现有出于安全原因采取的必要措施应逐步放松，以便扩大航空自由飞行范围。

2.2.5 "战后"国际航空运输体制的形成

尽管在 1920 年到 1930 年就有双边航空运输协定的存在，但直到 1944 年才协调一致地设计出一个国际航空运输的制度框架。

芝加哥会议，就像布雷顿森林会议和旧金山会议一样，建立了一个机构，即国际民用航空组织。国际民航组织很快成为联合国的一个专门机构，负责航空安全、航行、适航标准等技术性事务，后来增加环境（包括噪声、排放）、事故赔偿和劫持等内容。但事实证明，在芝加哥会议 54 个国家（苏联被邀请，但没有出席）的代表，不可能就管理世界民用航空运输系统的经济体制达成一致，所以

---

①③ United States Government Printing Office. Proceedings of the International Civil Aviation Conference ［M］. Chicago, Illinois, 1948。

② 生于 1889 年，卒于 1979 年。1907 年入读东京庆应大学金融系，1913 年任参议院秘书长，1917 年任中国银行副总裁，1928 年任中国银行总经理，1935 年任中央银行副总裁，同年改任铁道部部长，1938 年铁道部并入交通部，任交通部长，1942 年底辞去交通部长职务。1944 年作为当时中国政府代表团团长顾问还参加了建立国际货币基金组织和世界银行的布雷顿森林会议。

国际民航组织从来没有成为像国际货币基金组织或关税与贸易总协定那样的经济监管机构。

芝加哥会议后，英美之间在航空关系上的协调并未好转。英国试图建立区域性的国内航权，将美国排斥在外。让美国愤怒的是，这样做的资本竟然是通过租借法案获得的资源。1945 年 8 月在开罗，英国宣称由于汇兑原因，不为英国航空公司购买外国飞机。

美国则在两条战线上进行反击，首先，与爱尔兰订立了航空运输协定，美国人进入了英国的后院，进而进入欧洲大陆，这让英国人大为不满，要求美国废除这个协定。其次，是利用租借法案。时任民用航空委员会主席威利·珀格（Welch Pogue）向国务卿建议向通过租借法案获得飞机的国家提出接受第 5 航权的附加条件，以消除英国对第三国的影响。这一建议最后由于"战后"有更大的经济问题需要解决，而没有被采纳。

事实上，美国政府在芝加哥会议召开之前就已经在与多米尼加、苏联和中国谈判双边航空运输协定。在芝加哥会议结束后，美国迅速与西班牙、丹麦和瑞典在 1944 年底签订了双边航空运输协定，与冰岛和加拿大在 1945 年初订立双边航空运输协定，与瑞士和挪威则在 1945 年中达成协议。

1945 年春，31 家经营定期航班的航空公司在哈瓦那成立国际航空运输协会（IATA），而这些航空公司代表中的很多人则刚刚作为观察员或者代表出席了芝加哥会议。他们的主要目的是为了解决芝加哥未能解决的问题：价格和费率结构。

1945 年冬天，来自美国和英国的航空官员在百慕大举行会议，肯定了国际航空运输协会的成果，同时试图解决芝加哥会议没有解决的其他问题——航线和运力。美国接受了英国在票价和费率上的立场，即航空公司相互协商确定票价，然后双方政府批准。英国则同意由航空公司单方面决定运力，包括飞机大小和服务的频率，只要不是不公平的做法。其他内容包括指定航线和多家航空公司指定。美国也做出让步，同意限制对第 5 航权的追求。美国和英国达成的协议取代了"临时航线协议的标准格式"（Standard Form of Agreement for Provisional Air Routes）这个芝加哥会议范本从而成为世界标准的航空运输协定。

百慕大 I 协议，一方面，英国放弃了原来的直接由国际机构控制运输、航班频率和运力的设想；另一方面，美国第一次承认了一定程度的"事后"控制（对运力）以及向跨越国境的外国航空公司授予固定航线。此后的协议要么与百慕大 I 协议完全类似，要么比它限制更少或者更多（比如对运力进行限制，不授予第 5 航权）。

因而，从 1946 年开始，"战后"系统管理国际民用航空的体制已经形成，部分基于肯定在芝加哥会议通过的一些基本原则，部分基于一定程度上在国际航空运输协会中航空公司的合作，部分基于一定程度上模仿美英 1946 年 2 月在百慕大达成的协议而形成的一系列政府间双边协议。以后的双边航空运输协定都建立在对通航点、航权、航空公司指定标准和数量、运力、运价这几个核心内容的谈判基础上。

由于已经和英国按照上述原则达成协议，美国坚持与其他国家也必须订立完全相同的协议，当然具体的航线除外，但确定航线的原则也是不能改变的。最终达成了 50 多个基本相同的双边航空运输协定。从本质上来看，百慕大原则与美国国内的航空公司规制方法是平行的，当时美国国内航空公司的航线和运费率受到规制，但运力没有。因而实际上鼓励航空公司在运力上进行竞争。除了这个方面外，百慕大协议在很多方面和美国设计的其他"战后"国际安排类似，即反映了美国对世界经济增长以及国际航空出行增长的乐观，反映了美国对最惠国待遇的坚持，也反映了美国对其企业经营管理人员的信心。

临时国际民航组织[①]在 1946 年再次试图将国际航空运输服务纳入多边体制，向临时大会提出了一份多边航空运输协定的草案，后被退回到运输委员会做进一步的考虑。1947 年再次向正式的第一届国际民航组织大会提交第二份草案，大会为此在日内瓦成立了一个专门委员会并于 1947 年进行讨论。然而，由于英美已经达成百慕大 I 协议，而小国也希望将第 5 航权作为双边协定讨价还价的筹码，最后该草案被放弃。1953 年，国际民航组织大会正式宣布一个普遍性的多边公约在当时是无法达成的。

在欧洲，1954 年 19 个国家在斯特拉斯堡举办了"欧洲航空运输合作会议"，成立了具有咨询地位的"欧洲民航委员会"。1955 年第一次会议上，没有就定期航班达成多边协议，但通过了"欧洲内部非定期国际航空运输服务商业权利的多边协议"，尽管有 15 个国家签字，但没有达到足够的批准数量。1955 年和 1960 年，该委员会建议"航空货运的自由化"。

芝加哥公约以及其后的多边努力失败，使得双边体制一直是航空运输的法律

---

① 根据国际民航公约，即芝加哥公约生效之前的临时国际民航公约建立。

和经济基础。它"将世界分割，使得航空运输比它本来的价格更贵，也减少了便利性"[①]。

芝加哥会议上，英国和美国之间就自由市场和政治现实的拉锯战，最终以政治现实胜出。美国在芝加哥会议上的"天空开放"受阻于英国的反对。事实上，美国有关"天空开放"的哲学说教并不是要承诺更多地开放对美国市场的准入，美国后来退出"国际航空运输协定"就是一个明证，因为它不愿意授予外国航空公司通过美国的第 5 航权。这也从另一个侧面说明美国也承认没有国家之间的互惠安排，就没有稳定的商业航空系统。当美国可以利用其"战后"的实力订立有利于美国的双边航空运输协定时，它也就放弃了让市场决定票价的要求。

总的来说，在"战后"美国主导下建立的国际航空运输体制建立在如下的原则上：

第一，各国对其领土上方的领空享有主权。尽管国家空域主权的原则在第二次世界大战前已经逐渐被各国所接受，但还没有通过国际协议加以确认。《芝加哥公约》第一次将国家空域主权原则明确下来。该原则的确立实质上就部分否定了"航空自由"的原则。尽管在公海上方的空域，仍然可以享有"航空自由"，但正如前面分析的那样，完全的"航空自由"隐含有"航空运输贸易自由"的思想，而国家空域主权原则使得"航空运输贸易自由"成为不可能。因而进入其他国家进行商业航空运营需要该国的授权。

第二，对等互惠是"战后"国际航空运输体制的基石。空域主权原则决定了航空运输的商业性质是次要的，各国均把发展自己的航空运输系统作为基本出发点，必然要求获得在国际商业航空运输领域的公平份额。

第三，从事国际航空运输服务的权利应在双边，而不是区域或者多边的基础上进行谈判。几乎每个国家都有指定承运人在规定航线上运营的权利，这样至少有两家航空公司（各方一家）连接每个城市对市场。由于空域主权原则的确立，多边框架下包括航权交换在内的经济谈判困难重重。双边谈判可以减少达成一致的难度，同时可以更好地保证对等互惠的安排。

第四，国际航空运输服务应以定期航班服务为主。国际航空运输应由各大国际航空公司提供为主，在针对个人售票的基础上提供定期服务。因而，最初的双

[①] Sand, P. H., Freitas, J. S. and Pratt, G. N. An historical survey of international air lawsince 1944 [J]. McGill Law Journal, 1960, 7 (2): 125-160.

边航空运输协定一般没有包括针对非定期航班的规定。

第五，每个国家有一个大型国际航空公司。在欧洲，有些国家，比如北欧，可能会集中资源拥有这类国际航空公司。在所有权问题上，可以是政府拥有，也可以是私人拥有。在欧洲，一般为政府所有，在美国则为私人所有，而在荷兰和瑞士则是国家和私人共同所有。在所有权或者组织形态上，由于芝加哥会议上关于航空公司所有权和实际控制权的讨论，航空公司不可能成为跨国公司，而应由飞机上所挂国旗的国家或者其国民所有。

第六，国际卡特尔对票价的控制。因为担心美国航空公司进行高运输量、低成本加成定价和高效的运营，从而建立起欧洲以及其他航空公司无法跟上的低票价体制，国际航协的费率需要一致同意才能确定，并报政府批准。

第七，航空公司可以在广告以及地面和客舱服务质量上竞争。结果就是餐饮、电影、行李免费额、销售代理佣金、座位间距都最终标准化。换句话说，航空公司作为一个群体，可以和轮船公司、待在家里度假和其他用途的休闲美元竞争；航空公司之间可以就航线的目的地竞争，比如一家航空公司在媒体上的一则广告告诉大众其航班飞往罗马，而另一则广告其航班飞巴黎又或者以色列或爱尔兰。同时航空公司也可能在同一航线上争夺运输量，前提是航线上的价格完全一样，而且服务也基本上一样。①

上述原则随着时间的推移也在发生变化。比如，国际航空运输政策的体制已经从单一的传统双边向双边和区域混合型发展，多边也已经开始萌芽。非定期航班日益重要，国际航空运输协定中也纳入了非定期航班的管理。随着协定的自由化程度提高，很多协定中的对等互惠已经成为"名义上"的。国际航协对票价的控制也已经不复存在。

自芝加哥会议结束和英美订立百慕大Ⅰ协议以来的近 70 年的时间里，各国国际航空运输政策以及国家之间的国际航空运输关系也发生了较大的变化，特别是英美之间在 1977 年重新订立了被称为百慕大Ⅱ的协议、美国在 1992 年又开始在世界范围内推行其"天空开放"的国际航空运输政策、欧盟单一航空运输市场的建立等，对国际航空运输政策产生了重大影响。下面将研究影响"战后"国际航空运输体制的主要因素，然后研究部分国家国际航空运输政策的变化发展。

---

① Lowenfeld, A. F. A new takeoff for international air transport [J]. Foreign Affairs, 1975, 54 (10): 36–50.

2.3 "战后"国际航空运输体制的主要影响因素

影响"战后"国际航空运输体制的主要因素可以从政治、军事和经济等方面进行分析。

2.3.1 政治因素

应该说，政治因素对"战后"国际航空运输双边体制的形成发挥了重要作用。从前面的分析中可以看出，美国在芝加哥会议上实际上是想建立一个高度自由化的国际航空运输体制，但由于英国不愿意美国主导战后的国际航空运输市场，根本不愿意接受美国的方案。同时，由于当时英国拥有自治领广袤的领土，而美国为了获取起降资源，也不得不向英国妥协。

而在百慕大 I 实施了 20 年后，英国认为由于百慕大 I 协定给予了美国航空公司较为自由的第 5 航权，导致美国航空公司占据航空运输不恰当的市场份额。1976 年，英国政府通知美国政府将终止百慕大 I 协定。英国的这个决定应该说完全是政治性的，因为它所需要的国际航空运输体制的平衡性不复存在了。

除了国际政治因素外，国内政治因素也颇为重要。由于国际航空运输公司"扛着国旗"在全球飞行，因而很多人心中存有将航空与国家成就和骄傲联系在一起的想法。从而在国际航空运输关系中，很多国家采取了与商品贸易中完全不一样的政策，即确保本国发展航空运输业的机会。

2.3.2 军事因素

导致国际航空运输的特殊地位和成为"重大问题"的主要原因之一是国防。[①]民航系统与国家安全方面的联系在第一次世界大战中得到初步的展示，在第二次世界大战中则进一步得到强化。1941 年在珍珠港事件发生后不久，美国航空运输协会首任主席爱德华·戈雷尔（Edgar Gorrell）就向罗斯福总统提出了战时自愿

---

① Rhoade，D. L. Evolution of international aviation phoenix rising，2ⁿᵈ edition ［M］. Ashgate，Hampshire，England，2008.

参与空运的概念。

"战后"国际航空运输体制是与将成千上万的美国和加拿大部队以及数以吨计的重要供给空运到欧洲和后来的太平洋的深刻记忆一起演变的。1948年的柏林封锁唤起了重新关注航空在保证被围困地区与外界联系的重要性。西欧和美国的一些人意识到可能再次需要在短时间远距离投送部队和物资。[1]飞机使得在西欧维持大规模美国军队和过度依赖核威慑之间可以取得折中。民用航空器在紧急状态下可以被包租或者被征用从而可以减少维持非生产性储备的军用运输机数量。

1951年12月15日,美国正式设立美国"民用储备机队"(Civil Reserve Air Fleet,CRAF)计划,该计划通过一系列的总统行政令形成。该计划下,美国航空公司承诺在国家军事空运能力不足的情况下,支持国防部的空运需求。在紧急情况下,美国国防部可以提前24~48小时通知航空公司,以激活"民用储备机队"计划。该计划最高限度可以满足90%的部队运输、40%的军用物资运输和100%的伤病员运输。[2]

美国"民用储备机队"计划在1990年8月17日首次被激活以支持海湾战争。截至1991年3月,向阿拉伯半岛运送了2/3的人员和1/4的物资。2003年,伊拉克战争打响之前,美国国防部从11家航空公司征调了51架客机运送战斗部队。[3]在"民用储备机队"计划下,航空公司利用自己的资源运营飞机,航班时刻则由空军掌控,政府向航空公司按照议定的费率支付费用。

正因为航空运输具有潜在的军事性和预备性,美国至今仍然将外国资本投资其航空公司有投票权的股权比例限制在不超过25%,与美国在航空运输其他领域推行的自由化形成鲜明的对比(Warner,1993;Patel,2008;Cosmasetal.2011)。

其他国家或地区也出于军事考虑,对国际航空运输进行限制,以确保本国航空运输的发展。

2.3.3 经济因素

影响国际航空运输体制和政策的经济因素有两个,一个是宏观的经济因素,另一个是行业本身的经济因素。

---

① Lowenfeld, A. F. A new takeoff for international air transport [J]. Foreign Affairs, 1975, 54 (10): 36–50.

②③ http: //www.airlines.org/Pages/Civil-Reserve-Air-Fleet- (CRAF).aspx.

宏观的经济因素主要指航空运输对促进经济增长和发展的作用。

Button 和 Taylor（2000）认为，国际航空运输不仅是一个重要的行业，更为重要的是在快速发展的全球经济中，还是一个相当重要的投入品。不仅是很多国家旅游业成功的基础，也是很多非休闲产业取得成功的重要投入。美国著名的未来学者约翰·奈斯比特指出"在把我们这个星球转变为'地球经济村'中起了主要作用的两项发明是喷气式飞机和通信卫星"，从另一个角度说明了航空运输在当今经济全球化中的地位。

国际民航组织认为航空运输对经济的影响体现在：①直接影响：航空运输业本身创造的收入和就业，包括航空公司和机场运营、飞机维修、空管及直接为旅客服务的活动；为航空运输业提供服务的相关行业，如与航空燃油供应商、建造附属设施的建筑公司、机场零售商品的制造商相联系的工作等。②催化效应：指航空运输对整个经济链中其他行业发生的影响，如促进世界贸易、促进旅游业发展、吸引投资等。③诱发影响：指从航空运输的直接和催化影响获得收入的从业人员进行消费支出以及来自直接和催化影响经济活动税收的公共支出而引发的经济需求。[①]

牛津经济研究院 2008 年为航空运输行动小组（ATAG）所做的"航空运输经济和社会效益"研究，相比较早期（2000）的研究，评价指标建立在直接、间接、引致和催化影响之上，采用就业和产出两个指标对以上指标进行衡量。[②] 2018 年的最新研究表明，2016 年全球航空运输业创造工作岗位 6500 万个，为全球创造的经济效益占全球 GDP 的 3.6%。估计到 2036 年，全球航空运输业创造工作岗位将达到 8580 万~9780 万个。[③]

宏观层面的经济因素既可以成为采用更为自由化的国际航空运输政策的依据，也可以成为对国际航空运输进行限制的理由。后者尽管也承认国际航空运输业在一国参与经济全球化，从而获取经济一体化利益有举足轻重、不可替代的地位，但国际航空运输服务贸易自由化必定导致航空运输业效率低的国家拱手让出航空运输市场，从而抑制本国航空运输业的发展。对经济增长有重要作用的产业由外国替代提供服务，或者受外国资本的控制，长期来看，对本国经济增长的负

---

① ICAO. Economic Contribution of Civil Aviation（Circular 292）.
② Air Transport Action Group. The economic and social benefits of air transport [R]. Switzerland，2008.
③ Air Transport Action Group. Aviation：Benefits beyond borders report [R]. Switzerland，2018.

面影响更大，甚至影响经济安全。而前者则认为对国际航空运输服务贸易的限制最终都会导致无谓的社会福利净损失。社会福利损失主要来自两个方面，一个是生产扭曲，另一个是消费扭曲，导致了航空公司并没有在最优的产出位置进行生产，浪费了社会资源，旅客以及货主由于面临支付更高的价格，减少了消费。依照上述航空运输业的经济影响分析，来自国际航空运输服务贸易自由化的得益就不仅仅是直接的社会福利净损失的减少以及所依附的货物贸易增加所带来的收益，还包括由于国际航空运输服务所带来的其他行业生产效率提高和规模经济，从而促进整个国民经济效率的提高，促进经济增长。

但是，一般来说，经济联系多并且紧密的国家或者地区之间，总体上国际航空运输政策的自由化程度更高。

从行业本身的经济因素看，主要是航空公司在国际航空运输市场中的市场份额、票价、竞争能力等对国际航空运输政策的影响，同时行业中新的商业模式也会对国际航空运输政策产生重大影响。

一般来说，竞争能力强、具有较大市场份额的航空公司希望政府出台更加自由化的国际航空运输政策，而市场份额低、竞争能力弱的航空公司希望对运力、运价和航线进行严格限制的国际航空运输政策。

从英美百慕大Ⅰ协定到百慕大Ⅱ协定的变化也能发现行业经济因素的影响。

"二战"后跨大西洋以及跨太平洋和前往中南美的旅客主要是美国公民。在大西洋航线上美国国民达到了2/3。如果市场持续增长，更多的人都可能跨国旅行，非美国航空公司在旅客运输量上是可以逐步达到均势的。1965年，欧洲和其他地区的航空公司已经可以赶上美国航空公司，但和后者在成本费用上仍然有差距。①

没有运力限制使得美国航空公司和政府的观点战胜了欧洲人的怀疑主义。然而随着更大更好的飞机不断出现，对这些飞机的采购，就需要用旅客和货物来填满，则票价有下降的压力。1963年春季，国际航协在欧洲国家支持下提高票价（或者说减少了往返程的折扣），而当时美国民航委员会（CAB）认为票价应该维持不变，双方摊牌了，而国际航协毫不退让，最终赢得了争斗，但代价高昂。美国民航委员会采取了一种迂回战术来应对国际航协的票价政策，即大力促进一种新型的航空公司——非定期或者补充承运人，尽管它从来没有公开说明过。第

---

① Lowenfeld, A. F. A new takeoff for international air transport [J]. Foreign Affairs, 1975, 54（10）：36-50.

一，民航委员会支持国会授予很多补充承运人永久许可证，使得它们可以获得购买飞机的资金；第二，允许所谓的"分包"，即可以将一架飞机分成若干部分分包出去；第三，1966 年开始，民航委员会允许所谓的"全旅游包机"，即旅游运营商（旅游批发商）可以以折扣价向公众销售度假旅游，而不需要旅客属于任何俱乐部或者原有的某个团体组织。补充运输吸引了数以百万计的美国人前往欧洲。民航委员会制定了国内规章，试图区分定期和包机服务，比如要求组团、地面服务、打包旅游的多点停留、提前预订和预付定金条件，以便鼓励"创造"一个新的市场，而不是鼓励从定期航空公司的"转移"。然而公众并不关心这些区别，这个补充市场也就是持续增长的包机市场。[①]

国际航空运输迎来价格竞争，航空公司可以通过提供新的票价吸引新的客源或者抢夺其他航空公司的客源。大型定期航空公司对原有的定价政策进行了大调整，在 20 世纪 60 年代末 70 年代初从原来的两舱票价结构发展到了相当复杂的票价结构，支付的价格与提供服务的成本无关，目的是针对不同的需求弹性制定不同的价格。

原来运力不受限制和运价受限制的百慕大 I 协定受到严重的挑战，而英国也认为自由化程度较高的百慕大 I 协定让美国航空公司获取了更多的市场利益。运力不受限制导致的市场份额变化，迂回的运价下降使得原来的价格管制体制失效。新的国际航空运输政策出现是必然的，但存在不同的发展方向。一个是收紧控制，一个是顺应实际情况，向更加自由的方向发展。事后的事实也证明两个不同方向的发展都存在。这一点在后文（第 3.2.1 节和第 4.2 节）将做进一步的分析。

2.3.4　其他因素

除了上述的政治、军事和经济因素外，还有其他一些因素会影响到国际航空运输政策。比如，历史和文化联系、风景旅游名胜等。中国和东南亚部分国家历史上的华人移民较多，受儒家文化的影响较深。而巴厘岛、普吉岛、马尔代夫等日益成为中国公民出境旅游的目的地，这些都会影响到中国与相关地区的国际航空运输政策。

现在，环境因素、劳工保护因素也成为影响国际航空运输政策的重要因素。

---

① Lowenfeld, A. F. A new takeoff for international air transport [J]. Foreign Affairs, 1975, 54 (10): 36–50.

美国和欧盟于 2010 年 3 月 25 日达成的"开放航空区"第二阶段初步协议中，把双方在环境事务方面的紧密合作列为主要内容，从而确保双方排放交易政策的一致和避免双重监管，同时明确承诺要实施更高的劳工标准。

2.4 小 结

本章研究了国际航空运输体制的发展变化历史过程，发现"航空自由"和"空域主权"对立是一直困扰"二战"之前国际航空运输发展，从而导致"二战"之前事实上的双边国际航空运输关系建立在一种单边主义的基础之上。

芝加哥会议建立多边国际航空运输体制的失败说明英美两国"战后"在航空运输领域利益尖锐对立，英国希望未来的国际民航组织有管理国际航空运输运力、费率和航线的权力，而美国则希望建立一个对航线、航班频率和票价不做任何限制的完全开放的市场准入体制。美国希望包括第 5 航权，而英国仅同意包括第 3 和第 4 航权。《芝加哥公约》确立的空域主权原则，为多边框架下的双边国际航空运输体制奠定了基础，从事国际航空运输服务的权利不再在区域或者多边的基础上进行谈判。芝加哥会议建议的"临时航线协议的标准格式"与英国模式协议一并成为日后各国双边航空运输协定的基础，而百慕大 I 协定就是将两个模式综合的标准。

此外，对等互惠是"战后"国际航空运输体制的基石。在所有权或者组织形态上，芝加哥会议上关于航空公司所有权和实际控制权的争论导致航空公司应由飞机上所挂国旗的国家或者其国民所有，从而不可能发展成为跨国公司。国际航协的"票价协调会"本质上是国际卡特尔对票价的控制。

第3章 部分国家国际航空运输政策的发展变化

本章在分析整个国际航空运输体制形成的基础上，研究美国、欧盟等国家国际航空运输政策发展变化情况，梳理包括"天空开放"在内的国际航空运输政策发展和演变历程，为第4章的"天空开放"航空运输协定研究和第11章中国国际航空运输政策的抉择奠定基础和提供借鉴。

3.1 美国的国际航空运输政策

3.1.1 1979年之前的美国国际航空运输政策

美国成体系的国际航空运输政策在"二战"之前并不存在，在1938年的联邦航空法中没有具体列出国际航空运输政策目标、实现目标的途径和措施等内容，只有关于外国航空公司许可方面的技术性规定和本国航空公司中外国资本限额的规定。这与前面分析的整个国际航空运输体制是一致的，当时主要是对安全和技术性事务进行规定，而对国际航空运输的经济领域确立没有明确的目标和原则。

早在1943年10月15日，美国国务院和民航委员会发表的一个联合声明就规定了国际航空运输谈判体制，即航线和航权的谈判由美国国务院主导，在谈判中需要与民航委员会密切合作。①但是没有涉及有关国际航空运输政策的具体内容。

---

① Pogue，L. W. International civil air transport-transition followingWWII［R］. Massachusetts Institute of Technology Flight Transportation Laboratory Report FTL-R79-6，1979.

一直到第二次世界大战临近结束，美国形成了自己的国际航空运输政策，并作为未来的国际航空运输体制的方案在芝加哥会议上提出。这一点在 2.2.2 部分中已经做了介绍。从美国当时的方案看，美国要在"战后"推行包括第 5 航权在内的国际航空运输自由化政策，尽管美国没有成功，但还是部分达到了其目的，在与英国订立的百慕大 I 协定中，没有对运力进行严格限制，并授予了部分第 5 航权。

1961 年，美国成立了一个跨部门的专门委员会对国际航空运输政策进行审议，1963 年 4 月肯尼迪总统批准了这个委员会关于美国国际航空运输政策新的声明。声明强调要尽可能确保国际航空运输业免于各种限制，不管这些限制是政府还是航空公司之间的协议造成的。美国的政策是为企业营造自由经营的氛围，这将有利于美国的国际航空公司和整个行业。美国随即成立了在国务卿领导下的国际航空运输政策部门间委员会（Interagency Committee on International Aviation Policy）专门负责制定和更新美国国际航空运输政策。

1969 年，时任美国总统尼克松组织了一个由运输部领导的跨部门委员会，再次对美国国际航空运输政策进行审议。1970 年 6 月 22 日，美国总统尼克松根据委员会的审议发表了一份关于美国国际航空运输政策的声明。声明确认了过去的多数原则仍然有效和适用。

1976 年，美国总统福特批准了新的美国国际航空运输政策声明。强调航空运输是美国对外贸易的基本组成部分，国际航空运输在经济相互依赖程度日益提高的时代是必不可少的。美国寻求建立一个有利于所有航空公司健康竞争的国际经济氛围。强调竞争性的市场对改善服务和降低成本的重要性。尽管其他国家或许持有不同的观点，美国将通过双边和多边渠道努力促成建设性的变革，从而有利于旅客、货主和各国的航空公司。

1978 年 8 月，在美国国会举行的关于国际航空运输竞争法的听证会上，美国运输部门提出了国际航空运输政策的目标，即致力于建设主要依靠实际和潜在的竞争来决定航空运输服务多样性、质量和价格的国际航空运输系统。实施国际航空运输政策的基本目的是为美国和外国航空公司提供更多的竞争机会，促进新的低成本航空运输发展，为旅客和货主提供更多的选择机会。增加进出美国的航空运输将有利于美国对外贸易的发展，确保空运资源对国防需求的保障，促进和提高国际航空运输业的生产效率和就业机会。① 表明美国又开始重新在世界范围内寻求对国际航空运输的自由化。

国际航空运输政策的实施不是单方面的，需要在国际协议中形成一个有关国际航空运输体制的基本框架，而航线、价格、运力、定期和包机的规则、竞争等是相互关联的，而不是孤立的问题，可以一个个地解决。因此，美国提出了一个系统的国际航空运输体制的基本框架：允许创新性和竞争性的定价，满足不同旅客和货主的需求；实现包机运输规则的自由化，消除对包机运营的限制；通过减少对运力、航班频率和航线以及运营权的限制扩展定期航班服务；消除美国航空公司在国际航空运输中面临的歧视性和不公平做法；通过增加更多城市的直飞服务以及国内和国际航空运输服务的一体化，鼓励旅客和货主更多地进入国际市场；促进竞争性航空货运服务的发展和便利化。

国际航空运输协议谈判的指导原则是与谈判伙伴交换竞争性机会，而不是限制。美国将积极在扩展航空运输中和降低票价中追求自己的利益，在谈判中的让步应能换取向竞争性目标的前进，而且让步本身也要具有自由化的特征。拟议中的双边协议如果不符合最低的竞争目标，在得到总统授权之前不能签署。

1978 年 8 月 22 日，美国总统卡特以总统声明的形式批准了国际航空运输政策谈判的声明，肯定上述美国国际航空运输政策。

1978 年 10 月 24 日，美国国会通过的放松航空公司规制法首次以立法的形式将美国国际航空运输政策基本目标确定为，适应美国国内经济和对外经济的需要、适应美国邮政服务和国防的需要；促进行业的健康发展；促进航空运输服务的经济性和高效率，从而航空公司能够以合理的价格提供服务；防止歧视、不当优惠，制止不公平或毁灭性竞争；把竞争维持在确保行业健康发展，并能适应美国国内经济和对外经济的需要、适应美国邮政服务和国防需要的限度内。②

比较政府部门建议的国际航空运输政策和最终国会通过的国际航空运输政策，可以发现二者相同的地方即都强调通过增加竞争促进航空运输的经济性和高效发展，满足国防的需求，但后者不仅从行业的角度看待国际航空运输政策，而且从国家宏观经济发展需要的角度制定国际航空运输政策，提出了要满足美国国

---

① Policy for the Conduct of International Air Transportation（hearing before the Subcommittee in Aviation of the Committee on Commerce，Science and Transportation [Z]. United States Senate，95th Congress Second Session on S.3363，1978.

② Airline Deregulation Act of 1978 [Z]. Public Law 95–504–Oct. 24，1978.

内经济和对外经济需要的基本目标。在对待竞争上，后者更为谨慎，提出了制止毁灭性竞争，确保行业健康发展水平的目标。

3.1.2　1979 年美国国际航空运输政策

1979 年国际航空运输竞争法①进一步明确美国国际航空运输政策的目标，即增强美国航空公司的竞争地位，至少确保国际航空运输中和外国航空公司的地位平等；自由定价以满足消费者需求；尽可能减少对国际航空运输中包机运输的限制；给予美国航空公司最大限度国际航空运输权限，以便随时对市场需求变化做出调整；最大限度减少对航空公司运营和市场的限制；实现国内和国际航空运输的一体化；增加美国国际航空运输直飞的门户城市数量；在权利平等交换基础上，增加外国航空公司进入美国通航点的机会；消除美国航空公司面临的歧视和不平等的竞争行为，包括多收起降费和使用人费、不合理的地面服务要求、不合理的运营限制和不允许更换机型等。

归纳起来美国国际航空运输政策有如下三个具体的诉求：

（1）推动国际航空关系中的多家承运人指定，宽松的航线授权，以及取消针对运力和班次上的限制。

（2）根据市场需求水平自由定价。

（3）努力减少限制美国承运人在国际市场有效竞争的歧视性做法。包括：外国计算机订座系统（CRS）中歧视性显示其他国家承运人航班的做法；外国政府在国际机场中征收比国内机场更高的费用，以补贴小型和支线机场；在地面服务和其他服务中要求排他性的合约的政策等。

1979 年的国际航空运输政策与 1978 年放松航空公司规制法中的国际航空运输政策相比：首先，更为明确和具体。更为自由的航线授权、不受限制的运力、自由定价，这些都是美国在芝加哥会议上追求的目标。其次，没有再提制止毁灭性竞争的问题，对包括国际航空运输在内的航空运输进行严格规制的理由之一就是制止毁灭性的竞争。但从经济学的角度来看，并不存在所谓的毁灭性竞争。最后，对于前面提到的包机运输的商业模式减少限制。由于美国此前采取了包机方式绕过传统协议对运价的限制，导致其他国家在新的协议中对包机进行严格的管制。

---

① International Air Transportation Competition Act of 1979 [Z]. Public Law 96–192–Feb. 15, 1980.

3.1.3 1995 年美国国际航空运输政策

由于美国订立"天空开放"协定的实践早于 1995 年，因而美国运输部在 1992 年 8 月 5 日发布了部门命令（DOTOrder 92-8-13），对"天空开放"协定的要素进行了界定，以便于指导即将达成的美—荷"天空开放"协定。除安全和安保等必备的基本要素外，该命令将"天空开放"协定的关键内容列出 11 项：开放所有航线的准入，所有航线的运力不受限制，第 3、第 4、第 5 航权不受限制，票价双不批准，自由化包机协议，自由化货运体制，汇兑安排，开放的代码共享机会，自办地面服务，在商业机会、使用人费用、公平竞争和多式联运权力等方面促进竞争的条款规定，明确承诺在 CRS 系统运营和进入的非歧视。

但是，这仅仅是一个对双边"天空开放"协定谈判要素的规范，还不是一个完整的国际航空运输政策。因而才有 1995 年美国国际航空运输政策声明[①]的产生。

美国出台新的国际航空运输政策的背景是经济全球化快速发展的情况下，美国航空运输公司国际航空运输周转量占总周转量的比例从 1983 年的 16% 上升到 1993 年的 27%，同时国际航空运输需求发生了重大变化，从传统的欧洲市场转向亚太和拉美。1983 年，航空公司国际收入中大西洋占 48%，太平洋占 32%，到 1993 年两个比例分别为 37% 和 46%。而走向全球化的航空运输业，需要在不同国家进行枢纽与枢纽之间的运营以构筑全球网络，航空公司需要进行各种层次的合作。因而航空公司在其他国家枢纽机场以及第三国的大量进入，需要获取包括拥挤机场在内的更多的起降时刻和登机门的资源以及其他基础设施。此外，经过 15 年的放松规制，美国航空公司的运营效率有了很大提高。

1995 年，美国国际航空运输政策提出的最终目标（Goal）是为消费者提供安全、可负担、便利和高效的航空运输服务。这个最终目标和原来的政策目标相比，更为清楚、简练和直接，原来的政策目标并不是终极性的目标。

要实现上述最终目标，美国政府提出了一些具体的目标（Objectives）：增加消费者对服务和价格的选择；增加美国城市进入国际航空运输系统的机会；为美国航空公司提供依照它们对市场需求的预测开发服务产品和系统的机会；两国门户机场之间及其中间点和远点不受限制，包括提供直接服务和间接服务（合作）；

---

① U.S. international air transportation policy statements [Z]. 1995.

航班频率、运力及其设备不受限制；运价不受限制；要认识到军事和民航空运力量对国防动员、对国防和外交政策支持的重要性；减少市场扭曲（政府补贴、自办地面服务、公平获取资源等），增加竞争；鼓励发展具有成本效益和生产效率的、装备良好的航空运输系统，参与全球航空运输市场竞争；满足基础设施需求和取消不必要的规制；私营航空公司在减少成本和对需求做出反应方面更有动力；减少全球航空市场的障碍。

1995 年，美国的国际航空运输政策，除了同 1979 年一样强调放开市场准入限制和鼓励竞争外，最大的区别就是突出了国际航空运输政策双重功能，即在经济全球化的大背景下对高效和便利的国际航空运输的需求，国际航空运输政策应服务于经济全球化的需求，同时也强调国际航空运输政策对构筑航空公司全球网络的重要性，提出了订立自由化国际航空运输协定的行动计划和路线图。

美国采取的具体行动是邀请持有相同观点的国家订立"天空开放"协议（Open Aviation Agreements），优先考虑与亚洲、南美、中欧这些有潜力区域的国家建立航空运输关系，努力与那些航空运输关系落后于一般贸易关系的国家达成更加自由化的协定。强调政策制定过程中依据充足数据进行有效经济分析的重要性，寻求改变投资美国航空公司的法律，增加与国会、消费者、企业、城市、机场、航空公司、劳工组织和旅行社的联系，了解他们未来 3~5 年的需求，强化政府部门之间的沟通和联系。

在路线图方面，对于不愿意马上订立"天空开放"协定的国家采取过渡协议和部门协议两种方式。在过渡协议方式下，可以分阶段消除国际航空运输市场的限制，逐步自由化。这一方式下，双方在开始就要明确经过一定时间达到完全的自由化体制。在部门协议方式下，可以仅就涉及航空运输某一个子部门的自由化达成协议，比如取消对航空货运或者包机运输的限制。

综观美国从 20 世纪 40 年代以来的国际航空运输政策，基调都是推行自由化，不同点是在芝加哥会议上，美国试图借助多边框架确立原则，双边具体推进，而在 1995 年以后，美国则明确了完全通过双边来推进国际航空运输的自由化。贯穿整个自由化的核心思想是市场竞争有利于行业效率提高，从而增进整个社会的福利，但美国的自由化聚焦在市场准入方面。

3.2　欧洲的国际航空运输政策

3.2.1　英国的国际航空运输政策

从前面介绍的英国为"战后"国际航空运输体制准备的方案可以看出，英国采取了一种对国际航空运输进行严格限制的政策取向，包括对航线、运力和运价都需要由未来的国际机构进行管理，第 3 和第 4 航权仍然需要当事国家之间进行双边谈判，英国将第 5 航权排除在初期的国际航空运输政策之外。但在百慕大 I 协定中，英国与美国还是相互授予了有限但很广泛的第 5 航权。

然而百慕大 I 协定对运力没有限制，对指定的航空公司数量也没有限制，而且还授予了不完全的第 5 航权。同时美国利用包机这种商业模式，不仅运力不受限制，运价也不受原来的双边协定限制，到 1970 年初，大约 30% 的跨大西洋航空运输是通过包机方式实现的，①对欧洲国家，特别是英国的航空运输业构成了重大挑战。

英国试图采取更为严格的国际航空运输政策，于是工党政府在 1976 年 10 月单方面废除了百慕大 I 协定，要求和美国订立限制更为严格的协议。最终两国在 1977 年 7 月订立了百慕大 II 协定，协议限制在伦敦希斯罗机场和美国之间直飞的航空公司为各自两家，排除了所有的其他航空公司，同时将第 5 航权的限制范围缩小，规定票价由国际航协决定，实际上是航空公司决定后交政府批准修改为直接由两国政府决定。通过百慕大 II 协定，英国航空公司到 1990 年初获得了更大的市场份额。

百慕大 II 协定是一个框架协议，可以随时进行修订。1990 年，增加了曼彻斯特作为跨大西洋的门户机场，1994 年增加了其他的地区机场。1993 年两国约定最终实现两国国际航空运输市场的自由化。1996 年，所有英国机场均可以享有第 3~4 航权。百慕大 II 协定最终在 2008 年和 2010 年被欧盟与美国订立的两个

---

① David Gillen. Canadian International Aviation: Policy and Challenges [EB/OL]. Available at http://www.ucalgary.ca/files/vanhorne/DavidGillenCanada´sInternationalAviationPolicy.pdf, 2009.

阶段的"开放航空区"协议所取代。

因此，可以说英国一直采取了一种限制较为严格的国际航空运输政策。

3.2.2　其他欧洲国家的国际航空运输政策

法国政府是航空运输市场的强烈干预者。维护国家威望是指导性原则，提供公共服务要优先于竞争和竞争力。国际市场上，"二战"之后政府优先恢复与殖民地之间的空中运输联系，但随着殖民地的相继独立，政府的目标进而转向与本土有政治和经济利益有密切联系的国家和地区，很明显法国政府是国际航空运输市场管制的支持者。秉承在两次战争之间形成的"领域分属"原则，政府鼓励在三个航空公司之间分配航线，起始是按照一系列的航季协议来分配，到 1954 年按照在培拉卡瓦形成的长期协议分配。法航获得了大西洋和极地航线，TAI 得到了澳大利亚和太平洋航线，而 UAT 则获得了南方、中非和部分西非航线。①

德国的航空运输政策集中在单一的载旗承运人，载旗承运人在国际和国内两个市场都运营。1945 年后联邦德国的地位具有特殊性，首先，联邦德国的空域主权被剥夺 10 年，当政府重新掌管空域、恢复商业运营时（1955 年，联邦德国的空域主权被归还），已有超过 30 家欧洲航空公司在德国 30 多个城市间运营。另外，西柏林的航线仍被同盟国航空公司占据。其次，因为"战后"德国没有完全主权，因而也就不能像其他欧洲国家一样作为主权国被同等对待。这里，商业利益总是至为重要的，而且航空运输对于德国经济复苏和增长来说非常关键。②

荷兰政府对国际航空运输市场的产业政策比较自由，为其载旗承运人提供了市场机会。在荷兰的双边协议磋商中，荷兰政府将航空运输作为提升国家在欧洲地位的重要产业。荷兰对非定期航线的运营一直疑虑重重，KLM 在这一市场的弱势导致在 20 世纪 70 年代当面临来自欧洲和北大西洋包机运输竞争时，荷兰政府放弃了其自由化原则。荷兰政府发起在双边协议框架下签订包机航空运输协议，但当美国放松规制后，荷兰考虑到美国广阔市场的吸引力要超过竞争带来的风险，撤销了这一提议，荷兰也成为第一个与美国达成双边协议，解除两国承运人在各自市场上的进入限制条件的国家。③

---

①②③ Kassim, H. and Stevens, H. Air Transport and the European Union [M]. Macmillan, 2010.

3.2.3　欧盟的国际航空运输政策

为了推动欧共体的一体化进程，1985 年欧共体委员会发表"白皮书"，提出在欧共体内部建立商品、服务、资本和劳动力完全流动的统一大市场的建议，随后共同体首脑会议通过了《单一欧洲法》，并得到各成员国的批准。

在共同体统一市场建设中，航空运输市场的统一也不能例外。但是，由于国际航空运输服务贸易与其他经济贸易中以非歧视原则（最惠国待遇、国民待遇）为基础不同，处于双边体制的严格管辖中，并且是以对等为基础的。因而，单一航空运输市场的建设，必须放松直至最后取消双边协定对航空运输服务贸易的限制。欧共体通过三个阶段完成了单一航空运输市场的建设。

第一阶段开始于 1988 年，主要是在传统的国际航空运输协定上放松限制。主要包括运力、运价的限制的放松，还将共同体的竞争政策用于航空运输业。从 1990 年开始的第二阶段则完全取消了运力限制，票价限制进一步减少，对航空公司指定条件放松控制。第三阶段开始于 1993 年，将成员国之间的国际航空运输整合为欧盟内部的统一市场，与一个国家的国内市场完全相同。

由于区域性国际航空运输服务贸易体制涉及两个以上的国家，而传统的国际航空运输服务贸易体制为双边，这样无疑可能会导致加入区域性国际航空运输服务贸易集团的国家与其他国家订立的双边航空运输服务协定和其在国际航空运输服务贸易集团中的义务相背离。

美国与欧盟成员国订立的"天空开放"协定使得美国航空运输企业可以很好地利用欧盟单一航空运输市场建成的益处，由此引起了欧盟委员会的不满。主要表现在：第一，在"天空开放"协定中不受限制的第 5 航权，使得美国航空运输企业变相取得了欧盟单一航空运输市场的内部空运权（cabotage）。[1] 第二，美国的"天空开放"协定中，仍然采用传统协定中的指定条款，即各自指定经营两国之间航空运输的空运企业必须是协定国的国民多数拥有和实际控制的国民承运人（National Carrier）。而根据欧盟条约第 43 条的规定，欧盟公民有在欧盟内任何地点自由开业的权利，这一权利经欧盟理事会法令 2408/92[2] 明确为所谓的"共同

---

[1] 相当于传统意义上的国内空运权。

[2] Council Regulation of 23 July 1992 on access for Community air carriers to intra-Community air routes (OJ L 240 of 28 August 1992).

体承运人"，即是"拥有由一个成员国依照理事会法令 2407/92 [①] 颁发有效营运证的航空公司"。结果尽管欧盟内部有自由开业的权利，但各航空企业以及新设立的航空运输企业为了不丧失或者为了获得国际航空运输权利，都必须满足国民承运人的条件。第三，"天空开放"协定中有关运价、计算机订座系统、起降时间、地面服务、安全、保安、环境保护以及旅客保护等目前都属于欧盟。根据欧盟条约的规定，欧盟一级已经立法的，成员国就没有立法权，包括国际条约的订立权。[②]

1998 年 12 月 18 日，欧盟委员会在欧洲法院对英国、丹麦、瑞典、芬兰、比利时、卢森堡、奥地利和德国提起诉讼，指控这些国家与美国签署的双边协定违反了欧盟条约的自由开业权，还侵犯了欧盟的对外专属权限。[③]

欧洲法院于 2002 年 11 月 5 日做出了最终裁决，欧洲法院认定上述运价和计算机订座系统、机场起降时间属于欧盟专有权限，因而在这些领域，双边"天空开放"协定侵犯了欧盟的专有权。同时协定中的航空公司所有权和控制权规定构成歧视，违反了欧盟法律。

欧洲法院的裁决不仅对上述 8 个被告成员国有效力，而且其他的双边协定如果存在与上述"天空开放"协定类似问题，也必须服从裁决。

依照欧洲法院的裁决，欧盟委员会提出了在国际航空运输关系中采用共同体方式以对抗美国的"天空开放"，即在国际航空运输关系中用一个一体化组织取代传统的一个国家同其他国家进行双边航空运输协定的谈判，使欧盟在新的国际航空运输规制体制形成过程中占据有利地位（郑兴无，2010）。

3.2.3.1 共同体国际航空运输政策的基本原则

鉴于现行双边航空运输协定阻碍了共同体承运人获得单一市场和欧盟条约规定的自由开办权的全部好处，因而首要原则和目标是保证共同体承运人获得应该获得的利益。

欧盟委员会提出的基本原则包括：把双边航空运输协定纳入欧盟法律框架，最大化单一市场的潜力；以促进航空运输和增加本行业国际投资为目标，制定有关国际性的改革计划；确保和促进竞争，以便消费者获益；在欧盟和世界范围内

---

① Council Regulation of 23 July 1992 on licensing of air carriers（OJ L 240 of 28 August 1992）.
② 郑兴无. 国际航空运输服务贸易的理论、政策与实证研究 [M]. 北京：中国经济出版社，2010.
③ 欧盟委员会认为"运价、计算机订座系统、起降时间、地面服务、安全、保安、环境保护以及旅客保护"的对外订约权已经归欧盟。

确立较高的安全、保安和环境保护以及旅客保护的标准（郑兴无，2010）。

3.2.3.2　共同体国际航空运输政策的三支柱

欧盟委员会在 2005 年的对外航空运输政策通告[①]中提出了其国际航空运输政策的三个支柱，并在 2012 年的对外航空运输政策通告[②]中进一步强化：

第一支柱：恢复法律的确定性。要纠正与欧盟法律不相符合的双边协定，从而确保法律的确定性，使得欧盟航空公司在飞往欧盟以外国家时，获得相同的起点。

第二支柱：与邻国建立共同航空区。继续发展与周边国家的航空运输关系。与欧盟候选国谈判，在取得欧盟成员国资格之前，将这些国家纳入欧洲共同航空运输区（European Common Aviation Area），将欧盟的单一航空运输市场向更大的地域范围推进。

第三支柱：与其他关键伙伴订立全面的双边协议。与主要的双边关系伙伴谈判新的双边航空运输协定，与美国的谈判是欧盟与第三国谈判的核心，执行欧盟法院裁决的关键就是在欧盟一级与美国进行谈判。

此外，要继续增进与发展中国家的关系。在发展与发展中国家关系时，不应降低有关的标准要求。欧盟继续在安全标准实施上提供有关的资助。

评估欧盟在多边机制中的立场，在国际范围内讨论建立新的国际航空运输秩序。在国际民航组织（ICAO）以及世界贸易组织等多边组织中发挥欧盟一个声音的作用。

欧盟委员会在 2015 年 12 月发布的欧盟航空战略中包括一个新的欧盟对外航空运输政策。欧盟新航空战略的总目标是提升其航空业的竞争力，在对外航空运输政策方面，围绕这个目标提出进一步推进开放国际航空运输市场准入的政策。[③]欧盟委员会认为应确保欧盟航空业进入有增长潜力的市场，因为这些市场在未来的 10 多年里更具有经济发展机会。在执行欧盟国际航空运输政策的第三个支柱时，要更加关注这些有增长潜力的市场，以增加欧盟航空业的市场准入和投资机会，同时确保公平竞争。为支持日益增长的全球航空器贸易，欧盟要扩展双边航

① European Commission. Developing the agenda for the Community's external aviation policy [Z]. COM（2005）79 final，Brussels，2005.

② European Commission. The EU's External Aviation Policy-Addressing Future Challenges [Z]. COM（2012）556 final，Brussels，2012.

③ European Commission. An Aviation Strategy for Europe [Z]. COM（2015）598，Brussels，2015.

空安全协定的范围，通过相互承认安全许可标准，降低飞机贸易的交易成本。欧盟已经与美国、巴西和加拿大达成了类似的全面航空安全协定。

在确保国际航空运输公平竞争方面，欧盟委员会特别提出需要对补贴和不公平定价手段加以限制，可以通过全面的双边航空运输协定加以解决。并建议欧盟尽快出台新的规范不公平手段的立法。还要求进一步放松所有权和实际控制权的控制，增加航空公司的投资机会。

比较欧盟和美国最新的国际航空运输政策，可以发现提高国际航空运输市场的竞争性、确保公平竞争、增进消费者福利是其共性，差别在于欧盟强调增加航空运输业的国际投资机会，而这一点正是包括美国在内的国家仍然严格限制的领域。

3.3　其他国家的国际航空运输政策

3.3.1　加拿大的国际航空运输政策

从芝加哥会议上加拿大的建议方案来看，"二战"结束时加拿大的国际航空运输政策介于美国和英国之间，航权管理多边化，运力不是固定的，也不是自由决定的，而是有一个自动调节的机制，这一点前面已经有介绍。费率按照服务特征进行调整，应保证航空公司的合理盈利。本质是允许体制内的有限竞争。

1999 年 12 月 21 日，加拿大运输部颁布了新的国际航空运输政策。该政策的出台是加拿大航空公司（Air Canada）收购加拿大国际航空公司的后续结果。主要内容包括：第一，所有现有和未来的大型国际航空运输市场（每年超过 30 万人次乘机旅客）将向所有满足双边协定和指定条件的加拿大航空公司开放。第二，将对国际包机运输政策进行审议，并从 2000 年开始自由化。第三，在加拿大国际航空公司股份被收购的一年后将对现有国际航空运输政策进行审议，以便在国际航协 2001~2002 年冬季航班开始时实施新的政策。第四，加拿大政府分配给两家航空公司包括航线、运力和相关权利在内的授权将继续由两家航空公司保留。从股份转让到 2001~2002 年冬季航班开始，现有的"使用或者丧失"规定并不适用上述两家航空公司，以便其完成国际航线的重组。第五，现有的双边航空谈判仍将继续，政府寻求两家航空公司在指定的所有市场相互代码共享。第六，所有在纽约拉瓜迪亚机场和芝加哥奥黑机场，由政府在 1995 年谈判中获得的并于当年分配给上述两家航空公司的起降时刻，将仍然归两家航空公司。一旦加拿大国际航空公司融入加拿大航空公司，则归后者。①

2006 年 11 月 27 日，加拿大政府正式宣布采纳"蓝色天空"的国际航空运输政策。这个国际航空运输政策的目标包括：提供一个能够促进竞争和发展的新的国际航空运输服务框架，增进旅客、货主、旅游业和其他商业部门的利益；为加拿大航空公司提供在更为自由的全球环境中发展和竞争的机会；机场能够在一个没有双边限制的环境下更好地开拓市场；以支持和便利加拿大国际贸易为目标；支持一个安全、可靠、高效、具有经济性和稳定性的（Viable）加拿大航空运输业。②

确定的原则：认识到航空运输可以对一个有活力的经济做出直接贡献，是贸易和旅游的首要推动力；应由市场力量决定价格、质量、频率和航空服务可选择的范围；加拿大的航空公司应有机会在一个公平合理的竞争环境下参与国际市场竞争；航空运输自由化举措应在确保安全和安保的前提下实施。③

从目标看，加拿大"蓝色天空"国际航空运输政策基本上也关注两个领域——国际航空运输对经济社会的支持和行业的健康稳定发展，与美国的国际航空运输政策目标比较类似。在目标和原则中均强调竞争的重要性，但强调竞争应该是公平合理的。

由于航空运输自由化的获益有赖于人员和货物在机场之间的高效流动，因而加拿大运输部要与其他政府部门、机场、航空公司、双边伙伴进行协调，以便制定和实施方便人员及货物在国际上高效、安全流动的政策。

加拿大将寻求与其他国家谈判一种类似 2005 年与美国订立的自由化国际航空运输协定，实行"天空开放"。一般来说，协定包括如下的内容：开放市场准入（第 3、第 4 航权）；不受限制的航空公司指定数量；航班频率以及机型不受限制；以市场为基础的双边和涉及第三国的运价体制；不受限制的往来第三国的服务（第 5、第 6 航权）；独立的货运运营权（第 7 航权）。但无论任何情况下，均不包括国内航权。④

---

① Transport Canada. Transportation in Canada 2000 Annual Report，Minister of Public Works and Government Services [Z]. Canada，2000.

②③④ Transport Canada. Blue Sky–Canada's new international air policy [Z]. 2006.

在决定具体磋商的优先选项时，政府应咨询航空公司、机场，并考虑如下的几个方面：加拿大航空公司和机场的优先事项及利益；新的航空运输服务，对计划更早开始的航空服务给予优先考虑；航空运输市场的规模和成熟度以及潜在的增长能力；外国政府的要求；加拿大国际贸易目标；对外关系和双边悬而未决的问题。

加拿大政府也考虑到其他国家不一定有兴趣和加拿大磋商"天空开放"性质的协议，开放程度更低一些的权利交换也在考虑范围之内，只要能够取得比原来协议更加自由化的成果。在这种情况下，加拿大将寻求为确保全货运服务尽可能做灵活的安排。

在其他受限情况下，加拿大也会慎重考虑是否订立"天空开放"协定。这些受限情况包括：进入机场有歧视或者便利问题严重限制了加拿大航空公司提供服务的能力；从事商务活动（资金转移、双重征税等）的环境对加拿大航空公司的商业运营造成重大障碍；外国航空公司没有依照合理的商业原则行事，或者外国航空公司不受正常的市场秩序约束；有理由预期外国航空公司提供的服务水平程度将使得一些市场的竞争大幅减少或实际消除，从而导致加拿大的净损失。

在存在上述情况下，如果一个市场又属于加拿大需要优先考虑的，则和对方国家磋商一个逐步自由化的安排，为未来航空运输服务的发展遗留空间。

"蓝色天空"政策成为加拿大促进本国与世界联系的重要工具，为消费者提供了前往目的地的更多选择和更多的直飞航班。

3.3.2　新西兰的国际航空运输政策

3.3.2.1　1998 年以前的国际航空运输政策

新西兰由于地理位置的偏远，需要航空运输快捷地与世界其他地方联系起来，它和澳大利亚在芝加哥会议上联合提出的组建国际性的卡特尔组织来运营国际干线的航空运输的建议没有得到多少赞同。这个建议的本质是对国际航空运输实施强有力的规制，同时确保各国参与国际航空运输的权利。

1985 年，新西兰制定了新的国际航空运输政策，这个政策基于能够被感知的经济利益，包括贸易和旅游，而不仅仅是航空运输。它建立在这样的一个假设基础上，即通过鼓励航空运输的自由化和减少阻碍竞争和市场自由进出的障碍可以更好地获取经济利益的最大化。1985 年，新西兰只有 12 个双边航空运输协定。到 1997 年底，新西兰订立或者修订了 23 个双边航空运输协定。

1998 年，新西兰再次修订其国际航空运输政策，[①] 将政策目标确定为：最大化包括贸易、旅游在内的新西兰的经济利益，并与外交政策和战略考量相一致。国际航空运输政策在强化外部联系，增进经济增长和鼓励创新，建设开放、具有活力和国际一体化经济等方面为政府的战略提供支持，扮演了重要的角色。

在具体实施这个政策的过程中，新西兰寻求与其他国家订立最为自由化和灵活的航空运输协定，作为确保新西兰国际航空运输联系的更多数量、更高质量、更大范围的方式。鼓励双边伙伴致力于互惠的航空运输协定自由化，以方便对新西兰有利益的现有和潜在航空运输市场的进入，从而增加市场竞争，为各方提供更多的机会。新西兰政府将出于维护消费者利益的目的维持一个竞争性的行业，持续确保有充分的措施防止航空公司的反竞争行为和掠夺性行为。外国航空公司更多地进入新西兰市场，新西兰航空公司获得竞争的公平机会来加以平衡。

双边谈判中的关键内容包括：没有航线限制，包括代码共享、在其他国家开办航空公司的权利以及国内航权；不限制运力，包括不限制航班频率和机型；开放对航空公司的投资；自由定价，不用政府审批或者备案；多家航空公司指定；等等。

截至 2012 年，新西兰一共新订立或者修订了 31 个双边航空运输协定。

1998 年新西兰国际航空运输政策的目标与美国和加拿大的有所不同，没有强调行业的目标，而仅仅强调了在国家经济和外交中的作用。但在强调增加竞争性上与美国类似，与加拿大不同的是，不是要确保公平和合理的竞争，而是要获得竞争的公平机会，前者可能用限制措施来约束竞争，后者则是如何保证充分的竞争。

3.3.2.2　2012 年的国际航空运输政策 [②]

在经过对 1998 年国际航空运输的审议后，2012 年 8 月，新西兰发布了最新的国际航空运输政策。其目标是促进经济增长和繁荣、安全和机会，使新西兰以及外国航空公司有机会向消费者提供与世界其他地方更好的联通性，促进货物、服务发展。

新西兰追求互惠的天空开放，如果其他国家不愿意"天空开放"，新西兰将

---

① International air transport policy of New Zealand 1998［EB/OL］. http://www.transport.govt.nz/assets/Import/Documents/1998-Policy-International-air-transport-policy-of-New20Zealand.pdf.

② New Zealand International Air Transport Policy-August 2012［EB/OL］. http://www.transport.govt.nz/assets/Import/Documents/FINAL-Policy-Statement-International-Air-Transport-August-2012.pdf.

寻求能够最大化新西兰利益的开放性航空运输协定安排。新西兰承认其他国家航空公司新的或额外的服务有利于新西兰，同时也认识到一个强大和有竞争力的、以新西兰为基地的航空运输业的价值。因而将以个案的形式，扩展航空运输安排。这些新的安排将能确保新西兰的利益。如果新西兰航空公司不能获得进入相关外国航空公司的国内市场机会，则安排的航权扩展授权将被撤销。

截至 2017 年 6 月，新西兰在磋商之前考虑给予授权外国航空公司进入基督城运营的优惠，减少进入壁垒，从而使该地能够从 2010 年 11 月的地震影响下更好恢复。

新西兰与其他国家磋商航空运输协定的关键内容包括：航线、运力和航权不受限制，包括第 7 航权和国内航权（第 8 和第 9 航权）；除了制止不正当竞争行为，不对票价进行规制；在接到指定后给予运营授权的自由安排；促进航空当局在诸如航空货物和服务贸易事务上的规制合作条款；在所有权和控制权上允许第三国投资协议方的航空公司，采用主营业务地和注册地以及有效规制控制。

新西兰航空公司指定的政策（除 Air New Zealand 外）将取消一家外国航空公司 25% 股权或者外国航空公司总计 35% 股权的限制，以个案形式指定以新西兰为基地的航空公司，只要其所有权和控制权结构与相关双边协议一致，或者运营授权不被接受的风险很小；以个案形式，对全货运航空公司实施更为自由化的政策。

新西兰也确定了双边谈判的计划，即：

（1）优先考虑航空公司无法获得权利从而提供服务的情况。目的是在需求出现之前做出安排。

（2）重点考虑能够促进与重要和发展中市场的协议安排，这样能够提升新西兰与全球市场的联通性，或者利用新西兰作为一个枢纽。

（3）短期和中期将主要关注东亚和南美的磋商，这要求与内阁已经授权的谈判相符。

（4）长期磋商的优先选择应与经济、商业和航空政治（Aero-political）发展相一致。运输部将关注其他国家的政策变化，确认自由化的机会。

（5）为了政策的实施，运输部将和其他部门机构合作。

（6）政府将建立一个机制，从而能够让更大范围内的相关利益者和航空运输业（包括航空公司、机场、旅游、货运），系统参与到确定个别磋商的优先项和方法中。

此外，新西兰意识到南太平洋论坛岛屿国家航空运输的特殊需求，特别是需要进一步发展航空运输各环节和基础设施。新西兰将继续采取灵活的方法与它们就航空服务安排进行谈判。

在多边和诸边磋商领域，新西兰愿意继续参与多边和区域性的倡议。特别是要寻求机会提升与东盟在区域层次上的联系，继续关注航空政治和商业发展，从而评估何时与欧盟委员会重启谈判。

2012 年的新西兰国际航空运输政策和 1998 年相比，比较大的变化有：第一，在目标方面，不仅考虑了国家经济社会的目标，也提出了航空运输业的目标，这样和美国、欧盟、加拿大的大体一致。第二，将纳入双边协议的航权扩展到第 7 航权和国内航权，这是除了欧盟单一航空运输市场以外的一个国家最大限度的国际航空运输自由化。第三，寻求与其他国家在规制事务上的合作，减少航空公司的经营成本。第四，取消了所有权和控制权的要求，基本放开外国资本投资新西兰航空公司的限制，允许第三国投资协议方的航空公司，并获得指定。这一点与欧盟的政策类似。

3.3.3 印度的国际航空运输政策

印度在 2016 年 6 月发布了"国家民航政策"（2016 NCAP），[①] 并于 2016~2017 财政年度的第二季度生效。这是印度第一份全面的国家民航政策，其中对印度的双边航空运输政策也做出了规定，计划全面放松对双边航空运输协定的限制，以便利商业往来和增加旅客的选择。

具体包括如下内容：

与南亚区域联盟（SAARC）成员国和与新德里半径距离超过 5000 千米的国家在互惠基础上订立"天空开放"双边航空运输协定。按照印度民航部公布的主要国际机场名单，进出这些机场的航班数量不再受现有双边协定的限制。其余机场仍然需要重新进行双边谈判。

对于部分或者完全位于半径 5000 千米内的国家，如果印度指定航空公司使用运力不到双边协定规定的 80%，而外国指定航空公司的运力已经使用完毕并要求增加运力，将依照内阁指定的委员会建议的方案增加运力。当印度指定航空公司的运

① National Civil Aviation Policy 2016［EB/OL］. https://tnl-uploads.s3-ap-southeast-1.amazonaws.com/production/8064be12-2bdf-4792-a4fb-fbffed463d3a.pdf.

力使用达到 80%，需要增加运力时，则按照通常的双边谈判方式来增加运力。

印度货运航空公司（Indian Cargo）外资拥有 75% 的股份，因受"多数所有权和实际控制权"条款的限制不能获得定期国际航空运输的指定。印度要求在双边航空运输协定中修订有关航空公司指定标准的条款，采用"主营业地"和"实际规制控制权"原则。印度民航部将就"实际规制控制权"的标准发布有关的补充规定。

印度在这份国际航空运输政策中提出了订立"天空开放"双边航空运输协定，但仅仅涉及运力和航空公司指定标准，而没有涉及通航点、第 5 航权、货运第 7 航权、运价等"天空开放"协定的要素，而且其"天空开放"协定在地理位置上是有限制的。此外，印度在这个国际航空运输政策中也没有包括任何经济的或者社会的目标。

3.4 小 结

美国从 20 世纪 40 年代以来的国际航空运输政策，基调都是推行自由化，不同点是在芝加哥会议上，美国试图借助多边框架确立原则，双边具体推进，而在 1995 年以后，美国则明确了完全通过双边推进国际航空运输的自由化。贯穿整个自由化的核心思想是市场竞争有利于行业效率提高，从而增进整个社会的福利，但美国的自由化聚焦在市场准入方面。

欧盟介入国际航空运输事务之前的英国对国际航空运输一直采取较为严格的政策，法国是国际航空运输市场管制的支持者，荷兰则持较为自由化的政策。欧盟与美国一样，希望提高国际航空运输市场的竞争性、确保公平竞争、增进消费者福利，但欧盟强调增加航空运输业的国际投资机会，从而放松对所有权和实际控制权的严格规制。

加拿大经历了从支持对国际航空运输进行较为严格规制到积极推进"天空开放"的转变过程。新西兰则将确保本国与世界的联系作为其国际航空运输政策的基本考量，最终寻求一种最大限度的国际航空运输自由化。

印度提出了针对部分国家订立"天空开放"协定的国际航空运输政策。

此外，各国国际航空运输政策一般不仅包括行业目标，也包括经济社会目标。

第4章 "天空开放"国际航空运输协定研究

一般来说，"天空开放"协议的核心是运力不受限制、运价自由决定、航线不受限制，航权最少包含授予第5航权。目前"天空开放"协定一般都指美国在1992年与荷兰订立的国际航空运输协定后的那些自由化程度高的国际航空运输协定。但从前面的分析可以看出，"空中自由"的思想在航空运输还没商业化时就已经存在，美国在芝加哥会议上就已经高举国际航空运输服务贸易自由化的大旗，从后面不同阶段的美国国际航空运输政策看，自由化的核心是没有改变的。因此，本章首先研究"天空开放"这个概念的含义，然后研究不同国家、地区的"天空开放"协定发展变化，最后总结它们的异同。

4.1 "天空开放"概念的含义

要研究"天空开放"这个概念的含义，首先需要清楚"天空开放"这个提法是什么时候出现的。因为现在比较流行的观点认为"天空开放"是美国在1978年放松国内规制基础上所制定的国际航空运输政策。著名运输经济学家肯尼斯·巴顿认为是美国民航委员会主席卡恩于1979年在讨论放松国内航空运输规制后还追求什么目标时，第一次使用了这个概念。①

早在1906年，国际法学会就提出了"航空自由"（Air Freedom）的原则，试图让各国政府接受，1910年的巴黎会议也在政府间讨论了"航空自由"（Freedom

---

① Button, K. The impact of US–EU "Open Skies" agreement on airline market structures and airline networks [J]. Journal of Air Transport Management, 2009, 15（2）: 59–71.

of the Air)，在"二战"还未结束时，美国就尝试建立包括授予第 5 航权、运力和运价都不受限制的国际航空运输体制。同样是肯尼斯·巴顿，在一篇文献中认为美国寻求国际航空运输自由化更为努力，因为它早在 1944 年就已经试图建立一个开放的体制，但由于当时抵制情绪更普遍而未成功。[①] 因此，"天空开放"的思想不是 20 世纪 70 年代末美国放松国内航空公司规制后才有的新思想或者新观念，更不是 1992 年美国—荷兰双边航空运输协定订立和 1995 年美国国际航空运输政策声明发表后才有的概念。

但是，用来表示国际航空运输贸易自由化的"天空开放"第一次是何时出现的呢？

用来表示"天空开放"的英文"Open Skies"本意是"开阔的露天"，在研究天文等领域的文献中很早就有这个短语了。"Open Skies"用来表示航空自由化的含义，目前发现的最早文献是 1946 年美国国务院交通处前负责人托马斯·布克（Thomas Burke）发表在《法和当代问题》（*Law and Contemporary Problems*）杂志第 11 卷第 3 期的文章《影响国际航空运输政策的势力》，[②] 在该文中布克使用了"Open Sky"，还不是"Open Skies"一词用来表示美国赞成的国际航空运输政策自由化原则。

随后是 1953 年《西南法学杂志》（*Southwest Law Journal*）第 7 卷上登载的论文《国际法中的贸易理论及其对航空商业的影响》。[③] 该文分析了海上自由航行（Freedom of the Sea）与贸易的发展关系，指出空域国家主权原则的确立，使得空中自由飞行（Freedom of the Air，或者 Air Freedom）成为次要的。就各国政策来说，各国都竭力保留自己的航空运输系统，谁也不会冒险授予第 1~5 航权来实施普遍性的"天空开放"（Open Skies），从而将自己的航空运输系统置于国际竞争的威胁下。这里的"天空开放"与"空中自由飞行"意义没有多大的区别，都包含有"通过航空进行自由贸易"（Free Trade by Air）的经济含义。

此后还见于 1971 年发表于《联邦法评论》（*Federal Law Review*）杂志上的一

① Button, Kenneth J., Taylor, Samantha Y. International air transportation and economic ［D］. 40th Congress of the European Regional Science Association, Barcelona, Spain, 2000.

② Burke, T. Influences affecting international aviation policy ［J］. Law and Contemporary Problems, 1946, 11 （3）: 598–608.

③ Thomas, A. V. W. and Thomas, A. J. Theories of trade in international law and their influence on air commerce ［J］. Southwest Law Journal, 1953 （7）: 219–257.

篇文章。① 这篇文章在讨论作为澳大利亚领地的帕劳和托管地的新几内亚的航空运输事务时，指出各国对待外国航空公司有两种方式，一种严格限制以保护和发展自己的航空公司，另一种是鼓励更多的航空运输进出其领土，采取了一种"天空开放"的政策。

1973 年发表在《运输经济学和政策》第 5 期上的文章《航空运输：国际规制的案例研究》，② 文中在讨论各国对非定期航班的规制时，认为澳大利亚是第一个抛弃了包机需要由始发地或者目的地国家指定航空公司承担的规定，很多国家（包括西班牙、摩洛哥和突尼斯等）已经采取了更为自由化的"天空开放"政策，准备允许非定期航班的服务。这里的"天空开放"明确地指减少国际商业航空运输中的市场准入限制。

上述几篇文献，最早的发表在 1946 年芝加哥会议刚刚结束时，尽管用的是"Open Sky"，而不是现在广泛使用的"Open Skies"，但其含义没有什么差别。随后在 1953 年、1971 年和 1973 年发表的三篇文献都使用了"Open Skies"，时间都比 1992 年的美—荷双边"天空开放"协定早很多。

因此，不论从思想观念还是研究用词来看，"天空开放"的思想观念和研究均比"天空开放"协定实践早得多。

结合第 3 章对欧美等国际航空运输政策演变的研究，可以对"天空开放"做如下的定义："天空开放"是一种自由化的国际航空运输政策，通过减少对国际航空运输的各种限制，增加国际航空运输市场的竞争性，提升行业效率，改善航空公司网络的通达性，拓展国际航空运输市场，同时获取经济全球化过程中航空运输上下游产业利益，推动经济增长。

值得注意的是，"天空开放"还有另外的含义。在 1955 年美苏日内瓦峰会期间，美国总统艾森豪威尔向苏共总书记赫鲁晓夫建议相互"天空开放"，让双方的侦察机互相侦察对方的军事力量部署，从而避免由于猜忌而造成的紧张。当时，赫鲁晓夫断然拒绝。1989 年，美国总统布什再次提出这个倡议，当时的北约和华约成员国进行了谈判，并最终于 1992 年 3 月 24 日签署"天空开放"条约，相互允许对方飞机对本方进行侦察。条约于 2002 年 1 月 1 日生效，到 2012

---

① Hartnell, A. G. International air services and the territory of Papua and New Guinea–Some current issue [J]. Federal Law Review, 1971 (4): 310–336.

② Doganis, R. Air transport: A case study in international regulation [J]. Journal of Transport Economics and Policy, 1973, 7 (2): 109–133.

年初有 34 个成员国。缔约方之间已经进行了 840 多次的相互飞行观察。

4.2 美国"天空开放"协定的产生和发展

尽管公认的美国第一个"天空开放"协定是美国与荷兰在 1992 年订立的国际航空运输协定，但由于美国在 1944 年底的芝加哥会议上就提出了国际航空运输贸易自由化的建议，并且在 1946 年 2 月与英国达成了自由化程度比较高的协议，因此，也有必要研究百慕大 Ⅰ 协定。

4.2.1 百慕大 Ⅰ 和百慕大 Ⅱ 协定

下面从"战后"国际航空运输协定的核心内容——通航点、航权、航空公司指定、运力和运价几个方面对两个协定进行分析。

4.2.1.1 百慕大 Ⅰ 协定

（1）航线。通航点受到较为严格的限制，在大西洋航线上，英国的伦敦和位于苏格兰的普雷斯蒂克（Prestwick）作为英国的门户，美国的巴尔的摩、纽约、芝加哥、底特律、费城、华盛顿和波士顿作为进出美国的门户。在太平洋航线上，当时英国的殖民地新加坡和中国香港作为英国的门户，美国的旧金山和洛杉矶作为美国的门户。

除了在上述两国的门户之间航空公司有第 3 和第 4 航权外，还规定了第 5 航权。在大西洋航线上，英国航空公司中间经停英国殖民地百慕大和甘德尔（Gander）、冰岛、香农、亚速尔群岛和蒙特利尔，以远点可以经过纽约前往墨西哥城、牙买加、古巴、巴拿马、利马和圣迭戈以及哥伦比亚和厄瓜多尔各一个点；美国航空公司则可以中间经停英国殖民地百慕大和甘德尔（Gander）、冰岛、香农、亚速尔群岛和蒙特利尔，英国以外的以远点可以有欧洲大陆的点（包括阿姆斯特丹、赫尔辛基、哥本哈根、挪威的斯塔万格、奥斯陆、斯德哥尔摩、华沙、柏林、法兰克福、莫斯科、列宁格勒以及波罗的海国家的点等），以及印度、中东的英国殖民地和中国。在太平洋航线上，英国航空公司中间经停马尼拉、威克岛；美国航空公司中间经停马尼拉、威克岛，经过中国香港的以远点包括中国、泰国、中国澳门以及印度，经过新加坡的以远点有雅加达。

英国在加勒比的殖民地也作为目的地，可以从迈阿密、纽约、棕榈海滩和新奥尔良等地飞往上述目的地，以远点包括南美的一些点。

在大西洋航线上，英国航空公司获得了第 8 航权，即连续的国内航权，可以从英国的门户经过纽约后前往新奥尔良和旧金山等。在太平洋航线上，英国航空公司同样获得了从新加坡和中国香港经停关岛、中途岛、火奴鲁鲁前往旧金山的第 8 航权。

（2）航空公司指定。航空公司指定的标准是多数所有权和实际控制权，指定的数量没有限制。英国实际上仅指定了 1 家航空公司，即英国海外航空公司（BOAC），美国则指定了 3 家航空公司，即泛美航空公司、美国出口航空公司（American Export Airlines）和环球航空公司（Trans World Airlines）。

（3）运价。百慕大 I 协定中的运价是一个比较复杂的体制。基本原则是涉及美国和英国两点之间的运价需要双边批准。美国承认 IATA 运价协调大会制定的价格，但需要在 1946 年 2 月开始的一年内提交美国民航委员会批准。新的价格需要提前 30 天向双方监管当局申报。双方的监管当局可以对不公平和不经济的运价进行干预。因此，这个运价体制是航空公司通过国际航协制定好价格，然后交双方政府批准。

（4）运力。运力基本不受限制，但规定了提供运力的原则，即运力的提供应保证航空运输的有序发展，应满足两国之间的需求，既要考虑到联程航班的需求，也要考虑联程航班运营所经过区域的需求。监管当局可以在事后进行干预，这是一种半自由化的方式。

4.2.1.2 百慕大 II 协定

百慕大 II 协定订立于 1977 年 7 月 23 日，协定订立后，当时的美国总统卡特宣称协议是公平的，对消费者和航空公司都是有利的，这个协议将和原来的 1946 年百慕大 I 协定一样长久。但后来美国民航委员会主席卡恩却告诉众议院，新的百慕大协定没有保护好消费者利益，限制了低票价定期航班服务的可能性，增加了政府对航空公司运营的干预，不能作为其他双边协议的先例。[1]

下面对百慕大 II 协定进行详细的介绍。

（1）航线。采取了比百慕大 I 更为复杂的航线规定方式。首先，划分了客货

---

① Barnum, J. W. Carter administration stumbles at bermuda [M]. Regulation: AEI Journal on Government and Society, 1978.

混运和全货运两类航线。其次，在每一类下又有比较详细的航线规定。

美国指定航空公司的客货混运航线方面，大西洋航线上可从美国列明的 17 个点和其他 3 个自行选择的点，前往英国的 2 个点（伦敦和普雷斯蒂克），以及其他可以选择的 3 个点，中间经停香农，以远点可以选择欧洲大陆（共 6 个点）。与百慕大 I 协定的以远点相比明显减少，中间点的减少主要是由于飞机技术的提升，不需要在大西洋经停。世界来回航线，从纽约、华盛顿/巴尔的摩经过伦敦可以前往欧洲大陆（法兰克福）和中东以及南亚；从火奴鲁鲁、旧金山、洛杉矶经停日本，到达中国香港，然后可以前往泰国以及上述欧洲大陆和中东以及南亚的点。太平洋航线，从美国境内 7 个点，经停日本，到达中国香港，然后前往泰国和新加坡。百慕大航线，从美国境内 10 个点前往百慕大；从美国境内 3 个点经停百慕大，前往欧洲的 2 个点和北大西洋上的亚速尔群岛。勒比航线，从美国境内任意点经停加勒比 15 点和美国属地，到达英国的 5 个属地。

美国指定航空公司的全货运航线方面：大西洋航线，从美国境内 7 个点，经过英国境内 3 个点，可以延伸到欧洲大陆的三个国家、中东的三个国家和南亚的一个国家（印度）；太平洋航线，从美国境内 7 个点，前往中国香港。百慕大航线，从美国境内 9 个点，前往百慕大；百慕大航线—以远点，从美国境内 3 个点，经百慕大，延伸到亚速尔群岛以及欧洲大陆的 2 个点；加勒比航线，从美国境内任意一点，经过加勒比和中美洲国家，前往英国在加勒比地区的殖民地。

英国指定航空公司的客货混运航线方面：英美之间的大西洋航线，从英国境内 4 个点，经过欧洲的点（卢森堡、荷兰、比利时、爱尔兰和法国以及德国），前往美国境内的 23 个点；经加拿大的大西洋航线，从英国境内 3 个点，经过加拿大，前往美国境内 12 个点；以墨西哥城为以远点的大西洋航线，从英国境内 3 个点，经过美国境内 10 个点，延伸到墨西哥城；以南美为以远点的大西洋航线，从英国境内 3 个点以及其他的英国门户点，经过美国境内 5 个点，延伸到南美的国家；以日本为以远点的大西洋航线，从伦敦经过安克雷奇，延伸到日本；以太平洋为以远点的大西洋航线，从英国境内 3 个点以及其他的英国门户点，美国境内 3 个点，延伸到印度尼西亚、韩国、新西兰和新加坡以及中国台湾；以澳大利亚为以远点的大西洋航线，从英国境内 3 个点以及其他的英国门户点，经过西雅图，延伸到澳大利亚；太平洋航线，从中国香港经过日本前往美国境内 5 个点，延伸到加拿大的温哥华；经塔拉瓦的太平洋航线，从塔拉瓦经圣诞岛，前往火奴鲁鲁；百慕大航线，从百慕大前往美国境内的 5 个点；加勒比航线，从英国在加勒比的殖民地，经过加勒比其他国家和中美洲国家，前往美国境内的 8 个点。

英国指定航空公司的全货运航线方面：大西洋航线，从英国境内 3 个点，经过加拿大，前往美国境内 6 个点，延伸到巴拿马；以南美为以远点的大西洋航线，从英国境内 3 个点，前往美国境内 2 个点，延伸到南美 4 个国家；以墨西哥城为以远点的大西洋航线，从英国境内 3 个点，前往美国的迈阿密，延伸到墨西哥城；太平洋航线，从中国香港，前往美国境内 5 个点；百慕大航线，从百慕大，前往美国境内英方挑选的 3 个点；加勒比航线，从英国在加勒比的殖民地，经过加勒比国家或者地区以及南美的国家，前往美国境内的 8 个点。

关于伦敦地区机场的专门规定：美方航线 1 和航线 2，英方航线 1~5，双方可以指定两家航空公司使用伦敦地区的机场（包括希斯罗机场），只要这些航空公司的始发地或者目的地在美国境内指定的 12 个点之内。这个规定限制了美国境内能够直接进出希斯罗机场的点的数量。

原来协议中的第 8 航权不复存在，第 5 航权的范围与百慕大 I 协定相比也更为狭小。

（2）航空公司指定。使用了一个很复杂的航空公司数量指定体系。客运（包括客货混运）航空公司指定数量——美国航线 1、航线 2，英国航线 1~5，在其所选择的两个门户航段上指定的航空公司不得超过两家，其余航段上只能指定一家航空公司，但是下列情形除外：①只要双方指定的航空公司在两个连续两年里每年单向承运的定期收益旅客数量超过 60 万人次，或者一方指定的航空公司在两个连续两年里每年单向承运的定期收益旅客数量超过 45 万人次，各方可在任意门户航段上指定不超过两家的航空公司。上述的定期收益旅客运输量在协议生效后，就应首次达到。②如果对方在航权生效后三年内都没有指定航空公司，或者指定的航空公司没有运营（无论是直飞，还是与其他门户串飞）或在 12 个月内的往返航班数量少于 100 个，另一方可以在上述门户航段上指定不超过两家的航空公司，即使另一方指定的航空公司后来恢复了正常运营。

对于全货运，在美国航线 7 和英国航线 10~12，各方指定的航空公司数量不超过 3 家。但如果一方指定的航空公司没有取得本国的运行合格证，则另一方可以多指定一家航空公司。

规定了获得指定航空公司所运行的机型大小，即如果一方指定的航空公司运行飞机的座位数少于 30 座（含）和最大业载不超过 7500 磅，而且该航空公司也不是百慕大Ⅰ协定下的指定航空公司，另一方可以拒绝对方的指定，认为对方的指定是不合适的。

本国或者国民对指定航空公司应有多数所有权和实际控制权。

（3）运价。规定了制定运价的原则：以该航线的成本为基础，考虑适当的载运率。价格应在最低成本基础上制定，但一方面要考虑到尽可能高的安全标准，另一方面也要考虑航空公司运营航线的相应回报。

如果运价是航空公司之间协商，无论运价由IATA运价协调大会决定还是通过其他的航空公司协会协商均需要通过双方航空当局的批准。如果运价为对方国家和第三国之间的航段，则该运价需要对方国家和该第三国批准。所有运价均需向对方国家的航空当局申报。

一方航空当局如果不满意另一方指定航空公司申报的运价，可以要求和另一方的航空当局进行磋商。

（4）运力。规定了一个复杂的运力确定体系。美国航线1、航线2，英国航线表1~5，在不迟于夏季和冬季航班换季开始前的130天，指定航空公司需向缔约双方提交其航班计划，每条航线需说明使用的机型和航班频率以及服务的点。如果以后需要增加航班频率，需要及时向缔约双方提出申请，并得到对方的批准。如果一方认为此航班频率增加有违公平竞争，应在下个航季开始前105天之前，向对方提出磋商要求，但是如果航线上夏季的航班数量不超过214个往返，冬季不超过151个往返，则不应进行磋商。磋商应在航季开始的90天之前进行。如果航季开始的75天之前，双方不能达成一致，拟增加航班的指定航空公司将在该航季运营上一个航季的航班数量再加上30个（夏季）或者22个（冬季）来回程的航班。如果上一个航季的航班数量就是如此决定的，则前一个航季的航班数量不应包括临时增加的30个或者22个航班。如果一家指定航空公司开始在已经有对方指定的航空公司的航线上运营，则在两年内不受此限制或者直到其航班数量与原来的指定航空公司相同。

（5）允许航空公司自办地面服务。另外，为了限制在百慕大Ⅰ协定下，包机运输几乎失控的状态，对包机运输做出了专门规定，但是协议中仅对"航空服务"做了定义，而没有对"定期航空运输"和"包机航空运输"进行定义。

从上面的介绍分析可以看出，百慕大Ⅱ协定的自由化程度大大低于百慕大Ⅰ协定，不仅原来百慕大Ⅰ协定中的第8航权完全取消，而且第5航权的范围也大大压缩。同时航空公司的指定数量也受到限制，最多的情况下只能指定两家，而不是原来的没有限制。运价也由原来的行业组织议定，政府审批，变为由政府直接决定。运力也由原来的航空公司开始时各自决定，政府部门事后监管改变为政府按照一定的条件审批运力，还将包机运输纳入双边协议进行严格监管。

4.2.2　美国—荷兰协议

4.2.2.1　1957 年和 1978 年美国—荷兰协议

1978 年美国和荷兰签订协议对 1957 年两国之间的双边航空运输协定进行修订。主要考虑减少政府对航空运输市场的规制，增加航空公司之间的竞争，为公众和货主获得尽可能低的竞争性价格提供机会，增加北大西洋航线上包机运输服务的机会。

（1）航线。1957 年的协议授予了美国指定航空公司从美国任意点，中间经停点不受限制，抵达阿姆斯特丹，以远点也不受限制，以及从美国任意点前往荷属加勒比和南美洲殖民地（海外自治省）。授予荷兰指定航空公司从荷兰任意点经过英国等前往纽约；从荷兰任意点经过英国等前往休斯敦；从荷属安的列斯经中间经停后前往迈阿密。上述各航线上的中间点和以远点的增减不受限制，可以按照每个航班的需要增减。

1978 年修订仅减少了美国任意点前往荷属南美洲殖民地航线中的目的地——帕拉马里博（南美洲国家苏里南的首都，苏里南于 1975 年独立）。对荷兰指定航空公司的航权做了较大修订，美国境内的点，除纽约外增加了芝加哥、洛杉矶和任意选定的一个点，以及经停蒙特利尔前往休斯敦。同时，授予荷兰指定航空公司全货运服务可以经过蒙特利尔前往纽约，但不能提供回程服务。授予荷兰指定航空公司可以经停蒙特利尔，前往上述任意选定的点，然后延伸至墨西哥城，但在上述外国点和美国点之间不能承揽商业运输。

（2）航空公司指定。明确了双方指定的航空公司数量和类型都没有限制。其实双方在 1957 年的协议中也没有明确规定各方可以指定的航空公司数量。但对于航空公司指定的标准——多数所有权和实际控制权，没有做变动。

（3）运力。1957 年协议的运力规定类似百慕大 I 协定，取消了原来类似百慕大 I 下的运力提供原则，而且更换机型和变化飞机数量不受限制。

（4）运价。1957 年协议中需要双方航空当局的批准，应提前 30 天向双方航空当局申报。类似百慕大 I 协定中的规定。

1978 年协议规定，只要航空公司的定价不是掠夺性和歧视性的垄断定价，双方航空当局鼓励航空公司根据商业因素制定各自价格，除非出现掠夺性和歧视性定价，为了保护消费者不受垄断之害和保护航空公司不受政府支持或者补贴下的人为低价竞争，航空当局不进行价格干预。各缔约方可以要求航空公司申报价格，如果一方对有关的价格存在不满，应在接到价格申报的 30 天内通知另一缔约方，并进行磋商。

（5）包机运输。1957 年的协议不涉及包机运输。1978 年协议规定双方指定航空公司的包机运输在两国内的点不受限制，可以直接在两国之间飞行，也可以经停其他国家，以及服务以远点。但是不可运营始发地位于两国之外的包机运输和第 7 业务权的包机运输。

4.2.2.2　1992 年美国—荷兰协议

这是公认的第一份"天空开放"协定。本部分将只列出与 1978 年协议不同的地方。

（1）航线。扩大了对荷兰航空公司的第 5 航权和美国国内可以经营的点。荷兰指定的航空公司可以任意选择中间点和以远点，美国境内的点也不受限制。可以单向，也可以双向运营，还可以合并航班号。中间点和以远点可以互换。可以减少经停的点；可以在任意点将旅客或者货物转至其他的航空器。可以通过本国领土进行第 6 航权运营，不用更换飞机和航班号。

（2）航空公司指定。进一步明确了各方可以指定其愿意指定的数量，即不限制航空公司指定的数量。但仍然维持了多数所有权和实际控制权的指定标准。

（3）从事商务活动。一方航空公司可以在另一缔约方内设立办事处从事销售和营销活动，并能雇佣本国人员在另一缔约方境内从事管理、销售、技术和运营等专业工作。航空公司应能自办地面服务，或者从竞争性的地面服务代理中进行选择。航空公司可以在另一缔约方境内用当地货币进行购买支付，包括购买航空燃油。对于与国际航空货运相关的地面运输，包括与第三国的地面运输，不应进行限制。

（4）代码共享等合作协议。指定的航空公司可以和其他航空公司进行批量包座（Block Space）、代码共享和租赁协议等合作安排。

（5）包机运输。执行包机服务的航空公司可以选择受本国或者对方国家有关包机运输的法规管辖，如果两国的法规有差异，应依照对包机限制最小的执行。

1992 年的美国—荷兰协议一方面扩大了航权安排，增加了运营的灵活性；另一方面增加了从事商务活动，特别是地面服务、地面运输的规定，还对航空公司之间的合作进行规范，比如允许代码共享。

4.2.3 美国"天空开放"协议范本

4.2.3.1 1997 年美国"天空开放"协议范本

1997 年美国将与危地马拉订立的"天空开放"协议作为标准范本发布。主要内容如下：

（1）航线。定期客货运，可以授予第 1~6 航权；货运航班扩展到第 7 航权。

（2）航空公司指定。航空公司指定数量不受限制，指定标准为多数所有权和实际控制权的指定标准。

（3）从事商务活动。与 1992 年美国—荷兰协议相同。

（4）代码共享等合作协议。与 1992 年美国—荷兰协议相同。

（5）自由定价。航空公司可以根据市场的商业因素确定价格。双方有三种情况可以干预：第一，不合理的歧视价格或做法；第二，保护消费者免受滥用市场支配地位导致的高票价；第三，保护航空公司不受政府补贴或者支持导致的人为低票价影响。各方可以要求通知价格或者进行价格备案。一方不得采取单方面措施。

（6）更换机型。指定的航空公司可以在授权运营的航线上任意点不受限制更换机型和航班号，只要始发地或者目的地在指定国（对于去程运输，更换机型和航班号后续地点构成以指定国为始发的国际航空运输的连续部分；对于回程航班，更换机型和航班号后续地点构成以指定国为目的的国际航空运输的连续部分），全货运服务除外。

（7）包机运输。双方指定航空公司的包机运输在两国内的点不受限制，可以直接在两国之间飞行，也可以在对方国家与第三国之间从事包机运输，而且点不受限制，只要该航段构成母国与对方之间连续运营的一个组成部分（第 5 航权），但是不包括货运包机，也就是说货运包机有第 7 航权。包机运输有分程权、合并运输的权利、更换机型等权利。

执行包机服务的航空公司可以选择受本国或者对方国家有关包机运输的法规管辖，如果两国的法规有差异，应依照对包机限制最小的执行。

（8）计算机订座系统非歧视和竞争准则。信息显示标准适用的一致性；数据的全面性；不应删除加入航空公司提交的信息比如代码共享信息和更换机型的信息以及航班经停点的信息；计算机订座系统不仅有义务，也有权按照提供服务所在地所适用的计算机订座系统规则从事业务活动；订座费和分销设备都应在非歧视的基础上提供；信息显示应是非歧视的、航空公司中立的、市场中立的；一方的计算机订座系统应有权让主营业务地在另一方的销售代理和旅行社自由进入其计算机订座系统，只要符合上述原则。一方不能对另一方的计算机订座系统在使用通信设施、硬件和软件选择和适用、硬件技术安装上实行更为严格的要求，也不能在信息显示上实施更为严格的要求。

4.2.3.2 2008 年美国"天空开放"协议范本

2008 年的范本与 1997 年的范本主要差异在三个方面。

（1）航线。修改的内容包括：可以单向，也可以双向运营；可以合并航班号；后延点、中间点和以远点的任意组合；可以减少停留的点；可以在任意点将旅客或者货物转至其他的航空器；可以在任意点有分程权（Stopover）；在对方境内运送过站旅客；合并运输。除全货运外，上述服务都应是服务本国运输的一个组成部分，并不意味着授权在一方境内的上客和上货权。

（2）代码共享等合作协议。增加允许任何国家与地面运输方式的合作协议。

（3）价格。删除可以干预的条件和可以要求通知和备案的规定。但是若监管部门有要求，航空公司应提供历史的、现有的、拟议中的价格信息。

2012 年 1 月 12 日，美国发布了新的"天空开放"协议范本，与 2008 年范本相比较，没有根本性的重大修改。

4.2.4 美国"天空开放"协议的特点

根据上面对美国 1946 年以来的重点协议进行分析介绍，如表 4.1 所示，可以发现 2008 年美国的"天空开放"协议范本是美国自由化程度最高的双边航空运输协定，而百慕大 II 协定的自由化程度比百慕大 I 协定还更低。

总结美国"天空开放"协定可以发现其具有如下特点：

第一，美国最新的"天空开放"协定核心内容与美国 1944 年在芝加哥会议上建议的内容基本一致。这也就是说美国经过 60 多年的努力，终于将其在芝加哥会议上的方案付诸实践。第二，到 2018 年初，在全部 123 个"天空开放"协定中，与中低收入中国家订立的数量远远超过与高收入发达国家订立的。在第一个十年里面，订立了 54 个"天空开放"协定，主要对象为发达国家或者地区，占到总数的 52%（见表 4.2）。在第二个十年里，主要是同发展中国家订立，占到总数的 70%。最近几年全部同发展中国家订立。第三，美国的"天空开放"协定

表 4.1 美国主要国际航空运输协定要点比较

协议项	协议要点	百慕大 I	百慕大 II	1957 年 美—荷	1978 年 美—荷	1992 年 美—荷	1997 年 范本	2008 年 范本
1. 航权								
a. 第 5 航权	部分授予	√	√	√	√			
	完全授予					√	√	√
b. 第 7 航权	授予		√ (部分)				√ (货运)	√ (货运)
2. 航空公司指定数量	单一指定	√	√ (部分)	√				
	多家指定	√	√	√	√	√	√	√
3. 航空公司指定标准	多数所有权和实际控制权	√	√	√	√	√	√	√
	开始各自确定	√	√	√				
	其他限制		√					
4. 运力	自由确定运力			√	√	√	√	√
	双边批准	√	√	√				
5. 运价	自由定价				√	√	√	√
	无规定	√	√	√				
6. 商务活动	办事处、销售活动和汇兑				√	√	√	√
	自办地面服务				√	√	√	√
	代码共享等合作协议					√	√	√
	多式服务安排					√	√	√

资料来源：根据各类协定整理。

表 4.2　美国"天空开放"协定订立的时间分布和国家（地区）分布

时间	1992~2001 年	2002~2011 年	2012 年到 2018 年 1 月	合计
"天空开放"协议数量（个）	54	50	19	123
高收入国家或地区（%）	52	30	0	34
非高收入国家或地区（%）	48	70	100	65

注：国家收入分类按照世界银行对国家或者地区的分类。

核心是取消市场准入限制，即取消对通航点的限制，授予不受限制的第 5 航权，全货运可以授予第 7 航权，取消运力限制，取消对运价的审批，航空公司指定数量不受限制。第四，对于提升航空公司服务水平的支持性服务实施开放，包括自办地面、地面多式联运服务等。第五，允许航空公司之间的合作安排。主要是代码共享和批量座位安排等。

4.3　大洋洲"天空开放"协定

澳大利亚和新西兰早在 1944 年就订立了一个双边航空运输协定，这个协定实际上是将两国在芝加哥会议上的建议在两国间实施。设立一个国际航空运输局来运营国际航空运输干线。由国际航空运输局完全控制国际航空运输干线和拥有所有飞机以及辅助设备的所有权；国际航空运输干线应在国际协议中明确。国际航空运输局应由国际协议建立。在这样的一个系统体制内，两国支持每个国家有权在其国家管辖范围内从事各种航空运输服务，主要满足认可的有关安全、设施、着陆、国际航空运输服务过境的国际要求。两国应尽力利用有关飞机及原料的生产能力来生产飞机，两国有权在国际航空干线的运营和维护中按照公平的比例使用自己的人员、结构和材料。如果不能就建立国际航空运输局达成协议，两国应支持由英联邦国家政府控制和运营航空干线系统。

1944 年的协议与芝加哥会议后的协议相差甚远，缺乏很多后来协议的基本要素，比如航线、运力和运价等。澳大利亚和新西兰在 1961 年订立了一个全面的双边航空运输协定，直到 2002 年两国订立了"天空开放"协议，这里重点介绍这个协议的内容。

（1）航空公司指定。指定航空公司的数量没有限制，指定标准仍然是多数所有权和实际控制权。但规定了一个单一市场航空公司（SAM Airlines），不限制授权从事航空运输的单一市场航空公司数量，单一市场航空公司可以是指定航空公司，也可以不是。作为一家单一市场航空公司应满足如下条件：航空公司的多数所有权和实际控制权由双方或者一方的国民拥有、航空公司董事会成员至少有 2/3 为双方或者一方的国民、航空公司董事会主席为任意一方国民担任、航空公司的总部在任意一方境内、航空公司满足有关法规条件、有必要的运营许可证、满足安全和保安规定。一方在授权单一市场航空公司后应通知对方。

（2）航权。指定航空公司有不受限制的第 5、第 6 航权，全货运有第 7 航权；单一市场航空公司可以获得国内航权。

（3）运价。自由决定，不用备案。

（4）运力。完全由航空公司自行决定航班频率和机型，不得单方面对航空公司的运营进行限制。

（5）从事商务活动。建立代表处，建立销售机构从事销售活动，在另一方自由雇佣使用人员和服务。自办地面服务，或者在竞争性地面服务提供商之间选择，在对方境内也可以向其他航空公司提供地面服务。允许进行代码共享、批量座位安排和其他合作协议，包括与第三方航空公司。允许湿租航空器。允许多式联运合作。

（6）投资规定。允许对方航空公司在本方境内建立和运营航空公司从事国内航空运输服务，所用飞机也在对方注册，并适用对方国家的法律和规章。

（7）可以自由更换机型。

（8）相互提供有关运输量的统计信息。

澳大利亚和新西兰的"天空开放"协议最大的特点是开放了国内航权，允许对方在本国投资建立航空公司进行运营，并允许湿租航空器。这些都是美国的"天空开放"协议所没有的。

4.4 欧盟"天空开放"协定

4.4.1 "开放航空区"（OAA）协定

2003 年 6 月 5 日，欧盟理事会在听取欧洲议会的意见后做出决议授权欧盟委员会与美国谈判"开放航空区"（OAA）协定，目标是建立单一的跨大西洋航空运输市场：没有投资限制，对包括国内航空运输服务在内的航空运输服务也没有限制。

2003 年开始的美欧"开放航空区"谈判长期没有结果的原因主要是双方在两个关键问题上立场差距较大。第一，外国投资美国航空公司的限制。目前美国仅允许外国投资者拥有美国航空公司 25% 的投票股权，但美国已经可以拥有欧盟共同体承运人 49% 的股权。美国计划将对外国投资比例增加到 49%，欧盟的目标是 100% 外国拥有。欧盟的如意算盘是利用美国航空运输业的不景气，对美国航空运输企业进行重组和收购。第二，市场准入。欧盟期望美国对共同体承运人开放所有国内点，即可以从欧盟任意城市飞往美国任意城市；美国希望英国希思罗机场对所有航空公司开放；欧盟希望美国开放国内空运权，美国已经获得一些欧盟内部航线准入，因而共同体承运人也希望获得美国国内航线准入（郑兴无，2010）。

2007 年 4 月 30 日，美欧达成第一阶段的"开放航空区"协定（OAA）。

（1）航权。双方航空公司均获得了第 3、第 4、第 5、第 6 航权，货运第 7 航权。欧盟指定的航空公司客货混运航班自协议签订之日起可以在欧洲共同航空区（ECAA）成员任意点与美国之间飞行，也就是获得部分客货混运的第 7 航权。

任意一方航空公司可以双向或者单向运营，合并航班号，任意组合中间点与缔约方境内的点，减少中间点，可在任意点在不同航空器之间中转旅客，在任意点具有分程权，通过对方境内运送过站旅客，不考虑始发地的合并运输。

协议的任何规定不构成在对方境内两点之间的国内航权。

航权运用对双方航空公司均有一定限制。美方航空公司，除全货运服务外，其他的服务必须是服务美国的一部分；对欧盟航空公司，除全货运服务和客货混运航班在欧洲共同航空区（ECAA）成员任意点与美国之间服务外，其他的服务必须是服务欧盟的一个部分。

（2）运力。自由决定，不能单方面干预。航空公司基于市场的商业考量确定航空运输服务的频率和运力，除了依照统一的条件，出于技术、运营和环境保护原因外，各方不得单方面限制运输量、服务的频率、机型，也不应要求提交包机飞行的计划或者运营计划。

全货运服务可以自由更换机型；美国航空公司的服务构成服务美国的一个部分可以自由更换机型；欧盟航空公司全货运服务、客货混运航班自协议签订之日起可以在欧洲共同航空区（ECAA）成员任意点与美国之间飞行（部分第 7 航权），可以自由更换机型，服务构成服务欧盟的一个部分可以自由更换机型。

（3）航空公司指定。航空公司指定的数量不受限制。指定标准方面，美国接受了"共同航空公司"概念。美国指定的航空公司主营业务地在美国，由美国或者其国民多数拥有和实际控制；欧盟指定的航空公司主营业务地在欧盟，由欧盟一个成员国或者多个成员国及其国民多数拥有和实际控制。本质上将原来一国多数所有权和实际控制权扩展到区域的多数所有权和实际控制权。

（4）所有权、投资和控制权。协议的附件 4 专门对所有权、投资和控制权问题作了规定。欧盟国民拥有美国航空公司的产权有两个限制：第一，不允许外国国民总计拥有超过公司 25%的投票股权；第二，禁止外国国民对美国航空公司的实际控制。

欧盟成员国国民拥有美国航空公司 25%的投票股权或者 49.9%的股权，都不意味着对航空公司的控制权；欧盟成员国国民拥有美国航空公司 50%以上的股权，也不应认为构成对该航空公司的控制。此类情况应按照个案具体考虑。

美国国民拥有共同体航空公司也受两个限制：第一，欧盟成员国国民必须有多数所有权；第二，航空公司必须被欧盟成员国国民实际控制。

协议签署时的 ECAA 的缔约方被视为欧盟成员国。由联合委员会决定是否适用于新增加的缔约方。

欧盟有权限制美国国民拥有欧盟航空公司股权比例的水平与美国允许外国国民拥有其航空公司股权比例的水平相当。

第三国航空公司的所有权和控制权：任何一方不得以第三国航空公司由另一方国民拥有多数所有权而依据与该第三国双边航空运输协定行使拒绝、撤销、终止和限制授权。

美国不得以列支敦士登、瑞士和 ECAA 成员（美欧协议订立时）的航空公司和与美国订有"天空开放"协议（本协议订立时）的航空公司为欧盟国民所实际控制而行使拒绝、撤销、终止和限制授权。联合委员会可以决定此种情况下一方不得对哪些国家的航空公司行使上述权利。

（5）商务活动。在互惠基础上允许对方指定航空公司在本方内自办地面服务；允许与任何一方的航空公司和第三方的航空公司以及陆地和水上运输商进行合作市场营销安排，比如批量座位协议或者代码共享；各方的航空公司可以与包括航空公司在内的其他公司进行特许和贴牌安排，只要它们获得了相应航空运输服务的授权，并满足国内法规的要求；一方航空公司湿租任何一方航空公司和第三方航空公司的航空器，湿租协议下提供航空运输服务的航空公司和航空器运营人如果有相应的授权（资质），各方的航空公司均可以选择由其他航空公司的航空器和机组人员提供航空服务；允许使用与国际货运相衔接的航空、陆地和水上运输服务（包括与第三国），包括运输保税货物。航空公司可以选择自己也可以与其他服务提供商合作从事上述陆地和水上运输服务。

（6）运价。自由定价，既不需要批准，也不需要备案。美国航空公司在欧盟成员国之间的航段定价应符合欧盟理事会（EEC）2409/92 法令规定的"只有共同航空公司有权引入新产品或者在与现有产品相同的产品上使用更低的价格"。因而，各方航空公司应向当局提供现有运价、历史运价和拟议中的运价信息。

（7）政府补贴和支持。如果一方认为另一方政府对航空公司的补贴和支持对本方航空公司的公平竞争产生不利影响，可以向对方通报，并要求联合委员会召开会议，对提出的关切加以研究并采取适当的回应措施。

（8）环境保护。在制定国际航空运输政策时应谨慎平衡保护环境措施的成本和收益，一方考虑拟议中的环境措施时，应评估对行使航权可能的不利影响。如果实施这些措施，应采取适当办法消除不利影响。在制定环境措施时，国际民航组织在《芝加哥公约》附件所列明的航空环境标准应得到遵守，除了已经备案的差异外。

（9）消费者保护。强调消费者保护的重要性，任何一方都可以要求联合委员会举行会议讨论重大的消费者保护事项。

（10）计算机订座系统。在对方境内经营的计算机订座系统提供商，只要遵守了对方相关的规制措施，就应有权自由地向对方境内的旅行社和销售代理提供旅行产品的分销。各方不得向对方的计算机订座系统的显示、运营、销售和所有权等施加比对本国的计算机订座系统更为严格的规制措施。

（11）联合委员会。各方代表组成的联合委员会每年至少开会一次，磋商有关协议的情况，并审查执行情况。一方可以要求联合委员会就有关协议的解释问题召开会议，也可以涉及一方拒接履行协议和协议实施对竞争影响的事项。联合委员会在第一次年度会议上应审查协议总体实施情况，包括航权行使对航空排放的影响、对航权行使的限制、安保措施的影响、竞争环境的影响，还包括计算机订座系统以及社会影响。联合委员会应一致同意做出决定。

联合委员会应在如下领域开展合作：促进专家层面的立法交流，协议的社会影响，协议进一步拓展的潜在领域，维护有关政府补贴和支持的问题清单，就有关在对方国家用当地货币支付事项在一致同意基础上做出决定，确定认定航空公司状况和国籍的方法措施，达成认定航空公司控制权标准的共识，增进在国际组织内以及与第三国讨论航空事项进行协商，以决定是否采纳联合行动。

（12）竞争。各方应确保提升总体的竞争水平。各方竞争政策在国际航空运输领域实施的差异将对大西洋航空市场产生影响，应尽量减少这种差异。各方竞争政策主管部门应进行合作，增进竞争政策的相容性。为此专门制定了一个附件规范航空运输领域竞争事务的合作：双方代表应每半年举行会议讨论行业、竞争政策的发展，分析竞争政策在国际航空运输领域的适用性；任何时间双方同意或者一方请求，就应进行磋商；除美国运输部和欧盟委员会外，可以邀请其他政府部门参会；及时通报如下事项的进展：美国运输部对航空公司之间涉及国际航空运输合作协议申请的审批，特别是反垄断豁免，航空公司合作经营的申请，欧盟委员会对航空公司之间涉及国际航空运输合作协议申请的审批，特别是联盟，单个或者集体豁免。

（13）美国政府采购的航空运输。欧盟航空公司有权运送由美国政府使用的资金中支付的为美国民用部门和机构或者是为外国或者国际组织提供的定期和包机旅客和货物运输。上述运输在美欧之间或者美国以外的任意两点之间，不包括美国国防部和其他军事部门支付的运输活动。

从 2008 年 5 月 1 日开始，欧美之间又开始了第二阶段的"开放航空区"协定（OAA）谈判，问题的关键之一是进一步扩大航权授予，也就是欧盟航空公司希望获得美国的国内航权，关键之二是继续放松对航空公司所有权的控制。

2010 年 3 月 25 日，美欧达成了"开放航空区"第二阶段初步协议，并于 2010 年 6 月 24 日开始临时适用。

与第一阶段协议相比，比较大的修订包括：

（1）环境事务。与第一阶段协议相比，做了较大的改动。明确强调一方采取的环境措施的范围包括国家层面和区域层面以及地方层面。

增加了在飞机起降架次超过 5 万架次的机场实施新的噪声运营限制措施的规定：在决策过程中，主管当局应让利益方有机会表达其意见；在新的噪声运营限制实施之前最少 150 天应通告另一方。在收到另一方的要求后，实施新的噪声运营限制一方应向对方提交一个书面报告说明实施运营限制的原因、为该机场确定的环境目标、为达该目标已考虑的措施，不同措施的成本效益评估；运营限制应是非歧视、不应超过达到环境保护目标的限度、非任意性的。

各方应促进信息交换和专家层面的定期互访，以促进合作，确保有关处理国际航空环境影响及其缓解方案的法规政策一致，包括环境友好的航空技术研发；有关航空排放影响的科学认识；减少航空公司环境影响的空管创新；航空可替代燃油的研发；交换在国际场合处理航空环境影响的有关问题以及方案的意见，在可能的情况下，协调立场。

联合委员会应在专家协助下就解决有关各方航空运输市场化措施之间的重叠性和一致性的问题提出相关建议，避免措施、成本的双重性，降低航空公司承担的管理成本。这些建议的实施需要各方内部的批准。

最为具体的就是提出了确保各自排放交易体系的一致性和避免双重监管。

（2）新增加劳工标准条款。承认协议的社会问题的重要性以及伴随市场开放所导致的更高劳工标准的利益。协议所创造的机会不应降低劳工标准或各方法律中与劳工相关的权利和原则。

（3）联合委员会合作领域的修订。联合委员会应在如下领域开展合作：协议未来发展的可能领域，包括协议修改建议；协议实施的社会影响，并做出适当的回应；维护有关政府补贴和支持的问题清单；就有关成员国之间的燃油税问题，在一致同意基础上做出决定；应一方的要求，做出相互认可规制决定的安排；促进各自空管系统开放中的合作，提高兼容性和互通性；促进航空安全的联合项目建议的制定；促进航空安保领域的持续合作；考虑各方在便利化方面的法规和做法是否可能影响航权的利用；促进专家层面的立法交流；增进在国际组织内以及与第三国讨论航空事项进行协商，以决定是否采纳联合行动；在一致同意基础上，决定 ECAA 的新增缔约方是否被视为欧盟成员国，以及是否适用于本协议。

（4）协议的进一步扩展。继续减少市场准入的障碍，以便最大化消费者、航空公司、劳工和社区的利益，包括增加航空公司进入全球资本市场的机会。

联合委员会应每年审查协议执行情况，包括立法修订情况。一旦美国的法规允许欧盟成员国及其国民多数拥有和实际控制其航空公司，欧盟也将允许美国及其国民多数拥有和实际控制其航空公司。

取消多数所有权和实际控制权限制。经联合委员会一致同意书面认可一方的立法允许另一方多数拥有和实际控制其航空公司，取消对美国航空公司货运第 7业务权的限制；美国航空公司应有权在欧盟及其成员国和另外 5 个国家内的点之间运营定期客货混运服务，而不用必须有服务美国的点。协议订立后一年内，联合委员会有权修订名单或者增加国家数量。欧盟航空公司应有权在美国和另外 5个国家的点之间运营定期客货混运服务，而不用必须有服务欧盟的点——有限的客运第 7 业务权。联合委员会有权修订上述的名单或者增加国家数量。

（5）进一步提升安全合作水平，避免双重监管。

（6）欧盟航空公司进入美国政府航空运输采购市场范围扩大，将欧盟航空公司扩展到可以进入美国与任意国家之间的美国政府航空运输采购市场。

（7）相互承认规制决定。相互承认关于航空公司国籍认定，相互承认航空公司合格认定（包括健康的财务状况和足够的管理经验）。即一方在接收到另一方航空公司授权的申请后，应承认申请授权航空公司所在方当局对其国籍和合格认定，除非一方当局在接受授权申请或者做出授权后有具体的理由对有关该航空公司是否满足协议规定的指定条件表示关切，或者没有满足许可条件，但是应立即通知对方当局，并通报关切的原因。发生此种情况，一方可以提出磋商要求。如果磋商没有解决问题，则应提交到联合委员会。

（8）鼓励绿色技术。双方发布了一个关于环境保护的联合声明。强调通过如下途径减少航空对环境的不利影响：在 NextGen 和 SESAR 空管系统现代化规划之间进行持续合作；鼓励和加速发展及采用新的飞机技术、可持续的替代燃油；与科学界合作更好地了解和定量分析航空对环境的影响。

4.4.2 欧盟—瑞士协定

欧盟与瑞士联邦于 1999 年 6 月 21 日在卢森堡订立航空运输协定，并于2002 年 6 月 1 日生效。这是第一份欧盟代表成员国与第三国订立的双边航空运输协定。

（1）一般规定。不允许基于国籍的歧视，允许欧盟和瑞士的国民在其领土内拥有自由开办权，包括建立代表处、分支机构和子公司。依照欧盟或瑞士法律设立的企业，只要在欧盟或瑞士有注册办公室、中央管理结构或者主营业务地，就应视同欧盟或瑞士的国民。

禁止企业之间订立协议或者共谋限制或者减少、扭曲竞争：直接或者间接固定价格，限制生产、市场、技术发展和投资，瓜分市场或者原料供给，相同交易针对不同对手设置不同的条件，搭售。

禁止滥用市场支配地位：直接或者间接制定不公平的购买或者销售价格以及附加其他交易条件，通过限制生产、市场和技术发展歧视消费者，相同交易针对不同对手设置不同的条件，搭售。

对政府资助进行了规范。允许促进落后地区或者失业率高地区的资助、允许促进有共同利益的重大项目实施或者弥补经济波动的资助、促进特定经济区域的经济活动的资助而又不对贸易条件产生负面影响。

（2）航权。①共同体航空公司和瑞士航空公司可以在瑞士和欧盟之间的任意两点飞行（第3、第4航权）；②协议生效后的两年，瑞士航空公司可以获得欧盟境内不同成员国任意两点之间的航权（类似于第5航权）；③双方在协议生效后的五年，磋商是否可以将航权扩展到瑞士境内任意两点之间和欧盟境内任意两点之间（国内航权）；④与现有双边协议的关系（瑞士与欧盟成员国）。现有双边协议中的航权规定被本航权规定取代，但是来源于现有双边协议的航权，又没有被本协议涵盖的，仍然有效，只要不存在国籍歧视和竞争扭曲。

（3）成立联合委员会。由双方代表组成"欧盟/瑞士航空委员会"（以下简称联合委员会），负责协议的管理和确保正确实施。可以提出与协议相关的建议和做出决定，决定对缔约方有约束力，联合委员会的决定应由缔约方实施。联合委员会应在相互同意原则下行动。为确保联合委员会的工作，缔约方应交换信息，并与联合委员会沟通磋商。联合委员会制定程序性的规则，包括召开会议程序、指定委员会主席和职权范围。每年至少开会一次。

（4）欧盟法律的适应。除了上述规定外，欧盟下列法律适应于协议双方：欧盟单一航空运输市场第三阶段自由化政策；竞争政策；技术协调；航空安全；等等。

4.4.3 欧洲共同航空区（ECAA）协议

欧洲法院2002年对部分成员国与美国"天空开放"协议违反欧盟法律的裁

决开启了欧盟统一对外国际航空运输政策的新纪元。2004 年欧盟委员会在其"与邻国的共同航空运输政策"中首次提出了将"欧洲共同航空区"（ECAA）下的"单一航空运输市场"进一步扩展到更大范围，建立"共同航空区"（Common Aviation Area）。2005 年，欧盟委员会在向理事会提出的制定共同体对外航空政策议程的建议（COM（2005）79 final）中就欧盟与第三国订立全面的雄心勃勃的双边航空运输协议时，正式提出了与欧盟邻国创立"共同航空区"的倡议和设想。目标是在 2010 年建立"共同航空区"，"共同航空区"成员要有相同市场的运营规则，这些运营规则不仅适用于经济领域，也涉及空管、安全和安保。

欧盟在处理与邻国的航空运输关系时，从如下三个层面考虑不同的方式。第一是经济原因，这些国家与欧盟的市场有紧密联系，航空运输市场的融合是自然的；第二是航空政策原因，即为了提高运营的效率，增加安保和安全性；第三是航空运输部门对欧盟睦邻政策的贡献。

由于欧盟邻国的多样性，欧盟分三种情况处理"共同航空区"的建设。第一类是参与航空运输领域泛欧合作计划的国家，这些国家正在或者可能谈判加入欧盟的单一航空运输市场。作为加入欧盟前奏，通过在上游采取行动将促使这些国家进行必要的经济和管理变革。这类国家构成了欧洲共同航空区（ECAA）；主要包括保加利亚、罗马尼亚和西尔干地区国家。第二类是地中海沿岸国家，作为巴塞罗那进程①的一部分，欧盟已经和这些国家建立紧密的联系。欧盟委员会与这些国家订立"欧盟—地中海"航空运输协议，从而开放市场、建立公平的市场竞争环境、提升安全和安保水平、改善环境。第三类是其他的邻国。不仅包括俄罗斯，也包括乌克兰、摩尔多瓦、白俄罗斯、格鲁吉亚、阿塞拜疆、亚美尼亚这些位于欧洲的苏联加盟共和国，甚至包括中亚的乌兹别克斯坦、哈萨克斯坦、吉尔吉斯斯坦、塔吉克斯坦、土库曼斯坦。这类国家开始时与欧盟航空运输自由化程度不会太高，可以从签订"水平协议"开始，逐步深化合作。

因而"共同航空区"是着眼于通过欧盟与邻国逐步开放市场，在这个过程中渐进式地实施欧盟航空运输政策，最终本质上达到规制趋同，为航空公司提供更多的机会，为消费者提供更为广泛的选择。市场开放和规制趋同是同步进行的，

---

① 1995 年 11 月，欧盟和地中海沿岸国家在西班牙巴塞罗那举行首次外长会议，通过了《巴塞罗那宣言》，决定建立全面合作的伙伴关系，采取切实可行的措施，启动旨在加强双方在政治、经济、社会、科技、安全等诸多领域合作的"巴塞罗那进程"，规定在 2010 年建立"欧盟—地中海大自由贸易区"。

以便促进公平竞争，实施共同的更高的安全、安保、环境和其他标准。

"欧洲共同航空区"的提出甚至早于欧洲法院的裁决。1996 年 10 月 3 日，欧盟理事会就授权欧盟委员会与保加利亚、爱沙尼亚、匈牙利、拉脱维亚、立陶宛、波兰、罗马尼亚、斯洛伐克、斯洛文尼亚和捷克就航空运输市场的准入进行谈判。后来范围扩大到塞浦路斯、挪威、冰岛，目的就是要建立"欧洲共同航空区"。根据授权，欧盟与上述国家在 2000 年达成了协议草案。由于协议上存在制度上的不确定性，欧盟委员会于 2000 年 10 月按照欧盟有关法律规定向欧洲法院征询意见。欧洲法院在 2002 年 4 月 18 日给出了意见，认为本质上协议中提议的法律监督体制与欧盟条约是相容的。但是，此时欧盟与这些国家的扩大谈判已经基本结束，上述国家中的 10 个（除保加利亚、罗马尼亚、挪威和冰岛）已经签署了"雅典入盟条约"（公开签署是在 2003 年 4 月 16 日），从而使得欧盟委员会的任务已经过时。"欧洲共同航空区"的进程暂时搁置。

2004 年 12 月，欧盟部长理事会授权欧盟委员会与九个东南欧合作伙伴（阿尔巴尼亚、波黑、保加利亚、克罗地亚、前南斯拉夫马其顿共和国、罗马尼亚、塞尔维亚、黑山、科索沃）开始磋商"欧洲共同航空区"，目标是将欧盟在东南欧的邻国融入欧盟的内部航空运输市场。谈判于 2005 年 3 月 31 日开始，协议于 2005 年 12 月达成，到 2010 年"欧洲共同航空区"正式建立。

2012 年 6 月 26 日，摩尔多瓦加入欧洲共同航空区协议，进一步的谈判还包括瑞士、土耳其和其余欧洲航空安全组织（EUROCONTROL）的成员。类似还有欧盟与地中海国家的协议。

"欧洲共同航空区"协议的主要内容有：

（1）开办权。不应限制欧盟成员国国民或者"欧洲共同航空区"伙伴国的国民在任一方的领土内开办航空运输企业。依照所在国家的法律，自由开办权包括个人独资、设立和管理企业，包括公司或者商号。这也适用于代表处、分子公司的情况。对于这些自由开办的公司企业，只要主营业务地在"欧洲共同航空区"，就应取得与欧盟成员国或者"欧洲共同航空区"伙伴国的国民一样的自然人地位。

（2）将欧盟单一天空扩展到"欧洲共同航空区"，以提升安全标准和空管效率，最大限度增加容量和尽量减少航班延误。

（3）竞争政策。用附件 3 对普遍适用的竞争行为进行了规范，涉及政府垄断、政府补贴等。

（4）设立联合委员会。联合委员会由缔约方代表组成，负责协议的管理，就协议提出建议和做出决定。委员会采取一致同意的决策方式，但也可以对一个具体问题制定多数通过的决策机制。应制定程序性规定，主席应每年召开一次会议。

（5）建立保障措施（Safeguard Measures）。除了安全和安保领域外，保障措施应严格限制适用的范围和周期，应以纠正为限，对协议执行的影响最小。一缔约方考虑采取保障措施时应立即通过联合委员会通知其他缔约方和联合委员会，并提供包括采取的措施在内的相关信息，各方应在联合委员会内进行磋商，寻求各方能够接受的解决方法。一方的保障措施的期限不应超过 1 个月（从通知时开始起算），但是在 1 个月内各方在联合委员会达成一致意见的除外。

如果联合委员会未能在 4 个月内就一问题做出决议，缔约方可以采取时间不超过 6 个月的保障措施。6 个月后，缔约国可以宣布即时退出协议。但是缔约国不能对已经交由法院裁决事项实行保障措施。

根据欧盟理事会和欧洲议会 2004 年 3 月 10 日通过的"创立单一欧洲天空框架法令"（Regulation（EC）No 549/2004），可以出于安保和国防政策的考量采取保障措施，包括依照国际民航组织区域空中航行协议对空域监视的责任、严重的国内骚乱事件影响到维持正常的法律秩序、战争或者构成战争威胁的国际紧张局势、履行与维护和平和国际安全的国际义务、开展军事行动和训练。

（6）过渡期。规定了将欧盟单一航空运输市场扩展到非欧盟成员国的过渡期。

（7）与双边协定的关系。"欧洲共同航空区"协定的规定高于现行各方之间的双边航空运输协定。但是过渡期内，如果有关所有权、航权、运力、航班频率、机型更换、代码共享、定价在双边协定中的安排更为灵活，则继续适用。

（8）适用的法律。通过附件的形式，详细列明了适用于"欧洲共同航空区"的欧盟单一航空运输市场法规。包括：市场准入和相关服务方面；空管；航空安全；航空安保；环境；社会事务（劳工保护方面的工作时间、工作环境和健康保护等）；消费者保护；其他（计算机订座系统守则、人员资格相互承认、燃油税等）。

4.4.4 欧盟—地中海协议

4.4.4.1 欧盟—摩洛哥双边航空运输协议

2006 年 12 月 12 日，欧盟与摩洛哥签订了第一个欧盟—地中海航空运输协议。不仅相互开放航空运输市场，还包括了范围广泛的航空立法的趋同，即在安全、经济规制特别是竞争法、空管、消费者保护等领域向欧盟的法规看齐。2004~2011 年，欧盟—摩洛哥市场的年复合增长率达到 12.8%，自由化对增长的贡献达到 65%，票价下降了 37%，在 2011 年创造了 3.2 万个工作岗位。

这个协议的主要内容有：

（1）航空公司指定。数量没有限制。航空公司在指定国设立，并持有指定国的营运合格证，颁证国对该航空公司有实际的规制权力，欧盟指定的航空公司应由欧盟成员国或其国民或者其他 ECAA 国家或其国民拥有多数所有权和实际控制权，摩洛哥指定的航空公司应由摩洛哥或者其国民、欧盟成员国或其国民，或者其他 ECAA 国家或其国民拥有多数所有权和实际控制权。

（2）运价。摩洛哥指定的航空公司在欧盟内部运输的运价应按照欧盟的法律规定执行，欧盟指定的航空公司在摩洛哥内部运输的运价应按照摩洛哥的法律规定执行。

（3）与其他双边协议的关系。协议生效后将适用于欧盟成员国与摩洛哥订立生效或临时生效的双边航空运输协议。

这个协议还很简单，没有包括全部双边协议的内容，比如运力、国际运价、从事商务活动等。

4.4.4.2 欧盟—约旦双边航空运输协议

2010 年 12 月 15 日欧盟与约旦签署了欧盟—地中海航空运输协议。2013 年 1 月 10 日第一次联合委员会召开。协议开放了各自的航空运输市场，将约旦融入到"共同航空区"。约旦将把其立法与欧盟协调，并在航空运输的安全、安保、环境、消费者保护、空管、竞争和社会事务方面实施欧盟的立法规定。

协议使得欧盟的航空公司和约旦的航空公司可以在双方之间任意点之间飞行，并可以在对方设立分公司，取消了价格、航线和运力的限制。具体内容主要有：

（1）航权。约旦的航空公司有权在欧盟一成员国内部两点之间运送和上下旅客和货物（国内航权），欧盟航空公司也可以在约旦境内任意两点之间运送和上下旅客和货物。欧盟航空公司可以经停一个或者以上的欧洲地中海国家、ECAA 国家以及冰岛、挪威、瑞士等，前往约旦的一个或者以上的点（第 5 航权、第 8 航权）。约旦航空公司可以经停一个或者以上的欧洲地中海国家、ECAA 国家以及冰岛、挪威、瑞士等，前往欧盟的一个或者以上的点（第 5 航权、第 8 航权）。上述航权的始发点或者目的地点应在欧盟或者约旦。

任意一方航空公司可以双向或者单向运营，合并航班号，任意组合中间点与缔约方境内的点，减少中间点，可在任意点在不同航空器之间中转旅客，在任意点具有分程权，通过对方境内运送过站旅客，不考虑始发地的合并运输。

各方航空公司可以与第三方航空公司在本协议规定的航线之外进行代码共享，只要不涉及第 5 航权。

（2）航空公司指定。航空公司指定标准为在指定方有主营业务地，指定方对该航空公司有实际有效的规制权，指定方国民拥有多数所有权和实际控制权。

（3）投资政策。约旦应允许欧盟国民多数拥有和实际控制约旦的航空公司，在联合委员会确认的情况下（依 21 条（10）），应有互惠安排。

（4）从事商务活动。内容和 ECAA 协议基本一致。增加了有关航班时刻分配的内容。缔约方境内机场的航班时刻分配应独立、透明非歧视进行，应平等对待所有航空公司。一方可以要求联合委员会开会讨论有关航班时刻分配的问题。

（5）价格。自由确定，不需要提交备案。

（6）运力。航空公司根据商业需要自行确定运力和航班频率。任何一方不得限制运输量、频率或者服务的间隔、机型或者运输类型，除非出于海关、技术、运行、环境、健康保护的理由。

（7）统计信息合作、规制合作、设立联合委员会、保障措施。基本上与 ECAA 协议相同。

4.4.4.3 欧盟—以色列协议

2013 年 6 月 10 日，欧盟与以色列订立了欧盟—地中海航空运输协议。这是一个全面的航空运输协议，所有的欧盟航空公司可以从欧盟内部任意地点运营到以色列的航班，以色列航空公司则可以运营到欧盟任意地点的航班。欧盟—以色列之间国际航空运输市场将在五年内，即到 2018 年逐步开放，不再对航班数量进行限制。依照欧盟与其邻国之间类似协议的经验，逐步开放的航空市场将带来更多的直飞航班，更低的票价。两地之间的游客数量有望增加，从而创造更多的工作岗位，增进社会福利。逐步开放也给双方的航空公司更多的时间为日渐增强的竞争做好准备。同时协议还致力于将以色列融入欧盟的"共同航空区"，在航空运输的安全、安保、环境、消费者保护、空管、经济规制、竞争和社会事务方面实施欧盟的立法规定。

协议主要内容与欧盟—约旦协议基本相同。

4.4.5　欧盟"天空开放"协议的特点

从欧盟的"开放航空区"协议、"欧洲共同航空区"协议和欧盟—地中海协议可以看出，欧盟"天空开放"协议与美国的"天空开放"协议有较大的不同。

第一，航权开放的幅度更大。在与美国订立的"开放航空区"协议中，已经授予客运航空部分第7航权；在"欧洲共同航空区"协议中，授予了独立的国内航权；在欧盟—地中海协议中，授予了连续的国内航权。

第二，将投资政策纳入协议范围。在与美国订立的"开放航空区"协议中，要求最终取消对外国投资本国航空公司的股权比例限制。在"欧洲共同航空区"协议中，已经在缔约方之间实现自由开办航空公司。"开放航空区"协议要取消多数所有权和实际控制权的传统规定。

第三，成立了专门机构，管理协议。欧盟在三类协议中均成立了联合委员会，对协议进行管理。这个机构的背后似乎就是英国当年在芝加哥会议上建议的对国际航空运输进行经济管理的国际机构。

第四，加入保障措施条款。然而这个保障措施不同于国际贸易中现行的保障措施，即缔约方因为履行协议义务导致本国产业严重损害或严重威胁采取临时终止履行协议义务，而是将保障措施作为确保缔约双方履行义务的保证。ECAA第二十四条第二款规定"如果任何一缔约方认为另一缔约方没有履行协议义务，就可以采取适当的保障措施"，这个规定对触发实施保障措施的要求很简单，而且很主观，还很单边，措施也很宽泛，可能导致对保障措施的滥用。

第五，从事商务活动中，允许航空公司之间的特许经营和贴牌，允许湿租。

第六，加入环境保护和劳工保护条款。这两个条款的加入，特别是后者可能构成新的国际航空运输贸易保护壁垒。

第七，政策协调。"开放航空区"协议中在竞争政策领域进行协调，并且相互承认规制决定。在"欧洲共同航空区"协议和欧盟—地中海协议中，将欧盟涉及航空运输的全部政策推广到欧盟以外的国家适用，即在航空运输的安全、安保、环境、消费者保护、空管、经济规制、竞争和社会事务等方面实施欧盟的立法规定。

4.5 其他国家或者地区"天空开放"协定

4.5.1 加拿大

自 2006 年 11 月提出"蓝色天空"的"天空开放"政策后,加拿大已经向占加拿大国际航空运输量 91% 的国家提出了订立"天空开放"协定的建议。截至 2012 年 12 月,加拿大已经与 44 个国家签订了"天空开放"协定,涵盖了加拿大国际航空运输量的 72%。只有 3% 的国际航空运输量仍然受到严格的双边协定限制。与加拿大订立"天空开放"协定的国家:爱尔兰、冰岛、新西兰、巴巴多斯、多米尼加共和国、哥斯达黎加、韩国、萨尔瓦多、瑞士、牙买加、特立尼达和多巴哥、巴西、尼加拉瓜、洪都拉斯、荷属圣马丁。与欧盟 28 国订立了全面"天空开放"性质协议。

这里以加拿大—欧盟 2009 年 12 月 18 日订立的"天空开放"协议为例说明加拿大的"天空开放"协议情况。

(1)航权。双方均有不受限制的第 5 航权(包括以远点、中间点)、第 6 航权和连续的国内航权。各方航空公司可以双向或者单向运营、可以合并航班号、可以减少经停点、可以在任意点更换机型、可以在经停点上下旅客和货物(包括在一方国内的两点之间)、可以在各方内或者以外的点享有分程权、在中间点和对方境内点运送过站旅客和货物、通过代码共享提供服务。

(2)航空公司指定。双方可以指定任意数量的航空公司。指定标准方面,加拿大可以指定由任意一方国民所实际控制的航空公司,只要主营业务地在加拿大;欧盟可以指定的航空公司可以由冰岛、列支敦士登、挪威或者瑞士的国民所实际控制,需要获得"共同航空公司"运营证,主营业务地在一个成员国的。

(3)运价。由航空公司自由确定,不需要申报,不能对运价进行单方面干预,双方可以就价格的公平、合理以及歧视等问题进行磋商。

(4)运力。航空公司自由决定运力,不能单方面干预。航空公司基于市场的商业考量确定航空运输服务的频率和运力,除了依照统一的条件,出于技术、运营和环境保护原因外,各方不得单方面限制运输量和服务的频率、机型,也不应要求提交包机飞行的计划或者运营计划。

（5）投资条款。允许本方国民投资对方的航空公司。在互惠的基础上，允许对方的国民拥有本国的航空公司，但是应依照加拿大法律中有关外国投资加拿大航空公司的规定。加拿大航空公司应满足多数所有权和实际控制权的要求；欧盟成员国航空公司应由成员国、冰岛、列支敦士登、挪威或者瑞士的国民拥有多数所有权和实际控制权。

投资政策与航权挂钩。当各方允许对方获得本方航空公司25%的投票权时，可以行使下列权利：客货混运和全货运服务方面，双方航空公司可以在双方的任一点之间飞行（不受限制的第3、第4航权），以及不受限制的第6航权；全货运航空运输可以有第7航权；双方客货混运和全货运可以享有有限的第5航权（协议附件3有详细的分国别的点的规定）。

当各方允许对方获得本方航空公司49%的投票权时，可以增加行使下列的权利：客货混运航空服务方面，各方航空公司可以有第5航权任意的中间点，加拿大航空公司还可以有欧盟成员国之间的任意两点（包括欧盟成员国与摩洛哥、瑞士、欧洲经济区、"欧洲共同航空区"其他成员国之间），只要加拿大航空公司有一点在加拿大，欧盟航空公司有一点在任一成员国内；全货运航空运输服务可以有第7航权。当各方允许对方国民在本国建立航空公司从事国内和国际航空运输服务时，可以增加下列权利：客货混运服务的第5航权可以有任意的以远点，而且没有频率限制。各方允许对方国民在完全拥有本方航空公司时，指定航空公司可以享有规定的所有航权，有关对航权的限制完全取消。

（6）数据统计：一方应向另一方提供依照国内法规所需要的统计数据。如果一方需要相关数据对航空运输服务进行评估，而这些数据又是可获得的，另一方也可以提供。双方应在联合委员会的框架下进行合作促进统计数据的交换。

（7）消费者利益条款，鉴于保护消费者利益的重要性，各方应要求航空公司在非歧视的基础上，在涉及如下（不限于）事项时采取合理和相称的措施：要求保障预付给航空公司的资金安全、拒绝登机补偿措施、旅客退票款、披露实际运营航空器的航空公司身份、披露航空公司自身的财务状况（Financial Fitness）、旅客伤害责任保险和设置无障碍措施。双方在联合委员会框架下就消费者利益保护进行合作，交流相关的保护消费者利益的计划措施。

（8）商务活动。涉及代码共享、地面服务、联运服务、特许和贴牌等，具体内容与"欧洲共同航空区"类似。

（9）设立联合委员会。委员会将明确涉及协议的有关部门，并促进它们之间的协调，每年至少举行一次会议，各方可以提议召开会议。联合委员会可以就有关协议文本的释义和适用召开咨询性质的会议，联合委员会应促进双方的合作，并就有关协议实施的情况进行磋商，包括就影响本协议航空运输服务的市场条件进行审议，交换包括国内影响本协议的政策法规信息，考虑协议可能进一步加以完善改进的地方，讨论有关投资、所有权和控制权议题。委员会建立专家工作机制和议事规则。联合委员会的所有决定应一致同意。

（10）环境保护。加入这个条款并不影响双方在国际法和国际公约下的权利和义务。各方在各自主权范围内应有权采取适当措施应对航空运输对环境的影响，这些措施应是非歧视性的。双方也认识到应平衡保护环境措施的成本和收益。制定环境措施时，应评估对行使协议规定权利的负面影响。如果采纳这些措施，应采取适当办法消除负面影响。双方也认同环境问题在多边框架下商讨的重要性。如果环境措施作为《国际民用航空公约》附件形式，形成航空环境标准，除各方提交的差异外，各方应遵循这个航空环境标准。各方应就环境问题，包括拟议中将对国际航空运输服务造成重大影响的措施进行磋商，以最大限度取得措施的相容。磋商应在提出请求后的 30 天开始或者在相互同意的时间进行。

（11）劳工事务。协议对劳工、就业和工作条件具有重要的影响，双方应通过联合委员会来讨论劳工事务。

4.5.2 巴西

欧盟和巴西之间每年的旅客运输量达到了 600 万人次。2011 年 3 月，欧盟—巴西草签了全面的双边航空运输协定，消除了航线、价格、航班频率的限制，指定航空公司可以在欧盟和巴西之间任意两点之间自由飞行。欧盟货运航空公司获得了新的商业机会，可以进行巴西以远点的运营。通过减少航空市场的管理负担，增加灵活性，便利航空公司的运营，最终方便消费者。双方在安全、安保、竞争法的适用、空管、环境、消费者保护、社会和劳工事务方面进行合作。

巴西和美国于 2010 年订立了"天空开放"协议，内容基本上与美国 2008 年的"天空开放"范本一样，但没有生效。

4.5.3 多边"天空开放"协议

2000 年 10 月 1 日到 11 月 2 日，美国、新加坡、新西兰、智利和文莱在夏威夷进行旨在"天空开放"的多边航空运输协定谈判，随后于 2001 年 5 月 1 日正式签署，并于同年 12 月 21 日生效。

（1）航权。开放包括货运第 7 航权在内的交通权，客运包机享有第 6 种自由交通权，货运包机享有第 7 种自由交通权。

可以单向，也可以双向运营；可以合并航班号；后延点、中间点和以远点可以任意组合；可以减少停留的点；可以在任意点将旅客或者货物转至其他的航空器；可以进行第 6 业务权；可以在任意点有分程权；在对方境内运送过站旅客；合并运输。除全货运外，上述服务都应是服务本国的一个组成部分。

（2）运力。指定航空公司进行国际航空运输时，可以不受限制地更换运营的机型和增减航班数量，只要该点以远的运输是来自或去往指定国运输的继续延伸，航空货运还可以不受此限制。

（3）航空公司指定。任何一方可以自由指定从事国际运输的航空公司，只需要以书面形式通知其他签字方和协议保管人。被指定的航空公司应该满足如下条件：由指定国或其国民单独或共同实际控制；在指定国注册并有主营业地；或者满足对方签字国有关法律、法规对从事国际航空运输的规定；满足有关安全的规定。该协议不影响签字方国内法规对所有权和控制权的规定。

（4）运价。不需要经过任何一方的批准，也不需要备案，除非根据法律规定以提供信息为目的的收集运价，则可以要求备案。

（5）从事商务活动。允许其他签字国（非指定航空公司）在自己的领土内自由建立办事处从事促销和销售活动；可以在其他签字国领土内直接或通过其代理销售航空运输服务，任何人都有使用当地货币或自由兑换货币购买此种服务的权利；可以自由兑换在当地的收入并汇往其注册的签字国，用当地货币支付包括燃油在内的当地支出，也可以根据当地的货币管理政策使用自由兑换货币支付；依据所在签字国规定，雇用管理、销售、技术和运营等专业人员；在其他签字国内自办地面服务，或者根据需要，在竞争的地面服务提供商之间选择其提供部分或全部服务，该权利仅受机场安全考虑导致的物质限制，如果此种限制排除了自办地面服务，则地面服务应该在公平基础上向所有的航空公司提供，收取的费用应该以提供服务的成本为基础，并且服务质量应该达到允许自办地面服务时的水平；

可以从事与国际航空运输有关的地面货物运输服务,包括从事保税货物运输。

(6)航空公司之间的合作。指定航空公司可以与任何签字国以及附件确认的其他国家和 APEC 国家的航空公司在许可的航线上进行诸如代码共享等联合营销安排,以及和上述国家其他的地面服务提供商进行合作。

(7)更换机型。指定的航空公司可以在授权运营的航线上任意点不受限制更换机型和航班号,只要始发地或者目的地在指定国。(对于去程运输,更换机型和航班号后续地点构成以指定国为始发的国际航空运输的连续部分,对于回程航班,更换机型和航班号后续地点构成以指定国为目的的国际航空运输的连续部分。)全货运服务除外。

2005 年的协议修订,加入了有关仅适用航空货运的条款,即任何国家或者 APEC 成员可以在加入协议时仅选择适用航空货运。

萨摩亚在 2002 年 7 月加入,11 月生效;汤加在 2003 年 9 月加入,2004 年 1 月生效;库克群岛在 2006 年 3 月加入,7 月生效;蒙古在 2007 年 8 月加入,2008 年 2 月生效。秘鲁在 2001 年底加入,随后在 2005 年初退出。

在协议内部,文莱、新西兰和新加坡还在 2001 年 5 月签署了一个议定书,相互之间交换包括定期航班和包机的第 7 航权和国内航权,也同样在该年的 12 月 21 日生效。

4.6 小 结

通过上面对不同地区"天空开放"协定的研究,可以发现这些"天空开放"协定具有如下的共性:

第一,减少对国际航空运输的限制。正如前面对"天空开放"的含义界定一样,减少对国际航空运输的限制是其基本出发点,因而所有的"天空开放"协定都不同程度减少对国际航空运输的限制。

第二,具体来说,所有的"天空开放"协定都授予了不受限制的第 5 航权、自由确定运力、自由定价、多家航空公司指定、自办地面服务、代码共享等合作协议,如表 4.3 所示。

从差异来讲,主要有如下方面:

表 4.3　各种"天空开放"协定的比较

协议项	协议详细内容	2008 年美国"天空开放"协议	欧盟 OAA 协议	ECAA 协议	欧盟—地中海协议	加拿大"天空开放"协议	大洋洲"天空开放"协议	多边"天空开放"协议
1. 航权	a. 第 5 航权 完全授予	√	√	√	√	√	√	√
	部分授予	√ (货运)				√ (货运)		√ (货运)
	b. 第 7 航权 完全授予		√	√	√	√		
	部分授予		√					
	c. 国内空运权 完全授予							
2. 航空公司指定数量	多家指定	√	√	√	√	√	√	√
	多家所有权和实际控制权	√		√	√	√	√	√
3. 航空公司指定标准	共同体利益	√	√	√	√	√	√	
	主营业地							
4. 运力	自由确定运力	√	√	√	√	√	√	√
5. 运价	自由定价	√	√	√	√	√	√	√
6. 投资安排	相互投资航空公司，不允许多数所有权					√		
	相互投资航空公司，允许多数所有权	√	√	√	√		√	
	对第三方投资本国航空公司不限制	√	√	√				

续表

协议项	协议详细内容	2008年美国"天空开放"协议	欧盟 OAA 协议	ECAA 协议	欧盟—地中海协议	加拿大"天空开放"协议	大洋洲"天空开放"协议	多边"天空开放"协议
7. 政策合作	安全、保安政策合作	√						√
	安全、保安政策、竞争政策协调		√			√	√	
	航空运输政策措同			√	√			
8. 商务活动	办事处、销售活动和汇兑	√	√	√	√	√	√	√
	自办地面服务	√	√	√	√	√	√	√
	代码共享等合作协议	√	√	√	√	√	√	√
	允许湿租		√	√	√	√		
	特许经营	√	√	√	√	√		
	多式服务安排		√	√	√	√	√	
9. 组织机构	成立管理协议和协调的专门机构		√	√	√	√		
10. 统计	交换		√	√	√	√	√	
11. 保障措施	允许采取保障措施		√	√	√			
12. 消费者保护	专门的消费者保护条款		√	√		√		

资料来源：根据各类协定整理。

097

第一，欧盟的"开放航空区"协议、"欧洲共同航空区"协议和大洋洲的"天空开放"协议授予了包括客货运在内的第7航权。

第二，大洋洲的"天空开放"还授予了国内航权，而欧盟的"开放航空区"协议、欧盟—地中海协议部分授予了国内航权。

第三，欧盟的"开放航空区"协议、"欧洲共同航空区"协议和大洋洲的"天空开放"协议已经突破多数所有权和实际控制权的限制。

第四，欧盟的"开放航空区"协议、"欧洲共同航空区"协议、欧盟—地中海协议和大洋洲的"天空开放"有专门的投资条款，允许相互投资对方航空公司，不限制股权。欧盟的"开放航空区"协议甚至规定了对第三方投资本国航空公司获得指定的权利不应限制。

第五，"欧洲共同航空区"协议和欧盟—地中海协议最终有涉及航空运输的政策趋同，即适用欧盟的相关政策。这一点表现出欧盟在国际航空运输政策中将政策输出作为一个重要的选项。

第六，欧盟和加拿大以及大洋洲的"天空开放"协定允许指定航空公司湿租航空器。

第七，欧盟和加拿大的"天空开放"协定允许特许经营和贴牌。

第八，欧盟和加拿大的"天空开放"协定设立了专门机构管理协议，即联合委员会。

第九，"欧洲共同航空区"协议和欧盟—地中海协议有保障条款。

第十，欧盟和加拿大以及大洋洲的"天空开放"协定有统计信息的交换。

第十一，"欧洲共同航空区"协议和加拿大的"天空开放"有消费者保护条款[①]。

通过上述的比较可以发现，美国"天空开放"并不包括外国航空公司有美国的国内航权，也没有取消或者降低对外国资本拥有美国航空公司股权的限制。通过取消对运营和指定航空公司数量的限制的自由化并不能为航空公司创造一个进出或者飞越他国没有限制的真正开放的天空。

---

① 郑兴无，李艳伟，金永利. 欧美"天空开放"及其启示 [J]. 综合运输，2018，40（4）：96-100.

第 5 章 中国航空运输发展及其与宏观经济因素关系的分析

1949 年以来，包括中国国际航空运输在内的航空运输，经历了不同的发展阶段，并呈现出不同的特点。本章将重点分析中国航空运输的发展变化以及航空运输与部分宏观经济因素之间的关联关系，为政策制定提供支持。

5.1 中国航空运输基本分析

5.1.1 中国航空运输整体发展演变

本部分分析中关于航空运输的整体运营数据主要源于国家统计局统计数据，其数据是对中国各航空公司运营数据的汇总。在分析国内航空运输时，由于外国航空公司不能参加中国国内航空运输市场的运营，因此本部分的数据可以准确地反映中国国内航空运输的实际发展水平。而在中国的国际航空运输市场中，由于除中方指定航空公司外，双边关系伙伴国指定航空公司和第三国航空公司也参与其中，并且占据了较大比重的市场份额，因此我国的民航统计数据仅仅只是反映了中国国际航空运输市场中中方航空公司完成的运营数据，并不能全面反映中国的国际航空运输发展情况。为了弥补我国民航统计的上述缺陷，本部分分析中采用美国运输部的 T-100 数据具体分析中美双边航空运输市场的整体情况，借以对中国的国际航空运输分析提供一个可资对比的参考实例。

影响航空运输统计数据分析的另一个重要因素是统计口径的变化。就本研究而言，影响后续定量分析的一个重要因素是 2001 年对客运周转量计算过程中吨公里数据统计口径的变化。航空客运周转量的基本计算单位是客公里，为了和货运周转量汇总计算航空运输总周转量，需要将其转化成吨公里数据。2001年之前，中国民航的统计口径是采用统计旅客体重加行李重量的方式计算客运周转量的吨公里数据，而自2001年开始则按照统一的国际惯例，采用每人90公斤的标准来将客运周转量的客公里数据换算成吨公里数据，行李重量并不计入其中。这一统计口径的变化导致按照吨公里计算的航空客运周转量会出现较大的变化。图5.1表明了按照客公里和吨公里两个数据计算的航空运输客运周转量年增长率变化。1980~2017年，分别采用两个数据口径计算的航空运输客运周转量年增长率水平基本一致，但2001年两个口径计算的年增长率却差异巨大：用吨公里口径计算的客运周转量增长率为35.9%，而用客公里口径计算的增长率水平却仅为12.5%。显然用客公里口径计算的客运周转量变化情况反映了真实的客运周转量变化情况，而用吨公里口径计算的航空客运周转量明显高估了2001年的客运实际情况。而基于吨公里口径计算的航空运输总周转量数据无疑也在2001年出现了一定程度的虚高。统计口径的上述变化使得航空运输总周转量数据的时间序列数值水平在2001年出现了一个整体的上浮，这无疑会给包含有航空运输总周转量指标的计量经济分析带来较为明显的误差。因此本书中同样按照每人90公斤的标准将2001年之前航空客运周转量的客公里数据折算为吨公里数据，并相应地调整了各年的航空运输总周转量数据。经过上述调整发现，2001年之前的航

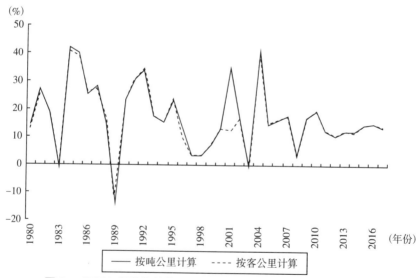

图5.1 不同口径计算的航空客运周转量年增长率（1980~2016年）

资料来源：根据国家统计局数据计算得出。

空运输总周转量原有数据按照新的口径计算均有超过 10%的增幅。显然调整前后的航空运输总周转量数据会使定量分析的结果有较为明显的差异。

另外，在民航统计数据中，1997 年之前的国内航线数据并不包括港澳台地区航线数据，而 1997 年之后则将地区航线数据作为国内航线数据的组成部分。由于在实际运营中地区航线更多地具有国际航线的运营特点，包括市场准入监管、旅客进出境管理等，因此在本部分的分析中，采用将地区航线纳入国际航空运输市场范围的统计口径。

在 1978 年改革开放之前，航空运输业在中国国民经济诸运输方式中所占据的份额极其有限。在包括铁路、公路、水运、航空和管道等运输方式所实现的全部客运周转量中，航空运输业占比在 1974 年首次超过 1%；航空运输业在货运周转量中所占比重更低，1974 年还不到 0.01%（见图 5.2）。从图 5.3 中也可以看出，航空运输业客货总周转量在 1974 年才首次超过 1 亿吨公里。这一时期的中国航空运输业不仅发展水平低，其发展的波动性也较为明显，航空运输总周转量的增长情况存在大起大落现象。1978 年改革开放之后，中国民航业在 1980 年展开了以企业化为导向的一系列改革措施，并且在 1987 年展开了全面的民航体制改革。这一时期中国航空运输业迎来了快速发展。在 20 世纪 80 年代中期到 90 年代中期，我国航空运输业的运输总周转量年度增长率普遍高于 20%，此后由于

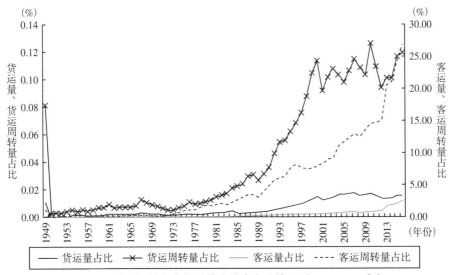

图 5.2　航空运输在全部运输方式中占比情况（1949~2013 年）

资料来源：根据国家统计局数据计算得出。

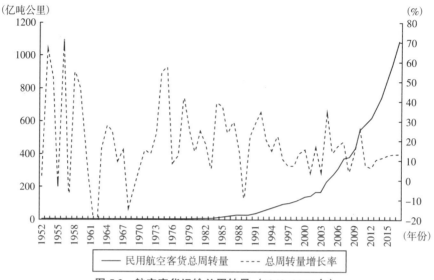

图 5.3　航空客货运输总周转量（1949~2015 年）

注：2001 年之前客运周转量数据按照每人 90 公斤口径进行调整。
资料来源：国家统计局，中国民用航空局。

东南亚金融危机、"9·11 事件"、"非典"、欧美债务危机等诸多外部冲击的出现，增长幅度在一些年份出现了较大幅度的下降，但也基本保持了超过 10% 的增长态势。2016 年，航空运输业实现的客运和货运周转量分别占国民经济整体客货运输周转量的 26.8% 和 0.12%。航空运输方式已经成为重要的旅客运输方式，而在货物运输方式中，航空货运虽然在运输周转量上占比仅为 0.12%，但所承运的主要是具有较高价值和较小体积的高价值商品，更为重要的是航空货运已经成为跨国公司整合其全球产业链的重要手段。发达的航空运输网络也成为吸引外资和推动对外贸易的重要基础设施。

5.1.2　中国民航业的体制改革历程

中国民航业在 1978 年改革开放以来的一系列体制改革措施有效地提高了我国民航业的运行绩效。在 40 年的时间里，中国民航业经过三个阶段的系统性体制改革，从一个军事化的行业发展成为一个现代化的、对国民经济和社会发展起到重要作用的全球第二大航空运输系统。

5.1.2.1　20 世纪 80 年代初的企业化改革

1980 年，邓小平同志做出了"民航一定要走企业化道路"的指示。此后民航划归国务院领导，进行了以经济核算制度和人事劳动制度为核心的一系列管理制度上的改革。改革极大促进了民航生产力的发展，截至 1986 年底，民航的航空运输总周转量、旅客运输量、货邮运输量分别是 1978 年的 5.2 倍、4.3 倍、3.5 倍。

5.1.2.2　1987 年民航体制改革

基于中共中央 1984 年《关于经济体制改革的决定》，我国民航业于 1987 年开始进行以政企分开为主要内容的改革。在这一轮民航体制改革中主要完成了下列目标：

（1）民航业政企分开。1987 年民航体制改革将民航管理局、航空公司与机场分离，改革了以往侧重运用行政和军事办法实行高度集中统一管理的单一部门体制。通过将航空公司和机场管理机构从民航管理局中分离出来，为中国民航业确立了民航局负责行业管理，航空公司和机场管理机构作为市场主体各自提供航空运输服务和机场服务的行业运行框架。

（2）扩大了民航业的市场准入水平。从 1988 年到 1994 年，民航局先后制定了允许地方政府、国内企业和公民投资民航企业和机场的一系列规定。1994 年颁布的《关于外商投资民用航空业有关政策的通知》，允许外商投资航空公司、机场、飞机维修和民航相关企业。在此期间，民航业开始了由单一投资向多元投资体制的改革。

5.1.2.3　2002 年民航体制改革

1987 年，民航体制改革为中国航空运输业的发展确立了基本的运行框架，也推动我国航空运输业在 20 世纪 90 年代获得了快速发展。经过了 10 多年的高速发展，中国航空运输业中存在的一些问题不断显现，并且成为制约行业进一步发展的桎梏。因此从 2002 年开始中国民航业展开了一轮新的体制改革，主要包括下述内容：

（1）民航局的行业监管职能与民航业国有资产监管职能相分离。民航局将直属的 9 家航空公司重组为中国航空集团公司、中国东方航空集团公司和中国南方航空集团公司，并且将民航保障服务企业整合为中国民航信息集团公司、中国航空油料集团公司和中国航空器材进出口集团公司三大集团公司。上述六大民航集团公司的国有资产均改由国资委负责管理，民航局只是单纯行使民航业的行业监管职能。

（2）除首都机场集团和西藏区域内机场外，各民航机场均实施属地化管理，民航局按照相关的法律、法规、规章和技术标准进行行业管理。民航局并不承担机场具体建设和管理的职能。

从中国民航业 1978 年以来的体制改革历程来看，也是遵循了一个不断加强行业发展的市场化导向过程。从改革开放之前的准军事化行业管理模式，发展到目前的民航局单纯作为行业监管部门行使行业监管职责、国资委承担民航业六大企业集团国有资产保值增值职责、民航企业基于市场规律和规则开展各自的经营管理活动，我国民航业已经确立起符合市场经济发展规律的行业发展框架，企业竞争力水平不断提高。民航业的历次体制改革为中国民航业的良性发展奠定了良好的制度框架。

5.2 国际航空运输对中国航空运输业的重要性

5.2.1 改善资源配置效率，提升竞争强度

国际航空运输业务对于我国航空公司意义重大，不仅为航空公司资源配置提供了场所，同时也为中国航空公司提高自身竞争力水平提供了一个良好的竞技平台。从图 5.4 中可以看出，20 世纪 90 年代中期，我国国内航空运输的运输总周转量增长率持续高于国际（地区）总周转量增长率，而 90 年代中期之后的大多数年份里两个市场的增长态势却出现了相反的情况，国际（地区）市场的增长持续高于国内市场。这一趋势在图 5.5 中更为明显。国际（地区）市场运输周转量与国内市场运输周转量之比在 1979~1984 年持续提高，1979 年这一比值为0.42，1984 年达到 0.91 的历史高点后就逐年下降。在 1995 年达到 0.46 的历史低点后再度反弹，在欧美债务危机爆发前处于接近 0.60 的水平。上述变化说明在改革开放之初，由于国内经济发展水平相对较低，加之民航长期的军事化管理体制对于航空运输业的市场化运作强调不足，导致我国航空公司的国内市场业务发展速度落后于国际市场业务发展水平。伴随着 20 世纪 80 年代以来民航改革的"企业化"导向以及 1987 年的民航体制改革不断深化，我国航空公司的国内市场业务获得了持续快速发展，超过了其国际市场业务的增长水平。20 世纪 90 年代中期以后，伴随着中国经济融入全球一体化的程度不断提高，我国航空公司的国

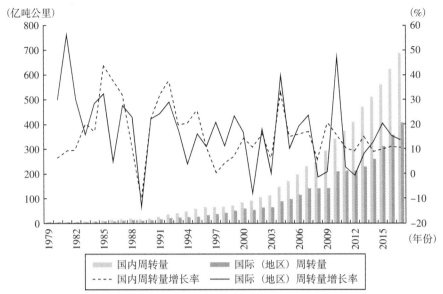

图 5.4　中国航空公司的国内和国际（地区）运输周转量（1979~2015 年）
资料来源：国家统计局，《中国民航统计年鉴》。

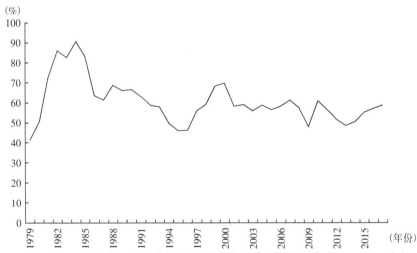

图 5.5　中国航空公司国际（地区）周转量与国内周转量比值（1979~2015 年）
资料来源：国家统计局，《中国民航统计年鉴》。

际市场业务增长更加迅速，国际（地区）周转量再度提高到国内周转量水平的
60%左右。

　　从收入上来看，1983~2016 年，我国航空公司国际航线收入与国内航线收入

之比经历了大幅度的下降（见图 5.6）。从 20 世纪 80 年代初近 1.6 的水平降至 2016 年的 0.3 左右。显然 20 世纪 80 年代国际航线收入是中国航空公司最为重要的收入来源。而 90 年代以来国际航线收入的重要性已经明显落后于国内航线收入。其比重的下降，一方面缘于我国航空公司国内市场业务的发展速度高于国际市场业务，另一方面是因为随着我国国际航空运输市场规模的不断扩大以及竞争水平的不断提高，国际航线在改革开放之初的较高平均收益也越来越与国内航线趋于一致。

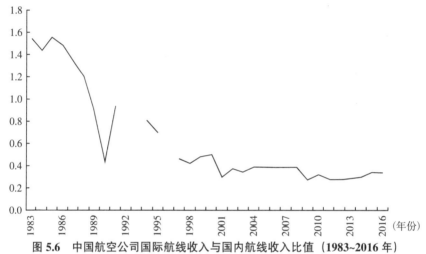

图 5.6　中国航空公司国际航线收入与国内航线收入比值（1983~2016 年）

注：缺少 1992 年、1993 年、1994 年和 1995 年数据。

资料来源：根据《民航统计年鉴》历年数据计算。

　　图 5.7 表明 1983~2016 年我国航空公司国际航线和国内航线平均收益水平之间的差异明显缩小，国际客运业务和国际货运业务的平均收益水平在 1986 年分别为国内市场水平的 3.52 倍和 2.49 倍；而到 2016 年则分别下降至 0.8 倍和 0.9 倍。需要强调的是，上述数据只是单纯反映了中国航空公司的情况。虽然外国航空公司只能较低程度地介入中国国内的航空货运业务，但可以根据双边航空运输协定的规定进入中国的国际航空运输市场。在实践中，外国航空公司的竞争优势很大程度上是源于其成本优势。图 5.7 中所反映出来的我国航空公司国际业务平均收益水平相对下降的重要原因之一是外国航空公司的价格竞争压力。

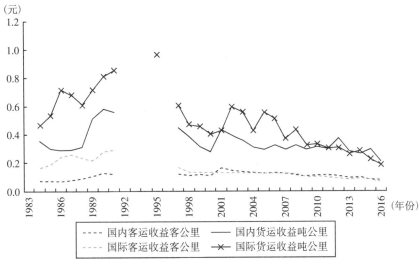

图 5.7 中国航空运输业平均收益水平（1983~2016 年，按 1978 年可比价格计算）

注：缺少 1992 年、1993 年、1994 年和 1995 年数据。

资料来源：根据《民航统计年鉴》历年数据计算整理而得。

综上所述，国际航空运输业务不仅仅是中国航空公司重要的战略业务单位；中国航空公司也可以通过在这一市场中与国外领先航空公司竞争和合作而提高自身的国际竞争力水平。国际航空运输市场对于中国航空公司的重要性不仅体现在过去和现在，更在于其为中国航空运输业的未来发展提供了一个良好的发展平台。

5.2.2 国际货运增幅高于国际客运

我国航空公司在国内和国际两个市场中的客货业务结构具有较大差异，在国内市场中客运业务发展速度更快，而在国际市场中则更加倚重货运业务。长期以来，我国航空公司的发展战略中存在着"重客轻货"的导向，这一倾向在其国内市场业务中表现得尤其明显。图 5.8 表明，在 1980~2016 年的大多数时间里，我国航空公司的国内客运周转量增长水平都高于货运周转量的增长。2017 年，我国航空公司的国内客运周转量和国内货运周转量分别相当于 1979 年的 260 多倍和 160 多倍，国内客运周转量的累积增幅远远高于国内货运周转量累积增幅。

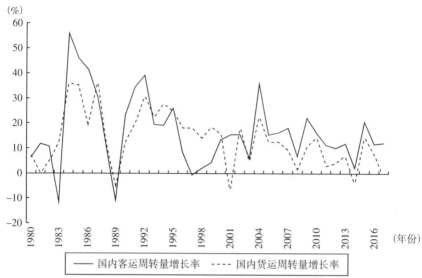

图 5.8　中国航空公司国内市场客运和货运周转量增长情况（1980~2016 年）
资料来源：根据国家统计局数据、《中国民航统计年鉴》数据计算得出。

　　同样，在 1979~2013 年，我国航空公司的国际航空运输业务却表现为货运周转量普遍具有较客运周转量更高的增长幅度（见图 5.9）。2017 年，我国航空公司的国际客运周转量和国际货运周转量分别相当于 1979 年的 310 多倍和近 500倍。与中国航空公司的国内航空运输业务相比，其国际客运周转量的增幅小幅低于国内客运周转量增幅，但国际货运周转量的增幅却相当于国内货运周转量增幅的 2 倍多，说明其国际货运业务增长明显快于国内货运业务的增长。

　　除了上述客运和货运周转量的增长情况对比外，图 5.10 也说明了中国航空公司在整体、国际和国内航空运输市场中客运周转量和货运周转量的对比情况。可以看出，1979~2017 年，中国航空公司的整体客运周转量和货运周转量之间的比值在 2~3 波动，但在国际和国内两个细分市场中的表现截然不同。在其国内航空运输市场的运营中明显更加侧重于客运业务，尤其是进入 21 世纪以来其国内客运和货运周转量之比从 3.15 提高到 6.64，而自 20 世纪 90 年代中期以来中国航空公司的国际客运和货运周转量之比就在 1 上下波动。显然，在国内市场上，中国航空公司的客运周转量明显占据了支配性地位，而在国际市场上，客运和货运周转量则平分秋色。

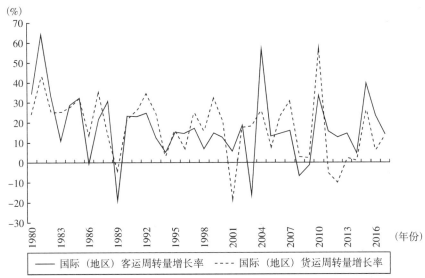

图 5.9　中国航空公司国际市场客运和货运周转量增长情况（1980~2016 年）
资料来源：根据国家统计局数据、《中国民航统计年鉴》数据计算得出。

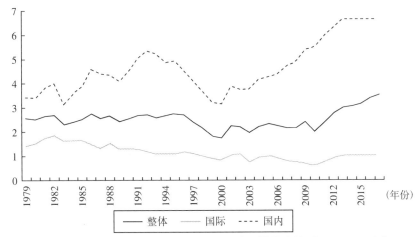

图 5.10　中国航空运输不同市场客货运输周转量比值（1979~2015 年）
资料来源：根据国家统计局数据、《中国民航统计年鉴》数据计算得出。

　　中国航空公司在国内和国际市场的客货业务结构的上述差异不仅源于不同的宏观经济贸易环境，同时也是不同市场需求结构差异的产物。具体原因可以归结为以下两点：

　　（1）航空客运和航空货运服务不同的需求决定了其不同的增长机制，进而决定了航空客运和货运业务不同的增长水平。

经济学中认为影响市场需求水平的因素包括价格因素和非价格因素，后者包括消费者偏好、收入、预期、政府政策等诸多因素。这些因素对两种市场需求水平的影响及其作用机制也存在差异，从而两个市场的需求水平也表现出较大的差异。

对航空客运服务和航空货运服务的需求均会由于航空运输服务的价格变化而出现相反方向的需求量变化，并且均可以依据需求的价格弹性水平计算出价格变化后航空客货运输服务需求量的变化水平。

影响航空客运需求的因素除了其价格外，还包括消费者的收入水平。就中国国内市场而言，后者的重要性更为明显。表5.1说明了在1984~2016年，中国航空公司的国内客运收费水平上涨了0.3%，显然单纯的价格水平上涨会抑制国内市场的航空客运需求。[①]但由于航空客运服务对于中国的消费者在过去较长时间里是一种奢侈品，因此当消费者收入上升时，将会带来更多的航空客运服务需求。1984~2017年，中国的人均GDP出现了飞速增长，中国经济的持续快速发展带来了人均GDP年均9%的增长，而奢侈品大于1的需求收入弹性[②]意味着居民对航空客运服务的需求量水平必然也出现超过两位数的年均增长率水平，相应地带来了航空客运服务需求的井喷式增长。

表5.1　中国航空公司各类业务的平均收益年均增长率（按1978年可比价格计算）

单位：%

	国内客运客公里收益	国内货运吨公里收益	国际客运客公里收益	国际货运吨公里收益
1984~2016年	0.30	−1.62	−2.84	−2.79
2000~2016年	−2.08	−1.78	−4.35	−4.62

资料来源：根据《民航统计年鉴》数据计算得出。

航空货运需求是一种追加需求，最终受需求收入弹性机制的影响。作为"准消费者"的货主也受需求的价格弹性机制影响，当航空货运价格下降时增加对航空货运服务的需求水平。1984~2016年按可比价格计算的国内货运业务平均收益

---

① 田静、黄为和李小群研究认为2006年中国居民的航空运输需求价格弹性大约为1.066。（田静，黄为，李小群. 中国民航国内客运需求价格弹性研究 [J]. 中国民航大学学报，2009，27（3）：41-46.）

② 根据笔者的研究，1990~2006年，中国航空运输需求的收入弹性超过1.7。

水平年均降幅接近 2%，2000 年之后的降幅也接近 2%，单纯的需求价格弹性机制决定了国内航空货运服务的需求水平难以出现较大的上涨。当然，对航空货运需求的上述分析结果是从一种静态的分析视角得出的。当出现经济中普遍的产业结构调整和升级以及伴之而来的对运输时效性和供应链整体运作效率更高的要求时，同样也会出现针对航空货运服务更高的需求水平。但国内市场上航空货运就是在长距离上也存在其他运输方式的竞争替代，而在国内客运市场上，其他运输方式很难对长距离或者偏远地区（旅游）的航空客运形成竞争替代。

　　上述分析在应用于中国航空公司的国际航空客货业务时结论并不相同，这主要是因为中国国内和国际航空运输市场拥有差异明显的市场环境。虽然同样面临消费者的需求价格弹性和需求收入弹性机制，并且 1984~2016 年其客运平均收益水平年均下降 2.84%，但国际市场的旅客构成与国内市场差异明显。在国内市场中旅客绝大部分是本国居民，而图 5.11 表明直到 21 世纪初中国居民出境人次仅仅只相当于境外游客入境人次的约 10%，这意味着中国国际航空客运市场中的客源长期以境外游客为主。对于成熟经济体国民而言，航空客运服务早已不是一种奢侈品，其需求的收入弹性已经低于 1；加之其收入增长水平也长期处于一种低增长态势，因此需求的价格弹性和收入弹性机制所能够给中国航空公司带来的国际客运业务增长水平相应也比较低。此外，国际市场中存在的外国航空公司价格竞争压力也会分流中国航空公司的客运需求。上述因素使得中国航空公司在国际客运业务中将难以面临类似于国内市场的高增长格局，当然近年来中国居民出境人次的显著上升将有助于提高中国航空公司的国际客运业务增长幅度。

图 5.11　中国居民出境人次与游客入境人次比值（1994~2016 年）

资料来源：国家统计局。

　　而在国际货运业务领域，表 5.1 表明了中国航空公司的货运吨公里收益在
1984~2016 年年均降幅为 2.79%，而在 2000~2016 年的年均降幅更是达到了
4.62%。国际航空货运成本的下降推动了中国航空公司国际航空货运业务的增长。
根据 Gordon（1990）的计算，1955~1972 年国际航空货运的平均吨公里收益水平
年均下降 8.1%，而 1972~2003 年的年均降幅则为 3.5%。与之相比，中国航空公
司的国际货运平均吨公里收入的年均降幅在 21 世纪初也接近了这一水平。与国
内货运业务平均吨公里收入在过去 10 多年时间里保持不变相比，显然会激发出
更多的国际航空货运服务需求，从而推动中国航空公司的国际货运业务出现较高
的增长水平。

　　（2）国际航空货运价格水平的持续下降降低了中国经济参与全球化的交易成
本，推动了国际分工的进一步深化和跨国公司更为普遍地采取全球配置生产资源
的做法。而这反过来又创造了更多的航空货运服务需求。

　　"二战"以后经济全球化快速发展的重要原因在于基于国际投资、国际生产
和国际贸易所形成的国际产业模式的应用范围不断拓展，跨国公司在全球范围内
的生产和交换也推动了国际经济和贸易关系的持续发展。在上述经济全球化的发
展过程中，运输成本的重要性日渐突出。Hummels（2007）指出，在 20 世纪 50
年代关税成本对国际贸易的影响要大于运输成本。而随着双边、区域和 GATT/
WTO 等多边贸易框架的不断发展，运输成本对贸易的影响程度已经超过了关税
成本。根据其计算，2004 年美国全部进口商品的运输费用支出已经相当于关税
费用支出的 3 倍。运输成本的下降可以明显地推动国际投资、生产和贸易活动。

　　与其他运输方式相比，航空货运具有更快的速度和更高的可靠性，可以帮助
跨国公司更好地建立其全球运营网络，在全球市场竞争水平不断提高、市场需求
波动更加剧烈（产品生命周期缩短）的情况下为跨国公司提供更好应对外国市场
不确定性的生产运营方式。当国际航空货运价格水平明显下降时，跨国公司会更
多地选择借助航空货运来帮助其在全球范围内配置经济资源，而这又反过来进一
步增加了未来针对国际航空货运服务的需求水平。

　　1978 年中国的"改革开放"政策明显提高了中国经济融入全球化的水平。
在中国经济快速增长的同时，对外贸易保持了更高的增长幅度，因此中国经济的
外贸依存度在欧美债务危机之前持续快速提高。跨国公司利用中国以"三来一
补"为主要特征的加工贸易或直接在中国设立其生产部门来充分获取中国经济快
速发展所产生的经济利益。在跨国公司的全球配置资源过程中，其中国业务部门

或是合作伙伴往往是跨国公司整体产业链中的一个环节。一方面，其中国业务部门或是合作伙伴需要从跨国公司其他国家的业务部门或合作伙伴采购中间产品和/或零部件；另一方面，将其完成的中间产品或最终产品销售到跨国公司其他国家的业务部门或合作伙伴。上述过程如果对整体供应链的运作有较高的时效性要求，跨国公司的中国业务部门或是合作伙伴必然会大量借助航空货运方式。例如，作为苹果公司的合作伙伴，富士康从日韩供应商处采购用于 iPhone 的中间产品和零部件，在装配完毕后再出口到美国。由于手机营销过程中对于时效性要求较高，富士康势必会在其物流环节中大量采用航空货运方式。

可以说，中国航空公司国际货运业务的快速增长很大程度上源于中国对外开放政策所带来的政策红利。由于中国日益深入地融入到全球经济网络之中，相应创造了大量的国际航空货运服务需求，也使得中国航空公司在国际航空运输市场中形成了客运业务和货运业务齐头并进的市场格局。

5.2.3　外国航空公司是重要的参与者

外国航空公司在中国的国际航空运输市场中同样发挥着重要作用，不仅推动了双边航空运输市场规模的发展，同时其存在也有助于提高市场的竞争水平和运行效率。面对快速发展的中国航空运输市场，国外航空公司也竞相希望从中获取商机。不过各国一般均将国内航权保留给本国航空公司，中国也不例外。因此，外国航空公司主要是依据中国与相关国家所签订的双边航空运输协定获得在相应的双边航空运输市场上的市场准入。

改革开放之初，由于中国经济无论从发展规模还是产业结构上均明显落后于欧美发达经济体，从而在中国与各国的双边航空运输市场中无论是国际客运还是国际货运业务均面临着有效需求不足的问题。虽然欧美航空公司在竞争力上具有较大的优势，但相关市场较低的需求水平明显地抑制了其进入中国国际航空运输市场的积极性。以中美航空运输市场为例，虽然早在 1980 年中国和美国就签订了航空运输协定，但直到 20 世纪 90 年代初，美方承运人在这一市场中的客运和货运业务份额均不超过 10%。而随着中国经济的持续快速发展，以及随之而来针对国际航空运输服务需求的爆发式增长，美方承运人不断加大了其针对中美航空运输市场的资源投入，同时也积极地游说美国政府就中美航空运输协定展开修订工作，以扩大美方承运人的准入水平。从图 5.12 和图 5.13 中可以看出，20 世纪 90 年代初之后美方承运人在中美航空运输市场中的市场份额出现了持续的快速上升，美方承运人的客运和货运业务市场份额先后在 2000 年和 2005 年超过中方承运人，并且一度将中方承运人的市场份额压缩至整体市场规模的 1/3 水平。2008 年爆发的美国债务危机严重地打击了美国各主要航空公司，使得美方承运人普遍压缩了包括中美市场在内的运力投入水平，中方承运人和美方承运人的市

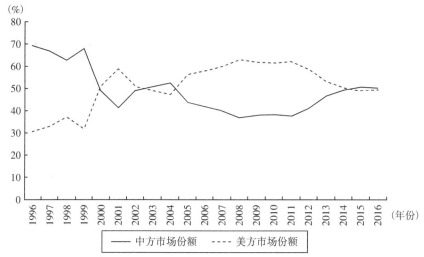

图 5.12　中美航空客运市场各方承运人市场份额（1996~2016 年）

资料来源：根据美国运输部 T-100 数据计算。

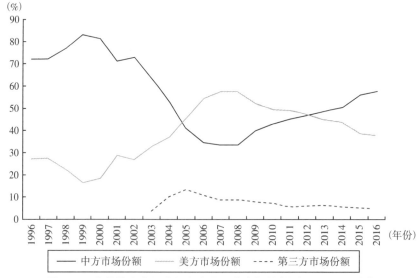

图 5.13　中美航空货运市场各方承运人市场份额（1996~2016 年）

资料来源：根据美国运输部 T-100 数据计算。

场份额出现了"美消中涨"的发展态势。中方承运人的货运市场份额在 2012 年再次超过美方,而客运市场份额也在 2015 年超过美方。

当中方航空公司在双边航空运输市场中出现市场份额持续下降现象时,业界和学界存在观点认为这损害了中国的国家利益和行业利益。一些观点更进一步认为,中国的国际航空运输市场开放水平过高,应该限制外国航空公司进入中国国际航空运输市场的市场准入水平。

从国际航空运输市场对国民经济所发挥作用的角度分析,理想的国际航空客运市场应该有利于双边人员往来,而理想的国际航空货运市场则应该有利于双边商品贸易关系的发展。卢伟和郑兴无(2013)研究了中美航空客运市场的客源流失情况,指出在 20 世纪 90 年代前期,由于严格的市场准入限制,导致超过 80% 的旅客不得不借助第三国(地区)往返于中国和美国之间。而中美航空运输协定的几轮修改则有效扩大了双边客运市场的供给水平,显著地降低了中美航空客运市场的流失比率。显然从发展国际航空客运市场的终极目标来看,中美客运市场开放水平的持续扩大,以及美国航空公司投入运力水平的显著提高大幅度降低了中国航空公司的市场份额以及利润率水平,但无疑为两国间人员往来提供了更多的航空运输服务,也更好地实现了发展中美航空客运市场所要达到的根本目标。同样,扩大中美航空货运市场也有助于中国经济进一步地融入全球经济,获取经济全球化对中国经济和贸易发展的推动作用。

除了扩大市场规模外,外国航空公司的进入还有助于降低航空运输服务的价格水平。从图 5.7 和表 5.1 中的数据也可以清楚地看出中国航空公司在国内和国际业务上的平均收益水平变化情况。显然,源于外国航空公司的竞争压力更为有效地降低了中国航空公司的平均收益水平,无疑也明显地提高了国际航空运输市场中旅客和货主的经济福利水平。而对于中国相关航空公司而言,虽然其国际市场业务的单位利润率水平出现了明显的下降,但快速发展的国际客货运输业务对于航空公司完善全球航线网络,提高通达性具有重要意义。而航空公司为了巩固国际市场地位,也必须进一步提高其市场投入水平。

5.3 影响中国国际航空运输的因素分析

传统的经济计量方法是以经济理论为基础来描述变量关系的模型。高铁梅等（2009）指出，经济理论通常并不足以为经济变量之间的动态关系提供严密的说明；同时，经济变量既可以放在方程的左端也可以放在方程的右端，使得估计和推断变得更加复杂。向量自回归（Vector Auto-Regressive，VAR）模型是由Sims（1980）最先提出的一种多变量数据分析方法。该模型不以经济理论为基础，直接考虑时间序列中各经济变量间的关系，采用多个方程联立的形式，把系统中每一个内生变量作为系统中所有内生变量的滞后值的函数来构造模型，在模型的每一个方程中，用内生变量对模型的全部滞后值进行回归，进而估计全部内生变量的动态关系并进行预测，成为研究宏观经济的主流模型之一（丁正良和纪成君，2014）。本书采用 VAR 模型对影响中国国际航空运输市场的相关因素进行定量分析，借助脉冲响应和方差分解技术实证分析中国国际航空运输市场发展的影响因素及其相互间的动态关系。另外，借助脉冲响应和方差分析技术具体分析中国国内航空运输市场发展的影响因素以及相互间的动态关系，在为国际航空运输市场分析提供参照的同时，也能够更好地掌握我国航空运输企业国内业务和国际业务发展之间的动态关系和相互关联。

5.3.1 变量的选择

VAR 模型变量包括：中国的实际 GDP（lrgdp）、中国出口额（lrex）、中国进口额（lrim）、年度资本流入额（lrinfl）、年度资本输出额（lroufl）、国内航空运输周转量（lgnzzzl）、国际航空运输周转量（lgjzzzl）。宏观经济指标采用 GDP 平减指数调整。上述数据中除资本流动数据的时间跨度为 1985~2014 年外，其他数据的时间跨度均为 1978~2014 年。为了消除异方差性，对上述数据均取自然对数。数据来源于国家统计局统计数据。

需要说明的是，上述航空运输周转量数据源于中国各航空公司的运输量数据汇总。由于国内航空运输市场并不对外国航空公司开放，因此国内航空运输周转量数据反映的是我国国内航空运输市场的整体周转量变化；而我国的国际航空运输市场中外国航空公司也基于双边航空运输协定得以进入，并且在诸如中美等双边航空运输市场中占据了超过 50% 的市场份额，因此 LGJZZZL 指标只是单纯反映了我国航空公司的国际航空运输周转量情况。

5.3.2　VAR 模型滞后阶数的确定

ADF 检验表明 6 个变量（lrgdp、lrex、lrim、lrinfl、lroufl 和 lgjzzzl）都是 I(1) 序列，国内航空运输周转量（lgnzzzl）为平稳序列。分别采用 AEG 两步法和 Johansen 法检验，均发现 7 个变量之间存在协整关系。此时需要建立 7 个变量之间的向量误差修正（VEC）模型，即有约束的 VAR 模型（张晓峒，2007；高铁梅，2009）。

首先确定 VAR 模型的滞后除数。综合考虑 AIC 信息准则、SC 信息准则、LR 统计量、FPE 最终预测误差、HQ 信息准则，确定 VAR 模型滞后阶数为 2，相应地，VEC 模型的滞后阶数为 1。

5.3.3　VEC 模型建立

表 5.2　VEC 模型估计结果

Cointegrating Eq:	CointEq1					
lrgdp(−1)	1.000000					
lrex(−1)	−1.133787 (0.13732) [−8.25644]					
lrim(−1)	1.294899 (0.10688) [12.1159]					
lrinfl(−1)	0.430634 (0.05829) [7.38756]					
lroufl(−1)	−0.018036 (0.03659) [−0.49290]					
lgnzzzl(−1)	−0.861228 (0.12105) [−7.11444]					
lgjzzzl(−1)	−0.085941 (0.14579) [−0.58947]					

Cointegrating Eq:	CointEq1						
C	-8.82955						
Error Correction:	D(LRGDP)	D(LREX)	D(LRIM)	D(LRINFL)	D(LROUFL)	D(LGNZZZL)	D(LGJZZZL)
CointEq1	-0.036905 (0.02073) [-1.77994]	0.102143 (0.12628) [0.80888]	-0.33022 (0.12942) [-2.55154]	-0.87934 (0.15960) [-5.50972]	-1.310206 (0.64050) [-2.04561]	0.051520 (0.11419) [0.45116]	-0.159554 (0.14720) [-1.08395]
D(lrgdp(-1))	0.270316 (0.16560) [1.63230]	-0.952338 (1.00861) [-0.94421]	-0.085638 (1.03371) [-0.08285]	-0.462218 (1.27475) [-0.36260]	1.342917 (5.11579) [0.26250]	-1.338415 (0.91210) [-1.46740]	-0.467682 (1.17569) [-0.39779]
D(lrex(-1))	0.065169 (0.03828) [1.70227]	0.076264 (0.23317) [0.32708]	-0.011238 (0.23897) [-0.04703]	-0.410553 (0.29469) [-1.39316]	0.979277 (1.18265) [0.82804]	0.013969 (0.21086) [0.06625]	0.031376 (0.27179) [0.11544]
D(lrim(-1))	0.004667 (0.03720) [0.12546]	0.275948 (0.22654) [1.21809]	0.667404 (0.23218) [2.87453]	0.833979 (0.28632) [2.91278]	2.252458 (1.14905) [1.96029]	0.109388 (0.20486) [0.53395]	-0.034699 (0.26407) [-0.13140]
D(lrinfl(-1))	0.036981 (0.01814) [2.03820]	-0.237645 (0.11051) [-2.15051]	-0.239787 (0.11326) [-2.11720]	0.365925 (0.13967) [2.62001]	-0.327217 (0.56050) [-0.58379]	0.059371 (0.09993) [0.59411]	-0.100489 (0.12881) [-0.78012]
D(lroufl(-1))	-0.003834 (0.00534) [-0.71738]	-0.003142 (0.03255) [-0.09652]	0.006232 (0.03336) [0.18680]	-0.000911 (0.04114) [-0.02214]	-0.361301 (0.16511) [-2.18829]	0.001367 (0.02944) [0.04645]	0.023004 (0.03794) [0.60626]
D(lgnzzzl(-1))	0.159573 (0.04143) [3.85133]	0.141702 (0.25235) [0.56154]	0.348247 (0.25863) [1.34652]	1.420525 (0.31893) [4.45400]	2.961276 (1.27993) [2.31362]	0.689117 (0.22820) [3.01978]	0.524681 (0.29415) [1.78372]
D(lgjzzzl(-1))	-0.073005 (0.03825) [-1.90870]	-0.11279 (0.23295) [-0.48418]	-0.256561 (0.23875) [-1.07461]	-0.62359 (0.29442) [-2.11804]	-1.818593 (1.18156) [-1.53915]	-0.384002 (0.21066) [-1.82284]	-0.489459 (0.27154) [-1.80252]
C	0.046634 (0.01411) [3.30536]	0.140107 (0.08593) [1.63051]	0.013978 (0.08807) [0.15871]	-0.046277 (0.10860) [-0.42611]	-0.229224 (0.43584) [-0.52594]	0.204905 (0.07771) [2.63691]	0.160632 (0.10016) [1.60370]
R-squared	0.660816	0.455279	0.574258	0.760101	0.506912	0.391885	0.323859
Adj. R-squared	0.525143	0.237391	0.403961	0.664142	0.309677	0.148638	0.053403
Sum sq. resids	0.005268	0.195405	0.205252	0.312131	5.027084	0.159800	0.265509
S.E. equation	0.016229	0.098844	0.101304	0.124926	0.501352	0.089387	0.115219
F-statistic	4.870638	2.089506	3.372103	7.921064	2.570088	1.611062	1.197453
Log likelihood	83.74544	31.35048	30.63759	24.55937	-15.73861	34.26713	26.90512
Akaike AIC	-5.154858	-1.541412	-1.492248	-1.07306	1.706111	-1.74256	-1.234836
Schwarz SC	-4.730525	-1.117079	-1.067915	-0.648727	2.130444	-1.318227	-0.810503

续表

Cointegrating Eq：	CointEq1						
Mean dependent	0.092414	0.045172	0.024138	0.090345	0.125862	0.142759	0.126207
S.D. dependent	0.023552	0.113188	0.131217	0.215564	0.603416	0.096876	0.118425
Determinant resid covariance (dof adj.)	1.84E−16						
Determinant resid covariance	1.36E−17						
Log likelihood	275.0658						
Akaike information criterion	−14.14247						
Schwarz criterion	−10.8421						

注：圆括号内为标准差，方括号内为 t 统计量。

5.3.4　模型稳定性检验

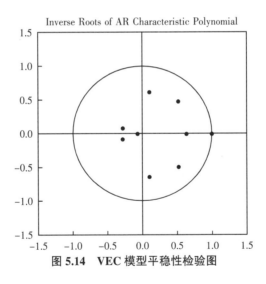

Inverse Roots of AR Characteristic Polynomial

图 5.14　VEC 模型平稳性检验图

图 5.14 表明该模型特征方程所有根的倒数的模均小于或等于 1，即全部根的倒数值均位于单位圆内，因此，构建的 VEC(1) 模型是稳定的，这为脉冲响应函数分析和方差分解提供了基础条件。

5.3.5 格兰杰因果关系分析

表 5.3 其他变量变化量与国际航空运输增长之间的格兰杰因果关系检验

原假设	滞后期	F 统计值	概率	是否存在格兰杰因果关系
D(LRGDP) 不是引起 D(LGJZZZL) 的原因	1	0.158238	0.6908	否
D(LGJZZZL) 不是引起 D(LRGDP) 的原因	1	3.643127	0.0563	是（10%显著性水平）
D(LREX) 不是引起 D(LGJZZZL) 的原因	1	0.013327	0.9081	否
D(LGJZZZL) 不是引起 D(LREX) 的原因	1	0.234431	0.6283	否
D(LRIM) 不是引起 D(LGJZZZL) 的原因	1	0.017266	0.8955	否
D(LGJZZZL) 不是引起 D(LRIM) 的原因	1	1.154783	0.2826	否
D(LRINFL) 不是引起 D(LGJZZZL) 的原因	1	0.608581	0.4353	否
D(LGJZZZL) 不是引起 D(LRINFL) 的原因	1	4.486089	0.0342	是（5%显著性水平）
D(LROUFL) 不是引起 D(LGJZZZL) 的原因	1	0.367556	0.5443	否
D(LGJZZZL) 不是引起 D(LROUFL) 的原因	1	2.368982	0.1238	否
D(LGNZZZL) 不是引起 D(LGJZZZL) 的原因	1	3.181650	0.0745	是（10%显著性水平）
D(LGJZZZL) 不是引起 D(LGNZZZL) 的原因	1	3.322746	0.0683	是（10%显著性水平）

从表 5.3 中可以看出，进出口和资本输出的增长与我国航空公司的国际航空运输市场发展之间并不存在格兰杰因果关系；而我国航空公司的国际市场业务增长则有助于推动中国的经济增长和资本流入增长。在国内市场和国际市场的关系上，我国航空公司的国内市场业务增长和国际市场业务增长之间互为彼此的格兰杰原因，具有相互推动作用。

表 5.4 其他变量变化量与国内航空运输增长之间的格兰杰因果关系检验

D(LRGDP) 不是引起 D(LGNZZZL) 的原因	1	2.153253	0.1423	否
D(LGNZZZL) 不是引起 D(LRGDP) 的原因	1	14.83278	0.0001	是（1%显著性水平）
D(LREX) 不是引起 D(LGNZZZL) 的原因	1	0.004389	0.9472	否
D(LGNZZZL) 不是引起 D(LREX) 的原因	1	0.315324	0.5744	否
D(LRIM) 不是引起 D(LGNZZZL) 的原因	1	0.285104	0.5934	否
D(LGNZZZL) 不是引起 D(LRIM) 的原因	1	1.813127	0.1781	否
D(LRINFL) 不是引起 D(LGNZZZL) 的原因	1	0.352964	0.5524	否

续表

D(LGNZZZL) 不是引起 D(LRINFL) 的原因	1	19.83816	0.0000	是（1%显著性水平）
D(LROUFL) 不是引起 D(LGNZZZL) 的原因	1	0.002157	0.9630	否
D(LGNZZZL) 不是引起 D(LROUFL) 的原因	1	5.352818	0.0207	是（5%显著性水平）
D(LGJZZZL) 不是引起 D(LGNZZZL) 的原因	1	3.322746	0.0683	是（10%显著性水平）
D(LGNZZZL) 不是引起 D(LGJZZZL) 的原因	1	3.181650	0.0745	是（10%显著性水平）
D(LRGDP) 不是引起 D(LGNZZZL) 的原因	1	2.153253	0.1423	否

　　而在我国的国内运输市场领域，国内航空运输市场的增长是国民经济增长、国际资本流入和流出增长的单向格兰杰原因，但并不存在反向的格兰杰因果关系。国内航空运输市场增长与进出口增长之间不存在格兰杰因果关系。国内航空运输市场增长和国际航空运输市场增长之间的关系如前所述。

　　基于国内航空运输市场和国际航空运输市场不同的市场准入体制，我国各航空公司国内业务的汇总就代表了中国民航业的全部国内航空运输业务，却只能反映中国民航业部分的国际航空运输业务。这也是对上述 VAR 分析诸结果进行分析时必须注意的地方。结合表 5.3、表 5.4 的格兰杰因果关系分析可以看出，中国的国内航空运输市场增长和国际航空运输市场增长均推动了中国的宏观经济增长和外来资本流入增长，表明中国航空运输企业的业务发展不仅对于国民经济的整体发展具有积极的促进作用，同时也为吸引外资的流入提供了重要的支撑。国际直接投资的技术水平通常要高于一般水平，因此在国际直接投资增长的同时，也会提高针对中国民航业的市场需求水平。同时，相关企业在全球范围内配置企业资源的行为也会要求更为高效的供应链支持，这也成为跨国公司在全球资源配置决策中的重要考虑因素。

　　但是，中国航空运输企业并未充分地利用经济增长和对外开放所提供的发展机遇。这在中国航空运输企业国内和国际业务增长与对外贸易发展之间缺乏相互推动机制上也得到了更为直观的体现。这一状况反映出我国航空公司的整体航空运输业务的发展水平仍旧滞后于对外贸易发展和国际产业链发展的需求。我国航空公司在航空运输网络建设上仍旧主要借助"点对点"的客货运输航线网络，这在其国际航线网络上表现得更为明显。单纯的国内航空运输业务与对外贸易之间显然不会存在相互影响机制，而"点对点"的国际航空运输网络安排对于国内航空运输业务的推动作用势必小于轮辐式航线网络下国际业务对国内业务的拉动作用,从而使得国内和国际航空运输市场的发展均缺乏和对外贸易增长之间的相互促进作用(在韩国、荷兰等单纯的国内市场狭小,更加倚重国际市场的情况下,结论应该会明显不同)。

在中国航空公司的国内和国际航空运输业务增长方面,格兰杰因果关系分析表明中国航空公司的国际航空运输业务增长和国内业务增长之间具有双向的格兰杰因果关系。这也说明我国航空公司的国内和国际运营网络在全球化的背景下已经不断提高了相互的融合程度,促进了两个网络之间的相互推动作用,借助国内航线网络和国际航线网络衔接性及运营效率的提高来推动国际市场业务的进一步发展,在此过程中也推动了国内航线网络的进一步发展和优化。

5.3.6 脉冲响应分析

脉冲响应函数反映了当对某个变量施加一个标准差大小的冲击后,对其他变量的当期值和未来值所产生的影响。从各变量对中国民航业国内航空运输周转量的脉冲响应函数中可以看出(见图 5.15),针对实际 GDP、资本流入和输出水平以及国际航空运输周转量的一个正冲击均在当期对国内航空运输周转量产生了正向影响(在第 1 期分别为 0.042、0.035、0.008 和 0.046),表明实际 GDP、资本

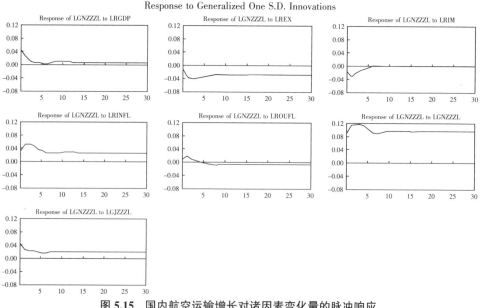

图 5.15 国内航空运输增长对诸因素变化量的脉冲响应

流动以及国际航空运输周转量的提高均在当期提高了国内航空运输周转量。但很快，实际 GDP 和资本输出正冲击的影响就下降至接近零点。国际资本流入和国际航空运输周转量在长期内的正向影响分别保持在 0.028 和 0.020 的水平。

出口和进口的正向冲击均给国内航空运输量带来了负向影响（第 1 期分别为 –0.010 和 –0.015），长期内出口的负向影响保持在 –0.03 左右，而进口的影响在第 8 期之后趋于零点。可以看出进口对国内航空运输量的影响较小，且偏于负向，但出口的负向影响较大。

国内航空运输量的一个正向冲击给自身带来的影响在当期要明显高于其他各因素，达到了 0.089，此后其影响水平波动式上升，长期提高到接近 0.1 水平，明显高于其他因素的影响。

上述变量的冲击对国内航空运输量的累积脉冲响应函数所得到的结论与上述分析较为一致。可以看出长期内国内航空运输量自身的冲击最大，而长期内资本流入和国际航空运输量对国内航空运输量的正向影响也较为明显，实际 GDP 也有较小的正向影响。出口则具有一定的负向影响，进口和资本流出的累积影响有限（见图 5.16）。

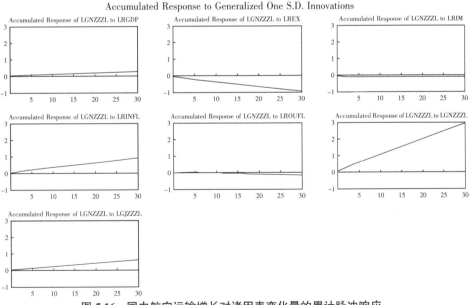

图 5.16　国内航空运输增长对诸因素变化量的累计脉冲响应

除国际资本输出的一个正向冲击在当期给国际航空运输量带来了负向影响（-0.022）外，其他几个变量的一个正向冲击均在当期给国际航空运输量带来了正向影响。当期的正向影响水平最高的来自于国际航空运输量自身，为 0.115；此后分别为实际 GDP（0.061）、国内航空运输量（0.060）、出口（0.049）、进口（0.039）和国际资本流入（0.036）。此后各变量的影响均有所波动，但基本上到第 8 年之后达到较为稳定水平，按照从大到小顺序分别为自身因素（0.076 左右）、国内航空运输量（0.055 左右）、实际 GDP（0.037 左右）、国际资本流入（0.027 左右）、出口（0.020 左右）、进口（0.016 左右）和国际资本输出（-0.007 左右）。而长期内的累积响应也保持了这一排序状态（见图 5.17、图 5.18、图 5.19）。

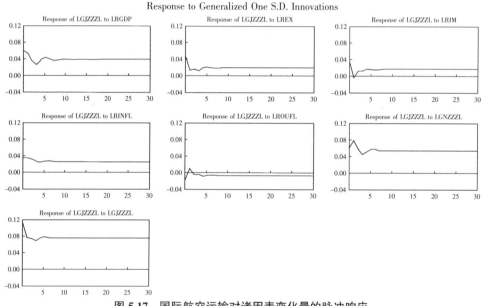

图 5.17　国际航空运输对诸因素变化量的脉冲响应

5.3.7　方差分解

从国际航空运输量的方差分解来看（见图 5.20），短期和长期内自身因素均是最主要因素（第 1 期为 39.56%，长期则在 35% 左右），宏观经济水平和国际资本流入同样在短期内和长期内保持了较高的水平，两者合计占到了 50% 左右。国内航空运输市场在长期内则占据了 10% 左右，而进出口和资本输出则占比有限，均仅为 1% 左右。

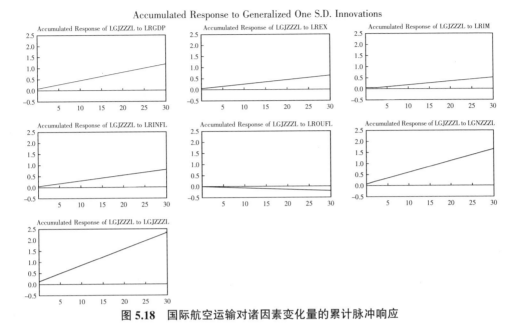

图 5.18　国际航空运输对诸因素变化量的累计脉冲响应

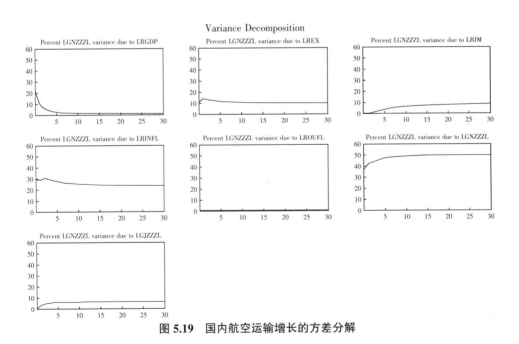

图 5.19　国内航空运输增长的方差分解

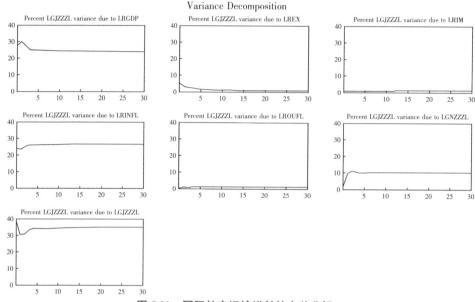

图 5.20　国际航空运输增长的方差分解

　　综上所述，在国内航空运输量和国际航空运输量的脉冲响应函数和方差分解中，自身因素均为最主要的因素。而国内航空运输量和国际航空运输量相互之间的影响水平也较高。我国航空运输业的发展更多地来源于民航业自身的改革和调整，而非宏观经济和对外经济贸易关系的发展。这与前面格兰杰因果关系的分析相呼应，即我国航空运输业的发展与对外贸易发展之间的关联性很弱；而对宏观经济和国际资本流动也仅仅是具有单方面的推动作用，却难以充分把握宏观经济和国际资本流动所带来的市场机遇。面对宏观经济和对外经济贸易关系的持续快速发展，我国航空运输业的市场准入和市场竞争水平无法适应快速增长的航空运输需求；同时，由于航空运输业的发展滞后于国民经济发展的需要，也在一定程度上制约了相关产业的结构升级和国民经济的进一步发展。未来，我国航空运输业在发展过程中还需要进一步扩大国内和国际市场的市场准入水平，同时有效提高市场竞争水平，以确保航空运输业在充分满足市场快速增长的航空运输需求的同时，充分发挥对国民经济和对外经济贸易关系发展的支撑作用。

　　此外，国际资本流入对于我国国内和国际两个航空运输市场均具有重要影响。这也说明跨国公司在中国的直接投资不仅针对生产性投资，同时其全球供应链建设也催生了大量的航空运输服务需求，明显地推动了中国国内和国际两个航空运输市场的发展。这反过来也改善了中国的投资环境，提高了中国市场对跨国公司的吸引力。

5.4 小 结

改革开放以来，我国航空运输业长期保持了高速增长的态势。这使得我国航空运输业从改革开放之初在整体运输（周转）量中仅占据微不足道的份额，到现在已经成为国民经济发展中重要的客货运输方式。

在中国航空运输业的发展历程中，国际航空运输的发展起到了极为重要的作用。国际航空运输市场是我国航空公司资源配置的重要场所，同时也为我国航空公司提高竞争力水平提供了一个更为开放的竞技平台。在具体的业务结构上，我国航空公司在国际航空运输中货运业务所占比重明显高于其国内航空运输的货运业务比重，这在很大程度上缘于经济全球化背景下中国企业越来越多地进入到全球产业链中，相应引致了更多的国际航空货运服务需求。而随着国际航空货运的不断发展所带来的效率提高，将有助于中国经济进一步融入国际分工体系。这反过来又将进一步推动中国国际航空货运的持续健康发展。

反观中国的国内航空运输，改革开放以来，中国航空公司的国内客运和货运业务的平均运价水平年均降幅明显低于其国际客货业务。虽然中国航空公司的国内航空运输业务也取得了巨大的增长，但这更多的是缘于民航体制改革和宏观经济持续快速增长所催生的客货运输需求大幅度上升。我国航空公司在国内和国际两个市场上的平均运价水平降幅的差异也说明，我国航空公司在国内航空运输市场的运营效率和市场竞争力水平提高步伐上要低于国际航空运输市场。

VAR 方程所提供的脉冲响应函数和方差分析技术所进行的实证分析表明，1978 年以来我国航空运输业的发展更多地来源于航空运输业自身的改革和调整，以及国内航空运输和国际航空运输（中方承运）之间的相互推动发展。相比之下，宏观经济增长对我国航空运输业发展的重要性表现相对更低，对外贸易发展对我国航空运输业发展的重要性更为有限。面对宏观经济和对外贸易的持续快速发展，我国航空运输业的市场准入和市场竞争水平无法适应快速增长的航空运输需求；同时，由于我国国际航空运输业的发展滞后于国民经济发展的需要，也在一定程度上制约了相关产业的结构升级。未来我国航空运输业在发展过程中还需要进一步降低国内和国际两个航空运输市场的准入壁垒，有效提高市场竞争水平，以确保航空运输业在充分满足市场快速增长的航空运输需求的同时，发挥对国民经济和对外经济贸易关系发展的支撑作用。此外，国际资本流入对于我国国内和国际两个航空运输市场均有重要影响，说明跨国公司在中国的直接投资不仅扩大了中国国内的生产性投资，同时其全球产业链建设过程中也催生了大量的航空运输服务需求，明显地推动了中国航空运输业国内和国际两个航空运输市场的发展。

需要注意的是，由于国际航空运输数据的不完整，上述分析对于整个中国国际航空运输并不适合。

第6章 中国国际航空运输政策发展和量化分析研究

在第2章、第3章和第4章对国际航空运输体制和部分国家的国际航空运输政策以及"天空开放"协定做了比较详细的分析和梳理，本章将对中国的国际航空运输政策进行研究分析，分析不仅包括1949年以后的国际航空运输政策，也包括对1949年以前的国际航空运输政策进行一个梳理，以便更为全面地掌握新旧中国的国际航空运输政策的变迁。同时还对1949年以后的中国双边航空运输协定自由化程度进行量化研究，不仅可以更好地掌握双边航空运输协定的发展变化，也为第7章实证研究双边航空运输协定对贸易和投资的影响奠定基础。

6.1 旧中国时期的国际航空运输政策

6.1.1 北洋政府时期的国际航空运输政策

第一次世界大战在1918年结束后，欧美争相利用战争发展起来的航空工业发展民用航空，当时的北洋政府担心欧美的民用航空线延伸到我国境内，认为如果中国没有民用航空，就不好拒绝其他国家的民用航空进入。而其他国家的民用航空进入本国，将有损中国的国家主权。[①]

有准确记载的中国参与国际航空运输体制和规则制定的最早活动是第一次世界大战之后巴黎和会下设的"与空中航行管理有关的会议"，专门研讨第一次世界大战后航空运输体制，继续完成1910年巴黎会议没有完成的起草航空飞行公

---

① 姜长英.中国航空史 [M].北京：清华大学出版社，2000.

约任务。中国作为"一战"的战胜国也参加了这个会议，顾维钧作为中国政府代表于 1919 年 10 月 13 日在巴黎航空公约上签字，并送国内相关机构研讨。但由于条约规定缔约国需要交换气象报告和航空地图，而当时北京政府的外交部和航空界认为难以履行，故而未将条约提交批准程序。[①]

1921 年 3 月，北洋政府外交部和航空处分别接到日本驻华公使的信函，称日本航空学校学生拟于当年 4~5 月飞行来华。[②] 从目前有据可查的史料来看，这是中国政府第一次与其他国家协商航空器跨越国境的飞行。北洋政府外交部和航空处经过协商，于 3 月 28 日颁布了日本飞机航华办法。[③] 这个暂行办法的规定与上述 1919 年在巴黎订立的《巴黎航空公约》基本一致，这个规定为日后南京政府制定一般性的外国飞机入境管理奠定了基础。

这个时期，中国基本上没有商业性的国际航空运输活动，也就没有后来意义上的国际航空运输政策，即国家之间如何跨国境提供航空运输服务。与国际航空运输有关的政策立足于最基本的维护国家空域主权的原则，同时开始参与有关制定航空运输国际规则的国家间会议。

6.1.2　抗日战争爆发前南京政府的国际航空运输政策

在抗日战争爆发之前，南京民国政府一方面出于国防安全考虑对国际航线的开辟还是比较谨慎的，另一方面也试图利用外国的资本和技术发展本国的航空运输业，因而在向外国开放投资航空公司的态度上又是比较积极的。

南京政府成立后，国外飞机入境逐渐增加，目的各不相同。交通部等机构认为外国飞机进入我国领域，对我国主权影响很大。为了彰显国家对空域的主权，应拟订相关条例。"以保主权，而于限制。一面准备加入国际航空公约及统一国际航空运输条例公约，期于国际航空，获得平等地位"[④] 是当时国际航空运输政策的基调。

1928 年 8 月，南京政府军事委员会制定了临时特许外国飞机飞行国境暂行

---

① 张心澄. 中国现代交通史 [M]. 上海：上海书店出版社，1992.

② 谢明. 历史年鉴之 1921 [M]. 合肥：安徽教育出版社，2009.

③ 郭廷以. 中华民国史事日志 [R]. 中央研究院近代史研究所，1979. 另一说为"北京政府特准日本、法国飞机飞航国境临时办法"（施宣岑等. 中国第二历史档案馆简明指南 [M]. 北京：档案出版社，1979.）。

④ 罗家伦. 革命文献 [M]. 北京：中央文物供应社，1958.

办法，一共九条。①这个暂行办法从名称上就可以看出，不是一个针对定期国际航班的规定，而是针对非定期性质的外国飞机来华。

就在这个规定制定后的 10 月 10 日，日本航空输送株式会社成立，日本成立这个航空输送株式会社的根本目的在于开辟其国内连接中国大陆的跨海航线。1929 年 4 月 1 日日本航空输送株式会社开辟东京（经过朝鲜）至大连航线。另两条大阪至上海（实际牵涉航段为福冈—上海）、台北—福州的航线历经三个时期的谈判，出于国防安全考虑，中方坚持不放宽外国飞机航线入境的原则，到中日战争爆发前始终未能如日方所愿达成通航目的。②

为了改变当时交通部、铁道部多头管理航空事务的混乱，1929 年南京政府成立了一个跨部门的航空筹备委员会，航空筹备委员会提议由军政部和交通部共同负责国际航空条约订立和飞机过境的处理。③这是南京政府第一次明确对处理国际航空运输事务授权。

1935 年 1 月 19 日，经过修订后的管理外国飞机入境的条例《临时特许外国飞机飞航国境暂行办法》，由行政院发布。④由行政院发布这个条例，提升了这个办法的权威性。暂行办法明确规定外国航空器飞越过境或者进入国境停留，均需要该航空器所属国的公使馆提前一个月向外交部提出申请。

南京国民政府很早就认识到航空运输在一国经济社会发展中的重要作用。1929 年 3 月 18 日，中国国民党全国代表大会通过《确定训政时期党政府人民行使政权治权之分际及方略案》，其中的《训政时期国民政府施政纲领》规定要设立国际航空站和开拓空中航线。⑤

为了尽快发展国内航空运输业，1929 年 4 月 5 日，南京政府国务会议决定设立中国航空公司，12 日特派孙科为中国航空公司董事长。⑥中国航空公司是一家完全国有的航空公司，和日后股份性质的中国航空公司完全不同。当时孙科为南京政府铁道部长，中国航空公司实际上是铁道部的官办机构。4 月 17 日中国航空公司与美国航空发展公司（Aviation Exploration Incorporated）订立了"中美

---

① 张心澄. 中国现代交通史［M］. 上海：上海书店出版社，1992；丁鹤. 中国外事警察概要［R］. 内政部审定，1937.

② 吴余德. 抗战时期日伪合办的民航事业，载于《1940 年代的中国》（上卷）［M］. 北京：社会科学文献出版社，2009.

③ 张心澄. 中国现代交通史［M］. 上海：上海书店出版社，1992.

④⑤⑥ 徐百齐. 中华民国法规大全［M］. 北京：商务印书馆，1936.

航空邮务合同",① 在这份合同中，中国航空公司实际上是代表中国政府授予美国航空公司发展公司经营京平（南京—北平）、沪汉、粤汉三条航线为期十年的独占航邮权。该合同公布后争议较大，因为交通部设立的沪蓉航空管理处也在运营沪汉段，与中国航空公司形成竞争，但美方公司并不受影响。同时也由于部门利益，遭到了交通部、航空界的反对。主要的反对理由是合同损害了国家主权，美国公司单方面获利。

为了解决中美在航空邮务合同上的纷争，1930 年 7 月，国民政府交通部与美国飞运公司签订《中美航空运输合同》并经行政院批准，合同将中国飞运公司、原中国航空公司和交通部沪蓉航空线管理处合并为新的中国航空公司。② 新的中国航空公司与中国政府所有的航空公司名字相同，性质却完全不一样：它是根据中国法律组成的股份有限公司，中华民国交通部持有 55%的股份，美方持有 45%的股份。这是第一家中外合资经营商业航空运输的企业，在日后旧中国和新中国航空运输业的发展中都发挥了重要作用。在这家合资的股份公司中，中方获得了绝对的控股权，这与当时国际上一般不允许外国资本控制本国航空公司的原则一致，也为"二战"后与其他国家订立双边航空运输协定，满足多数所有权和实际控制权奠定了基础。后来在 1933 年美国飞运公司将其在中航的股权转让给美国泛美航空公司，泛美航空公司接手中国航空公司股份的目的在于将中国纳入其横跨太平洋航线中。在 1945 年中方与泛美航空公司重新订立中航股份公司合同时，美方的股份下降到 20%，中方占到 80%。③

与此同时，南京政府还与德国合办了一家航空公司。汉莎航空公司为拓展德国与中国的航空业务，向中方提出建议：为沟通欧亚两大洲，"中国与柏林—莫斯科—伊尔库茨克航线建立联系，从而在中国和欧洲之间建立起一条直达航线"。④ 1930 年 2 月 21 日，南京政府交通部长王伯群与汉莎航空公司代表石密德订立了欧亚航空邮运合同，⑤ 设立欧亚航空邮运股份有限公司，专门经营中国通往柏林的欧亚航空邮运，期限 10 年。中方在公司占 2/3 的股份，汉莎航空公司占 1/3 的

---

① 王铁崖. 中外旧约章汇编（第三册）[M]. 北京：生活·读书·新知三联书店，1959.
② 郭廷以. 中华民国史事日志 [R]. 中央研究院近代史研究所，1979；王铁崖. 中外旧约章汇编（第三册）[M]. 北京：生活·读书·新知三联书店，1959.
③④⑤ 民航总局史志办公室. 中国航空公司、欧亚——中央航空公司史料汇编 [M]. 北京：中国民航出版社，1997.

股份。1931 年 2 月，中德欧亚航空公司正式成立。[①] 这家股份性质的航空公司不仅满足了中方对航空公司的多数所有权和实际控制权，而且中方的股权比例比中国航空公司股份比例还更高。这家航空公司实际运营的主要还是中国国内的航线，有两条属于国际航线，即广州—香港、昆明—河内。

中德欧亚航空公司到了 1941 年后，由于中德外交关系中断，后改组为国营性质的中央航空公司。

在抗战前，南京政府的国际航空运输政策，一方面，在维护空域主权上还是比较坚定的，能够制定相关的规则来管理外国飞机的入境飞行，行使对外国航空器的管辖；另一方面，也比较开放地引入外国资本发展本国航空运输业，与美国公司和德国公司合资成立的中国航空公司和中德欧亚航空公司日后成为了中国航空运输业发展的中坚力量。

6.1.3　抗日战争期间国民政府的国际航空运输政策

抗战全面爆发后，中国的国际航空运输主要服务于中国的抗日救亡运动，作为中国与世界反法西斯同盟国联系和接受外援的主要运输方式。

1937 年 12 月 18 日，英国驻华代办与中国政府外交部部长互换外交照会，同意英国皇家航空公司从中国华南部分领空飞越而不降落。[②] 这是第一份中国政府与外国政府之间有关国际航空运输事务正式的外交文件，授予了英国皇家航空公司在中国部分领空的飞越权，并不涉及在中国的商业营运权。协议有效期为 5 年。

1939 年 1 月 24 日中国国民政府外交部部长王宠惠与英国驻华大使格陵维进行了"关于开办中国西南与缅甸通航换文"，[③] 通过换文，经中国政府批准的英国航空公司获得缅甸阿恰布或仰光至昆明往返航线，并可以根据情况，经过昆明延伸至香港和上海；经过英国政府批准的中国公司，包括欧亚航空公司或者中国航空公司以及其他航空公司可以开通昆明至阿恰布或仰光的航线，协议有效期为 5 年。这是旧中国与外国政府订立的、有据可考的第一份有关定期国际航空运输的国际航空运输协定，而且与"二战"后通行的国际航空运输协定有相同之处，涉及了航空公司指定和指定标准以及航线。在航空公司指定数量上，这个协议没有

---

① 郭廷以. 中华民国史事日志 [R]. 中央研究院近代史研究所，1979；王铁崖. 中外旧约章汇编（第三册）[M]. 北京：生活·读书·新知三联书店，1959.
②③ 王铁崖. 中外旧约章汇编（第三册）[M]. 北京：生活·读书·新知三联书店，1959.

做出限制，指定标准上基本采取了日后盛行的多数所有权，但没有强调实际控制权。这个协议没有涉及票价以及运力两个日后国际航空运输协定的核心问题。在航线上，协议仅允许双方在对方各有一个点可以飞行，航权上为第 3 和第 4 航权，但给予了英方单方面的优惠安排，即在一定情况下，英方航空公司可以将其航线延伸到香港和上海，这里就涉及了第 5 航权（阿恰布或仰光—昆明—香港）①和第 8 航权（连续的国内航权，阿恰布或仰光—昆明—上海）。这对中方来说有失公平。

1939 年 9 月 9 日，中国政府交通部与苏联民航总局在重庆订立了《组设哈密阿拉木图间定期飞航协定》，②这个协定尽管涉及定期国际航线，但是与日后的国际航空运输协定仍然存在很大差异。因为这个协定是要组建一个中苏合营的中苏航空公司来飞行哈密与阿拉木图之间的航空运输，而不是指定各自国家的航空公司来营运。与之前的中美和中德航邮合同有相似之处，即均设立了一个股份性质的航空公司来营运航空运输，然而这个协议的双方均为政府，属于政府间的协议，同时涉及实际营运定期的国际航班。双方在中苏航空公司中的股份各半，期限 10 年。

1942 年 3 月 27 日，中英进行了"关于重庆加尔各答航空运输换文"，③通过外交换文，英方同意中国航空公司开办重庆加尔各答间通过昆明、腊戍、吉大港或通过昆明、腊戍、仰光与吉大港载运客货邮件的航空运输。英国政府同意放弃对中国飞机的一切现有限制，无论是直接由腊戍飞往加尔各答或经仰光飞行，准许中国飞机往来载运邮件经过缅甸至缅甸以外各地。原则上应准英国公司沿同一路线，经营由昆明至香港与上海的航空运输。中国公司经营运输的条件应在完全互惠基础上适用于原则上已同意英国公司经营的运输。这个协定类似于目前国际航空运输协定中的补充协定，因为它实际上是对 1939 年 1 月 24 日中英"关于开办中国西南与缅甸通航换文"的补充和扩展。通过这个协定，中方也获得了原来没有的第 5 航权，而且取消除印度以外的航线上点的限制，即中方航空公司可以经过缅甸飞往除印度以外的点。这个换文反映了中方扭转了原来协议的不公平，也反映了世界反法西斯阵营为了支持中国的抗日事业打破日本军国主义对中国的封锁，而大力动用航空运输运送援华物资的需求。

---

① 是否是真正意义上的第 5 航权还存在疑问，因为当时香港和缅甸一样为英国的殖民地。
②③ 王铁崖. 中外旧约章汇编（第三册）[M]. 北京：生活·读书·新知三联书店，1959.

在抗日战争期间，旧中国还制定了第一部《航空法》，这部颁布于 1941 年 5 月 30 日的《航空法》，尽管实施的时间只有 12 年就被废止，但它是旧中国第一次尝试进行全面的航空立法，通过"航空法"的制定，确立航空领域事务的基本原则。比美国第一部全面的航空法也只晚了三年。在这部法律中对有关国际航空运输的事务做了规定，但不是很完全。在这部"航空法"中，对航空公司的股权性质从立法上进行了限制。[①] 这个限制已经完全符合"战后"国际航空运输协定中航空公司指定标准的要求。这部"航空法"在涉及国际航空运输政策方面还有很多缺陷，比如缺乏国际航空运输政策的目标、国际航空运输的竞争政策、国际航空运输关系（即国际航空运输协定）等方面的内容。

6.1.4　抗日战争后南京政府的国际航空运输政策

抗战期间，中国的国际航空运输为中国获得反法西斯战争的胜利提供了可靠的支持。"战后"，中国不仅积极发展国际航空运输，也参与到国际航空运输体制的建设中。

在"二战"临近结束的时候，中国政府派代表团参加了芝加哥会议（参见第 2.2.4 节）。芝加哥公约没有就国际航空运输服务达成一个多边框架，各国转为通过订立双边航空运输协定来开展国际航空运输服务。中国在这个时候也紧跟了世界的步伐。

南京政府在撤离大陆之前与主要几个国际航空运输伙伴国订立了双边国际航空运输协定。

1946 年 12 月 20 日，中国与美国达成了第一份全面的双边国际航空运输协定，由中方外交部部长王世杰和美国驻华大使司徒雷登签字。该协定有十三个条款和三个附件，[②] 在航空公司指定方面，指定标准采用战后普遍实施的多数所有权和实际控制权，这一点与"二战"期间与英国订立的协议相同，然而航空公司指定的数量没有限制。协议没有限制运力。在运价上，各方可以依照国内法律的权限给予核准，事实上带有双边批准的性质。按照各自国内法律的授权，比如按照美国的法律，运价受民航委员会管制，那么中美之间航线的运价就需要该委员会批准。即使在国际航协价格协调会达成的运费率也需要政府核准。通过附件对

---

① 参见《航空法》第八条，载于民国政府公告（1941 年 5 月 31 日）。

② 王铁崖. 中外旧约章汇编（第三册）[M]. 北京：生活·读书·新知三联书店，1959.

具体的航线表进行了明确规定，美方指定的航空公司获得了飞行天津、上海、广州的权利，并且可以增加点的数量，同时美方指定航空公司可以通过从美国跨越太平洋，经天津或者上海延伸至菲律宾等地（以远点）；可以跨越大西洋，经过欧洲、非洲、近东、远东、印度、缅甸、越南（经停点）前往广州、上海等地。中方指定航空公司获得美国境内旧金山、纽约、檀香山三个点，也可以增加点的数量，同时可以经停东京、阿留申群岛、千岛群岛、阿拉斯加、威克岛、关岛、马尼拉、檀香山前往旧金山等地。在西向的大西洋航线上，中方航空公司可以经停欧洲、非洲、近东、远东、印度、缅甸、越南前往纽约等地。附件明确表示授予第 5 航权。

此外，这个协定还就适航、执照、机场收费、税费减免、法律适用等做了规定。

中美之间的双边航空运输协定具有一定的自由化程度，其多数内容与美国在芝加哥会议上推行的国际航空运输自由化接近。

1947 年 7 月 23 日，旧中国政府与英国在南京订立了新的双边航空运输协定。[①]协定原则基本上与中美双边航空运输协定相同，包括双方航空公司都有部分第 5 航权，不同之处在于运费率。各方航空公司使用的运费率需要经过行业组织的议定，实际上是由国际航协的运价协调会确定，并递交双方核准。这一点差别反映了美英在芝加哥会议上的对立，及英国希望对运价进行规制，美方希望自由定价。此外，还对航线上更换机型的实施做了规定。

1947 年 12 月 6 日，旧中国政府还与荷兰订立了双边航空运输协定。[②]这个协定除了没有更换机型规定、具体的航点不同外，其他原则均与中英双边航空运输协定相同。

从 1946 年开始到 1948 年，中国与法国之间通过多次外交换文，形成了事实上的中法关于中越之间的双边航空运输协定。[③]最开始的 1946 年换文，仅仅授予了双方航空公司的第 3、第 4 航权，并且各方仅在规定的航空公司中指定一家。开始运力每两周一班，通知对方政府后可以增至每周一班，对运力进行了管制。没有涉及运价问题。有效期 6 个月。1947 年 6 月"关于修增中越航空线临时办法换文"，一方面，将 1946 年换文的有效时间延长 6 个月，另一方面，增加了双方航空公司的第 5 航权。随后双方准备在年底开展正式的双边协定谈判，通过换

---

①②③ 王铁崖. 中外旧约章汇编（第三册）[M]. 北京：生活·读书·新知三联书店，1959.

文准备将上述临时换文再次延长 6 个月。到了 1947 年展期届满，双方仍然没有达成正式协议，不得不通过换文，再次将上述临时换文延长 6 个月。1948 年，两国政府再次换文延期 6 个月，并将双方指定航空公司的数量限制取消，增加了昆明—河内航线。1949 年 4 月双方通过换文将 1946 年换文修改为无限延期，成为双方事实上的中越之间双边航空运输协定。同时将上次换文中昆明—河内航线，越南一方增加海防的选择，并允许中方航空公司在回程时可以在中国境内任意地点降落，而不局限于昆明。中方航空公司获得了更自由的营运权。

上述四份旧中国政府与西方国家订立的双边航空运输协定，尽管彼此之间有些差异，但都与当时的国际航空运输体制相衔接，符合国际航空运输规则，能够较好地维护中方航空公司的利益。

旧中国的国际航空运输政策经历了从无到有、从简单到基本成型的发展过程。应该说旧中国的国际航空运输政策基本上维护了国家的空域主权，并通过引入外资合办航空公司发展了本国的航空运输业，为抗日战争的胜利做出了贡献。"二战"之后，旧中国参与了国际航空运输规则的制定，其国际航空运输政策基本与国际通行规则一致，其订立的双边航空协定具有一定的自由化程度。

6.2　新中国国际航空运输政策发展变化分析

6.2.1　国际航空运输恢复期（1954 年之前）

新中国成立之初，国际航空运输基本处于停顿。为了尽快恢复中国的国际航空运输，加强与社会主义国家的联系，1950 年 3 月 27 日，中国政府与苏联政府在莫斯科签订了《关于创办中苏民用航空股份公司的协定》。同年 7 月 1 日，中苏民用航空股份公司正式成立，股本定额为 4200 万卢布，中苏双方各占 50%，经营期限为 10 年。公司从即日起开辟北京—赤塔、北京—伊尔库茨克、北京—阿拉木图三条国际航线，新中国民航国际航线就此开通。

中苏民用航空股份公司不仅是新中国民航第一家中外合资的航空公司，而且其股份由双方各占一半，但这并非意味着中苏两国放弃对航空公司多数所有权和实际控制权原则的放弃，而是作为社会主义友好国家之间的一种合作，帮助中国恢复国际航空运输服务。同时为新中国民航初步建立了一套经营管理制度，配备了较为完善的技术设备，培养了一批技术干部和骨干业务人员。也是新中国民航通过开放、引进的方式获得快速发展的先例。

中苏民用航空股份公司也仅仅存在了四年多的时间就被终止，被接收归入政企合一的中国人民航空公司。

在中苏民用航空股份公司终止的 1954 年 12 月 30 日，中苏正式订立双边航空运输协定，这是新中国第一份双边航空运输协定。从协定内容来看比较简化，仅有九条。主要涉及市场准入方面的内容包括：

第一，航线表。这个协定规定的航线就是中苏民用航空股份公司规定的三条航线，其中的第二条航线为经停乌兰巴托。按照协定规定还需要获得蒙古国的许可。

第二，航空公司指定方面。各方的民用航空当局被指定为营运协定航线的航空公司。

第三，没有对运力、运价、航空公司指定标准做出规定。对于运力和运价说明由双方民航当局另行订立协议解决。没有对航空公司指定标准做出规定可能是双方均为社会主义国家，一般不存在第三方控股和实际控制的航空运输企业，特别是中国在中苏民用航空股份公司终止后，航空运输企业就已经政企合一，不存在市场意义上的航空运输企业，更不用说非中国公民拥有和实际控制的航空公司了。

另外，还对设立办事处、油料和备件互免税费等进行了规定。

6.2.2　打破西方国家封锁时期（1955~1970 年）

这个时期，由于东西方冷战，中国与西方国家处于缺少交往的状态，如何飞出去成为国际航空运输政策要解决的主要问题。1963 年，周恩来总理对民航总局提交的《关于开辟东南亚、西亚、非洲航线报告》做出批示，提出可先与巴基斯坦进行谈判。1965 年，周恩来总理在访问罗马尼亚的飞行途中对民航总局的领导说："中国民航飞不出去，就打不开局面。一定要飞出去，才能打开局面。"此后，在其他场合再次提到"民航的同志应出来了解国际飞行的情况，中国民航的飞机要飞出去。"

这个时期，订立双边航空运输协定的主要伙伴国为亚非国家，唯一与中国订立双边航空运输协定的西方国家是法国。处于紧张关系中的中苏也于 1966 年重新订立了一份新的航空运输协定。

这个时期订立的协定分为三大类，第一类是与社会主义友好国家订立的，第二类是亚非国家订立的，第三类是发达国家。

从协定内容来看，第一类与 1954 年的中苏航空运输协定类似，部分内容缺失。比如，与越南（1956）、蒙古（1958）和朝鲜（1959）的协定内容均缺少对航空公司所有权和控制权的要求，与越南的协定对运力和运价均采用"另行规定"方式。第二类和第三类均采用严格的双边航空运输协定模式，运价需要双边批准，指定航空公司必须是国民所拥有和实际控制的航空公司，单一航空公司指定，运力需要事先确定，航点有限，还要求提供统计信息。值得注意的是，在关系恶化的 1966 年重新订立的中苏双边航空运输协定仍然没有对航空公司指定标准做出明确规定。

6.2.3　打开对外交流时期（1971~1992 年）

这里的阶段划分既包括"文革"后期也包括了改革开放的早期阶段。之所以没有将改革开放前后分开，这是由于从 20 世纪 70 年代初开始的中美关系解冻，中国与西方国家的关系出现改善，航空运输已经率先与世界接触。中国全部 136 个双边航空运输协定① 中，超过 1/3 是在此期间订立的。尽管订立的协定数量很多，但除了少数协议采用多于一家的航空公司指定以及一份协议中包含有第 5 航权的内容，其余的协议均为严格限制的协议。这个时期，除了南美洲外，其余大洲均订立有双边航空运输协定，然而主要集中在亚洲和欧洲。其中最为重要的是中日和中美双边航空运输协定。

1974 年，中日双边航空运输协定是中国第一个规定可以采用两家航空公司指定的协定，而随后 1980 年的中美航空运输协定也采用了两家航空公司指定的模式。

这个时期的国际航空运输政策的基本原则是"平等互利"，并且要保障中方航空运输企业发展国际航空运输的空间。

6.2.4　社会主义市场经济建设期（1993 年至今）

在明确社会主义市场经济体制后，特别是中国加入世界贸易组后，民航总局认识到航空运输企业的国际竞争力不是通过市场保护能够自发长成的，必须在激

---

① 不考虑诸如捷克斯洛伐克和南斯拉夫解体后协议继承增加的情况。

烈的国际竞争环境中锻造和提高。因此在开放的观念上，由过去较多地考虑到航空运输企业竞争实力比较弱小，强调对航空运输市场加以保护，转变到全面综合考虑国家利益、社会公众利益和航空运输企业利益，从综合考虑眼前利益和长远利益，从增加整体利益、长远利益的角度出发，以规划和实施航空运输市场的开放，服从和服务于国家对外开放大局的需要。

2003 年 3 月，民航局在国际民航组织召开的第五届全球航空运输大会上明确提出对外开放要遵照"积极、渐进、有序"的原则。按照国家对外关系的布局，继续大力发展航空运输双边关系，同时积极探讨发展区域航空运输关系，在区域航空运输合作中发挥建设性作用。

2003 年 4 月，首次允许外国航空公司货运航班单方面经我国境内飞抵第三方，新加坡航空公司开始运营经我国厦门、南京前往美国芝加哥的货运航班。同年 7 月制定了《海南开放第 3、4、5 航权工作方案》，开始试点开放海南岛的航权。

2005 年，民航局发布《关于促进我国国际航空运输发展的若干意见》，这是 1949 年以来第一个，也是迄今为止唯一的官方正式发布的有关国际航空运输的文件。提出发展国际航空运输的基本原则包括公共利益最大化以及配合国家对外关系和经济社会发展战略。明确了实行积极、渐进、有序和有保障地开放我国国际航空运输市场的政策。针对不同国家、区域和市场，确定不同的开放步骤、方式和进度，分阶段开放我国国际航空运输市场，优先开放国际航空货运市场。

2010 年，民航工作会议再次强调"从我国航空公司国际竞争需要出发，加强总体政策研究，确定相应步骤、方式和进度，积极、渐进、有序、有保障地开放我国国际航空运输市场"。

这一时期的双边航空运输协定，逐步采用了更多的自由化安排，普遍采用多家航空运输指定，部分协定也在运价、运力方面做出了自由化的安排。经过修订，超过 60% 的协定包括了第 5 航权的安排，另外在与美国的航权修订安排中还首次纳入了货运第 7 航权。

6.2.5 中国国际航空运输政策评述

早期的中国航空运输政策基本上是一种政治需要，是一种打破封锁的政治宣示，基本上没有考虑国家经济社会发展的需求，而且当时的经济社会发展水平也还不需要航空运输的强有力支持。因此，与意识形态相同的国家和意识形态不同的国家订立的双边航空运输协定存在较大不同，前者缺失一些主要条款，后者则按照最为严格的双边航空运输协定模式。

国门逐渐打开过程中，国际航空运输政策除了服务国家的政治外交需要外，开始服务于国家对外经济交往的需要，并且日渐以经济社会发展为中心。"对等"这个传统双边航空运输协定的基石，在中国国际航空运输政策中体现为"平等互利"。

自由化安排主要通过修订方式实现。中国订立的原始双边航空运输协定，即使在 2000 年后，自由化安排也主要体现在多家航空公司指定方面，涉及运力、运价等方面的自由化安排协定数量也仅占同期协定总数的 1/3。而同期对航权、航点、运力、运价以及航空公司指定标准进行修订的备忘录等文件数量占同期整个修订文件总数的近 90%。

从严格保护到逐渐宽松。协议修订数量从 1990 年以前的 11 份增加到 1991~2000 年的 133 份，再到 2001~2010 年的 283 份，2011~2016 年 5 月不到五年就达到了 153 份。从内容上看，放松规制的内容从开始的多家指定数量，逐步扩展到包括第 5 航权、自由定价、主营业地、自由决定运力等内容。

从 1949 年以后中国国际航空运输政策制定、实施看，主要存在如下几个问题：

第一，缺乏一个透明、长远的政策目标。时至今日，中国仍没有定期发布的国际航空运输政策，更没有一个类似美国运输部 1995 年的国际航空运输政策声明，因而，外界特别是航空公司对中国国际航空运输政策没有一个稳定的预期，也就很难根据这个政策目标来制定自己相应的较为长远的发展战略。

第二，相关利益方的利益平衡不够。国际航空运输政策不仅要考虑国家的外交、政治需要，更要考虑经济社会发展的需要，不仅要考虑行业利益，更要考虑公共利益。然而，中国双边航空运输协定的谈判过程中，除了行业的参与外，上下游产业以及消费者参与较少，缺乏表达自己利益诉求的渠道。

第三，缺乏对政策效果的评估和审议。国际航空运输政策以及双边协定的效果如何，需要定期进行评估和审议，评估和审议也需要相关利益方的参与，从而对如何改进达成一致。

第四，过分强调"平等互利"，最终也会导致束缚自己的发展机会。过去由于国内航空运输市场还处于高速发展阶段，航空公司不愿意面对外国航空公司的强有力竞争，因而开拓国际航空运输市场的动力不足，同时在中国国际航空运输市场发展初期，外国航空公司基于这个市场的规模投入也有限，但当这个市场发展到一定程度后，外国航空公司看好市场前景，开始纷纷抢占这个市场，后果是中国航空公司的市场份额急剧下滑。在这种形势下，行业和政府部门在一定程度上认为放松对双边航空运输协议，特别是其中运力以及第 5 航权的限制，会进一步削弱中方航空公司的市场份额。然而，最近几年，中国航空公司在高铁竞争、国内市场逐渐饱和的情况下，纷纷大举开拓国际市场，缩小了与发达国家航空公司市场份额的差距，在主要市场，比如中美国际航空运输市场上，2015 年中方航空公司自 2000 年后首次超过了美方航空公司的市场份额。在这样的背景下，中方有增加运力以及其他政策自由化的愿望，但此时对方不一定有这样的愿望。因而，从另一个角度看，就是缺乏前瞻性的眼光，没有提前为自己争取到更多的发展空间。

6.3 中国订立双边协定的总体情况分析

本小节将对 1949 年以后中国订立的双边航空运输协定（ASA）及其修订情况进行分析，以便掌握中国双边航空运输协定总的发展演变情况，也为评估自由化程度做好准备。

6.3.1 原始双边协定情况分析

由于双边航空运输协定订立后，随着时间的推移，会通过包括谅解备忘录（MOU）等形式进行修订，本部分将针对初次订立的双边协定从不同角度进行分析。

6.3.1.1 按区域和收入类别

从国家收入分类来看，双边航空运输协定伙伴国高收入国家占 39.3%，高中等收入国家占 26.5%、低中等收入国家占 24.8%，如表 6.1 所示。

表 6.1 中国双边航空运输协定伙伴国情况汇总（截至 2016 年 5 月）

大洲	高收入国家	高中等收入国家	低中等收入国家	低收入国家	区域组织	合计
亚洲	10	12	16	4	1	43
欧洲	28	6	3	0	0	37
南美洲	2	4	0	0	0	6
非洲	2	6	8	6	0	22
大洋洲	2	2	2	0	0	6

大洲	高收入国家	高中等收入国家	低中等收入国家	低收入国家	区域组织	合计
北美洲	2	2	0	0	0	4
合计	46	32	29	10	1	118

注：①国家分类依照 2015 年 7 月 1 日世界银行确定的人均 GNI：超过 12736 美元的为高收入国家，超过 1045 美元低于 12736 美元的为高中等收入国家，高于 1045 美元低于 4125 美元的为低中等收入国家，低于 1045 美元的为低收入国家。②捷克斯洛伐克 1990 年分立为捷克共和国和斯洛伐克两个国家，两个国家均继承了 1988 年与中国订立的双边航空运输协定。③南斯拉夫 1992 年解体，其 1972 年与中国订立的双边协定由塞尔维亚、斯洛文尼亚和黑山（高中等收入）继承。

资料来源：中国双边航空运输协定。

从国家所在大洲来看，亚洲的国家或者区域组织占 36.8%，欧洲占 30.1%，非洲占 18.8%，南美洲占 5.1%，大洋洲占 5.1%，北美洲占 3.4%。

6.3.1.2　按订立的时间

中华人民共和国自 1954 年与苏联订立第一份双边航空运输协定，到 2016 年 6 月，一共订立了正式的双边航空运输协定 136 份（见表 6.2）。

表 6.2　中国不同时间段订立的双边航空运输协定数量（截至 2016 年 5 月）

	1954~ 1960 年	1961~ 1970 年	1971~ 1980 年	1981~ 1990 年	1991~ 2000 年	2001~ 2010 年	2011~ 2016 年	合计
协定数量	6	8	31	10	41	28	12	136

注：部分国家订立过多份航空运输协定，因此协定数量超过了协定伙伴国统计的数量。
资料来源：中国双边航空运输协定。

民航的开放早于国家整个经济的全面开放。中国在 20 世纪 70 年代初开始调整国家外交和经济战略，打开与西方国家沟通的大门，反映在支持性基础设施的国际航空运输上，就是订立了一系列双边航空运输协定，有助于国家的对外经济交往。在 31 份双边航空运输协定中，有 14 份是与发达国家订立的，占 45%。而在 1954~1970 年，只有 1 份双边航空运输协定（1966 年中国与法国）是与发达国家订立的（占总数的 7.1%）。

6.3.1.3　按照订立协定的数量

表 6.3　订立双边航空运输协定数量的国家或区域组织统计（截至 2016 年 5 月）

订立协定数量	4 份	3 份	2 份	1 份	合计
国家或者区域组织数量	1	2	13	110	118

注：这个数据与截至 2016 年 5 月与中国订立双边航空运输协定的国家或者区域为 118 个的差异在于原始协定国家没有包括继承南斯拉夫的黑山、斯洛文尼亚和继承捷克斯洛伐克的捷克和斯洛伐克，塞尔维亚在 2014 年和中国订立了一份新的双边航空运输协定，包括在这 116 个之内。

资料来源：中国双边航空运输协定。

表 6.3 说明除少数国家订立过多份双边航空协定外，其他国家一般仅订立一份。

在与中国订立过多份双边航空运输协定的 16 个伙伴国中仅有 4 个是高收入国家，占比为 25%。这与原来预计的由于与发达国家紧密的经贸关系、更需要订立新的双边航空运输协定相反。

仔细研究 20 世纪 70 年代以前（特别是 50 年代）的双边航空运输协定，就会发现中国与社会主义伙伴国或者友好国家订立的协定中对运价、航空公司指定标准以及运力的规定很含糊，对航空公司指定标准不涉及，对运价和运力有些写明由双方空运企业商定、有些写明另行规定，此后新订立的协定均对这些方面做了严格的限制和明确的规定。1966 年，与苏联的航空运输协定增加了 1954 年协定没有的运价需要双边批准的规定，但也还没有对航空公司指定标准做出明确限制，直到苏联解体后的 1991 年与俄罗斯订立新的航空运输协定才规定了"多数所有权和实际控制权"，到 2010 年再次订立协定时，又增加了原来三个协定均没有的"数据交换"，这时协定才与严格限制的双边协定保持了一致。类似地还包括了与老挝、越南、朝鲜和蒙古的航空运输协定。

而上述提及的四个高收入国家与中国订立的第二份航空运输协定，要么在运价，要么在航空公司指定标准，要么在运力方面做出了自由化安排。其余第二份双边航空运输协定除了与少数国家，比如柬埔寨（取消双边批准的运价限制）外基本上没有什么自由化的安排。

6.3.1.4　按照协定的类型

世界贸易组织在 2005 年开始的《服务贸易总协定》空运附件第二次审议的会议文件中，将双边航空运输协定按照航权、航空公司数量、航空公司指定标准、运价和运力做了九类分类（WTO，2006），如表 6.4 所示。

表 6.4　世界贸易组织对双边航空运输协定的分类标准

类型	航权	航空公司数量	航空公司指定标准	运价	运力
A	第3、第4航权	单一指定	多数所有权和实际控制权	双边批准	事先决定
B	第3、第4航权	多家指定	多数所有权和实际控制权	双边批准	事先决定
C	第3、第4、第5航权	单一指定	多数所有权和实际控制权	双边批准	事先决定
D	第3、第4、第5航权	单一指定	多数所有权和实际控制权	双边批准	百慕大 I
E	第3、第4、第5航权	多家指定	多数所有权和实际控制权	双边批准	事先决定

续表

类型	航权	航空公司数量	航空公司指定标准	运价	运力
F	第3、第4、第5航权	多家指定	多数所有权和实际控制权	双边批准	百慕大 I
G	第3、第4、第5航权	多家指定	多数所有权和实际控制权，或者共同体利益，或者主营地	自由定价，或者双边否决	自由决定
i	内容不全				
o	不能归入上述的协定				

资料来源：WTO. Quantitative air ser ViCes agreements review（QUASAR），S/C/W/270/Add.1［Z］. 2006.

表 6.5　中国原始双边航空运输协定分类情况

时间	区域　　ASA 类型	A	B	C	D	E	F	G	i	o
1954~1960 年	亚洲	2							3	
	欧洲								1	
	南美洲									
	非洲									
	大洋洲									
	北美洲									
	小计	2							4	
1961~1970 年	亚洲	5								
	欧洲	1							1	
	南美洲									
	非洲	1								
	大洋洲									
	北美洲									
	小计	7							1	
1971~1980 年	亚洲	12	1							
	欧洲	13		1						
	南美洲									
	非洲	2								
	大洋洲									
	北美洲	1	1							
	小计	28	2	1						

时间	区域＼ASA类型	A	B	C	D	E	F	G	i	o
1981~1990年	亚洲	6								
	欧洲	3								
	南美洲									
	非洲	1								
	大洋洲									
	北美洲									
	小计	10								
1991~2000年	亚洲	7	9							
	欧洲	11	2							
	南美洲	1	1			1				1
	非洲	1	4							
	大洋洲	3								
	北美洲	1								
	小计	24	15			1				1
2001~2010年	亚洲		5							2
	欧洲		4							
	南美洲									2
	非洲	3	8							2
	大洋洲		1							1
	北美洲									
	小计	3	18							7
2011~2016年	亚洲		1							3
	欧洲									2
	南美洲									2
	非洲		3							
	大洋洲		1							
	北美洲									
	小计		5							7
合计	亚洲	33	15						3	5
	欧洲	27	7	1					2	2

续表

时间	区域＼ASA 类型	A	B	C	D	E	F	G	i	o
合计	南美洲	1	1			1				5
	非洲	8	15							2
	大洋洲	3	2							1
	北美洲	2	1							0
	合计	74	40	1		1			5	15

资料来源：中国双边航空运输协定。

从表 6.5 中可以看出，在 20 世纪 70 年代以前，中国订立的双边航空运输除了归入 i 类外，完全属于 A 类型，即限制最为严格的协定。而归入 i 类的就是前面提到的协定内容不全的情况，这里的协定内容不完全是 WTO 分类中指出的由于 ICAO 全球双边航空运输协定库里面的内容不全，而是协定本身没有有关运价，或者航空公司指定标准，或者运力如何确定的规定。这些条款不全的协定不能视为做了一个比较开放的安排，因为同期的其他协定仍然严格限制。此外，这些条款不全的协定在运价、航空公司指定标准和运力实际确定中仍然履行严格限制的方式。

20 世纪 70 年代开始改变单一航空公司指定的情况，出现了两家航空公司的指定，主要在亚洲（与日本的协定）和北美（与美国的协定），另外就是在与意大利的协定中出现了第 5 航权的安排。

整个 20 世纪 80 年代订立的双边协定又重新回到严格限制的路径。在 90 年代，由于社会主义市场经济建设推进需要进一步扩大对外开放，此期间的双边航空运输协定中采用多家航空公司指定的占同期全部协定的比例大大超过单一指定。在与巴西的协定中，不仅采用多家航空公司指定，还授予部分第 5 航权。在与智利订立的协定中，在运价方面还采用了始发地原则，这是中方订立的双边航空运输协定首次在运价方面出现非双边批准的规定。进入 21 世纪的第一个十年里，新订立的严格限制的双边航空运输协定大大减少，仅与非洲的 3 个国家签订了 3 个 A 类协定。不仅有 18 个 B 类协定，还有 7 个 o 类协定，这 7 个 o 类协定涉及运价采用始发地原则、双边否决以及自由定价，也有第 3、第 4 航权运力不限。自 2011 年到 2016 年 6 月，在新订立的 12 份协定中，不再有 A 类协定。

6.3.1.5 从通航国家和"一带一路"国家分析中国订立的 ASA

通航国家占全部双边航空运输协定的比例为 60.3%，其中北美洲最高，所有订立双边协定的国家均已开通航线，但数量本身不多，仅有 4 个国家。其次是亚洲，达到 81%。南美洲最低，仅为 16.7%（见表 6.6）。通航国家中，高收入国家比例明显比全部双边协定中高收入国家的 39% 比例更高，而低收入国家占比更低。中等收入通航国家里，高中等收入国家的比例比全部双边航空运输协定中高中等收入国家的比例更低，而低中等收入的比例更高，低中等收入通航国家中亚洲国家的比例最高，反映出经济联系和地域因素对航空运输的影响。

表 6.6　通航国家与中国订立双边航空运输协定情况汇总（截至 2016 年 6 月）

大洲	高收入国家（个）	高中等收入国家（个）	低中等收入国家（个）	低收入国家（个）	合计	占全部 ASA比例（%）
亚洲	8	10	13	3	34	81.0
欧洲	19	1	1	0	21	58.3
南美洲	0	1	0	0	1	16.7
非洲	1	2	4	1	8	35.4
大洋洲	2	0	0	0	2	33.3
北美洲	2	2	0	0	4	100.0
合计	32	16	18	4	70	60.3
占通航 ASA 的比例（%）	45.7	22.9	25.7	5.7	100.0	

注：计算占全部双边航空运输协定比例时剔除了与区域经济组织订立的 ASA。
资料来源：中国双边航空运输协定。

"一带一路"国家订立 ASA 的比例为 89.71%，"一带一路"通航国家占"一带一路"ASA 的比例为 65.57%，高于全部通航国家占全部 ASA 的比例（60.3%）。见表 6.7。

表 6.7　"一带一路"国家订立双边协定和通航情况

区域	国家总数（个）	订立 ASA 国家数量（个）	通航国家数量（个）
中亚	5	5	5
东南亚	11	10	10
南亚	8	7	6
中东欧及南欧	18	14	3

区域	国家总数（个）	订立 ASA 国家数量（个）	通航国家数量（个）
独联体	6	6	4
西亚北非	16	15	8
南太平洋	2	2	2
其他	2	2	2
合计	68	61	40

注：中东欧及南欧国家中的塞尔维亚、斯洛文尼亚和黑山共和国是南斯拉夫解体后独立的国家，继承了中国和南斯拉夫 1972 年订立的双边航空运输协定，其中塞尔维亚在 2014 年 12 月 17 日与中国订立了新的双边航空运输协定，其余两个国家没有订立新协定，但均算作单独与中国订立有双边航空运输协定的国家。

资料来源：中国双边航空运输协定。

6.3.2　航空运输协定的修订分析

6.3.2.1　各区域和国家的协定修订数量

在与中国订立航空运输协定的 118 个国家或者区域组织中有 88 个与中国签订有后续文件，占比为 74.6%。非协定文件占比最高的是北美洲，然后是亚洲和欧洲，后续文件占比前三位顺序仍然不变。而非洲则处于垫底的位置（见表 6.8）。这也从一个侧面反映出中国国际航空运输关系紧密的区域，因为中国双边航空运输协定订立之初基本上属于严格限制的情况，这在表 6.5 中已经有了反映，但随着经济和社会发展，就有修订协定的必要性，以满足日益增长的国际航空运输需求。

表 6.8　与协定伙伴国的非协定文件数量统计（截至 2016 年 5 月）

	亚洲	欧洲	南美洲	非洲	大洋洲	北美洲	合计
全部非协定文件（份）	131	100	12	27	10	18	298
后续文件（份）	124	90	10	18	7	18	267
每份 ASA 占有的平均数	3/2.9	2.8/2.5	2/1.7	1.2/0.8	1.6/1.2	4.5/4.5	2.5/2.2

注：①非协定文件包括修订协议、谅解备忘录、纪要等文件，这些文件可能构成对协定的修订。②为了更清楚地说明对协定的修订情况，上表对第一份双边航空运输协定订立后的非协定文件做了统计，称为后续文件，因为部分国家在协定订立之前为了协定的订立和履行签订了一些谅解备忘录。③第三行前一个数字为每份双边航空运输协定占有全部文件的平均数，后一个数字为每份双边航空运输协定占有的后续文件平均数。

资料来源：中国民用航空局。

如果从订立协定伙伴国来看，在订立双边航空运输协定后修订次数最多的国家有 4 个，修订次数超过 10 次。修订次数在两次以上的全部为通航国家，如表6.9 所示。

表 6.9　按照订立后续文件数量分国家统计（截至 2016 年 5 月）

后续文件数量（份）	10 以上	5~9	2~4	1	合计
国家数量（个）	4	14	39	31	88
通航国家数量（个）	4	14	36	11	65

6.3.2.2　与通航国家协定的修订情况

与中国开通航线的国家也可能订立更多的后续文件数量，一方面，通过后续文件对运力进行调整以满足实际需要，另一方面，对有些限制加以调整。在与中国通航的 70 个国家中，有 65 个国家签订有后续文件，占比 92.9%，高于前述所有签订后续文件协定国在全部协定国中 74.6% 的比例。说明通航国家可能通过签订后续文件来放松协定对国际航空运输的严格规制。5 个没有与中国订立后续文件的通航国家 3 个是苏联加盟共和国，还有 2 个是非洲国家。总体上，通航国家订立修订协议的文件数量大大高于全体情况。

除南美洲外，通航国家修订协定频繁的是北美洲、欧洲和亚洲（见表 6.10）。这再次说明与通航国家，特别经济社会关系紧密的国家修订协定的要求更多。

表 6.10　与通航协定伙伴国的后续协定文件数量分大洲统计（截至 2016 年 6 月）

	亚洲	欧洲	南美洲	非洲	大洋洲	北美洲	合计
ASA 后续文件（份）	114	79	6	13	7	18	237
通航国家数量（个）	31	21	1	6	2	4	65
每份 ASA 占有的平均数	3.7	3.8	6.0	2.1	3.5	4.5	3.6

6.3.3　后续文件关键内容分析

从表 6.11 看：第一，运力调整始终是 ASA 后续文件的重点。因为中国 ASA 除少数外均采用最严格事先确定的原则，随着经济社会发展的需要，对航空运输的需求不断增加，因而需要不断调整运力。第二，通航点增加也是一个重点。授予的通航点代表航空公司的市场准入范围，因而也成为一个仅次于运力的焦点，

表 6.11 后续文件涉及 ASA 关键内容统计

时间	项目\区域	航权	航点	航空公司指定数量	航空公司指定标准	运力	运价	统计	合作安排
1990 年以前	亚洲	0	1	1	0	1	0	0	1
	欧洲	1	2	1	0	1	0	0	1
	南美洲	0	0	0	0	0	0	0	0
	非洲	0	0	0	0	0	0	0	0
	大洋洲	0	0	0	0	0	0	0	0
	北美洲	0	1	0	0	2	0	0	0
	小计	1	4	2	0	4	0	0	2
1991~2000 年	亚洲	11	20	11	1	20	0	0	13
	欧洲	9	13	10	1	21	0	1	4
	南美洲	1	2	2	0	1	0	0	1
	非洲	0	1	0	0	1	0	0	0
	大洋洲	1	0	1	0	1	0	0	1
	北美洲	2	3	3	0	3	0	1	2
	小计	24	39	27	2	47	0	2	21
2001~2010 年	亚洲	33	29	22	1	41	2	1	28
	欧洲	22	20	12	7	22	3	0	14
	南美洲	3	4	2	1	2	2	0	3
	非洲	8	4	5	0	10	0	0	9
	大洋洲	1	1	2	0	3	0	0	1
	北美洲	2	2	3	0	3	1	0	1
	小计	69	60	46	9	81	8	1	56
2011~2016 年	亚洲	13	14	7	1	22	0	0	9
	欧洲	11	11	9	2	17	3	2	11
	南美洲	1	0	0	0	0	0	0	1
	非洲	3	7	2	0	8	2	0	5
	大洋洲	1	1	0	1	2	0	0	0
	北美洲	0	2	1	0	1	1	0	3
	小计	29	35	19	4	50	6	2	29
合计	亚洲	57	64	41	3	84	2	1	51
	欧洲	43	46	32	10	61	6	3	30

时间	项目 区域	航权	航点	航空公司指定 数量	航空公司指定 标准	运力	运价	统计	合作 安排
合计	南美洲	5	6	4	1	3	2	0	5
	非洲	11	12	7	0	19	2	0	14
	大洋洲	3	2	3	1	6	0	0	2
	北美洲	4	8	7	0	9	2	1	6
	合计	123	138	94	15	182	14	5	108

但在 2001~2010 年，航权的关注点超过通航点的关注。第三，总体上看，航权（主要是第 5 航权）是后续文件关注的第三个焦点问题。但是，需要注意的是，在 2000 年以前并非如此。这说明有两个可能，即在 2000 年以前协定双方或者某一方不愿意授予第 5 航权，或者航空公司的需求没有 2000 年后那么强烈。第四，航空公司之间的合作安排（包括代码通向以及航空器湿租）始终处于排名第四的关注度，随后是航空公司指定数量。在航空公司指定数量方面，后续文件主要是增加航空公司指定的数量。尽管多数协定已经规定航空公司指定数量为多家，但具体数量仍然通过谅解备忘录等后续文件来调整。第五，航空公司指定标准、运价以及统计数据始终不是后续文件关注的重点。航空公司指定标准的后续文件主要是欧盟成员国根据欧洲法院的裁决要求将航空公司指定标准从"多数所有权和实际控制权"修改为"共同体承运人"。涉及运价方面的后续文件主要放松对运价的控制，采用始发地原则、双不批准以及自由定价等原则。

从不同区域看，运力和航点仍然是后续文件最为关注的两个焦点。由于大洋洲协议伙伴国不多，后续文件数量稀少，航点的关注度排名在航权和合作安排方面不说明问题。在北美洲，后续文件对航权的关注不如航空公司指定数量，这与其他区域不相同。主要是由于中国与美国通过三次修订已经将航权扩展到货运第7 航权，客运第 5 航权的安排也已经比较开放，因而不是通过很多的后续文件来扩展航权安排。

从时间上看，在 2001~2010 年，是后续文件对双边航空运输协定主要内容进行调整安排最多的十年。航空公司指定标准、运价和航权的调整数量占全部数量的比例超过 50%，航空公司指定数量、运力和航点调整数量占比也超过 40%。这说明经过近十年的社会主义市场经济建设以及中国加入世界贸易组织带来的进一步开放，经济社会的发展需要航空运输提供进一步的支持。在此期间，航权的调整安排数量超过了对航点的调整安排数量。

考虑了航空运输协定所有后续修订情况后，再按照 6.4 的分类，对截至 2016 年 6 月的最新协定现状，对所有的 136 份协定按照 118 个国家或地区再次分类就会发现 A 类和 B 类协定从原始的 74 个和 40 个减少到 12 个和 15 个，而 C 类和 E 类则从各 1 个增加到 13 个和 41 个，G 类更是从零增加到 11 个，其他自由化安排的协定达到 26 个。也就是涉及自由化内容的协定占全部协定的 90%（见表 6.12）。

表 6.12　中国双边航空运输协定截至 2016 年 6 月修订后的分类情况

区域 ＼ ASA 类型	A	B	C	D	E	F	G	i	o
亚洲	1	6	6		14		8		8
欧洲	7	3	4		15		1		7
南美洲					1		2		3
非洲	1	4	3		10				4
大洋洲	2	2			1				1
北美洲	1								3
合计	12	15	13		41		11		26
占全部的比例（%）	10.2	12.7	11.0		34.7		9.3		22.0

从目前处于通航状况的双边航空协定分类来看，A 类协定所占比例进一步减少，说明限制严格的协定中一部分并没有实际航空运输活动。单纯的增加航空公司指定数量的 B 类协定比例也减少到不足 10%，而 E 类协定进一步提高到 44.3%（见表 6.13）。处于活动状态的通航协定更多是多家航空公司指定再加上第 5 航权的授予。此外，在运价、运力和航空公司指定标准上的自由化安排也日益增加，即反映在 G 类协定的增加上。

表 6.13　中国通航双边航空运输协定截至 2016 年 6 月修订后的分类情况

区域 ＼ ASA 类型	A	B	C	D	E	F	G	i	o
亚洲	1	5	2		13		8		5
欧洲	2	1	2		10		1		5
南美洲					1				

续表

ASA 类型 区域	A	B	C	D	E	F	G	i	o
非洲			1		6				1
大洋洲					1				1
北美洲	1								3
合计	4	6	5		31		9		15
占全部的比例（%）	5.7	8.6	7.1		44.3		12.9		21.4

6.4 中国双边航空运输协定自由化程度评价

6.4.1 双边航空运输协定自由化程度评价概述

如何评价双边航空运输协定自由化程度，一直是航空运输服务贸易领域研究的一个难点。之所以成为难点主要是两方面的原因：第一，全面掌握一个国家的双边航空运输协定存在一定难度。一个国家订立双边航空运输协定是在一个较为分散的时间里，要收集和掌握其全部的双边航空运输协定存在困难。比如，就中国看，自 1949 年以后至 2016 年 5 月与 118 个国家订了 136 份双边航空运输协定，但在中国民用航空局的网站上只能收集到 115 个国家的 115 份协定，而且部分协定还不是最新的。比如，中国与俄罗斯的最新双边运输协定为 2010 年订立的，但是网站上公布的仍然为 1991 年中国与苏联订立的协定。第二，全面掌握一个国家所有对其双边航空运输协定修订的难度更大。比如中国与苏联订立的第一份双边航空运输协定就存在一定的收集难度。如果计划对一个国家的双边航空运输协定进行较长期间内的自由化发展变化进行评价研究，不仅需要掌握其不同时期与同一个国家订立的协定，更需要掌握数量众多的后续修订文件。后者可能更准确地反映了自由化的发展和变化，因为中国与其他国家一样，通过包括谅解备忘录以及会议纪要等后续文件，对协定从航权、航空公司指定标准、运价以及代码共享等方面进行修订。

目前，几乎所有的关于 ASAs 开放程度的研究均使用一个虚拟变量或者多个虚拟变量来表示 ASAs 是开放还是非开放的。但事实上，国际航空运输政策发展的历史说明 ASAs 的自由化是一个渐进的过程。中国没有实行"天空开放"，但仍然逐步放松对 ASAs 的限制，那么一个虚拟变量或者多个虚拟变量不能反映在自由化过程中 ASAs 开放程度不同的多样性，也不能更好研究在这个过程中 ASAs 自由化影响的多样性。即使是"天空开放"ASAs，也有不同的类型，比如美国式的、欧盟式以及大洋洲式的，这些"天空开放"协定的开放程度也各不相同（见表 6.14）。虚拟变量无法表现出这些不同"天空开放"协定的差异。在经济计量分析贸易政策的影响中，虚拟变量容易导致估计偏误（Baier 和 Bergstrand，2007）。Baier 和 Bergstrand（2007）认为，最好构建一个连续的变量以便更准确测度贸易政策自由化的程度，从而消除由于用虚拟变量表示贸易政策带来的偏误。

表 6.14　不同"天空开放"ASAs 自由化比较

类型	自由定价	不受限的第3、第4航权	不受限的第5航权	不受限的第7航权	不受限的国内航权	外国所有权和控制权
美国式	有	有	有	仅货运	无	无
欧盟式	有	有	有	有	有	有
大洋洲式	有	有	有	仅货运	部分	无

资料来源：笔者整理。

因而，在学术研究中，有必要构建一个更全面、更准确的 ASAs 开放程度的时间序列数据，从而更好地说明一个国家国际航空运输政策自由化的发展演变、比较不同国家在一定时间内国际航空运输政策的开放程度、评估国际航空运输政策自由化对航空运输和诸如贸易投资等宏观经济因素的影响。

但是，目前没有包括一个国家所有 ASAs 以及所有后续修订的国际航空运输政策自由化的度量。本部分将对中国自 1954 年以来的国际航空运输政策开放程度进行量化分析。

到目前为止，有两大类量化方法研究 ASAs 的自由化程度。一类是上述提到的虚拟变量法，另一类是指标评分法。此外，还有对 ASAs 的自由化程度进行定性分析的研究。

在定量分析的第一类中，Dresner 和 Tretheway（1992）采用虚拟变量表示国际航空运输政策的自由和非自由制度，从而分析国际航空运输政策对价格的影响。Micco 和 Serebrisky（2006）在量化研究美国航空货运市场自由化对运输成本的影响中，将双边航空运输协定变量设定为虚拟变量，即按照是否与美国订立"天空开放"协定赋值 0 或 1，而没有考虑不同"天空开放"协定可能存在自由化程度的差异。Humphreys 和 Morrell（2009）在研究欧美"天空开放"协定对希思罗机场的潜在影响时，仍然使用的虚拟变量方式量化"天空开放"协定。

Maillebiau 和 Hansen（1995）估计北大西洋航线自由化对需求和消费者福利的影响时，仍然采用虚拟变量来辨识 ASAs 两个特征的自由化或者限制：票价以及运力。

此外，InterVISTAS 咨询公司（2006）在研究航空运输自由化对航空运输量、经济增长、就业等在内的影响时，采用了五个虚拟变量表示，即航空公司指定数量、运力、运价、第 5 航权和指定通航点。在研究航空运输自由化对巴西的影响专题报告中，InterVISTAS（2009）采用的单一虚拟变量方式。然而，InterVIS-TAS（2015）将运力虚拟变量修改为两个虚拟变量：一个表示是否提前决定运力，另一个表示是否为百慕大运力决定类型。

采用虚拟变量法，只能区分两种情况。然而现实中的具体情况确实多种多样的，比如第 5 航权，在一些 ASAs 中授予没有限制的第 5 航权，而在另一些 ASAs，或者没有限制货运第 5 航权，或者特定航线上没有限制的第 5 航权，或者有运力限制的第 5 航权，或者上述限制的混合使用。

Ke 和 Windle（2014）指出，在处理不同时间的多个 ASAs 时，虚拟变量方法并不精确，可能忽略了 ASAs 如何增加运输量中的更为复杂的问题。然而他们仍然使用的虚拟变量来研究中美双边航空运输协定在 1999 年、2004 年和 2007 年三次修订的影响。

2006 年，世界贸易组织在对《服务贸易总协定》空运附件第二次审议中，在世界范围内第一次对所有国家双边航空运输协定自由化程度进行了定量评价，涉及 184 个国家的 1970 份双边航空运输协定。[①] 其使用的协定来自国际民航组织（ICAO）2005 年版的"世界航空运输协定数据库（WASA）"。其中对中国的评价仅涉及 73 份双边航空运输协定，而在世界贸易组织评价截止的 2005 年，中国一共实际订立了 97 份的双边协定。比如，中日双边国际航空运输市场是两国最重要的国际航空运输市场之一，但在 WASA 数据库中并不包括中日双边 ASA。这

---

① WTO. Quantitative air serViCes agreements review（QUASAR），S/C/W/270/Add.1 [Z]. 2006.

就是上面提到的第一个难题。而且其中的一些协定还不是最新的协定，更不用说还缺少众多的后续修订文件了，比如，中国与澳大利亚在 1984 年订立了首份航空运输协定，这份协定限制相当严格。但是，1996 年两国的修订中允许多家航空公司指定，在 2003 年的修订中允许代码共享、部分第 5 航权和湿租。然而，在 WTO 的评估中显示 2005 年中澳 ASA 的开放程度为零。因此，仅依照 ICAO 世界航空运输协定数据库（WASA）也不能解决上述第二个难题。

Piermartini 和 Rousová（2008）在 WTO 的一篇工作论文中除了引用上述 WTO 对双边自由化评价方法和结果外，还构建了一个因子分析指数（FA_index）。该方法与一般因子分析方法类似，包括四个步骤：第一步，根据 WTO 确定的量化双边自由化的 7 个要素（航权、运力、运价、航空公司指定标准、航空公司指定数量、统计数据交换和商业合作），每个要素做标准化处理，取值在 0~1。第二步，提取因子。第三步，因子旋转。第四步，计算构建自由化指数的权重。此后，Piermartini 和 Rousová（2013）仍然沿用这一方法。

Ismaila 等（2014）在研究尼日利亚 ASAs 自由化影响研究中采用了 WTO 的指标法（ALI）。他们稍微修改了 WTO 的指标法，删除了统计这个指标，将合作安排修改为商业安排。对航空公司指定标准和商业安排（原合作安排）指标的评分做了调整。当对尼日利亚的"天空开放"协定评分时，商业安排被认为不需要，评分为零。然而在 WTO 的指标法中，合作安排是指是否允许指定航空公司与对方或者第三方航空公司进行包销、代码共享或者湿租等方式的合作，而这些合作安排在美国 2012 年版的"天空开放"协定模板中是允许的。

Surovitskikh 和 Lubbe（2015）采用 WTO 指标法评估了 2011 年的南非 ASAs 开放程度，进而分析对非洲范围内旅客流向的影响。但没有说明 ASAs 的后续修订是否包括在定量评估范围内。

还有一些关于航空运输政策的研究没有对 ASAs 进行定量评估。Wang 和 Heinonen（2015）从航空政治角度研究航空运输自由化。考察了政治制度、经济制度、经济规模、国土面积、人口规模对航空运输体制的影响，但没有具体量化航空运输自由化。而 Lei 等（2016）在研究中美 2004 年和 2007 年对中美双边航空运输协定修订的影响时并没有采用量化方式衡量两次修订的自由化程度。

到目前为止，对双边航空运输协定自由化进行量化评价的研究不多，更不要说包括所有后续修订的较长时间序列的自由化程度评估。WTO（2006）对某一特定年份 180 多个国家 ASAs 的量化评估研究具有开拓意义，随后不多的研究也建立在 WTO 的研究基础之上。在 2006 年的量化评估后，WTO 在 2013 年采用 2011 版的 WASA 数据库对评估做了更新，但 ASAs 以及后续修订的完整性并未得到改善。中国到 2011 年底订立了 114 个协定，但在 WASA 数据库中仅有 94 份，中日双边 ASA 仍然缺失。

6.4.2　双边航空运输协定自由化评价指标体系的建立

本书对双边航空运输协定自由化评价体系以 WTO（2006）建立的指标体系为基础。WTO 的评价指标体系包括七大指标：航权、航空公司指定数量、航空公司指定标准、运力、运价、统计和合作安排。在这七大指标体系中，航权又包括了三个二级指标，即第 5 航权、第 7 航权和国内空运权。航权在评价体系中所占权重最高，如表 6.15 所示。

表 6.15　WTO 双边航空运输协定自由化评价指标体系

指标	评分点	评分	权重（%）
航权			36
a. 第 5 航权	不授予	0	12
	授予	6	
b. 第 7 航权	不授予	0	12
	授予	6	
c. 国内空运权	不授予	0	12
	授予	6	
航空公司指定数量	单一指定	0	8
	多家指定	4	
航空公司指定标准	多数所有权和实际控制权	0	16
	共同体利益	4	
	主营业地	8	
运力	事先确定	0	16
	其他限制	2	
	百慕大 I	4	
	其他自由化规定	6	
	自由确定运力	8	

指标	评分点	评分	权重（%）
运价	双边批准	0	16
	始发地原则	3	
	双边不批准	6	
	区域定价	4 或 7	
	自由定价	8	
统计	交换	0	2
	不交换	1	
合作安排	不允许	0	6
	允许	3	
最高合计		50	100

资料来源：WTO. Quantitative air serViCes agreements review（QUASAR），S/C/W/270/Add.1［Z］. 2006.

在考虑是否直接采用 WTO 的指标体系时，首先研究如下两个问题：

6.4.2.1　是否需要补充新的指标

双边航空运输协定的焦点在于市场准入，航空运输的市场准入除了市场主体的准入（航空公司准入）外，航线准入是核心。在航线准入上，除了业务权，即航权外，就是地域市场准入。双边航空运输协定都是通过航线表中的通航点来确定地域市场。航线表中的通航点既包括始发点和目的点（O&D），也包括中间点和以远点。中间点和以远点是与第 5 航权相联系的，而始发点和目的点是与第 3、第 4 航权相联系的。以通航为目的的双边航空运输协定授予双方指定航空公司第 3、第 4 航权是最基本的要求，这时候就涉及是否对始发点和目的点进行限制了。

Button（2009）总结美国双边航空运输特征时，指出美国 1978 年以前的双边航空运输协定仅授予特定的通航点（始发点和目的点），1978~1991 年，外国航空公司在美国的目的点也是受限制的，美国航空公司在其他国家的目的点同样受限。只有 1991 年开始订立"天空开放"协定后，在"天空开放"协定中始发点和目的点才完全不受限制。

再看中国的双边航空运输协定，会发现 1978 年的 35 份双边协定中，没有一个完全对始发点和目的点没有限制，其中 25 份双边协定的始发点和目的点都受限制，剩余的 10 份为始发点不受限制。截至 2000 年，全部 91 份双边航空运输协定中，始发点和目的点均受限的高达 59 份，比例比 1978 年有所下降。始发点和目的点均不受限制的有 3 份。截至 2015 年底，在全部 118 份双边航空运输协定中，只有 41 份对始发点和目的点均有限，占全部协定的 1/3。而始发点和目的点均不受限制的协定为 34 份，占比从 2000 年的 3%增加到 29%。

InterVISTAS 咨询公司（2006）尽管使用虚拟变量衡量双边航空运输协定自由化程度，但将指定通航点作为一个指标。

因此，无论是美国还是中国，通航点的自由化是一个过程。基于上述事实，在评价双边航空运输协定自由化程度时，通航点应该作为一个评价指标加以考虑。

6.4.2.2 评分标准是否需要完善

从表 6.15 中可以看出，WTO 针对航权的评分标准分为不授予和授予两种情况。Button（2009）同样指出，第 5 航权的授予也经历了一个受限到不受限制的逐渐发展过程。如果仅区分为不授予和授予两种情况，就没有区分出受限制的第 5 航权和不受限制的"天空开放"的自由化程度的不同，量化评价结果就不是很准确。而在第 7 航权上，目前更为常见的是授予货运第 7 航权，比如中美双边航空运输协定在 2007 年的修订就是如此。评价中简单地分为不授予和授予，也同样影响结果的准确性。

在航空公司指定标准上，WTO 的评分点包括了传统的多数所有权和实际控制权、共同体利益和主营业务地。但在实际中，共同体利益和主营业务地可能是针对协定的一方而不是双方，比如中国与欧盟部分成员国根据欧洲法院裁决[①] 对协定中航空公司指定标准的修订中，主营业务地标准仅适用于欧盟成员国的航空公司。再如，2014 年，中国与尼泊尔签署的谅解备忘录允许尼泊尔指定航空公司采用主营业务地原则，但中方航空公司仍然维持多数所有权和实际控制权的原则。

在运力评分点上，没有考虑到现在有一些协定不是完全自由确定运力，而是仅完全放开对货运运力的限制。

根据上述分析和研究，对 2006 年 WTO 的评价指标体系和评分点做了修改（见表 6.16）。首先，增加了通航点这个指标，考虑到通航点与航权同属于市场准入环节，因此，增加这一个指标时，不改变市场准入环节的总权重，即通航点与航权的总评分与原来航权的总评分相同。其次，修改了航权、航空公司指定标准

---

① 2002 年，欧洲法院裁决欧盟部分国家与其他国家双边航空运输协定部分内容违反欧盟法律，其中包括欧方航空公司指定标准违反单一航空运输市场的自由开办权。

表 6.16　修改后的双边航空运输协定自由化评价指标体系

指标	评分点	评分	权重（%）
航权			27
a. 第 5 航权	不授予	0	9
	部分授予	2.25	
	完全授予	4.5	
b. 第 7 航权	不授予	0	9
	货运授予	2.25	
	全部授予	4.5	
c. 国内空运权	不授予	0	9
	授予	4.5	
通航点（O&D 点）	受限	0	6
	始发地或者目的地无限制	2.25	
	无限制	4.5	
航空公司指定数量	单一指定	0	8
	多家指定	4	
航空公司指定标准	多数所有权和实际控制权	0	16
	一方为共同体利益	2	
	共同体利益	4	
	一方为主营业地	4	
	主营业地	8	
运力	事先确定	0	16
	其他限制	2	
	百慕大 I	4	
	其他自由化规定	6	
	货运运力不限/自由确定运力	4/8	
运价	双边批准	0	16
	始发地原则	3	
	双边不批准	6	
	区域定价	4 或 7	
	自由定价	8	
统计	交换	0	2
	不交换	1	

续表

指标	评分点	评分	权重（%）
合作安排	不允许	0	6
	允许	3	
最高合计		50	100

和运力的评分点。

在通航点的评分上，由于没有增加市场准入环节的总权重，因此，参考WTO（2006）的方式对航权下的三个二级指标给予相同权重的做法，改进后的评价指标体系中，同样给予航权下的三个二级指标和通航点相同的权重。

6.4.3 中国双边航空运输协定自由化评价结果

6.4.3.1 总体评价结果分析

依照表 6.16 的评价指数、评分点和相应的评分，对中国自 1954 年订立第一份双边航空运输协定开始，至 2016 年 5 月为止的所有双边航空运输协定及其后续修订情况进行了量化评价，评价结果在不同时间的分布如表 6.17 所示。

表6.17 中国双边航空运输协定自由化

自由化程度 ＼ 年份	1960	1970	1980	1992	2002	2010	2016
0	2	6	17	25	25	11	5
1~5	4	7	23	23	32	23	13
5.5~10			1	3	30	38	36
10.5~15					5	27	35
15.5~20						7	14
20.5~25						5	8
25.5 以上							7
合计	6	13	41	51	92	112	118

资料来源：笔者根据中国双边航空运输协定及其修订计算。

表 6.16 表明，中国双边航空运输自由化程度随着时间的推移而不断提升。1970 年以前，中国全部双边航空运输协定自由化程度评分均低于 5，而且有几乎一半的协定评分为零，即属于限制最为严格的协定类型。1980 年开始，有协定

的自由化程度评分高于 5。2002 年，有超过 1/3 的协定自由化程度评分高于 5，其中还有 5 份协定的自由化程度评分高于 10。2010 年，有 30% 的协定自由化程度评分高于 10，并且有评分高于 20 的双边航空运输协定出现。2016 年，有超过一半的协定自由化程度评分高于 10，评分高于 20 的双边航空运输协定比 2010 年增加了 2 倍。

在评估中国双边航空运输协定总体自由化情况时，由于部分双边航空运输协定订立后，双方并没有实际通航，就不存在双边的航空运输数据。就是已经通航的协定，由于评价的时间段较长，航空运输数据的可得性和完整性均无法得到保障，因此，无法采用航空运输量加权的办法来评估中国双边航空运输协定总体的自由化情况。这里仅简单采用算术平均的方式，计算了中国双边航空运输协定总体自由化情况，如图 6.1 所示。

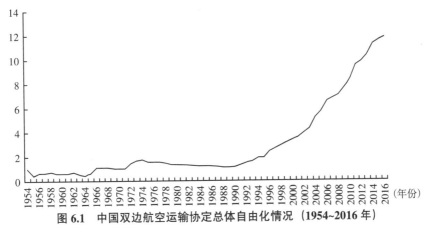

图 6.1　中国双边航空运输协定总体自由化情况（1954~2016 年）

资料来源：笔者根据中国双边航空运输协定及其修订计算。

中国双边航空运输协定总体自由化情况在 1992 年以前处于一个比较平稳的状态，自由化程度评分低于 2。中国双边航空运输协定自由化程度在 20 世纪 60 年代中期出现一个小幅上升，70 年代又出现一个小幅上升后，直到 1992 年才稳步上升，2000 年时自由化程度评分突破 3，2005 年超过 5，2009 年超过 7，2014 年超过 10。2016 年中国双边航空运输协定总体自由化评分结果是 2000 年的 3 倍多，因而也可以说，从 2000 年到 2016 年中国国际航空运输总体自由化程度增加了两倍多。

将上述评价结果与 WTO2006 年对中国 2005 年双边航空运输协定评价结果进

行比较就会发现，总体上，WTO 的评价结果更低。WTO 对 2005 年中国 73 份双边航空运输协定的总体自由化程度评分为 3.7，远远低于当年中国全部 97 份双边航空运输协定总体自由化程度 5.5 的水平。WTO 在 2013 年依照 2011 年的数据对其评价进行了更新，其评价的中国 93 份协定自由化程度只有 7.1，低于此处包括全部 114 份协定和全面考虑了修订后的 8.4。尽管我们对 WTO 的评价指标体系进行了修订，除了新增加通航点指标外，在航权和航空公司指定标准上的评分其实更加严格。而通航点的评分是从 WTO 原来航权评分中转移过来的。因此可以认为上述差异证明了前述分析 WTO 评价存在的问题，即除了遗漏部分协定外，并没有反映协定的最新自由化进展。

6.4.3.2 通航国家情况分析

前面已经提到中国订立的 118 份双边航空运输协定，不是所有的协定均已经通航，因而有必要专门考察分析一下与通航国家订立的双边航空运输协定自由化情况。理论上，中国与通航国家国际航空运输自由化总体情况要优于全部国家的情况。

截至 2016 年 5 月，中国与 70 个国家处于通航状态，这 70 个国家不包括过去曾经通航，后来由于各种原因又停航的 10 个国家。通航国家的双边航空运输协定占全部 118 份协定的 59.3%。

与原来预想的结果一样，从 1990 年开始，通航国家的双边航空运输协定总体自由化程度开始高于全部协定的自由化状况（见图 6.2）。这也说明，存在需求推动协定自由化的可能，即当原有协定的限制不能满足实际国际航空运输的需求导致对协定限制的放松。

6.4.3.3 "一带一路"国家情况分析

鉴于中国大力推行"一带一路"的国家倡议，航空运输作为一种交通基础设施，在服务国家战略中发挥应有的作用，因此，有必要分析中国与"一带一路"国家双边航空运输协定自由化的情况。

68 个"一带一路"国家已经订立双边航空运输协定的 64 个国家总体自由化程度不仅不如正处于通航状态的 70 个国家的自由化程度，也不如全部 118 个协定的自由化程度（见图 6.2）。这说明国际航空运输服务在支持国家国际发展战略方面还有较大的空间。

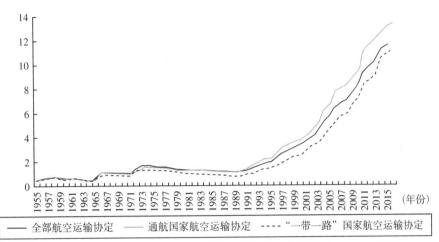

图 6.2　中国不同类型双边航空运输协定总体自由化情况（1954~2015 年）
资料来源：笔者根据中国双边航空运输协定及其修订计算。

6.4.3.4　不同大洲国家的情况

从全部协定的情况看，1980 年之前，中国与欧洲国家订立的双边航空运输协定自由化程度最高，1980 年后，与北美洲的协定自由化程度超过了欧洲，1994 年南美洲异军突起大幅度超过北美洲，主要原因是当年中国与巴西订立了第一份与南美洲国家的双边航空运输协定，这份协定在航空公司指定数量、通航点授予和第 5 航权方面都做出了自由化安排。2005 年后，非洲超过亚洲位列第三，但由于 2010 年、2011 年中国与东盟订立了双边航空运输协定、第一议定书和第二议定书，并陆续生效，中国与亚洲协定的自由化整体平均水平快速上升，从垫底迈入前三的行列。欧洲在 2010 年超过大洋洲，中国与大洋洲双边航空运输协定自由化程度最低，如图 6.3 所示。

就通航国家看，北美洲在 2011 年后超越了南美洲，成为与中国国际航空运输自由化程度最高的区域（见图 6.4）。大洋洲从全部双边航空运输协定自由化程度垫底跃升为排名第二，主要是由于与部分大洋洲国家订立的协定限制严格，但并没有实际通航，而通航的澳大利亚和新西兰的自由化程度均在 10 以上。欧洲从排名第四，逐渐被非洲和亚洲超过，跌落到最后，但差距不大。而与亚洲的自由化程度在 2010 年后有一个很大的提升，从原来的垫底上升到前三的行列，主要原因是自由化程度较高的中国与东盟双边航空运输协定在不同成员国逐步生效。

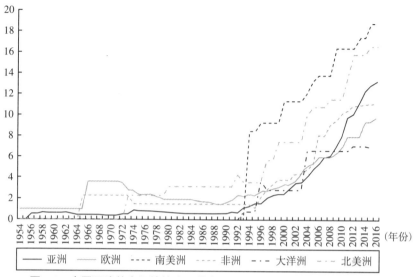

图6.3　中国双边航空运输协定总体自由化各大洲情况（1954~2016年）

资料来源：笔者根据中国双边航空运输协定及其修订计算。

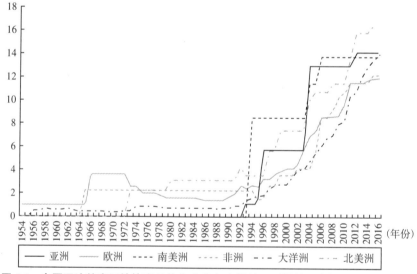

图6.4　中国双边航空运输协定总体自由化各大洲情况（通航国家）（1954~2016年）

资料来源：笔者根据中国双边航空运输协定及其修订计算。

6.4.3.5　不同收入类型国家情况

从理论上看，高收入国家与中国订立的双边航空运输协定自由化程度应该偏高，主要是由于中国作为"世界工厂"，在经济全球化中扮演了重要的角色，需要国际航空运输的发展加以配合。而高收入国家是经济全球化的重要参与方。此外，随着中国的发展，与低收入国家的双边航空运输协定自由化程度也应该提高。原因在于：一方面，中国的航空运输业相对这些国家来说，还是具有一定竞争力的，中国也倾向于订立限制更少的协定；另一方面，这些低收入国家自己发展国际航空运输的能力有限，希望通过自由化的协定提升与世界的联通性，更好地融入到经济全球化。

实际情况是中国与高收入国家订立的双边航空运输协定的自由化程度一直到2013 年都是最高的，2014 年与低收入国家订立的双边航空运输协定的自由化程度跃居第一。通航国家中的不同收入类型国家的情况也是如此。

6.4.3.6　协定初始自由化情况

有必要考察一下在不考虑后续对协定的修订情况下，中国订立的双边航空运输协定的初始自由化程度。1978 年（不含）以前，中国订立协定的初始自由化程度很低，总体评分才 1.14，1978~1999 年情况有所改善，但也不是很显著，仅仅增加到 1.84。但 2000 年以后订立的双边航空运输协定自由化程度有了很大的提升，总体自由化程度评分超过了 8（见表 6.18）。这说明中国在订立协定时，已经开始考虑采用更为自由化的方式。中国与哥伦比亚在 2015 年 11 月订立的双边航空运输协定自由化程度高达 24.5，而中国与美国订立的双边航空运输协定经过 30 多年的修订，才从 1980 年的 4 提高到目前的 25。

表 6.18　中国原始双边航空运输协定自由化

时间	1978 年以前	1978~1999 年	2000~2015 年
协定自由化程度	1.14	1.86	8.18

资料来源：笔者根据中国双边航空运输协定及其修订计算。

6.4.3.7　单个指标情况分析

经过上面的分析，可能存在这样一个疑问：在 8 个评价指标中，哪一个的相对自由化程度最高？为了回答这个问题，首先建立一个分析单个指标相对自由化的方法以便不同指标之间具有可比性。这里采用如下方法进行分析评价：

$$RF_i^t = \frac{F_i^t}{OF_i} \tag{6.1}$$

其中，RF_i^t 表示 t 时间第 i 个评价指标的相对自由化程度，F_i^t 表示 t 时间第 i 个评价指标的自由化程度得分，OF_i 表示第 i 个评价指标在评价体系中的最高赋分。

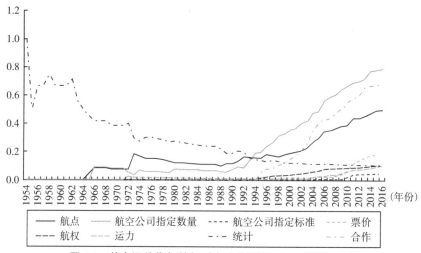

图 6.5 单个评价指标的相对自由化程度（1954~2016 年）
资料来源：笔者根据中国双边航空运输协定及其修订计算。

图 6.5 为 7 个评价指标的相对自由化程度比较，在 1993 年之前，统计的相对自由化程度最高，通航点授予的自由化程度次之，然后是航空公司指定数量。航空公司指定标准、航权、运价和运力处于垫底，相对自由化程度很低。1993年之后，航空公司指定数量的相对自由化程度超过了其他的评价指标，位居第一，说明 1993 年之后，中国的双边航空运输协定全面转向多家指定。航空公司之间的合作安排，主要为代码共享，在 1996 年之后才在中国的双边航空运输协定中取得一席之地，此后，截至 2004 年，其相对自由化程度已经排名第二，通航点则降至第三位。随着其他评价指标自由化程度的提升，统计合作这个指标显得没有跟上自由化的步伐，跌落至后列。最近几年，运价的相对自由化程度不断提升，已经排名第四。放松对航权的严格控制始于 20 世纪 70 年代，但进展很缓慢，到 20 世纪 90 年代中期，其相对自由化程度仅为 2% 左右，进入 2000 年后，自由化程度有所提高，但相对自由化程度也只有 10% 多一点。航空公司指定标准

方面，放松控制的进展不大，直到 2016 年 5 月，相对自由化程度也只有 3.3%，处于垫底位置。尽管不断通过修订增加运力的供给，少量协定开始放松运力控制，但总体上运力方面的控制仍然严格，相对自由化程度一直没有超过 10%的水平。

6.5　中国国际航空运输政策与"天空开放"政策

6.5.1　中国—美国双边航空运输协定

1980 年 9 月 17 日，中美两国政府首次签订了《中华人民共和国政府和美利坚合众国政府民用航空运输协定》，正式建立了中美两国的双边航空运输关系。此后双方于 1982 年和 1996 年先后对 1980 年协定内容进行了修订和补充。1999 年中美再次修订《中美民用航空运输协定》，在原有协定的基础上进一步增强了中美航空运输市场开放的程度。

但面对中美两国经济贸易联系的快速发展，尤其是中美两国间商品贸易量的快速增长，中美双方经过多次磋商于 2004 年 7 月 24 日签订了新的《中美民用航空运输补充协定》。2004 年的修订与 1999 年的修订相比，在中美航空运输市场的开放范围与程度上都有重大的突破。除大幅度放开对空运企业指定和运力等方面的限制外，在包机、运价、货运枢纽、多式联运权利、自办地面服务和商务活动等方面大幅度减少或取消了原有的限制措施。

此后 2007 年 9 月再次进行了修订，此次修订的最主要的内容是从 2011 年开始取消对货运运力的限制，也就是可以自由确定货运运力，而不需要事先批准。同时，进一步增加行使第 5 航权的航点，增加航空公司指定数量直至最终取消航空公司数量限制。

表 6.19 汇总了中美航空运输协定以及历次修订的最主要内容。从表 6.19 中可以看出市场准入方面目前第 5 航权仍然有限制。航空公司指定标准维持传统的严格限制。货运运力已经放开限制，客运运力限制也仅针对东部区域。运价已经基本放开。

6.19　中美航空运输协定及其重要修订主要内容对比分析

	1980 年协定	1999 年修订	2004 年修订	2007 年修订
市场准入	中美双方的通航点分别为 3 个和 10 个	中美双边的通航点分别增至 5 个和 12 个	取消对客运航线始发点和目的点的限制 取消对货运航线始发点、中间点、目的点和以远点的限制	维持不变
	有限的第 5 航权	第 2 条航线运营的全货机业务享有完全的第 5 航权 对中日间客运第 5 航权航班数量有限制	客运航线享有第 5 业务权的中间点和以远点数量分阶段逐步增加 全货机业务具有完全的第 5 航权 对中日间客运第 5 航权航班数量有限制	中西部（3 区）各方有 5 个点在特定航线上不受限制的 5 航权
	包机管理采用双批准原则		包机运营管理采用始发国原则	不变
	协定未涉及货运第 7 航权		允许货运枢纽的全货班第 7 航权	不变
	不允许国内空运权			
指定航空公司	中美各指定 2 家航空公司	中美各指定 4 家空运企业	中美各自指定的空运企业数量可以分阶段增加至 9 家	中方数量不受限制，美方不超过 11 家，2011 年开始货运公司数量不受限制
	指定航空公司的多数所有权和实际控制权应为指定方国民所有			
运力	各 27 班/周	各 54 班/周	至 2010 年分阶段增至各 249 班/周	至 2012 年东部（1、2 区）运力再共计增加每周 70 班，其他地区运力不限，2011 年起货运不限
	允许更换机型，且限制逐步放松			不变
运价	维持双边批准原则		2004 年 8 月至 2008 年 3 月 24 日采用始发国原则 2008 年 3 月 25 日以后采用双不批准原则	不变
代号共享	允许航空公司代号共享，且范围逐步扩大			

　　资料来源：根据中美双边航空协定和有关修订编制。

　　最近中美之间的国际航空运输协定修订谈判出现了重大变化，从过去美方积极要求进一步开放双边国际航空运输市场、推行"天空开放"转变为中方更为主动要求增加运力。一方面，中方航空公司在中美双边航空运输市场上已经扭转了过去在市场份额上的不利地位，需要增加运力；另一方面，也反映了美方不愿意小碎步的前进方式。当然，特朗普当选后，美国的国际贸易政策面临较大调整，这也可能会反映在中美的双边航空运输关系中。

6.5.2　中国—日韩双边航空运输协定

6.5.2.1　中—日双边航空运输协定

1974 年 4 月 20 日，中日两国政府首次签订了《中华人民共和国和日本国航空运输协定》，正式建立了中日两国的双边航空运输关系。

自 1974 年中日两国签署民用航空运输协定以来，两国航空运输市场已逐步发展为两国最大的国际航空运输市场之一。自 20 世纪 90 年代后，两国民航当局签署了大约 7 份关于扩大两国间航空运输安排的备忘录或者会谈纪要，逐年增加了指定承运人数量、通航点、客货运力和飞越班次数量，同时不断扩大对代号共享和湿租条款等内容的应用范围。

与中美双边航空运输关系近年来的发展不同，日方在中日双边航空运输关系的协商过程中并未将谈判重点放在"天空开放"上，而是不断寻求扩大双边航空运输关系中的通航点、客货运力增加、指定承运人和代号共享安排等方面。2012 年，两国对双边航空运输协定进行了最新的一次修订，增加了指定承运人的数量，将双方的通航点分别增加到 25 个，中国取消了对北京和上海以外其他 23 个点的运力限制、日方取消了对东京以外其他 24 个点的运力限制。

目前中日双边协定仍然限制严格，自由化程度评分低于平均分。传统市场准入中的通航点仍然受到限制，部分允许第 5 航权的行使，运力和运价也仍然没有完全取消限制，航空公司指定标准也维持传统的限制要求。

6.5.2.2　中—韩双边航空运输协定

1994 年 10 月 31 日，中韩两国政府首次签订了《中华人民共和国政府和大韩民国政府民用航空运输临时协定》，正式建立了中韩两国的双边航空运输关系。截至 2016 年 6 月，双方对《中韩民用航空运输临时协定》的内容进行了修订超过 10 次，以满足中韩之间日益增长的经贸联系和人员往来的需要。

由于韩国与美国已经在 1998 年达成了"天空开放"协议，因而，韩国更多地考虑是如何利用这一有利地位，扩大其国际航空运输市场业务中在中国的通航点，一方面，满足对华经济投资活动的需要，另一方面，也是更为重要的，有利于其在东北亚国际枢纽的竞争中获得优势。随着中韩经贸联系的日益密切，韩国企业在扩大针对中国东北地区和山东半岛的贸易与投资规模的同时，也加大对中国其他沿海经济发达地区的贸易和投资规模，尤其是加大了对以上海为核心的长江三角洲地区的贸易和投资力度。与韩国企业对华经济交往关系的这一变化趋势相一致，可以看出韩方在双边航空运输协定的修订过程中更多的是强调增加上述地区的通航点和运力规模。因而中韩双边航空运输关系中一个明显的特点是双边通航点较多，双边航空运输运力增长迅速。2006 年，中韩修订双边航空运输协定，允许双方航空公司自行确定在中国山东与韩国通航点之间的运力。

中韩双边航空运输协定中，近年除了通过修订增加运力供给和增加通航点外，其他方面没有进行重大修订放松限制，与中日双边航空运输协定类似，开放程度低于平均水平。

6.5.3　中国—东盟双边航空运输协定

中国与东盟在 2010 年末订立了双边航空运输协定和第 1 议定书，这是中国与区域经济一体化组织订立的第一份运输协定。这份协定的主要内容包括：不受限制的第 3、第 4 航权，通航点不受限制，自由定价和放松对东盟成员国指定航空公司标准的限制。需要注意的是，行使第 3、第 4 航权中的通航点不受限制不是在整个东盟范围内不受限制，而仅指指定航空公司在指定国内的通航点不受限制，这不同于欧盟与美国等订立的 ASA 中指定航空公司在整个欧盟范围内的通航点都不受限制。在授予东盟成员国指定航空公司时可以采用共同体利益标准时，中方指定航空公司的标准仍然按照传统的多数所有权和控制权标准。在运力方面，采用的是类似百慕大 I 的方式规定，即开始时各自决定运力。

这份协定在东盟成员国生效的时间并不统一。新加坡最早于 2011 年 5 月生效，泰国在 2011 年 9 月生效、越南和缅甸在 2011 年 11 月生效、文莱生效时间为 2013 年 6 月、印度尼西亚则在 2016 年 4 月生效、柬埔寨和菲律宾分别在 2016 年 10 月和 12 月生效、老挝于 2017 年 8 月生效。

2013 年，中国与东盟订立了第 2 议定书，授予有限制的第 5 航权，其中包括两类第 5 航权。第一类为东盟成员国指定航空公司可以飞行东盟—东盟—中国—东盟的航线，中国指定航空公司可以飞行中国—东盟—东盟—东盟的航线。这类第 5 航权的航线上，东盟有 10 个航点、中国有 28 个航点作为始发地、目的地或中间点以及以远点。东盟的 10 个航点为每个成员国有一个航点，但这 10 个航点除了新加坡和文莱首都斯里巴加湾市外，并不包括东盟成员国主要的门户城市。中国的 28 个点也不包括北京、上海和广州。这一类第 5 航权航线没有运力限制。第二类为东盟—中国和东盟以外点—东盟—中国—中国和东盟以外点（东盟指定航空公司）、中国—中国和东盟以外点—东盟—中国和东盟以外点（中国指定航空公司）。这类第 5 航权的航线上，东盟有 10 个航点、中国有 10 个航点作为始发地、目的地或中间点以及以远点。东盟 10 个航点同第一类，中国的 10 个航点来自上述 28 个航点中。这一类第 5 航权航线有运力限制，每周 14 班。截至 2017 年 8 月，第 2 议定书对东盟所有成员国均生效。[①]

目前，中国与东盟成员国存在两类协定，首先是与成员国订立的传统双边航空运输协定，其次是与东盟订立的适用成员国的航空运输协定。这两类协定对具体的成员国都是有效的，对具体协定的条款来说开放程度高的效力高于开放程度低的。

6.5.4 自由化程度最高和最低的双边航空运输协定

表 6.20 开放程度最高和最低的 10 个双边航空运输协定（截至 2016 年 6 月）

开放程度最高的协定国 （全部）	开放程度最低的协定国 （全部）	开放程度最低的协定国 （通航国家）
马来西亚	保加利亚	斯里兰卡
泰国	亚美尼亚	吉尔吉斯斯坦
新加坡	扎伊尔	土库曼斯坦
印度尼西亚	斐济	乌兹别克斯坦
柬埔寨	斯洛伐克	匈牙利
美国	黑山	印度
缅甸	巴林	波兰
哥伦比亚	约旦	葡萄牙
智利	爱沙尼亚	西班牙
老挝/越南/英国	拉脱维亚	古巴

表 6.20 总结了截至 2016 年 6 月开放程度最高和最低的 10 个双边航空运输协定。开放程度最高的 10 个双边航空运输协定，还有哥伦比亚和智利仍然没有

---

① 各东盟成员国生效时间：新加坡（2015 年 1 月），马来西亚（2015 年 3 月），泰国（2015 年 6 月），越南（2015 年 11 月），缅甸（2015 年 6 月），柬埔寨（2016 年 10 月），菲律宾（2017 年 5 月）和老挝（2017 年 8 月）。

通航，此外，东盟成员国占据 8 席，而欧美仅有两个国家。东盟成员国与中国双边航空运输协定自由化程度较高的原因有两个：一方面，由于中国与东盟订立了开放程度较高的双边航空运输协定；另一方面，中国与部分成员国的双边航空运输协定开放程度也较高。比如，中国—东盟双边航空运输协定对于柬埔寨来说在 2016 年 12 月才生效，超出了表 6.19 的统计时间。中国—柬埔寨双边开放程度高是由于 2014 年两国签署了开放程度高的新的双边协议，不仅完全放开通航点限制，也不再对运价进行管制。

自由化程度最高的协定具有如下的共同点：通航点不受限制、多家航空公司指定、部分第 5 业务权、运价全部自由化或者部分自由化、运力全部放开或者部分放开。此外，部分还在航空公司指定标准上有所放松。

如果考虑全部 118 个双边协定国，则开放程度最低的 10 个均未通航。如果考虑通航国家，则开放程度最低的国家集中在中亚、东欧和南欧。这也反映了中国与这些区域不太紧密的经济社会联系。这些协定的共同点是维持对通航点、第 5 航权、运力和运价的严格限制。部分甚至对航空公司指定数量仍然采用单一指定方式。

6.5.5 中国国际航空运输政策与"天空开放"政策的比较

根据第 4 章和本章前面几节的研究，我们可以将中国国际航空运输政策与主要的"天空开放"政策进行一个横向比较。总体比较结果见表 6.21。

从与美国的"天空开放"政策相比看，除了航空公司的多家指定外，美国取消管制的领域中国基本没有放松控制，而美国没有放松控制的航空公司指定标准，中国也同样没有放松控制。在美国"天空开放"协定中关注的市场准入方面，第 5 航权都是有限制的授予，即使在与东盟订立的航空运输协定中，也维持了包括运力和航点在内的第 5 航权限制；在通航点方面，仅有不到 1/3 的协定完全没有限制，而且多数还是通过协定修订取消限制的，而非订立协定的标准文本。对于运力和运价尽管开始放松控制，但不是基本的原则，而是例外。从事商务活动中的航空公司之间的合作安排、航空器湿租、多式联运服务也是例外安排，通过协定修订安排实现的。

与欧盟和大洋洲的"天空开放"国际航空运输政策相比差距就更大。欧盟和大洋洲"天空开放"允许最终开放国内航权，并放松了美国"天空开放"不允许的航空公司指定标准，直至允许第三国投资本国航空公司并获得经营两国之间国

表 6.21　中国国际航空运输政策与主要的"天空开放"政策比较

协议项	协议详细内容	2012 年美国"天空开放"协议	欧盟 OAA 协议	欧盟 ECAA 协议	大洋洲"天空开放"协议	中国国际航空运输政策
1. 航权						
a. 第 5 航权	完全授予	√	√	√	√	
b. 第 7 航权	部分授予	√（货运）			√	少量
c. 国内空运权	完全授予		√	√		
	部分授予		√	√	√	
2. O&D 通航点	完全授予	√	√	√	√	部分采用 (28.8%)
3. 航空公司指定数量	不限制	√	√	√	√	主要采用 (90.7%)
	多家指定	√				主要采用
4. 航空公司指定标准	多数所有权和实际控制权					
	共同体利益		√	√	√	开始采用（对方）
	主营业地					特例（对方）
5. 运力	自由确定运力	√	√	√	√	开始采用 (6.8%)
6. 运价	自由定价	√	√	√	√	开始采用 (15.3%)
7. 投资安排	相互投资航空公司，不允许多数所有权		√	√		
	相互投资航空公司，允许多数所有权				√	
	对第三方投资本国航空公司不限制	√	√			

续表

协议项	协议详细内容	2012年美国"天空开放"协议	欧盟OAA协议	欧盟ECAA协议	大洋洲"天空开放"协议	中国国际航空运输政策
8. 政策合作	安全、保安政策合作	√				√
	安全、保安政策、竞争政策协调		√		√	
	航空运输政策趋同			√		
9. 商务活动	办事处、销售活动和汇兑	√	√	√	√	√
	自办地面服务	√	√	√	√	
	代码共享等合作协议	√	√	√	√	开始采用
	允许湿租		√	√	√	开始采用
	特许经营		√	√	√	
	多式服务安排	√	√	√	√	开始采用
10. 组织机构	成立管理协议和协调的专门机构		√	√		
11. 统计	交换		√	√	√	√
12. 保障措施	允许采取保障措施			√		
13. 消费者保护	专门的消费者保护条款		√	√		开始采用

际航空运输指定的资格。欧盟的"天空开放"不仅要在航空运输领域进行全面的政策协调，而且还要进行政策输出。欧盟"天空开放"中的保障措施与中国开始采用的保障措施条款还有所不同，前者是确保协定有效履行，后者是禁止反竞争的市场行为。

这里的对比分析和前面第 6.4.3 节的分析是吻合的。在第 6.4.3 节分析国际航空运输政策不同指标的相对开放程度，其得出的结论是航空公司指定数量和通航点的开放程度相对较高。

我们还可以从另一个角度比较中国国际航空运输政策与"天空开放"政策的差距，即按照第 6.4.2 节建立的双边航空运输协定自由化评价指标体系对不同的"天空开放"政策进行评价，然后和第 6.4.3 节对中国双边航空运输协定自由化评价结果进行比较。从图 6.6 中可以看出，中国国际航空运输政策与不同类型的"天空开放"政策都存在很大差异。美国、欧盟和大洋洲"天空开放"的自由化评分分别达到了 35.25 分、45 分和 45 分（满分 50 分），而中国国际航空运输政策在 2016 年的总体评分为 11.8 分，最高的单个 ASA 也不超过 30 分，15 分以上的 ASAs 也仅占全部的 25%。

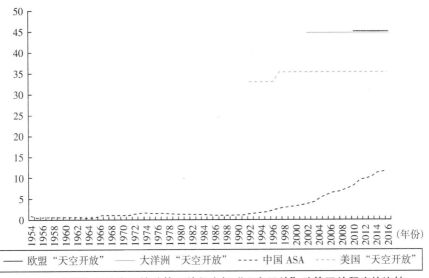

图 6.6　中国国际航空运输政策开放程度与"天空开放"政策开放程度的比较

总之，中国现行国际航空运输政策与不同的"天空开放"国际航空运输政策存在较大差距，部分自由化安排是依照个案进行的特殊安排而非一般原则。

6.6 小 结

本章完整梳理了包括旧中国和新中国的国际航空运输政策发展历史，发现即使在旧中国仍然将维护国家的空域主权作为政策中心，并通过引入外资合办航空公司发展了本国的航空运输业，还积极参与了"战后"国际航空运输规则的制定。

新中国的国际航空运输经历了从政治需要到服务经济社会发展需要的过程，"平等互利"是中国国际航空运输政策的核心。对国际航空运输的严格规制逐渐宽松，自由化的安排主要通过修订方式实现，体现了积极、渐进、有序和有保障地开放我国国际航空运输市场的原则。但我国国际航空运输政策缺乏一个透明、长远的政策目标，相关利益方的利益平衡不够，同时没有建立对政策效果的评估和审议的机制。此外，缺乏前瞻性的眼光，没有提前为我国国际航空运输业争取到更多的发展空间。

在对世界贸易组织双边航空运输协定自由化评价指标体系进行修订的基础上，通过对我国与 118 个国家订立的双边航空运输及其后续协定进行定量分析发现，1992 年以前，中国双边航空运输协定总体自由化情况处于一个比较平稳的状态，自由化程度评分低于 2。2000 年时，自由化程度评分突破 3，2005 年超过 5，2009 年超过 7，2014 年超过 10。2016 年，中国双边航空运输协定总体自由化评分结果是 2000 年的 3 倍多。从 1990 年开始，通航国家的双边航空运输协定总体自由化程度开始高于全部协定的自由化状况。已经订立双边航空运输协定的 64 个"一带一路"国家平均自由化程度处于较低水平。2014 年与低收入国家订立的双边航空运输协定的自由化程度跃居第一。

截至 2016 年 6 月，相对自由化程度高的领域是航空公司指定数量、包括代码共享在内的合作安排、航点，处于垫底的是航空公司指定标准。

在分析中国与部分国家双边航空运输协定基础上，结合第 4 章的研究，对比研究了中国与"天空协定"国际航空运输政策的差异，发现除了航空公司指定数量外，其余的开放领域均是依照个案进行安排的，而非双边航空运输协定的一般原则。

第7章　经济全球化下国际航空运输
自由化对贸易和投资的影响研究

第 5 章研究了中国航空运输市场发展与宏观经济之间的关系，第 6 章定量分析了中国双边航空运输协定自由化的水平。本章将在分析经济全球化的一般表现和在中国的表现基础上，分析经济全球化中的航空运输业新发展，然后将综合考察双边航空运输协定自由化是否对贸易和投资产生影响，为最终的政策制定寻求实证依据。

7.1　经济全球化的主要表现

第一次工业革命后以英国为代表的一批资本主义国家在世界范围内抢占资源和瓜分市场，充分反映了当时的经济全球化主要表现在原材料来源和最终产品市场的全球化。而当代的经济全球化与那时相比已经发生了根本性的变化，体现出了很多新特征。

7.1.1　当代经济全球化的一般特征

7.1.1.1　生产全球化

经济全球化发展到 20 世纪后半叶已经与历史上的经济全球化有了很大的区别，表现在生产方式上发生了很大变化。生产分割（Production Fragmentation）是当今经济全球化最显著的特征之一，也是区别于第一次工业革命时期经济全球化的基本特征。Jones 和 Kierzkowski（1990）在其生产段（Production Blocks）和服务链（Service Links）理论中，认为要素的专业化优势导致了生产过程分割为不同的生产段，并通过服务连接起来。而这些连接活动包括了协调、管理、运输和金融服务等。他们发现，国际生产分割，不仅发生在跨国公司内部，也发生在不同企业之间。一般认为这是最早提出生产分割的理论。

Deardorff（2001a）认为，关于分割的一个共识是一个国家可以精细地专注于某些自己具有比较优势的生产过程，通过把生产过程的不同部分配置在不同的国家，并进行国际协调，世界经济通过提高生产效率而获得很大的收益。

刘戒骄（2011）指出，生产分割是指企业将产品研发、制造和营销等连续活动分解成若干个可以相对独立进行的阶段，这些阶段可以布局在不同国家和地区，企业可以根据生产要素消耗结构和价格以及不同场所的生产协调、质量控制、产品运输条件等因素决定生产地点，产品制造由越来越薄、越来越专业化的多个阶段构成，并以波音、苹果和英特尔为例说明了不同的生产分割方式。

在生产分割方式下，产品不是在一个工厂，也不是在一个国家，甚至不是在一个大洲完成生产的。亚洲、美国和欧洲的企业都进入到苹果产品的生产中，如果要追溯到原材料，涉及的地域范围就更广。美国本土负责设计、软件开发、管理和营销，英特尔和三星为苹果生产芯片，中国台湾的和硕以及广达为其生产零部件……最后富士康完成组装。因此，世界贸易组织在 2005 年发起了称为"世界制造"（Made in the World）的动议。

7.1.1.2　贸易全球化

生产全球化带来了贸易全球化，此时贸易的一个突出特征是零部件和中间产品的贸易，而不仅仅是产品和原材料的贸易。最终在贸易上的表现就是贸易额迅猛增长。

在这种生产方式下，制成品贸易呈现爆发式的增长。1970~2017 年，货物贸易额（出口总额）年均增长 9.3%，远远高于同期的世界经济增长速度。[①] 1967 年以前，全球贸易额翻一番基本上要花十年的时间，但此后在 20 世纪 80 年代以前两个翻番的时间为 5 年和不到 5 年（见图 7.1）。在新经济高涨的 20 世纪 90 年代，出现了接近 20% 的年度贸易增长率。在互联网经济复苏的 21 世纪前十年，又出现了连续六年的两位数增长，其中 2005 年的增长率高达 21.5%，直到爆发金融危机的 2008 年仍然高达 15%。

---

① 比如 1969~2014 年，世界贸易年均增长 9.8%，而同期全球实际 GDP 年均增长 3.6%。全球实际 GDP 数据来源：Economic Research Service of US Department of Agriculture，http：//www.ers.usda.gov/data-products/international-macroeconomic-data-set.aspx.

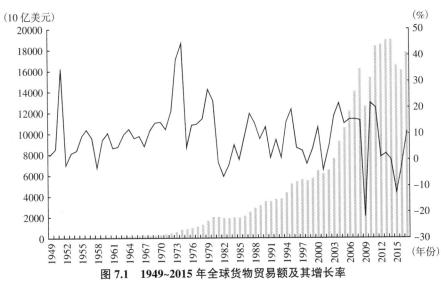

图 7.1　1949~2015 年全球货物贸易额及其增长率

资料来源：WTO 数据库。

7.1.1.3　投资全球化

生产全球化的另一个表现是投资全球化。根据联合国贸发会议的全球直接投资（FDI）数据，2016 年全球外向 FDI 存量和内向 FDI 存量分别达到 27.24 万亿美元和 27.76 万亿美元，分别为 1980 年的 39 倍和 49 倍。在有统计数据的 1980年以来，无论是内向还是外向的 FDI 均保持了较高的增长速度，一些年份的增长速度超过了 20%（见图 7.2），仅有 2001 年受"9·11"事件和 2008 年金融危机影响，出现了负增长，其余年份均为正增长。外向 FDI 存量和内向 FDI 存量 1980~2014 的年均增速均达 11%。

在统计的 236 个国家中，有 182 个国家有内向 FDI 和外向 FDI，没有统计数据的国家并非全部没有内向 FDI 和外向 FDI，有些是由于数据的可得性问题导致数据缺失。全球绝大多数国家已经卷入到全球直接投资活动中，从而加入到全球的生产分割中。

7.1.2　经济全球化中的航空运输业

7.1.2.1　国际航空运输在航空运输中的地位日益重要

一定的生产方式需要一定的交通运输条件与之相适应。人类发展的历史说明，每一次大的生产方式变革都伴随着交通运输方式的变革。比如，第一次工业革命后的大工业生产方式取代工场手工业，以蒸汽机为动力的轮船取代了内河和

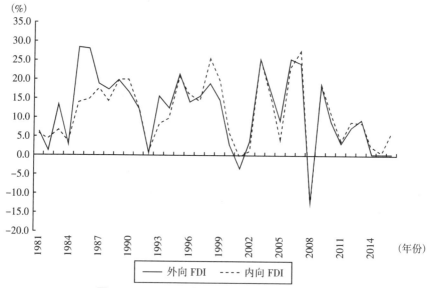

图 7.2　1981~2016 年全球 FDI 存量年度增长率

资料来源：UNCTAD 数据库。

海洋上的帆船；陆地上，火车运输取代了畜力运输。

马克思在《资本论》第一卷中指出"工农业生产方式的革命，尤其使社会生产过程的一般条件即交通运输工具的革命成为必要。……交通运输业是逐渐地靠内河轮船、铁路、远洋轮船和电报的体系而适应了大工业的生产方式"。[①]

美国著名学者杰里米·里夫金在为其著作《零成本社会》中文版所写的序言中指出："每一种伟大的经济范式都要具备三个要素——通信媒介、能源、运输系统。每个要素都与其余要素互动，三者成为一个整体。如果没有通信，我们就无法管理经济活动；没有能源，我们就不能生成信息或传输动力；没有物流和运输，我们就不能在整个价值链中进行经济活动。总之，这三种运作系统构成了经济学家所说的通用技术平台。"[②]

Deardorff（2001a）指出，由于技术进步使得对分割的生产程序进行国际协调更为可行，从而得到了很大的发展。这些技术主要是服务行业，比如国家之间更为快速和高效的运输和通信，使得在不同国家配置不同生产过程能够降低最终生产成本成为可能。因而，很多服务的国际提供在国际贸易中扮演了日益重

---

① 马克思. 资本论（第一卷）[M]. 北京：人民出版社，1975.
② 杰里米·里夫金. 零成本社会（中文版序言）[M]. 北京：中信出版社，2014.

要的角色。

在生产分割这种生产方式下，制成品贸易占全部贸易额的比例处于较高状态，20世纪80年代中期后就超过了60%（见图7.3），另外，制成品零部件的贸易也占据了重要地位。按照 Yeats（1998）提出的零部件贸易度量国际分割生产的方法，使用联合国 COMTRADE 数据库的贸易数据，按照 SITCRev.3 的分类，收集包括在 SITC7 和 SITC8 部门里属于零部件的 225 种五位码分类的产品作为零部件贸易的指标，计算占 SITC7 和 SITC8 贸易的比例，发现这个指标自 1992 年以来一直维持接近 20% 的水平。部分国家的这个生产分割指标在 2014 年甚至达到 40%，比如马来西亚为 39.2%，泰国为 42.8%，而新加坡和中国香港则分别达到了 48.5% 和 45.6%。

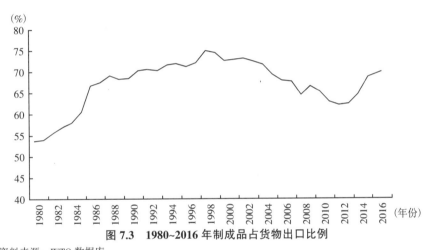

图 7.3　1980~2016 年制成品占货物出口比例

资料来源：WTO 数据库。

按照马克思和里夫金的论述，这种生产分割的生产方式必定需要相应的运输方式来支撑。与国际贸易长期爆发式增长对应的是国际航空运输的爆发式增长。在 1974~2017 年，国际航空运输周转量年均增长超过 7%，几乎是国内航空运输周转量年均增速的两倍，如图 7.4 所示。

同时，世界贸易额中通过航空运输方式实现的比例大幅度上升，20世纪70年代初，大约 1% 的贸易额通过航空运输方式实现，截至 20 世纪末，这一比例已经上升到 30% 左右。美国进口货值的 1/3 是通过航空运输方式实现的。如果不包括与北美的出口贸易，出口通过空运方式的比例会上升到 50%（Hummels，2007）。根据美国经济普查局数据，美国与爱尔兰进出口货值 70% 以上是通过空

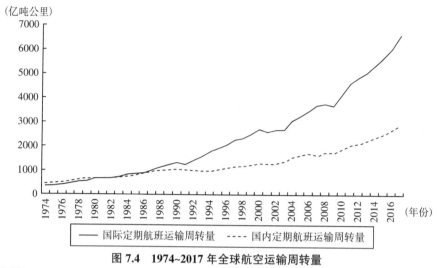

图 7.4　1974~2017 年全球航空运输周转量

资料来源：ICAO。

运方式实现。

7.1.2.2　联盟成为全球化中航空运输业有别于其他行业的特征

为什么会产生航空公司联盟？为什么航空运输业没有产生大型的跨国公司？

从大的环境上讲，经济全球化和一体化是航空公司联盟的基本动因。经济全球化和一体化促进了资本、人员、技术、商品以及服务在全球范围内更大规模和更自由的流动，航空运输业作为基础性服务产业，必须满足经济全球化和一体化对人员流动和商品流动的要求。同时，航空公司也必须参与到经济全球化和一体化的过程中，在全球范围内进行生产要素的合理配置，满足消费者的需求，进而谋求更大的经济利益。

从行业层面讲，除了旅客希望无缝隙旅行的需求层面因素以及供给层面受规模不显著的限制外，一个重要的因素是国际航空运输政策层面的限制。在政策规制层面，目前国际航空运输服务贸易受双边体制的约束，而这个双边体制对航空公司所有权和控制权、航线、运力、运价等进行比较严格的限制，即使在双边开放天空协议中，航空公司所有权和控制权、国内航权的控制仍然维持原状。这一点在第 2、第 3 和第 4 章已经有全面的分析。

由于对航空公司所有权和控制权以及国内航权的限制是产生跨国航空公司的一大障碍，所以航空公司只能通过联盟来扩展航线网络和市场范围。

因此，从 20 世纪 80 年代中后期开始出现了各种形式的联盟，最终形成了星空联盟、寰宇一家和天合联盟三大战略联盟。目前这三大联盟占据全球近 2/3 的市场，如图 7.5 所示。

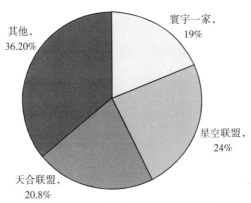

图 7.5　2014 年三大联盟市场份额

资料来源：Airline Business。

目前，联盟还在进一步深化。不仅出现了航线联营的合作经营模式，还出现了比较多的股权投资或者交叉持股。在航线联营方面，三大联盟在北大西洋航线、跨太平洋航线上均形成了竞争性的格局。在股权投资方面，大型网络型航空公司相互投资持股日益增多。目前，联盟内部航空公司持股有：达美持有东航 3.55% 股份；大韩航空持有捷克航空 44% 股份；卡塔尔航空持有英航、伊比利亚航空和爱尔兰航空母公司 IAG10% 股份（2016 年 4 月增加到 12%）；竞争联盟间航空公司持股有国航（30%）与国泰（20.13%）；持股联盟外航空公司有达美持有维珍大西洋航空 49% 股份、新航持有维珍澳大利亚 22% 股份；联盟航空公司被外部航空公司持股有阿提哈德持有意大利航空公司 49% 股份、持有柏林航空 29% 股份。这种股权在不同联盟航空公司之间的交叉，可能导致联盟在未来的重新分化组合。

7.1.2.3　国际航空运输政策竞争成为经济全球化中的有力武器

国际航空运输的竞争除了航空公司之间的竞争，从另一个侧面看还是国际航空运输政策的竞争。即一个国家的国际航空运输政策如何为行业营造一个良好的经营环境，从而发挥行业在经济社会中的积极作用。正如前文提到的航空运输是与当今经济全球化下生产分割这种生产方式相适应的运输方式，各国都希望在经济全球化下获取更多的利益，国际航空运输成为了重要的基础设施。欧盟不断将其航空运输领域的政策向周边扩展，不仅可以主导政策的制定，而且欧盟获得了一定范围内制定国际航空运输规则的权力，客观上也为航空公司降低制度成本提供了条件。

通过国际航空运输政策的自由化，一些国家获得了更为广阔的市场，同时降低了航空运输成本，增加了客货运输量，为宏观经济发展提供了动力。Micco 和 Serebrisky（2006）指出，"天空开放"协议降低了9%的航空运输成本，增加了7%的空运进口货物比例。

7.1.2.4 争夺国际枢纽的竞争日趋激烈

国际航空运输市场，除了航空公司之间的竞争，国际枢纽的竞争也日益突出。迪拜、伊斯坦布尔的后发优势说明，既有的枢纽地位并不能保证一劳永逸。亚洲地区传统的新加坡、中国香港的枢纽地位，受到来自日韩的挑战，现在中国也加入到竞争者的行列。

7.1.2.5 国际航空运输发展面临新的挑战

在进入21世纪之后，国际航空运输也面临一些新的挑战，比如劳工标准和环境保护中的气候变化问题。在第4章中已经提及美欧"开放航空区"协定提出了在国际航空运输领域建立更高的劳工标准，对很多发展中国家来说是一个巨大挑战。因为发展中国家的优势在于劳动力成本更为低廉，如果它们的劳工标准要向发达国家看齐，则会削弱其在劳动力成本方面的优势。

2016年10月初结束的第39届国际民航组织（ICAO）大会提出了在2020年启动全球国际航空运输二氧化碳抵消机制（Carbon Offsetting and Reduction Scheme for International Aviation，CORSIA），并将国际航空运输的排放固定在2020年的水平。由于航空运输本身是一个燃油密集型的行业，在油价高涨时，如何降低油耗已经成为航空公司的头号任务，燃油效率进一步提高面临不少的困难。在这种背景下，市场化的减排措施只能导致航空公司成为排放减排单位的净购买者，推高行业的经营成本。更为重要的是，按照ICAO推出的市场化减排措施，发展中国家面临的局面更为严峻。在责任分配上要逐步从行业排放增加的平均水平计算每个个体的抵消责任过渡到使用个体排放增加的比例来计算各自的抵消责任。由于发展中国家的市场远未成熟，还有较大的发展空间，而发达国家的航空运输业已经成熟或者接近成熟，前者的排放增加比例远远高于后者的排放增加比例，结果就是发展中国家需要承担更多的抵消责任。

表 7.1　发展中国家和成熟市场国家的排放抵消情景假定方案

单位：亿吨，%

主体	假定条件		2021~2029 年		2030~2032 年		2033~2035 年	
	2020 年排放	2020 年后的年均排放增长	排放量	抵消量	排放量	抵消量	排放量	抵消量
A	1	1	9.46	1.22	3.45	0.80	3.45	0.67
B	0.5	6	6.09	0.83	2.85	0.90	3.40	1.68

　　注：依照 ICAO 第 39 届大会决议，2021~2029 年抵消责任计算完全采用行业平均水平，2030~2032 年个体比例至少占 20%，而 2033~2035 年个体比例至少占 70%。

　　表 7.1 为假定的一个发展中国家和成熟市场国家情景，从中可以发现，发展中国家随着个体比例在计算抵消责任中占比的提升，抵消责任将超过成熟市场国家，最后累计的抵消责任也超过了成熟市场国家。在 2021~2035 年，成熟市场的累计排放是发展中国家的 1.3 倍，而发展中国家累计的抵消责任是成熟市场国家的接近 1.3 倍。

7.1.3　经济全球化中的中国及其航空运输业

　　在生产分割的经济全球化浪潮中，中国也深入参与其中。1978~2017 年，中国进出口总额年均增长达 15%，基本上没有其他国家能够在这么长的时间里维持如此高的增长速度。中国接受的外国直接投资存量在 1980 年仅为 10.74 亿美元，2016 年达到 1.35 万亿美元，占全球内向 FDI 存量总量的 4.9%，年均增长 22.6%。中国对外直接投资存量在 1980 年仅为 0.39 亿美元，2016 年已经高达 1.28 万亿美元，占全球外向 FDI 存量总量的 4.7%，年均增长 34.6%。中国产品不仅遍布全球，中国的工厂也在全球日益增多。

　　在中国参与经济全球化的过程中，航空运输业，特别是国际航空运输业也高速发展，这在第 5 章已经有了较为详细的分析，本部分不再赘述。需要补充的一点是，1978 年中国的国际航线（含地区航线）仅有 12 条，2014 年已经增加到 899 条（含地区航线），年均增长 11.7%。2013~2017 年，国际航空运输周转量增长率均超过国内增长率，其中 2015 年为国内的 2 倍多。此外，国内航空公司也积极参与国际联盟，并进行航线联营合作，同时积极进行海外的并购，布局全球市场，抢占未来国际航空运输的制高点。

7.2　国际航空运输自由化对贸易和投资影响问题的提出

国际贸易通过航空运输方式实现的份额大幅度上升，那么反过来，国际航空运输是否很好地配合了生产分割这种生产方式呢？这个问题在第 5 章有了一定分析。那么传统的双边航空运输协定是否对国际贸易，乃至最终对生产分割形成障碍或者某种约束呢？

Deardorff（2001a）认为，分割化比单独贸易最终产品需要更多的服务投入，以便协调不同的生产环节。因而，这些收益能否实现在于能否以较低的成本获得这些服务。最近，全球经济分割作为一种日益重要的现象，正是由于技术进步把这些成本降低到了历史的最低点。随着国际贸易的迅猛增长，国际贸易通过航空运输方式实现了份额大幅度上升，世界贸易额中通过航空运输方式实现的比例大幅度上升，20 世纪 70 年代初，大约 1% 的货物贸易额通过航空运输方式实现，截至 20 世纪末，这一比例已经上升到 30% 左右。航空运输对发展中国同样日益重要，发展中国家出口额的 30% 是通过国际航空运输完成的（世界银行，2003）。Hummels（2007）认为，航空运输在国际贸易中地位不断上升是由于空运相对价格的下降。要想进一步分割化，从而获得更大的收益，需要进一步降低这些服务的成本，而要做到这一点，需要进一步对服务贸易自由化（Deardorff，2001a）。

事实上，传统双边协定对航线的限制会阻碍货物及时从始发地运抵目的地，并增加运输成本。对运力进行限制可能导致货物无法及时运出，能够运送的货物价格必定上涨。对运价和航空公司指定数量进行限制，也必定提高货运价格（郑兴无，2010）。世界银行（2003）发现，对航线和航空公司指定数量的限制在一些情况下会提高航空运费达 25%。而 WTO（2013）则把规制作为决定运输成本的主要因素之一，并认为规制会影响运输市场竞争，从而影响运输成本。理论上，运输成本增加会导致国际贸易的下降。Limao 和 Venables（2001）发现，运输成本上涨 10%，贸易量会减少 20%。Hummels 等（2009）则认为，运输市场的市场力量会阻碍国际贸易的增长。

那么放松双边协定对航线、运力和运价等方面的限制，逐步实现自由化，不仅可以降低运输成本，还可以更快、更及时地将货物运抵目的地，满足生产和市场的需要。因而航空运输服务贸易自由化水平越高，相关的贸易额应该越高。然而直到现在，除了 Micco 和 Serebrisky（2006）外，并没有直接的证据证明双边航空运输协定自由化与国际货物贸易之间存在这样的联系。但是，Micco 和 Serebrisky（2006）研究的是"天空开放"协定与国际贸易之间的关系，而非一般双边航空运输协定与国际贸易之间的关系。

国际航空运输自由化与 FDI 的关系更为复杂，不像国际航空运输自由化与国际贸易的关系那样直接。第一，FDI 的增加会增加人员在各国之间的流动。在决定是否在某国进行 FDI 时，需要进行大量前期的调研和谈判，尽管现代远程会议技术的发展在某种程度上会取代差旅，但面对面的调研和谈判最终对 FDI 决策是必不可少的。第二，在进行 FDI 投资后，公司总部与分公司之间仍会有定期的人员往来旅行。第三，传统上将 FDI 作为贸易的替代，但在生产分割方式下，FDI 可能增加进出口贸易。因而，国际航空运输自由化与 FDI 的关系类似于国际航空运输自由化与国际贸易之间的关系，也就是说，国际航空运输自由化可以促进 FDI 的发展。

目前，国际航空运输自由化影响研究主要集中在两大方面：第一方面是对消费者福利和生产者福利的影响。如果把范围扩大一些，也可以包括那些对经济增长影响的研究。第二方面是对国际航空运输量以及流向的影响。第一个方面的研究也包括对票价的影响研究，因为影响消费者福利的重要因素就是票价。

就第一方面的研究看，Taneja（1983），Graham、Kaplan 和 Sibley（1983），Bailey、Graham 和 Kaplan（1985），Call 和 Keeler（1985），Barret（1987），Beilock 和 Freeman（1987），Morrison 和 Winston（1989）使用了不同的方法研究不同时期国际航空运输自由化对票价的影响。

研究国际航空自由化对消费者的影响早期比较有代表性的是 Dresner 和 Tretheway（1992），通过假定航空公司之间为伯特兰价格竞争，按照新古典理论建立了理论模型，实证研究了北大西洋航线票价受自由化协定影响而下降，进而研究了消费者福利的变化。Maillebiau 和 Hansen（1995）同样研究了北大西洋航线双边自由化对需求和福利的影响。

对消费者和航空公司所受影响进行全面研究的代表当数 Gillen 等（2002），他们通过构建一个模型，对双边航空运输协定中运价、市场准入和运力自由化导致的均衡变化和福利变化作了研究。研究结果发现，如果仅仅取消市场准入限制而继续维持价格规制，消费者福利没有变化，航空公司获益也比较小；在进行价格竞争时，总福利增加更多，并且主要由消费者获得。

在航空运输业的经济影响方面，包括国际民航组织（ICAO）（2005）、美国 FAA 以及 ATAG 和牛津经济咨询公司等定期发布了航空运输业对包括就业等在内的宏观经济总量影响的研究，但并没有针对国际航空运输对宏观经济影响的专门研究。InterVISTAS 咨询公司（2006）发现，其研究的 2000 份双边航空运输协定中的 320 份进行自由化将带来 GDP 增加 4900 亿美元和 2410 万个全职工作岗位。同时，认为双边航空运输协定自由化一般可以带来 12%~35%的运输增长。

第二方面的研究包括：Adler 和 Hashai（2005）研究了中东地区实施"天空开放"政策对航空旅客流向的影响；Piermartini 和 Rousová（2008）采用 WTO 的自由化评价结果也是研究了对旅客运输量的影响。

前面在分析"天空开放"政策的含义时已经指出，"天空开放"政策想要达到的目的有两个：第一，帮助航空公司构筑全球网络，拓展市场范围，此谓行业目的；第二，获取经济全球化中上下游产业的利益，推动经济增长，此谓经济社会目的。就第一个目的来讲，当一个国家国内航空运输市场饱和之后，必然会将拓展国际航空运输市场作为保持行业发展的途径。而就第二个目的看，以生产分割为特征的经济全球化必然要求航空运输提供支持，因此，如何减少国际航空运输的限制，从而获取经济全球化的利益，实现经济持续增长也成为必然选择。

那么，国际航空运输自由化对经济，特别是国际经济关系究竟有什么影响呢？具体来说，国际航空运输自由化对进出口贸易以及对外直接投资是否有积极的正面影响呢？按照上述对"天空开放"政策含义的分析，应该是有积极的正面影响。因而，本部分拟通过相关的实证检验，以分析国际航空运输自由化与贸易和投资之间的实际联系。

7.3　文献综述

为了比较清楚地对相关文献进行梳理，将有关文献分为如下几部分进行说明：

7.3.1　国际航空运输自由化与贸易和投资关系

就国际航空自由化与贸易和投资关系看，已有研究并不太多。有代表性的是 Micco 和 Serebrisky（2006）使用与美国订立"天空开放"协定 65 个国家（截至 2003 年）的数据研究了"天空开放"协定对贸易的影响。在研究中，作者并没有量化测定 65 个双边航空协定的自由化程度，而是使用虚拟变量表示是否订立"天空开放"协定。研究发现，"天空开放"协定总体上可以通过降低运输成本，从而增加货物进出口贸易。作者还将这 65 个国家按照收入进行分组，研究发现，上述结果对高收入以及中高收入发展中国家有效，但是对低收入国家无效。

Baldwin 和 Pustay（2004）通过比较 1968 年、1994 年和 1999 年加拿大各省与美国各州之间的旅客流量和出口量，认为 1995 年美国和加拿大航空运输协定取消政府对两国间航空运输的限制后，美国各州与加拿大各省之间的贸易和航空客运量存在紧密的相关性。

国际航空运输自由化与投资关系的研究文献目前还没有检索到。

7.3.2　运输成本对贸易的影响

在国际贸易学界研究运输对贸易的影响，主要角度是运输成本。运输成本对货物贸易影响的研究还是比较丰富的（Norman 和 Venables，1995；Anderso 和 Wincoop，2004；Hummels，1999，2007；Jacks 等，2008，2013；Novy，2013；Irarrazabal 等，2015；Arvis，等，2016），多数研究都涉及包括非关税壁垒在内的政策壁垒或者制度因素，但并没有深入细分研究非关税壁垒或者制度因素或者重点研究其中的某部分。即使有研究（Behar 和 Venables，2011）提到政策变化中包括"天空开放"协定，但也没有进一步研究其与贸易之间的关系。

Hummels（2007）认为，20 世纪后半叶国际贸易运输方式重大变化的原因之一就是航空运输成本的下降。1955~2004 年吨公里平均收益下降了 92%，而同期，美国北美以外的国际贸易中通过空运方式完成的货值比例从原来的微不足道增加 1/3。作者发现，随着时间的推移，平均的航空货运距离更长，而海运的平均距离变短了。前者 1975 年的平均距离为 2600 英里，到 2004 年增加到 3383 英里；后者 1975 年的平均距离为 3543 英里，2004 年下降到 2919 英里。

同时，贸易品的重量与价值之比下降导致航空货运的增加在于两个方面的原因：第一，空运 100 公斤货物的燃油边际成本比海运的要高。第二，消费者对商品价格更为敏感，而不是很在意运价的变化。如果运输成本仅是交付成本的很小一部分，运输的显性成本可能被诸如准时和可靠性等隐性成本所掩盖。

Hummels 还发现，影响运输成本的因素包括重量/价值比、燃油成本、距离、时间趋势和距离与时间趋势交叉项。

然而，在 Hummels 的研究中影响运输成本的因素并不包括制度因素，没有考虑航空运输协定松紧程度对航空运输成本的影响，从而对国际贸易产生的影响。

同样 Jacks 等（2008）通过引力模型计量分析两国之间的运输成本，使用的变量包括距离、关税、汇率以及替代弹性。也没有考虑制度性因素对运输成本的影响。

Anderson 和 Wincoop（2004）认为，贸易成本与经济政策密切相关，包括直接的政策工具（关税、配额和与汇率制定相关的贸易壁垒）和其他的政策（交通基础设施投资、执法和知识产权制度、信息制度、规制和语言）。广义上贸易成本包括从生产者到最终消费者关键过程中涉及的所有成本，包括运输成本、政策壁垒（关税和非关税壁垒）、信息成本、履约成本、货币兑换成本、法律和规制成本、当地分销成本等。然而 Anderson 和 Wincoop 并没有将政策壁垒中的非关税壁垒进一步细分，也就没有具体讨论包括国际航空运输政策在内的贸易政策对贸易成本以致对贸易的影响。

Wilson 等（2005）则从贸易便利化对贸易流向的影响角度进行了研究。他们考虑了四类贸易便利化措施，即口岸基础设施、海关环境、规制环境和电子商务设施。在口岸基础设施中包括了航空运输基础设施。作者发现，一个国家自身的贸易便利化程度对其进出口的增加影响最为关键，因为贸易便利化程度的提高意味着与全球贸易系统更加融合。同时，贸易便利化程度提高对出口的影响超过对进口的影响，即更有利于增加出口。但是，规制环境仅考虑了政策透明性和腐败问题，也没有考虑贸易政策的影响问题。

Behar 和 Venables（2011）认为，除了收入、政策文化相近性外，运输成本是影响贸易的重要因素，而运输成本又取决于两国之间的距离、各自的地理位置、基础设施、贸易便利程度、技术和燃油成本。地理位置主要涉及两国是否有共同的边界以及是否属于内陆国。贸易便利程度的影响因素包括口岸设施、海关服务、规制环境和服务部门基础设施可得性。尽管作者在讨论制度变迁中提到了包括"天空开放"协定在内的政策变化，然而并没有对规制环境包括的具体内容进行讨论，也就更没有研究如何对航空运输协定自由化程度进行量化的问题。

尽管世界银行（2003）和世界贸易组织（2013）提到了国际航空运输规制对运输成本的影响，但它们并没有揭示国际航空运输规制与国家贸易之间的量化关系。

目前对航空运输服务贸易自由化与贸易关系的研究较少，仅有的研究主要关注点是"天空开放"协定，而且采用虚拟变量方式，没有通过对普通双边航空运输协定自由化程度的量化，从而研究一般性的航空运输服务贸易自由化与贸易之间的关系。

7.3.3　FDI 的影响因素研究

传统上对 FDI 影响因素的研究集中在两大领域：一是企业内部因素，二是外部因素。这里对企业内部因素的研究文献不做涉及，仅大致归纳一下外部影响因素。

外部影响因素的研究首先集中在汇率领域，早期研究有 Froot 和 Stein（1991）解释了在一个不完全的资本市场里，货币贬值会降低外来投资企业的资金成本，从而导致增加内向 FDI。Blonigen（1997）则从诸如技术、管理技能等企业特殊资产（Firm-specific Assets）角度出发，发现美元贬值会增加美国内向 FDI。Lee（2013）则使用更多国家的数据来验证 Blonigen（1997）的结论，发现除美国外，其他国家的数据检验并不支持本币贬值会增加内向 FDI 的结论。Deseatnicov 和 Akiba（2016）则从汇率风险角度研究汇率对 FDI 的影响，他们发现跨国公司在发达国家对汇率风险的承受能力强于在发展中国家。

在税收 FDI 影响研究方面，早期研究一般公认是 Hartman（1984，1985），他发现部分 FDI 对税收并不敏感，这与传统的理论相去甚远。Hartsman（1984）利用美国的数据进行实证研究发现，利用留存盈利进行的 FDI 对东道国（美国）的税率反应敏感，而转移型的 FDI 则不然。2000 年以前的研究基本上是将行业数据用于居于企业行为建立的模型，产生了如何将结果用于解释理论假设的问题。比如，用平均税率作为变量会导致变量误差问题。Egger 等（2014）利用 1999~2010 年德国跨国公司外国分公司面板数据进行研究发现，税收回避型企业的投资对东道国的利税没有反应，而非税收回避性企业则相反。Jones 和 Temouri（2016）认为，跨国公司母国的资本化多样性以及技术密集水平对其 FDI 有重大影响，而母国的公司税的影响很小。

制度对 FDI 的影响也相当重要，特别是对那些不发达国家来说更为重要。然而如何对制度进行量化从而估计对 FDI 影响的大小存在很大难度。一般采取对一个国家的政治、法律和经济制度建立一个综合指标，数据来源是对熟悉该国商人的调查。这种调查在不同国家的可比性存在问题，而且一国的制度相对稳定，在一定时间内提供有价值的变化信息不多。Hines（1995）利用美国1977年反海外腐败法出台进行了一次"自然实验法"的研究，结果表明，法案出台后对美国的FDI有负面影响。Wei（2000）研究了腐败对FDI的影响，发现东道国无论是对跨国公司税收还是腐败程度对内向FDI的影响都是负面的，此外，美国投资者更加厌恶东道国的腐败。Aleksynska和Havrylchyk（2013）通过研究试图发现来自南北的FDI是否存在不同的行为。他们认为来自发展中国家的FDI流入制度更完善的发达国家时，制度差异可以视为FDI的动力之一，这是一种"资产获取"型的FDI，即只有在制度良好的国家才能更好地获得新技术、品牌和知识产权。发展中国家的FDI流入制度比自己更差的国家时，总体上说受到制度差异的制约，当然，南—南型的FDI这种制约更为弱小。如果FDI的目的是获取自然资源，则制度差异的负向影响就基本不存在了。

经济理论认为贸易保护和FDI之间存在一种替代关系，即较高的贸易保护促使企业在其他国家设立分支机构在当地进行生产以避免用较高的成本代价出口产品。这方面的研究不多，一方面可能是不言自明的理论分析，另一方面可能是数据的可得性问题。如何对非关税贸易保护进行量化就是一个难点。这些研究可以分为两类，第一类是使用行业层面的贸易保护措施来研究企业FDI行为，第二类是利用针对具体企业的反倾销税来研究企业FDI行为。第一类研究中Grubert和Mutti（1991）、Kogut和Chang（1996）以及Blonigen（1997）的结论不完全一致。第二类研究中Belderbos（1997）和Blonigen（2002）先后发现了关税避让型FDI的稳健证据。值得注意的是，Blonigen（2002）的关税避让型FDI仅得到来自发达国家跨国公司的实证支持。这可用来解释第一类研究结论不一致的原因，即FDI需要庞大的资本，小的出口公司很难负担得起。

贸易效应因素与贸易保护因素存在相似之处，即都是用FDI在当地生产以取代向该地的产品出口，然而却存在本质不同，贸易保护是存在关税或者非关税贸易壁垒时的替代选择，而贸易效应单纯考虑在对方国家当地生产的较高固定成本和向对方国家出口产品时较高的变动成本（包括运输成本和关税等）之间的取舍。早期的研究并未证明出口与FDI之间的替代关系。Blonigen和Slaughter（2001）认为，应当区分最终产品和中间产品的贸易与FDI的不同关系。前者与跨国公司在东道国的产品形成替代关系，因而贸易与FDI负相关。而中间产品可能是跨国公司在东道国的产品生产所需要的，两者正相关。Blonigen和Slaughter（2003）

使用日本 10 位 HS 编码产品对美国产品层面的贸易数据以及 FDI 数据进行实证，发现日本对美国 FDI 的增加导致日本对美国用于生产最终产品的中间投入品出口的增加，同时对美国最终产品出口减少。Swenson（2004）使用美日之间的数据得出相同结论。

7.3.4　文献综述小结

目前在国际航空运输自由化与贸易关系的研究中，主要关注点是"天空开放"协定，而且采用虚拟变量方式，没有通过对普通双边航空运输协定自由化程度的量化，从而研究一般性的国际航空运输自由化与贸易之间的关系。而在国际航空运输自由化与 FDI 之间的关系研究基本上处于空白。

目前，运输成本对贸易影响的研究比较丰富，多数研究都涉及包括非关税壁垒在内的政策壁垒或者制度因素，但并没有深入细分研究非关税壁垒或者制度因素或者重点研究其中的某部分。即使有研究（Behar 和 Venables，2011）提到政策变化中包括"天空开放"协定，但也没有进一步研究与贸易之间的关系。

在研究影响 FDI 因素的文献中，基本没有涉及运输方式，更不用说国际航空运输贸易政策的影响。在研究制度因素影响时，更多的从国内政治、经济和法律制度出发，而在研究贸易保护时也是聚焦于有形商品，没有考虑有形商品贸易实现的运输方式的贸易保护问题。在贸易与 FDI 替代研究上，也仅将运输成本作为产品贸易中变动成本中的一个部分，没有进一步拓展研究影响运输成本的因素，而有关运输服务贸易的政策就是影响运输成本的一个重要因素。

7.4　国际航空运输自由化与国际贸易关系实证模型和估计方法选取

传统上研究两国之间贸易及其影响因素自 Tinbergen 在 1962 年[①] 以及 Poyhonen

---

① Tinbergen. Appendix VI（An analysis of world trade flow）in Shaping the World Economy ［M］. New York：Twentieth Century Fund，1962.

在 1963 年[1]开拓性运用引力模型后，引力模型在研究国家之间贸易流量方面得到广泛运用，相关研究相当丰富，特别是 Anderson（1979）、Helpman 和 Krugman（1985）、Bergstrand（1985）、Deardoff（1998）、Anderson 和 Wincoop（2003，2004）等对引力模型的理论基础研究为原来的单纯实证研究提供了经济学理论基础。本书的重点在于探讨国际航空运输自由化是否会对国际贸易和投资产生积极影响，因而不对引力模型的理论等方面展开详细研究，而是综合一些有影响的研究成果，形成实证的估计模型和估计方法。

7.4.1 估计模型选定

模型考虑以 Anderson 和 Wincoop（2003）的双边贸易决定模型为基础：

$$x_{ij} = \frac{y_i y_j}{y^w} \left(\frac{t_{ij}}{P_i P_j} \right)^{1-\sigma} \tag{7.1}$$

式中，x_{ij} 表示 i 国向 j 国的出口量，y_i、y_j 和 y^w 分别表示出口国、进口国和全球的经济规模，t_{ij} 表示双边贸易成本，P_i 和 P_j 表示多边阻力，[2] σ 为替代弹性。

这里的关键问题是将贸易成本分解，传统上一般认为两国距离、是否相邻、是否使用共同语言、是否存在殖民地关系、是否订立有自由贸易协定是影响两国贸易成本的主要因素，没有考虑的成本因素都作为多边阻力的一部分，对两国之间的贸易产生影响。近年又有文献考虑引入是否是 WTO 成员（施炳展等，2012）。

本书要考察航空运输贸易协定对双边贸易的影响，就需要在贸易成本分解中引入代表航空运输贸易协定的变量。

因此，根据模型（7.1）得到基于 Anderson 和 Wincoop（2003）的估计航空运输自由化对双边贸易影响的模型：

$$\ln \frac{x_{ij}}{y_i y_j} = \beta_0 + \beta_3 \ln dis_{ij} + \beta_4 adj_{ij} + \beta_5 lan_{ij} + \beta_6 col_{ij} + \beta_7 fta_{ij} + \beta_8 wto_{ij} + \beta_9 asa_{ij} -$$

$$\ln P_i^{1-\sigma} - \ln P_j^{1-\sigma} + \varepsilon_{ij} \tag{7.2}$$

式中，dis_{ij} 表示两国之间的距离，adj_{ij} 表示两国是否相邻，lan_{ij} 表示两国是否有共同的语言，col_{ij} 表示两国是否有殖民地关系，fta_{ij} 表示两国是否订立有自由

---

[1] 其论文发表德国的《世界经济》杂志上，发表时显示的收稿时间为 1961 年。

[2] Anderson 和 Wincoop（2003）认为，贸易不仅受到两国之间经济变量的影响，同时还受到其他国家的相对影响，就是所谓的"多边阻力"（Multilateral Resistance）。

贸易协定，wto_{ij} 表示两国是否同时为世界贸易组织成员，asa_{ij} 表示双边航空运输协定自由化程度。

根据 Anderson 和 Wincoop（2003）的理论模型推导出的估计模型右边变量不含 GDP，主要原因在于其理论模型推导的结果为 GDP 是单位弹性。但又有较多的实证，特别是采用能够较好处理贸易流量变量为零以及估计结果异方差问题的泊松伪似然极大估计法（PPML）后，发现并非单位弹性或者接近单位弹性（Silva 和 Tenreyro，2006）。Baier 和 Bergstrand（2007）采用实际 GDP 做面板计量，得到的结果也不为单位弹性。本书估计模型将 GDP 的弹性视为非单位弹性，并采用实际 GDP 作为变量。

此外，由于中国历史上与其他国家均不存在宗主国和殖民地的关系，因而，可以剔除该变量。

引力模型用于国际贸易研究中，对于贸易协定一般采用虚拟变量进行估计，但研究航空运输自由化对贸易流量的影响，采用虚拟变量存在如下问题：第一，将贸易政策简单地处理为虚拟变量，容易导致估计结果有偏（Baier 和 Bergstrand，2007）。第二，双边航空运输协定与自由贸易协定（FTA）不同在于前者本身是一个国家之间的卡特尔协定。前面对国际航空运输政策及体制发展的历史梳理中，清楚地说明了双边航空运输自由化是一个渐进的过程，目前仅有"天空开放"协定类似于普通的自由贸易协定。第三，按照 Baier 和 Bergstrand（2007）的观点，要消除虚拟变量的贸易政策带来的估计有偏，最好是构建一个连续的变量更为准确地测量 FTA 的自由化程度。而前面第 6 章刚好对双边航空运输协定的自由化程度进行了连续测量。

因而将模型（7.2）修正为：

$$
\begin{aligned}
\ln x_{ij} = {} & \beta_0 + \beta_1 \ln ry_i + \beta_2 \ln ry_j + \beta_3 \ln dis_{ij} + \beta_4 adj_{ij} + \beta_5 lan_{ij} + \beta_6 fta_{ij} + \beta_7 wto_{ij} + \\
& \beta_8 \ln asa_{ij} - \ln P_i^{1-\sigma} - \ln P_j^{1-\sigma} + \varepsilon_{ij}
\end{aligned} \tag{7.3}
$$

式中，ry_i 和 ry_j 表示 i 国和 j 国的实际 GDP。

7.4.2　估计方法

模型（7.3）还存在一个问题，就是如何处理多边阻力，即其中的 $P_i^{1-\sigma}$ 和 $P_j^{1-\sigma}$。目前普遍的方法是将多边阻力视为固定效应，比如 Anderson 和 Wincoop（2004）、Silva 和 Tenreyro（2006）、Baier 和 Bergstrand（2007）、Coulibaly（2007）、Ceglowski（2006）、Paas 等（2008）和 Anderson 等（2013，2015）等。另外还有两

种方法，使用的人已经不多。一种是用可获得的几个指数数据替代多边阻力指标，如 Baier 和 Bergstrand（2001）；还有一种就是估计出边界替代效应值替代多边阻力，如 Anderson 和 Wincoop（2003）。

本书拟采用固定效应处理多边阻力问题。采用固定效应不仅可以解决多边阻力的处理问题，还可以在一定程度上处理模型右边变量内生性问题。

Baier 和 Bergstrand（2007）认为，自变量的内生性偏误的来源有三：缺失的变量、共线性以及测量误差。这三个原因都影响到 FTA 的内生性问题，而其中缺失变量最为重要。误差项可能代表没有观察到的贸易壁垒，而这些贸易壁垒没有作为解释变量，但可能与订立 FTA 的决定相关。他们建议采用固定效应面板数据或者面板数据一阶差分来解决。

考虑到处理多边阻力问题和模型内生性问题，将模型（7.3）变化为：

$$\ln x_{ijt} = \beta_0 + \beta_1 \ln ry_{it} + \beta_2 \ln ry_{jt} + \beta_3 \ln dis_{ij} + \beta_4 adj_{ij} + \beta_5 lan_{ij} + \beta_6 fta_{ijt} + \beta_7 wto_{ijt} +$$
$$\beta_8 \ln asa_{ijt} + \theta_{ijt} + \varepsilon_{ij} \tag{7.4}$$

式中，θ_{ijt} 为固定效应。

Tiiu Paas 等（2008）进一步将固定效应做了如下分解：

$$\theta_{ijt} = \alpha_i + \beta_j + \gamma_t + (\alpha\beta)_{ij} + (\alpha\gamma)_{it} + (\beta\gamma)_{jt} \tag{7.5}$$

式中，α_i 是母国（出口国）固定效应，β_j 是东道国（进口国）固定效应，γ_t 是时间固定效应，$(\alpha\beta)_{ij}$ 是国家对效应，$(\alpha\gamma)_{it}$ 是出口国—时间固定效应；$(\beta\gamma)_{jt}$ 是进口国—时间固定效应。

Paas 等（2008）认为，如果在回归中考虑了上述所有固定效应，可能会导致共线性问题，因而需要去除部分固定效应。如果估计模型需要包括国家对（Country Pair）的固定效应，则引力模型中不能包括不随时间改变，仅随国家对改变的变量，比如距离、是否相邻等（Baldwin 和 Taglioni，2006；Baier 和 Bergstrand，2007；Paas 等，2008）。

Baldwin 和 Taglioni（2006）建议使用时间虚拟变量以及国家和国家对虚拟变量刻画各种固定效应。实际估计中，Baier 和 Bergstrand（2007）考虑了国家对（双边）、国家和时间交叉固定效应，而 Ceglowski（2006）考虑了时间、时间和国家交叉的固定效应。他们在估计中均采用虚拟变量刻画这些固定效应。

本书中拟分别从国家对、时间、国家对（双边）—时间的固定效应来考察双边航空运输自由化对贸易的影响。主要是考虑控制国家对这个多边阻力后实际上可以视为随时间变化后双边航空运输协定对贸易的影响，是一个长期的影响；而在控制时间这个多边阻力后，则可以视为双边航空运输自由化对贸易的短期影响。控制国家对（双边）—时间多边阻力则可以视为双边航空运输自由化对贸易的更为一般化的影响。

固定效应模型是否可以解决可能的异方差（Heteroskedasticity）问题呢？Silva 和 Tenreyro（2006）在其研究中比较了传统的模型和 Anderson-Wincoop 引力模型，发现实际上即使采用固定效应控制，从定性和定量看，异方差都不能被忽视。他们采用泊松伪极大似然（Poisson Pseudo-Maximum-Likelihood，PPML）估计方法，发现全样本和贸易额大于零的样本估计系数高度近似。但上述二者的估计结果与采用剔除贸易额为零样本和采用贸易额加 1 的对数线性化最小二乘法、托比特估计以及非线性最小二乘法的估计结果存在很大差异，说明是异方差而不是截尾数据导致的估计结果差异。Anderson 等（2015）也认同 Silva 和 Tenreyro（2006）提出的 PPML 方法在处理零数据和异方差方面的作用，并由于其估计量与 Anderson 和 Wincoop（2003）提出的结构引力模型一致而在其最新研究中采用。

因此，为了克服模型可能的异方差问题，本书也将采用泊松伪极大似然（PPML）估计方法。采用 PPML 估计时，被解释变量 trade 不取对数。

7.4.3　样本范围、数据来源和处理

在第 6 章中已经说明中国与 118 个国家或者区域组织订立双边航空运输协定，但通航国家只有 70 个，考虑到航空运输自由化对贸易的影响只能发生在已经通航的国家之间，因而本部分的研究样本国家仅考虑中国与这 70 个国家之间的贸易往来。

所有的数据期间为 1992~2014 年。贸易流量数据来自世界银行 WITS 数据库中国向其他 70 个国家出口以及这 70 个国家向中国出口的数据。

各国 GDP 数据主要来源有三个：联合国统计局；国际货币基金组织（IMF）《世界经济展望（WEO）》数据库；世界银行《世界发展报告》的"世界发展指数"（WDI）数据库。联合国统计局不仅提供了美元的名义 GDP，还提供美元的不变 GDP，后两者仅提供美元的名义 GDP。经过对美元名义 GDP 数据校对，发现联合国统计局数据与国际货币基金组织的 GDP 数据在 1980~2014 年的差异几乎为零，而世界银行与它们的数据差异在 1995 年以前一些年份很大，甚至达到了 50%的程度，因此，决定采用联合国统计局数据，并且是其提供的不变 GDP 数

据，基准年份为 2005 年。

同时，利用联合国统计局提供的各国美元 GDP 紧缩指数（2005 年美元价格）对贸易流量进行调整，从而获得不变价格的贸易流量。

两国之间的距离来自法国国际经济研究所（CEPII）提供的经过加权计算的两国之间距离。之所以没有采用两国首都之间的或者最重要城市之间的大圆距离，是由于无论是贸易还是航空运输服务均受人口以及经济分布的影响，而法国国际经济研究所提供的加权距离正是考虑了这些因素的影响（Mayer 和 Zignago，2011）。

是否相邻、是否有共同的语言的数据也来自法国国际经济研究所。

两国是否订立自由贸易协定（FTA），则根据中国商务部网站的数据。中国与区域集团，比如东盟订立了，则视为中国与所有成员国有自由贸易协定。

两国是否同属世界贸易组织成员则根据双方加入世界贸易组织的时间。如果双方均不是世界贸易组织成员或只有一方为世界贸易组织成员，则该虚拟变量取 0；如果双方均为世界贸易组织成员，取值 1。

双边航空运输自由化指数根据前面第 6 章评估的结果。其中剔除了东盟和扎伊尔，因为东盟是一个区域经济组织，而扎伊尔缺少贸易流量数据。

表 7.2 为剔除虚拟变量后的主要变量未取对数前的描述性统计。可以发现贸易变量和双边航空运输协定自由化程度（ASA）有缺失值，贸易缺失值的数量不多。双边航空运输协定自由化程度缺失值的真正原因是在当年中国与该国没有订立双边航空运输协定，而不是自由化程度为零的情况。

表 7.2　主要原始变量描述性统计

变量	平均值	标准差	最小值	最大值	样本数
trade（百万美元）	7091.65	21798.64	0.000825	336094.3	3213
asa	5.961861	5.08432	0	26	2858
GDP（亿美元）	14594.05	17496.3	4.743217	146826.4	3220
distw（公里）	6716.57	3111.311	1123.936	17235.78	3220

在实际估计中，由于采用 PPML 方法，trade 和 asa 采用原值，GDP 和 distw 取对数。

7.5　估计和结果分析

7.5.1　全体通航国家估计结果

表 7.3　PPML 方法估计的双边航空运输自由化对贸易的影响
（全体通航国家）

变量	模型 1 trade	模型 2 trade	模型 3 trade	模型 4 trade
asa	0.504*** (10.72)	0.138*** (6.05)	0.499*** (10.33)	0.125*** (5.58)
lngdp_ex	0.721*** (45.32)	0.892*** (38.61)	0.726*** (45.80)	0.870*** (14.25)
lngdp_im	0.773*** (39.72)	0.840*** (32.64)	0.778*** (40.42)	0.809*** (12.99)
lndistw	−0.794*** (−26.74)		−0.796*** (−27.72)	
landl_ex	−0.224 (−1.92)		−0.257* (−2.28)	
landl_im	−0.166 (−1.21)		−0.203 (−1.45)	
adj	0.048 (0.87)		−0.0158 (−0.28)	
lang	1.016*** (17.90)		1.032*** (18.67)	
fta	−0.139 (−1.63)	0.0405 (1.21)	−0.12 (−1.37)	0.0515 (1.59)
wto	0.232*** (5.47)	0.325*** (11.42)	−0.0658 (−1.20)	0.0742 (1.00)
常数项	1.291** (3.20)	−5.612*** (−18.81)	0.875* (2.18)	−5.447*** (−6.10)
样本数	2852	2852	2852	2852
固定效应 （虚拟变量法）				
出口国—进口国	—	有	—	

续表

变量	模型 1 trade	模型 2 trade	模型 3 trade	模型 4 trade
时间	—	—	有	
双边—时间	—	—	—	有
R-squared	0.8289	0.9840	0.8350	0.9898
Pseudo log-likelihood	-3483326.5	-503796.85	-3389394.1	-443810.47

注：括号内为 t 统计量。*** 为 0.1%水平上具有统计显著性，** 为 1%水平上具有统计显著性，* 为 5%水平上具有统计显著性。

在实际估计中，由于采用 PPML 方法，trade 和 asa 采用原值，GDP 和 distw 取对数。

模型 1 没有考虑固定效应，asa 具有非常显著的正向效应，这说明双边航空运输服务贸易自由化可以有效促进货物贸易的开展（见表 7.3）。GDP 的影响也与预期相符，而且系数不为 1，也不接近 1。距离（distw）和语言（lang）对货物的影响也符合预期，而是否相邻（adj）以及是否是内陆国（landl_ex, landl_im）的系数不具有显著性，尽管符号与预期一致。是否是世界贸易组织成员（wto）对货物贸易有正向的影响，但自由贸易协定（fta）不显著。这是由于中国的自由化贸易协定订立时间短，而且数量不多。

模型 2 加入了国家对虚拟变量，用以控制 Anderson 和 Wincoop（2003）所描述的贸易不仅受到两国之间经济变量的影响，同时还受到其他国家的相对影响的"多边阻力"。由于加入国家对虚拟变量，需要将模型中不随时间变化的变量剔除，则将距离、是否内陆国、是否相邻以及语言是否相同剔除。这时发现，尽管双边航空运输自由化仍然对货物贸易有积极的影响，但是影响效果明显下降，系数从模型 1 的 0.504 下降到 0.138（见表 7.3）。这说明在不考虑国家对这个多边阻力的情况下，双边航空运输服务贸易自由化对货物贸易的影响可能被高估。

模型 3 加入了时间虚拟变量，用来控制时间这个因素的相对影响。这时，双边航空运输服务贸易自由化对货物贸易的影响明显回升。对照模型 2 的结果，可以说模型 3 是一个对双边航空运输服务贸易自由化对货物贸易影响的当期或者短期刻画，而模型 2 则是一个长期刻画。说明短期内双边航空运输服务贸易自由化程度对贸易的影响超过长期，这个现象有很强的政策含义，即需要不断推进双边航空运输协定的自由化以保持对货物贸易的促进作用。

短期内 GDP 对贸易的影响（模型 3）则不如长期内 GDP 对贸易的影响（模

型 2），特别是出口国的 GDP 长期内影响更为明显。双方是否是世界贸易组织成员在短期内的影响甚至为负，而长期内的影响则为正。说明双方均为成为世界贸易组成员不能立即增加双边的贸易额，需要经过一段时间影响才能显现。

而两国距离以及语言对贸易的影响，短期内与预期也是相符的。短期内出口国是否是内陆国影响与中国之间的贸易往来，会减少与中国之间的贸易。

模型 4 同时控制了国家对和时间，可以更好地考察完全消除多边阻力后的双边航空运输自由化程度对货物贸易的一般影响。结果表明，放松对双边国际航空运输的控制，还是可以促进双边货物贸易的发展，系数为 0.125。

为了进一步考察国际航空运输政策不同政策工具对货物贸易的影响，将双边航空运输协定自由化评价指标中的 8 个指标作为变量加入模型进行计量分析，这 8 个指标是航权授予（gtr）、通航点授予（god）、航空公司指定数量（des）、航空公司指定标准（whd）、运力（cap）、运价（tar）、统计（sta）和合作协定（cpa）。结果（见表 7.4）表明无论控制时间（模型 2）还是控制国家对（模型 3）以及同时控制国家对和时间（模型 4）通航点授予和航空公司指定数量均对双边货物贸易产生影响。航权授予对货物贸易的影响在控制时间或国家对后，仍然对货物贸易有正向影响，但是同时控制时间和国家对后，则影响不显著。这说明在航空运输自由化上，航权的作用并非理论上所认为的那样重要。这个结论与 InterVIS-TAS（2006）有相似之处，InterVISTAS（2006）采用表示是否授予第 5 航权的虚拟变量，这个虚拟变量对旅客运输量的影响很小，几乎为零。

表 7.4　PPML 方法估计的双边航空运输自由化对贸易的影响
（自由化指数细分）

变量	模型 1 trade	模型 2 trade	模型 3 trade	模型 4 trade
gtr	0.0834*** (3.96)	0.0320** (3.02)	0.0757*** (3.66)	−0.0143 (−1.38)
god	0.141*** (7.00)	0.0759*** (4.60)	0.134*** (6.69)	0.0648*** (3.84)
des	0.0790*** (7.38)	0.0318*** (4.27)	0.0729*** (6.74)	0.0286*** (4.07)
whd	−0.113** (−3.23)	0.0539** (3.27)	−0.122*** (−3.33)	0.0523** (3.01)
cap	0.0154 (1.15)	−0.0005 (−0.10)	0.0148 (1.20)	0.00876* (1.99)

变量	模型 1 trade	模型 2 trade	模型 3 trade	模型 4 trade
tar	0.0208 (1.30)	−0.0045 (−0.83)	0.0235 (1.50)	0.00907 (1.88)
sta	0.224*** (3.39)	0.134 (0.61)	0.235*** (3.54)	0.607* (2.42)
cpa	0.0179 (1.09)	−0.0162* (−2.21)	0.01 (0.61)	−0.0166* (−2.45)
lngdp_ex	0.720*** (42.85)	0.908*** (40.50)	0.722*** (42.68)	0.952*** (14.43)
lngdp_im	0.772*** (43.93)	0.846*** (33.14)	0.775*** (43.17)	0.878*** (12.97)
lndistw	−0.831*** (−24.62)		−0.827*** (−25.36)	
landl_ex	−0.139 (−1.24)		−0.178 (−1.62)	
landl_im	−0.0812 (−0.54)		−0.122 (−0.82)	
adj	−0.0597 (−1.03)		−0.124* (−1.98)	
lang	1.005*** (16.47)		1.013*** (16.62)	
fta	−0.15* (−1.81)	0.0291 (0.87)	−0.134 (−1.59)	0.0426 (1.39)
wto	0.307*** (6.66)	0.303*** (11.03)	0.127* (1.81)	0.115 (1.59)
常数项	1.418*** (3.48)	−5.935*** (−19.39)	1.065** (2.59)	−6.678*** (−6.89)
样本数	2854	2854	2854	2854
固定效应 （虚拟变量法）				
出口国—进口国	—	有	—	—
时间	—	—	有	—
双边—时间	—	—	—	有
R-squared	0.8469	0.9863	0.8486	0.9904
Pseudo log-likelihood	−3240127.3	−482053.21	−3186548.2	−426084.07

注：括号内为 t 统计量。*** 为 0.1% 水平上具有统计显著性，** 为 1% 水平上具有统计显著性，* 为 5% 水平上具有统计显著性。

航空公司指定标准自由化短期内对货物贸易的影响为负，但在长期内和一般意义上对货物贸易仍然有积极的正面影响。运力自由化一般意义上对货物贸易的影响为正，但系数很小，其他情况下均不显著。运价自由化对货物贸易无论何种情况均没有影响，这个结论也比较出乎意料，因为运费下降是导致国际贸易增长的一个重要原因。或许是由于实际的运费已经并没有受到双边协定中运价条款的严格限制，因而运价自由化并无多少实际意义。同样，允许航空公司进行诸如代码共享以及试租航空器等合作，也不能促进双边贸易的发展，甚至系数为负（模型 2 和模型 4），尽管系数很小。放松对统计数据提供要求对双边货物贸易有很大的正面促进作用，这一点也比较出乎意料，但在控制国家对多边阻力（模型2）下并不显著。

7.5.2　按不同国家类别估计结果及稳健性检验

本部分将通航国家分为高收入国家和其他国家，其他国家包括中等收入和低收入国家。由于与中国订立双边航空运输协定并通航的低收入国家仅有 8 个，中等收入和低收入国家就没有进一步分类进行估计。本部分既是对通过不同国家分组计量从而分析双边航空运输协定自由化的影响是否存在差异，也是一种稳健性检验。

表 7.5 和表 7.6 分别为通航高收入国家与中国、通航中低收入国家与中国贸易引力模型的 PPML 方法估计结果。4 个模型的估计结果与全部通航国家 4 个模型的估计结果符号完全一致。双边航空运输协定自由化水平对贸易的影响方向上与估计结果基本相同，通航高收入国家 4 个模型的系数略高于全体通航国家的系数。

表 7.5　PPML 方法估计的双边航空运输自由化对贸易的影响
（通航高收入国家）

变量	模型 1 trade	模型 2 trade	模型 3 trade	模型 4 trade
asa	0.509*** (7.46)	0.147*** (5.71)	0.548*** (8.29)	0.132*** (5.20)
lngdp_ex	0.704*** (26.17)	0.859*** (32.87)	0.702*** (26.22)	0.602*** (7.35)
lngdp_im	0.825*** (24.30)	0.809*** (28.03)	0.824*** (25.36)	0.549*** (6.38)

续表

变量	模型 1 trade	模型 2 trade	模型 3 trade	模型 4 trade
lndistw	−0.819*** (−23.64)		−0.831*** (−24.82)	
landl_ex	−0.481** (−3.16)		−0.468** (−3.08)	
landl_im	−0.243 (−1.30)		−0.231 (−1.20)	
adj	0.112 (1.43)		0.0475 (0.44)	
lang	1.102*** (10.19)		1.098*** (10.47)	
fta	−0.116 (−1.15)	0.023 (0.56)	−0.107 (−1.00)	0.0344 (0.86)
wto	0.234*** (4.50)	0.332*** (10.33)	0.0925 (0.74)	0.121 (1.05)
常数项	1.127 (1.76)	−6.100*** (−17.37)	0.992 (1.58)	−2.218 (−1.67)
样本数	1363	1363	1363	1363
固定效应 （虚拟变量法）				
出口国—进口国	—	有	—	
时间	—	—	有	
双边—时间	—	—	—	
R−squared	0.8397	0.9857	0.8483	0.9912
Pseudo log−likelihood	−2318703.4	−283574	−2256858.6	−234242.34

注：括号内为 t 统计量。*** 为 0.1% 水平上具有统计显著性，** 为 1% 水平上具有统计显著性，* 为 5% 水平上具有统计显著性。

表 7.6 PPML 方法估计的双边航空运输自由化对贸易的影响
（通航中低收入国家）

变量	模型 1 trade	模型 2 trade	模型 3 trade	模型 4 trade
asa	0.470*** (9.02)	0.155*** (3.31)	0.395*** (7.13)	0.0948* (2.32)
lngdp_ex	0.718*** (24.00)	0.999*** (19.88)	0.682*** (21.38)	0.630** (3.28)

续表

变量	模型 1 trade	模型 2 trade	模型 3 trade	模型 4 trade
lngdp_im	0.706*** (27.67)	0.837*** (12.17)	0.671*** (24.52)	0.424** (2.59)
lndistw	−0.587*** (−8.76)		−0.557*** (−8.02)	
landl_ex	0.287* (2.54)		0.0226 (0.19)	
landl_im	0.106 (0.62)		−0.162 (−0.95)	
adj	0.00651 (0.09)		0.0231 (0.33)	
lang	0.988*** (13.68)		1.032*** (14.31)	
fta	−0.0861 (−0.59)	0.0604 (0.86)	−0.0803 (−0.52)	0.0478 (0.74)
wto	0.330*** (4.45)	0.417*** (6.96)	0.0979 (1.32)	0.108 (1.77)
常数项	0.162 (0.33)	−6.367*** (−11.06)	−0.203 (−0.42)	−0.967 (−0.41)
样本数	1489	1489	1489	1489
固定效应 （虚拟变量法）				
出口国—进口国	—	有	—	
时间	—	—	有	
双边—时间	—	—	—	有
R-squared	0.7132	0.9347	0.7211	0.9413
Pseudo log-likelihood	−1048604.1	−210385.88	−999047.34	−189226.71

注：括号内为 t 统计量。*** 为 0.1%水平上具有统计显著性，** 为 1%水平上具有统计显著性，* 为 5%水平上具有统计显著性。

无论是短期还是长期，抑或一般影响水平，比较两组估计的系数可以发现，双边航空运输服务贸易自由化对贸易的影响水平上，高收入国家的影响水平明显超过中低收入国家。这个结论与 Micco 和 Serebrisky（2006）有较大不同，他们认为"天空开放"协定可以降低美国与高收入和高中收入国家之间的航空运输成本进而增加货物贸易，但不能降低美国与低中收入和低收入国家之间的航空运输成本，从而增加货物贸易。本书不仅发现中国（高中等收入国家）与高收入国家的双边航空运输自由化能促进双边贸易，也发现高中等收入国家（中国）与中低收入国家的双边航空运输自由化同样能促进双边贸易的发展。本书中没有涉及高收入国家与低中收入或者低收入国家的情况。

距离无论是对中国与高收入还是中国与中低收入国家之间的货物贸易均有负面影响，而且距离对中国与高收入国家之间货物贸易的负面影响超过了其对中国与中低收入国家之间货物贸易的影响，这个结论与一般的预见并不一致。

是否同为世界贸易组织成员，无论是高收入组还是中低收入组，长期对与中国的双边贸易产生影响，中低收入组的影响大于高收入组。

本部分的估计结果表明，中国的贸易伙伴无论是高收入国还是中低收入国，中国与它们之间的双边航空运输服务贸易自由化程度均会对双边货物贸易产生影响，而且短期内的影响更大。需要特别强调的是，双边航空运输自由化对中国与高收入国家双边贸易的影响更大，这也与一般的理论分析一致。

同时这个结果也说明估计结果是稳健的。

7.5.3　双边航空运输协定的外生性检验

双边航空运输协定属于与货物贸易相关的政策，而理论上认为它们之间可能存在相互作用的问题，因而双边航空运输自由化程度这个解释变量可能与被解释变量——货物贸易之间存在内生性问题，也可能与同为解释变量的 GDP 存在内生性问题。前述已经有文献说明引力模型采用固定效应估计可以在一定程度上消除解释变量的内生性问题。采用的 PPML 估计方法属于计数模型，而 Windmeijer 和 Silva（1997）证明了计数模型估计可以很好地解决内生回归因子问题，已经可以认为本估计不存在变量的内生性问题。为了更好地说明本估计不存在贸易量变化以及 GDP 变化对双边航空运输自由化程度变化的"反馈效应"，本书将进一步做严格外生性的检验。

Wooldridge（2002）建议在固定效应面板估计中通过加入 t + 1 时间的解释变量作为附加解释变量，只要附加解释变量不显著，则说明解释变量与被解释变量和其他解释变量之间不存在内生性。Baier 和 Bergstrand（2007）利用这个方法很好地地证明了自由贸易协定（FTA）在固定效应面板估计中的严格外生性。

因此，本书也采用这个方法来证明双边航空运输自由化（asa）的变化与贸易（trade）变化无关。表 7.7 的估计模型加入了 t + 1 时间的解释变量 asa，估计

结果显示 asa_{t+1} 作为附加变量加入模型后，解释变量 asa 的系数没有什么变动，同时仍然显著，但附加变量 asa_{t+1} 不仅系数很小，而且根本不显著，说明双边航空运输协定对贸易产生了影响，但不存在贸易以及 GDP 对双边航空运输协定的"反馈效应"。

表 7.7　双边航空运输自由化外生性检验
（全体通航国家）

变量	模型 1 trade	模型 2 trade	模型 3 trade	模型 4 trade
asa	0.299* (2.36)	0.0960** (2.69)	0.301** (2.58)	0.0797* (2.38)
asa_{t+1}	0.221 (1.79)	0.0532 (1.41)	0.211 (1.84)	0.056 (1.57)
lngdp_ex	0.718*** (45.60)	0.889*** (38.31)	0.724*** (46.03)	0.865*** (14.13)
lngdp_im	0.770*** (41.08)	0.838*** (32.61)	0.775*** (41.53)	0.806*** (13.00)
lndistw	−0.803*** (−27.32)		−0.804*** (−28.18)	
landl_ex	−0.224 (−1.93)		−0.257* (−2.29)	
landl_im	−0.164 (−1.19)		−0.201 (−1.44)	
adj	0.0513 (0.94)		−0.0127 (−0.22)	
lang	1.006*** (18.02)		1.023*** (18.84)	
fta	−0.138 (−1.59)	0.0411 (1.20)	−0.119 (−1.34)	0.0526 (1.61)
wto	0.227*** (5.31)	0.322*** (11.21)	−0.065 (−1.18)	0.0732 (0.99)
常数项	1.406*** (3.62)	−5.580*** (−18.70)	0.992* (2.55)	−5.394*** (−6.05)
样本数	2852	2852	2852	2852
固定效应 （虚拟变量法）				
出口国—进口国	—	有	—	

续表

变量	模型 1 trade	模型 2 trade	模型 3 trade	模型 4 trade
时间	—	—	有	
双边—时间	—	—	—	有
R–squared	0.8309	0.9841	0.8350	0.9898
Pseudo log–likelihood	−3469556.3	−503119.37	−3389394.1	−443165.56

注：括号内为 t 统计量。*** 为 0.1%水平上具有统计显著性，** 为 1%水平上具有统计显著性，* 为 5%水平上具有统计显著性。

7.6 国际航空运输自由化对投资的影响研究

7.6.1 估计模型、估计方法、样本和数据来源

本部分研究仍然以引力模型为基础，将模型（7.4）做如下修改：

$$\ln fdi_{ijt} = \beta_0 + \beta_1 \ln gdp_{it} + \beta_2 \ln gdp_{jt} + \beta_3 \ln dis_{ij} + \beta_4 adj_{ij} + \beta_5 lan_{ij} + \beta_6 fta_{ijt} +$$
$$\beta_7 exr_{USDt} + \beta_8 \ln asa_{ijt} + \beta_9 glob_{it} + \theta_{ijt} + \varepsilon_{ij} \qquad (7.6)$$

式中，fdi_{ijt} 为在不同时间里 i 国对 j 国的直接投资流量，实际估计中要么以中国为母国，其他通航国家全部作为东道国，要么以其他通航国家作为母国，中国作为东道国。不考虑通航国家之间的直接投资流量。exr_{usdt} 为不同时间里母国货币对美元的汇率，这里采用美元标价法，即均以美元为单位货币。$glob_{it}$ 为对外投资国的经济全球化指数。

本来还应考虑税收及其制度方法的因素的影响，但由于数据可得性等方面的问题，本次研究没有考虑此类因素。

由于中国目前还没有订立双边投资协议，也不考虑这个因素。

汇率因素对 FDI 有比较大的影响，模型需要考虑这个因素。前述文献综述已经提到 Froot 和 Stein（1991）认为货币贬值会降低外来投资企业的资金成本，从而导致增加内向 FDI。Blonigen（1997）也发现，美元贬值会增加美国内向 FDI。但是 Lee（2013）发现，除美国外，其他国家的数据检验并不支持本币贬值会增加内向 FDI 的结论。本书加入汇率因素可以验证汇率对中国 FDI 是否会产

生影响。

此外，经济全球化也影响一个国家的 FDI，也需要考虑这个因素。

由于引力模型仍然会存在前述分析过的异方差等问题，模型估计方法继续采用在研究双边航空运输自由化对贸易影响时采用的 PPML 方法，因此在估计中 FDI 并不取对数。

仍然考虑使用时间和国家对固定效应来控制其他因素对投资的影响，并反映出短期和长期的趋势。

FDI 数据是中国与通航国家的外向 FDI 和内向 FDI，均使用当年流量而非存量。外向 FDI 来自商务部，内向 FDI 来自国家统计局。内向 FDI 为国家统计局网站提供的分国别的当年外商实际直接额。使用前述联合国统计局的 GDP 紧缩指数调整为实际值。

汇率（exr_{USDt}）使用母国货币与美元的实际汇率，数据来源为美国农业部经济研究服务处（Economic Research Service）国际宏观经济数据库（International Macroeconomic Data Set）。

经济全球化指数（$glob_{it}$）使用 KOF 瑞士经济研究所编制的全球化指数中的经济全球化指数。

使用的样本国家仍然是与中国通航的 70 个国家。由于数据的可得性，数据范围为 2003~2014 年。

7.6.2　全部通航国家估计结果分析

模型 1 仍然为没有固定效应的 PPML 估计结果，双边航空运输协定自由化程度、汇率、GDP、经济全球化、距离、语言都对中国对外直接投资和接受外国直接投资有影响，符号与预期相符。美元升值会减少中国的 FDI，但是系数不大。向中国进行投资国家的 GDP 对 FDI 的影响超过中国 GDP 对 FDI 的影响。经济全球化对 FDI 的影响显著，但是系数也不大。内陆国对外向 FDI 有积极影响，而且系数还较大，为 1.230（见表 7.8）。是否相邻反而对 FDI 的影响为负，而且具有显著性。语言相同对直接投资的影响也较大。

模型 4 为加入时间固定效应后的结果，与模型 1 相比，发现双边航空运输协定自由化对中国 FDI 的影响上升，说明短期内中国与投资伙伴国的双边航空运输协定自由化程度提高，马上就对双方的 FDI 产生了积极影响，而且影响还较大。同时，除了汇率变量外，其他变量的显著性没有发生变化，仅仅系数大小发生了

表 7.8　PPML 方法估计的双边航空运输自由化对 FDI 的影响

	模型 1 fdi	模型 2 fdi	模型 3 fdi	模型 4 fdi
asa	0.831*** (−6.86)	0.613*** (−3.74)	0.422** (−2.32)	0.931*** (−6.25)
exr	−0.0176 (−1.29)	−0.944*** (−3.04)	−0.0559*** (−3.93)	−0.0129 (−0.96)
lngdp_out	0.523*** (−11.29)	1.702*** (−8.88)	0.587*** (−6.93)	0.538*** (−12.02)
lngdp_inw	0.629*** (−11.4)	0.189*** (−4.82)	−0.197 (−0.53)	0.656*** (−11.14)
glob_eco	0.0322*** (−6.34)	−0.0137 (−1.47)	−0.0141*** (−2.93)	0.0327*** (−6.62)
lndistw	−1.190*** (−12.64)			−1.201*** (−13.14)
landl_out	1.230*** (−3.62)			1.333*** (−3.91)
landl_inw	−0.181 (−0.80)			−0.147 (−0.64)
adj	−0.760*** (−4.27)			−0.694*** (−4.00)
lang	2.186*** (−10.64)			2.246*** (−11.09)
fta	0.0833 (−0.2)	0.360** (−2.33)	−0.472 (−1.40)	0.0139 (−0.04)
常数	6.754*** (−5.78)	−6.580*** (−4.31)	4.004 (−1.61)	6.821*** (−6.19)
样本数量	1225	1225	1225	1225
固定效应 （虚拟变量法）				
东道国	无	有	无	无
母国	无	无	有	无
时间	无	无	无	有
R−squared	0.5213	0.8414	0.2065	0.5404
Pseudo log−likelihood	−27776526	−12227902	−36009606	−27174599

注：括号内为 t 统计量。*** 为 0.1% 水平上具有统计显著性，** 为 1% 水平上具有统计显著性，* 为 5% 水平上具有统计显著性。

一些变化，而且差异不是很大。汇率在模型 4 中不具有显著性，说明短期内美元升值不会影响中国与伙伴国之间的 FDI，这一点也与预期相符。

模型 2 和模型 3 分别加入了母国和东道国固定效应，这样做的目的是想说明长期内不同情况下，双边航空运输协定自由化对 FDI 的影响是否不同。

模型 3 中双边航空运输协定自由化变量 asa 的系数显著大于模型 2，这说明母国企业决定外向 FDI 时，东道国国际航空运输的便利是一个更为重要的因素。这个结论具有很强的政策含义。目前我国大力推进"一带一路"的对外倡议，航空运输需要配合中国企业"走出去"，而在政策层面需要积极推进与"一带一路"国家双边航空运输协定的自由化。模型 3 中的母国 GDP 系数不仅高于同模型中东道国 GDP 的系数，也大大高于模型 4 的母国 GDP 系数，说明母国的 GDP 对外向 FDI 有很强的影响。

模型 2 中的汇率系数绝对值不仅大大高于模型 4，也远远高于模型 3。说明长期中，美元升值对母国企业决定对外 FDI 有很大的负面影响。这说明美元升值会增加非美元国家的资金成本，从而减少 FDI。

模型 2 和模型 3 中的经济全球化变量 glob_eco 系数均为负，但模型 2 中的系数不具有显著性。这表明长期内经济全球化并非母国决定对外 FDI 的因素，而东道国经济全球化的提升会在一定程度上减少对 FDI 的吸收。

由于 FDI 数据存在较多的缺失，如果进行国家分组的估计，数据样本偏少，会影响估计结果的准确性，因而不做国家分组的估计。

7.7　小　结

本部分首先研究经济全球化以及航空运输业在经济全球化中的作用，其次研究了中国双边航空运输协定自由化程度对中国双边贸易和双边直接投资的影响。在对已有文献总结归纳基础上，选定了以 Anderson 引力模型为基础的估计模型，并考虑了以固定效应来处理"多边阻力"问题，并采用 PPML 方法取代传统的最小二乘法对面板数据进行估计很好处理了可能存在的异方差问题，从而保证了估计结果的无偏。

无论是对贸易还是投资，中国与伙伴国双边航空运输协定自由化程度的提升均能发挥促进作用，短期内的促进作用更为明显，长期内也有促进作用。这个结论的政策含义非常明确，即可以通过国际航空运输自由化促进对外贸易和直接投资的开展。具体的政策工具中，对货物贸易有较大积极正面影响的包括通航点、航空公司指定数量。航权、运力和运价自由化对货物贸易的影响没有理论上认为的那样重要。这需要在后续研究中选用其他方法和其他国家数据来进一步研究航权、运力和运价自由化对货物贸易的影响，从而佐证本书相关研究结论。

在双边直接投资上，由于国际航空运输便利是母国企业对外投资相对东道国接受外国直接投资时更加关注的一个重要影响因素，因而需要特别关注在"一带一路"国家倡议下中国企业"走出去"过程中，国际航空运输如何更加有效地发挥基础和促进作用。

第8章　国际航空运输自由化对中国航空运输业的影响研究

本章将在前面几章基础上分析国际航空运输自由化对中国航空运输业的影响，主要研究其他国家国际航空运输自由化对中国航空运输业的影响和中国国际航空运输政策对中国航空运输业的影响。通过这两方面的研究探究中国现行国际航空运输政策是否真正有利于行业的健康持续发展，是否需要进行必要的调整。

8.1　国际航空运输政策影响研究的文献综述

在绪论部分已经指出传统上研究国际航空运输政策的影响主要集中在两个方面：第一，对一个国家社会福利的影响；第二，对航空运输量和票价的影响。本章将在绪论的基础上，进一步对有关的研究文献进行梳理。

Maillebiau 和 Hansen（1995）是较早研究国际航空运输政策的社会福利的学者。他们在研究北大西洋航线双边自由化影响时，估计了消费者剩余的变化。作者的结论是北大西洋航线自由化导致需求的大幅度增加和消费者剩余的增加，每名消费者获益 585 美元。

澳大利亚生产率委员会（Australian Productivity Commission，1999）依照航空公司航线网络问题、定价行为模型以及数值解的运算原则的一般理论，并以澳大利亚和亚洲航空运输市场作为理论模型的实际运用，分析了新市场进入者对经济福利的影响。模型估计结果表明，新航空公司进入澳大利亚国际航线后增加了澳大利亚和外国的净经济福利。

Gillen、Harris 和 Oum（2002）建立了一个模型，估计双边航空运输协议变化后，得失在双边伙伴的航空公司、消费者和外国航空公司以及消费者之间的分配。关注点为成本效益是如何在利益相关者之间分配的，而不是传统的估计总的净经济获利。

在国际航空运输政策对价格影响研究方面，较早的有欧洲民航会议（European Civil Aviation Conference，1981）、Jordan（1982）、Taneja（1983）、加拿大运输委员会（Canadian Transport Commission，1985）以及 Barret（1987）。这些研究还比较简单，而 Dresner 和 Tretheway（1992）在建立理论模型基础上，通过实证对理论模型进行检验，发现自由化协定对全票价没有影响，也就是没有使商务以及其他不能自由调整行程的旅客的票价下降，但对折扣价则存在显著的影响，比没有自由化协定情况下降低了 35%。

Piermartini 和 Rousová（2008）发现，航空运输市场自由化程度与旅客运输量之间有显著关系。两个国家之间的国际航空运输服务贸易自由化程度从 25% 提高到 75%，两国之间的直接航空旅客运输量将增加 30%。取消对定价、运力和国内航权的限制对航空旅客运输的影响最大。InterVISTAS 咨询公司（2006，2009，2015）研究发现，国际航空运输政策自由化可以提升航空运输量。Ismaila 等（2014）研究发现国际航空运输政策自由化可以增加尼日利亚国际航空运输客运量。

国际航空运输政策不仅会影响直接的当事国，也可能影响第三国。Gillen、Harris 和 Oum（2002）不仅估计了双边航空协议变化后对直接双边协议航线运输量的变化，还估计了由于运输分流对第三国航空公司和消费者的影响。Fu、Oum 和 Zhang（2010）则进一步指出，国际运输自由化使得航空公司可以通过优化网络从而覆盖一个大陆内以及跨越大陆的市场，因而有远见的国家应保持其自由化的领导地位，从而能够引导国际航空运输流向朝着有利于自己的方向变化。Surovitskikh 和 Lubbe（2015）通过研究南非的国际航空运输自由化，也发现可以对非洲的航空运输流向产生影响。

进入 21 世纪后，研究国际航空运输政策的影响开始涉及对行业效率的提升方面。Fethi、Jackson 和 Weyman-Jones（2000）发现，欧盟的单一航空运输市场建设改善了欧洲航空公司的效率。Fu、Oum 和 Zhang（2010）认为，国际航空运输政策自由化可以通过如下几个方面提升航空运输业的效率：首先，可以使得航空公司优化网络和定价策略，从而提高运营效率和平均载运率；其次，国际航空运输自由化的竞争加剧迫使航空公司不断提升效率，否则就有被兼并和破产的风险。

在第 6 章对中国国际航空运输开放程度的定量分析中，我们已经发现尽管中国国际航空运输政策总体上自 1992 年以来不断开放，但开放程度还较低，分别仅为欧美的 1/4 和 1/3，并且基本上关注市场准入。Gillen、Harris 和 Oum（2002）认为，取消市场准入限制能够增加行业利润，但如果仅仅取消市场准入限制而继续维持价格规制，消费者福利没有变化，航空公司获益也比较小。Ke 和 Windle（2014）在研究中美双边航空运输协定变化的影响时得出结论，认为放松双边航空运输协定的控制不一定能够增加旅客运输量，要看协定修订前后的控制状况，还认为国际航空运输政策限制放松对经济和竞争有更大的影响。从第 6 章的研究，我们也知道中国采用的是渐进方式开放国际航空运输，因而，这种总体上的渐进式开放策略在量化研究上可能很难被观察到。还有就是，中国一直对运力进行严格控制，只是不断通过修订来满足市场的需要。在第 6 章对协定的后续修订研究中已经发现不断调整运力供给是后续修订的最主要部分，但这些修订基本不涉及对运力确定方式的根本性改变。因而也很难说国际航空运输需求的增加是政策调整的结果，更可能反而是一种市场倒逼的结果。因此，研究中国国际航空运输政策对国际航空运输量的影响意义不大。

前面已经指出，Fu、Oum 和 Zhang（2010）认为，国际航空运输政策自由化对航空运输业的效率有影响，Ke 和 Windle（2014）认为，国际航空运输政策限制放松对经济和竞争有更大的影响。结合中国国际航空运输政策限制严格的现状，研究中国国际航空运输政策是否促进了航空运输业效率的提升更有意义。因为如果中国国际航空运输政策没有促进航空运输业效率改善，则说明国际航空运输政策的开放还不够。如果有影响，结合 Ke 和 Windle（2014）的观点则可能需要进一步大幅度放松国际航空运输政策的限制才能进一步获得相关利益。

此外，Gillen、Harris 和 Oum（2002）以及 Surovitskikh 和 Lubbe（2015）研究发现，两个国家国际航空运输自由化会对第三国或者其他区域的国际航空运输产生影响，因而也有必要分析中国周边国家国际航空运输自由化对中国航空运输业的影响。

8.2 周边国家国际航空运输自由化对 中国航空运输业的影响

8.2.1 一般的理论分析

Gillen、Harris 和 Oum（2002）认为，航空运输服务是在网络中提供的，因而国际航空运输自由化需要考虑对网络中具有替代性的城市对市场的影响。这里用图 8.1 说明北太平洋航线网络的一个简化情况，只包括温哥华（YVR）、东京（NRI）和西雅图（SEA）以及北京（PEK）。在这个国际航线网络中，有中美日加 4 个国家，每个国家只有一家机场，每国有潜在 3 个 O&D 市场。比如，所有北京始发的运输都假定来源于北京，并前往其他 3 个目的地。不同航空公司经营的不同航线可以服务同一个 O&D 市场。每条航线由一个或者多个航段组成。旅客运输数量数据必须按照旅行目的、国籍、旅行目的地、票价等级和承运航空公司分别统计。

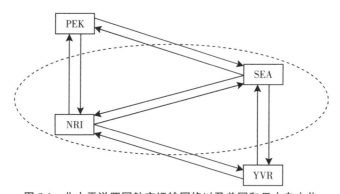

图 8.1　北太平洋四国航空运输网络以及美国和日本自由化

一个重要的问题是，如果美国和日本之间实现了自由化，这个网络会发生什么样的变化。如果自由化只发生在日本和美国航空公司以及航线网络中连接西雅图和东京的航段，影响的估计有赖于网络中供求反应。比如，北京（PEK）和 SEA（YVR）之间的运输有多少会由于自由化而分流到 NRI–SEA（NRI–YVR）？

Gillen、Harris 和 Oum（2002）认为，双边自由化不仅提升了直接航线的竞争，同时也改善了替代航线的相对吸引力。那么上述例子中，美国—日本双边协定自由化可能减少美国在加拿大—日本之间旅行的旅客数量，更多的旅客选择直飞线路。而且，还会减少中国在中国—美国航线上的旅客数量，导致中美之间的旅客选择经过日本中转前往美国。

分析周边国家国际航空运输政策对中国航空运输业的影响，主要看周边国家是否订立"天空开放"协定，因为从第 4 章的分析中已经知道"天空开放"协定是目前自由化程度最高的国际航空运输政策，尽管不同类型的"天空开放"协定存在不同的自由化程度。

中国周边国家或者地区订立"天空开放"协定的情况见图 8.2。目前中国周边除了北边外，从东到西有 22 个国家或者地区订立了"天空开放"协定，这里仅考虑了双边协定的情况。如果将东盟区域性的"天空开放"协定考虑在内，国家或者地区的数量还会更多。

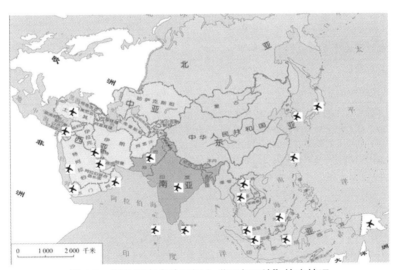

图 8.2　周边国家或地区订立"天空开放"协定情况

注：标有✈图标的为订立"天空开放"协定的国家或者地区。

依照 Gillen、Harris 和 Oum（2002）的分析，其他国家订立的"天空开放"协定，对中国的国际航空运输市场将造成分流。比如，韩国和日本与美国订立了"天空开放"协定，韩日就吸引了东亚与北美之间的国际航空运输流向朝着有利于自己的方向变化（Fu、Oum 和 Zhang，2010）。同样，阿联酋和土耳订立的

"天空开放"协定也可以分流中国与北美、非洲、南美以及欧洲的客流。

8.2.2 周边国家和地区对中美国际航空运输市场分流的实证

由于数据获取方面的原因，本部分以 2006~2008 年的数据分析说明中美双边航空运输市场客流被分流的情况。

8.2.2.1 公民入境人数和航空运输量综合估计

表 8.1 列出了对中美双边航空运输市场客源流失的简单分析结果。结果表明在 2006~2008 年，中美双边航空客运市场存在客源流失的情况，在 100 万人次左右。

表 8.1 中美双边航空运输市场客源流失分析

单位：人

年份	2006	2007	2008
美国公民中国入境人数	1710292	1901221	1786448
中国公民美国入境人数	320450	397000	493000
合计	2030742	2298221	2279448
理论航空客运量	2843039	3217509	3191227
实际客运量	1850599	2132197	2108519
旅客净流入量	−992440	−1085312	−1082708

注：理论航空客运量=（美国公民中国入境人数+中国公民美国入境人数）×2×70%。70%这个比例是采用2005~2008年美国公民中国入境乘坐飞机的平均比例来替代整个双边公民出入境乘坐飞机的比例。这里没有考虑通过航空方式经第三国出入境的情况，如果加以考虑，理论航空客运量会更少一些，但是如果考虑第三国公民以非中转原因在中美之间航空旅行，又会加大这个理论客运量。

资料来源：World Tourism Organization、中国国家旅游局、美国商务部。

下面把中国和周边部分国家或者地区与美国之间航空旅客运输市场的客源流入和流出做一个汇总分析，考察结果是否大致平衡。

从表 8.2 和表 8.3 中可以看出，2006 年客源流出合计数与客源流入合计数的差异不大，但是 2007 年的差异较大。产生差异的原因主要有：第一，并没有将所有与美国有航空客运往来的国家或者地区的数据做完全分析；第二，除了中国以外，其他国家或者地区，并没有考虑非航空运输入境的方式。如果考虑这一情况，航空客源流入国家或者地区的流入量会更大一些，而流出国或者地区的流出量会更小。这样，2007 年和 2008 年的差异就不会像现在这样大。

表 8.2　部分国家或者地区与美国双边航空市场客源流入情况

单位：万人次

年份	日本	韩国	中国台湾	流入合计
2006	159.4	25.1	37.0	221.5
2007	87.4	34.7	40.0	162.1
2008	86.9	68.2	36.4	191.5

资料来源：美国商务部、美国运输部。

表 8.3　部分国家或者地区与美国双边航空市场客源流出情况

单位：万人次

年份	中国香港	泰国	新加坡	中国内地	流出合计
2006	17.5	92.1	39.3	99.2	248.1
2007	22.9	82.4	27.0	108.5	240.8
2008	7.8	81.2	36.4	108.3	233.7

资料来源：美国商务部、美国运输部。

8.2.2.2　订座系统数据估计

在研究中，获得了有关订座系统的通过日韩中转前往美国的数据，有关数据见表 8.4。根据表 8.4 的数据，则会认为通过日韩两国中转来往中美之间的旅客数量并不大。需要指出的是，产生这种错觉的根源在于，外航通过中航信订座的数量不大。而通过日韩中转的旅客一般会乘坐外航的航班，因为中转所在国航空公司提供的中转联程服务必定更为优良。

表 8.4　中航信有关日韩中转来往中美之间旅客的统计

年份	中航信日韩中转美国订座量（个）	中航信订座总数量（个）	中航信国际订座数量（个）	日韩中转占总订座量比例（%）	日韩中转占国际订座的比例（%）
2007	16000	195949126	28096600	0.008	0.057
2008	14457	202787304	25469064	0.007	0.057

资料来源：中航信。

那么如何根据上述数据来推断通过日韩中转来往中美之间的旅客数量呢。这里计算了两个比例，即中航信的日韩中转美国订座数量占其总订座数量和其占国际订座数量的比例。研究人员本计划再从其他订座获得相同的数据，但由于各方面的限制，并没有获得。因而假定这两个比例为所有订座系统的比例，那么可以根据当年的全球旅客运输量和国际运输量来做一个估计计算。

表 8.5 估计的日韩分流中美双边航空旅客数量

单位：人次

年份	全球旅客运输量	全球国际旅客运输量	估计的日韩中转美国总量（1）	估计的日韩中转美国总量（2）
2007	2281000000	836935203	186252	476604
2008	2271000000	865391000	161903	491222

表 8.5 中的"估计的日韩中转美国总量（1）"为全球旅客运输量乘以日韩中转占总订座量的比例（见表 8.4），"估计的日韩中转美国总量（2）"为全球国际旅客运输量乘以日韩中转占国际订座量的比例（见表 8.4）。2007 年和 2008 年，日韩分流中美双边航空运输市场的旅客数量大约在 20 万~50 万人次。

将本部分的估计与表 8.1 的估计做一个比较，会发现存在比较大的差距。第一，本部分仅仅估计通过日韩的中转情况。表 8.1 是一个总体上的估计，包括了通过亚洲其他国家或者地区，甚至亚洲以外来往中美之间的情况。第二，两个估计都是一种推断性的研究，以后还需要对此做进一步的研究。

因此，无论是理论研究还是实证研究，均证实了周边国家"天空开放"的自由化国际航空运输政策会导致中国国际航空运输客源被分流。这个现象不仅对中国航空公司不利，也不利于中国在争夺国际航空枢纽的竞争中胜出。

8.3 中国航空运输业全要素生产率的测量

研究中国国际航空运输政策是否促进了中国航空运输业生产率的提升，需要对中国航空运输业的全要素生产率进行测量。要说明的是，本部分的研究范围不仅包括传统航空公司在内的航空运输业，还包括机场等支持性和辅助性等部门在内。

8.3.1　航空运输业全要素生产率测量的文献综述

传统上研究航空运输业的全要素生产率一般均分别研究航空公司和机场。较早的研究出现在美国放松对航空公司规制后，主要考察放松对航空公司规制是否提升了美国航空公司的生产率（Caves 等，1981，1983）。Windle（1991）采用了超越对数多重指数来测量全要素生产率（TFP），在研究中采用了加权的方法构建多重的投入和产出指数。产出包括定期收益（客英里）、非定期收益（吨英里）、邮件定期收益（吨英里）、货运定期收益（吨英里），采用四类产出的收入作为权重。之所以这样处理是因为如果行业存在规模报酬不变，则产出的价格与边际成本是成比例的。投入中的劳动包括四类员工：飞行员和驾驶舱其他人员、乘务员和其他。在计算劳动指数时，采用了各类员工的报酬。

Good（1995）采用了参数和非参数方法估计 8 家最大欧洲航空公司和 8 家最大美国航空公司的全要素生产率。参数估计采用的是随机前沿模型，非参数方法采用的是数据包络法（DEA）。Charnes 等（1996）在估计航空公司全要素生产率时采用了基于超越对数方法的参数前沿。在 Charnes 等（1996）基础上，Ceha 和 Ohta（2000）进一步考虑了航空公司之间相互竞争的特征。Färe 和 Sickles（2007）在计量美国航空公司的效率时还考虑了服务质量。

Lee 和 Worthington（2014）采用两阶段的方法对比了欧美航空公司在 2001~2005 年生产率的不同。第一阶段采用 DEA 的方法计算生产率，鉴于 DEA 在计算一家航空公司的效率时也同时将所有其他航空公司的数据放入进行观察，这会导致结果之间强烈的相关性，从而产生估计偏误。他们采用双引导法（Double Bootstrap Approach）解决这个估计偏误。第二阶段回归分析影响航空公司效率的因素。

在机场方面，也有不少类似的研究生产率文献。Parker（1999）运用两阶段 DEA 方法计算 BAA 私有化前后的技术效率。Oum 等（2003）在考虑客货运和飞机起降外，还考虑了非航空性收入作为产出变量来计算全球 50 家机场的全要素生产率。Yuen 和 Zhang（2009）采用了两阶段方法来分析竞争和政策变化对中国机场生产率的影响。他们首先计算了 1995~1996 年机场的生产效率，其次进行回归分析研究影响效率的因素。Chow 和 Fung（2012）测量了大中华地区 2000~2006 年 30 家机场的生产率变化，采用参数产出距离函数，计算了 Malmquist 效率指数。

上述估计航空公司和机场微观企业全要素生产率的方法不适用估计包括两类性质不一样部门在内的整个行业全要素生产率。这里采用计算索罗剩余的方式来计算整个行业的全要素生产率。Chow（1993）、Chow 和 Li（2003）以及 Wang 和 Yao（2003）均采用柯布—道格拉斯生产函数来估计中国的全要素生产率变化。因此，本部分研究将采用柯布—道格拉斯生产函数估计中国航空运输业的全要素生产率的情况。

8.3.2　投入和产出变量的确定

8.3.2.1　投入

由于涉及航空公司以及机场等辅助性部门，投入计划采用全行业的资本存量和劳动投入，从而避免对不同类型资本数据收集和汇总计量的难题。

（1）资本。资本存量用来表示一定时点下安装在生产单位中资本资产的数量，根据联合国国民收入核算体系的定义，固定资产所包含的耐用品应该是耐用的、有形的、固定的、可再生的，如土地、存货等（黄勇峰等，2002），而国内目前所讨论的资本存量将范围限定为固定资产，这样做的好处是仅就现有的数据而言是最好处理的。就本书的研究而言，采用永续盘存法（Perpetual Inventory Method）测算我国民航业[①]的固定资本存量无疑是最为通用的做法，一般公式为：

$$K_t = I_t + (1 - \delta)K_{t-1} \qquad\qquad (8.1)$$

式中，K_t 为 t 年的固定资本存量，I_t 为 t 年的新增固定资产，δ 为固定资本的折旧率。

现有统计资料中可以得到我国民航业每年的固定资产原值、固定资产净值及新增固定资产数据。由于本来测算的是新中国成立以来的固定资本存量时间序列数据，使用这些统计指标时需要克服不同时期统计方法和统计范围的变化对指标统计值的影响；同时使用固定资产原值、固定资产净值这些财务会计概念来测算固定资本存量并不能反映固定资本本身的经济性。因而我们的出发点是使用新增固定资产数据来推算固定资本存量。

《中国民航统计年鉴》会公布年度的新增固定资产数据，但近年来这一指标

[①] 严格地说，民航业还包括通用航空部分，但是由于我国通用航空目前所占比例很小，过去就更小，因而没有考虑剔除通用航空部分的资本存量。

的统计范围仅限于资金来源于国家投资，仅包括民航专项基金、中央国债和国家预算内拨款。考虑到改革开放前我们民航业所有单位的国有性质，并且查阅《中国民航统计资料汇编（1949~2000）》，1983年之前我国民航的基本建设投资和技术改造投资的资金来源全部为国家投资，因而对于新中国成立以来到1982年的新增固定资产额我们认定为全行业的新增固定资产额。

1982年之后数据计算方法：

本年度新增固定资产＝本年度固定资产原值－上一年度固定资产原值

这里不考虑新增固定资产的当年折旧。需要指出的是，按照这样的计算方法，1998年新增固定资产数为负值，我们使用（当年的基本建设新增固定资产+技术改造新增固定资产+购置租赁飞机车辆投资数）来代替。

固定资产形成价格指数采用单豪杰（2008）的算法来确定。

经济折旧率的确定一直是固定资本测算中较为敏感的问题，这里我们主要参考黄勇峰等（2002）、张军等（2004）、单豪杰（2008）等通过使用寿命来确定折旧率的方法。我国民航业多数年份并有没有相关的建筑、设备和其他类型投资的分项统计，考虑到民航业主要的物质资本包括基础设施和交通工具，而现有的固定资产原值统计中有分机场、航空公司和服务保障企业的分类，这其中航空公司的主要固定资产为飞机，而飞机的平均使用寿命为20年，从而确定航空公司固定资产的经济折旧率为5%，这里并没有考虑设备资产的残值；而机场和服务保障企业固定资产的经济折旧率则采用张军等（2004）的标准，设为9.6%。根据《中国民航统计年鉴》，2005~2011年航空公司与机场、服务保障企业固定资产原值的比例为66:34，据此标准将以上两个折旧率加权平均，从而确定民航业固定资产的经济折旧率为6.56%。

在计算资本存量时，确定基年资本存量也很关键。考虑数据的可得性，确定1955年为资本存量测算的基准年。我们可以得到该年份行业的固定资产净值数据，这一数据对于当时的中国经济和行业发展而言，基本可以视为行业固定资本存量的有效代表值。

（2）劳动。测量一个行业劳动的难题在于考虑不同劳动的相对质量差异，即不同劳动在生产过程中的贡献是不同的。Chow（1993）、Chow和Li（2003）直接采用来自《中国统计年鉴》的劳动人数，而Wang和Yao（2003）构建了一个中国人力资本存量的时间序列作为劳动投入的一个组成部分。在航空运输领域，Windle（1991）采用三类员工的多重指数作为劳动投入，计算时将报酬作为三类员工加总的权重。而 Oum 和 Yu（1995）、Oum 等（2003）以及 Parker（1999）则直接采用劳动人数。Färe 和 Sickles（2007）计算了多重 Törnqvist-Theil 价格和质量指数作为劳动投入。

依照《中国民航统计年鉴》的员工统计数据，可以得到行业员工汇总数据以及部分分类数据。我们将员工分为驾驶员、副驾驶和乘务员一类，其他人员为第二类，采用各类人员的报酬作为权重计算调整后的劳动人数。

8.3.2.2 产出

文献综述中已经提到估计航空公司和机场生产率采用不同的产出变量。我们的研究对象为整个行业，应考虑整个行业的最终产出。在航空运输业，机场以及其他辅助部分是为航空公司提供中间服务，整个行业的最终产出是航空公司的产出。这里将《中国民航统计年鉴》总运输周转量作为行业产出。

8.3.3 估计方法确定

由于已经确定采用柯布—道格拉斯生产函数来估计中国航空运输业的生产率，基本的函数形式如下：

$$TKM_t = A_t K_t^\alpha L_t^\beta \tag{8.2}$$

式中，TKM_t 为运输总周转量，A_t 全要素生产率（TPF），K_t 为估计的资本存量，L_t 为调整后的中国航空运输业的劳动投入。

取式（8.2）对数后得到：

$$LnTKM_t = a_t + \alpha LnK_t + \beta LnL_t \tag{8.3}$$

式中，α 为资本产出弹性，β 为劳动产出弹性。

随着时间的推移，技术进步会将生产前沿面向外扩展，而上述模型中的投入和产出变量均为时间序列，因此需要在模型中引入一个时间趋势变量，以解释技术变化。式（8.3）变化为：

$$LnTKM_t = a_t + \lambda t + \alpha LnK_t + \beta LnL_t \tag{8.4}$$

其中，t 为时间趋势，技术变化可通过下式计算得到：

$$\frac{\partial LnTKM_t}{\partial t} = \lambda \tag{8.5}$$

由于大量文献证明航空运输业的规模经济不显著（Caves，1962；Levine，1965；Caves 和 Tretheway，1984；Gillen 等，1985；Creel 和 Fareell，2001），因此将式（8.5）变形为一个限制的柯布—道格拉斯生产函数：

$$Ln\frac{TKM_t}{L_t} = a_t + \lambda t + \alpha Ln\frac{K_t}{L_t} \qquad (8.6)$$

根据式（8.4），依照索罗剩余的思想，可以得到计算全要素生产率增长的公式：

$$a_t = tkm_t - \alpha k_t - (1 - \alpha)l_t \qquad (8.7)$$

式中，a_t、tkm_t、k_t 和 l_t 分别为全要素生产率（TFP）、总产出、资本存量和劳动存量的增长率。

因此，只要估计出资本产出弹性 α 就可以计算出全要素生产率（TFP）的年度增长率。

8.3.4　估计过程和估计结果

估计中各变量的时间段为 1955~2015 年。

8.3.4.1　单位根检验

首先对投入和产出进行单位根检验以确定时间序列数据是否平稳。采用 ADF 检验法对 $LnTKM_t$、LnK_t 和 LnL_t 检验后发现是非平稳的，如果简单进行回归就可能出现伪回归问题。其次为了避免伪回归问题，采用 Engle–Granger 两步法以决定变量之间是否存在协整关系，从而决定是否可以运用传统的回归方法。

8.3.4.2　Engle–Granger 两步法

首先进行回归估计，并采用 Newey–West HAC 标准差和方差方法以克服估计中可能存在的线性相关。其次对第一步估计得到的残差进行检验。采用 ADF 方法检验后发现残差在 10% 的水平上是平稳的，因此，变量之间存在协整关系。

为了考察 1987 年民航企业化改革对生产效率的影响和 2002 年民航重组的影响，加入相关的虚拟变量。

估计结果如表 8.6 所示。无论是 1987 年改革还是 2002 年的重组对产出均没有显著影响，在 1955~2015 年间大约每年有 5.4% 的技术进步，而存量资本的产出弹性为 0.542137。

根据上述资本产出弹性，结合式（8.7）就可以计算出历年的中国航空运输业的全要素生产率增长率。

表 8.6　估计结果

Variable	Coefficient	Std.Error	t-Statistic	Prob.
C	−2.269377	0.226766	−10.00756	0.0000
D_{1987}	0.142739	0.296223	0.481864	0.6318
D_{2002}	−0.103434	0.194995	−0.530447	0.5979
@TREND	0.054170	0.018554	2.919635	0.0050
LNK/L	0.542137	0.247829	2.187541	0.0329

8.4　中国国际航空运输政策是否提升了行业的效率

8.4.1　影响航空运输业效率变量的确定

评估中国国际航空运输政策是否提升了行业的效率，首先需要确定相关的变量。

8.4.1.1　被解释变量

被解释变量采用上一节计算出来的中国航空运输业的全要素生产率增长率，用 tpf 表示。

8.4.1.2　解释变量

解释变量就是影响中国航空运输业全要素生产率的中国国际航空运输政策。这里就采用第 6.4 节对中国双边航空运输协定自由化程度定量评价的结果，采用所有单个双边航空运输自由化程度的算术平均数作为总体中国国际航空运输政策开放程度的指标，用 asa 表示。上述文献综述中已经提及 Fu、Oum 和 Zhang（2010）认为国际航空运输自由化可以提升航空运输业的效率，因而这个变量的系数应该为正。但是按照 Ke 和 Windle（2014）的观点，逐步自由化的效果可能不被观察到，因此，系数符号是不确定的。

8.4.1.3　控制变量

控制变量是影响中国航空运输业全要素生产率的其他因素。需要考虑影响行业效率的一些主要因素，以便确保计量分析的准确性和显著性。

每天起飞架次。这个指标既可以反映航空公司，也可以反映机场等支持性行业的运营水平，用 ddn 表示。Lee 和 Worthington（2014）在其第二阶段研究影响效率的因素中也采用了这个变量。这个变量的系数不确定，因为如果包括机场和航空公司在内的资源得到充分利用，则系数为正，如果有资源闲置，特别是机场资源闲置，则系数也可以为负。

每天飞行小时。这个指标结合起飞架次可以反映航线的长短，反映航线距离对行业效率的影响，用 flh 表示。Barbo、Costa 和 Sochirca（2014）在其第二阶段研究影响效率的因素中采用了这个变量，他们使用轮档小时。由于轮档小时的数据不容易获得，我们这里就使用每天飞行小时数。这个变量的系数可能为负，因为每天飞行小时越长，地面资源闲置的时间也就越长。

年度平均载运率。载运率反映一个航班运力的利用程度，用 lof 表示。载运率越高，单位时间里的产出也越高，因此这个变量的系数应该为正。Lee 和 Worthington（2014）在其第二阶段研究影响效率的因素中采用了这个变量。

每百万吨公里燃油消耗。这个指标主要反映行业的技术进步，用 ful 表示。行业技术进步是影响行业效率提升的一个重要指标，行业总的趋势是技术不断提高，反映在燃油消耗上就是单位能耗不断降低。这个变量的系数应该为正。Barbo、Costa 和 Sochirca（2014）在其第二阶段研究影响效率的因素中采用了这个变量。

国际运输量占比。这个指标反映行业的国际化程度，用 itr 表示。国际化程度越高，一般来说面临的竞争越激烈，因而有利于效率的提高。但是国际化程度提高的结果并非国际航空运输政策主动自由化的结果，可能是需求倒逼的结果。在第 6 章中对中国双边航空运输协定修订的分析就发现运力调整是最主要的，但是并非修订运力确定的原则，而是增加运力去满足市场的需求。Wu 等（2013）以及 Oum 等（2003）均使用了这个变量。

1987 年和 2002 年改革的虚拟变量。1987 年中国民航业开始企业化改革，改变过去政企合一的经营模式，2002 年进行各层次的民航企业重组。需要考虑这两次改革是否对行业的效率有影响。

在考虑各变量可得性基础上，各变量选取的时间段为 1977~2015 年。除行业全要素生产率增长率和中国国际航空运输政策开放程度外的其他变量数值均来自《中国民航统计年鉴》。除虚拟变量以外的上述各变量的描述性统计结果参见表 8.7。

表 8.7　各变量的描述性统计

	tfp	opn	lnddn	lndfh	lof	lnful	itr
Mean	0.064382	3.924250	6.991830	7.762987	0.639436	6.058292	0.333155
Median	0.054000	2.427632	7.196112	7.947213	0.642000	5.981742	0.332644
Maximum	0.337700	11.57692	9.203210	10.05751	0.722000	6.890165	0.445169
Minimum	−0.2239	1.110577	4.647232	5.483341	0.533000	5.650415	0.221432
Std. Dev.	0.131073	3.291242	1.430894	1.431554	0.049950	0.342542	0.041096
Skewness	0.128948	1.035649	−0.037573	−0.00735	−0.094052	0.874910	0.090993
Kurtosis	2.990381	2.721849	1.680687	1.679055	2.273738	2.754606	4.413859
Jarque−Bera	0.108230	7.097422	2.837632	2.835805	0.914614	5.073395	3.302189
Probability	0.947323	0.028762	0.242000	0.242222	0.632986	0.079127	0.191840
Sum	2.510900	153.0458	272.6814	302.7565	24.93800	236.2734	12.99304
Sum Sq. Dev.	0.652845	411.6264	77.80338	77.87522	0.094812	4.458739	0.064178
Observations	39	39	39	39	39	39	39

8.4.2　估计结果

首先对相关变量进行单位根检验以确定时间序列数据是否平稳。采用 ADF 对表 8.6 中的变量进行检验后发现均是非平稳的。其次为了避免伪回归问题，采用 Engle-Granger 两步法以决定变量之间是否存在协整关系，从而决定是否可以运用传统的回归方法。

在 Engle-Granger 两步法中，首先进行回归估计，并采用 Newey-West HAC 标准差和方差方法以克服估计中可能存在的线性相关。其次对第一步估计得到的残差进行检验。采用 ADF 方法检验后发现残差在 10% 的水平上是平稳的，因此，变量之间存在协整关系，传统的回归估计方法不存在伪回归问题。估计结果如表 8.8 所示。

表 8.8　估计结果

Variable	Coefficient	Std. Error	t−Statistic	Prob.
c	−12.6427	3.311509	−3.81781	0.0006
opn	−0.09915	0.031766	−3.12112	0.004
lnddn	0.758909	0.613827	1.236357	0.2259

Variable	Coefficient	Std. Error	t-Statistic	Prob.
lndfh	−0.33094	0.551584	−0.59999	0.553
lof	3.331057	0.873194	3.814796	0.0006
lnful	1.290683	0.359799	3.587229	0.0012
itr	0.97619	0.488664	1.99767	0.0549
D_{1987}	0.16365	0.091338	1.791703	0.0833
D_{2002}	−0.09887	0.114701	−0.86194	0.3956

我们最为关注的国际航空运输政策对行业效率的影响为负，并且在 1% 的水平上具有显著性。也需要指出，这个为负的系数很小。这个结果与上述提及的 Ke 和 Windle（2014）观点比较接近，即渐进式的开放效果其实是有限的，甚至会存在负面影响。另外，Gillen、Harris 和 Oum（2002）认为，如果仅仅取消市场准入限制而继续维持价格等方面的规制，消费者福利没有变化，航空公司获益也比较小。在第 6 章的分析中已经表明中方开放的领域主要集中在航点、航空公司指定数量和航空公司合作等一般市场准入方面，另外，在航权、运力、运价以及航空公司指定标准方面仍然限制严格。特别是在具体的航线准入上仍然比较关注在位航空公司的利益，这一点从 2017 年 9 月中国民用航空局发布的《国际航权资源配置与使用管理办法》（征求意见稿）中也可以看出。这样国际航线上的竞争受到压制，国际航空运输政策对效率提升难免为负，或者至少没有起到积极的促进作用，因为这个为负的系数很小。

载运率和单位油耗的系数为正，并且在 1% 的水平上显著，与预期相符，而且是对效率影响最大的两个因素。这说明中国航空运输业效率的提升一方面是依靠需求量的增加提高了运输工具的利用效率，另一方面是大量引进欧美先进飞机的结果。当然也包括了部分运营效率的提升，因为燃油效率的提升不仅包括飞机技术水平的提高，也包括运营效率的提升。

国际航空运输比例的系数为正，在 10% 的水平上具有显著性，与预期相符合。这个系数与国际航空运输政策为负的系数结合起来更能说明问题。即行业的国际化可以提升竞争，改善效率。但如果政策不是积极促进竞争，而是对竞争进行一定程度的压制，则政策的影响就是负面的，而非积极的。国际航空运输比例的上升不是政策主动变化的结果，而是市场倒逼的结果。

1987 年，民航的企业化改革对效率有显著的正面影响，并且具有显著性

（10%水平），但 2002 年的重组则没有显著的影响。说明这两次改革的不同，后者是通过政府手段对企业进行整合，而非企业的自愿行为，导致一般并购中协调效应对效率的正面影响基本没有。前者通过将政府直接运营改革为独立经营的企业，单个的企业效率理论上会超过原来的民航局以及各地区局直接运营。

这个估计结果也和第 6.5 节分析结果一致。在第 6.5 节通过比较中国国际航空运输政策与"天空开放"的差异，我们得出结论中国国际航空运输政策的一般原则是限制，而一些领域的开放是个案性质的特例，因此，对个别国家的逐步和有限开放并不会导致整个行业的效率提升。

8.5　小　结

本章研究了国际航空运输自由化对中国航空运输业的影响。在文献梳理的基础上首先研究了周边国家国际航空运输自由化的影响，根据 Gillen、Harris 和 Oum（2002）的研究，双边自由化不仅提升了直接航线的竞争，同时也改善了替代航线的相对吸引力。这样两个国家的双边航空运输自由化会对第三国造成负面影响。研究发现中国周边除了北边的蒙古和西北的中亚国家外，从东到西与 22 个国家或者地区订立了"天空开放"协定，特别是日韩以及阿联酋和土耳其的"天空开放"会对中国的部分洲际航线客源造成分流。通过采用中日韩与美国之间的相关数据，经过不同方法计算均发现日韩在 2006~2008 年分流了中美之间的长程航线客源，数量还较大。

其次研究了中国国际航空运输政策的开放是否促进了中国航空运输业效率的改善，通过计量发现，中国国际航空运输政策没有促进行业效率的提升，反而是负面影响。这说明中国采取的"渐进"式开放措施更多关注在位航空公司利益，压抑了竞争，不利于行业更好提升效率，发挥基础设施的作用。

因此，我们需要对以聚焦部分市场准入的国际航空运输开放政策进行检讨，制定一个更加符合经济全球化需要，满足经济社会发展需要的国际航空运输政策。

第9章 双边国际航空运输市场混合竞争和贸易政策

在第 1 章已经分析了国际政治经济学理论经济民族主义和自由主义对国际体系的不同认知，在第 2 章中也全面分析了经济民族主义对"二战"后国际航空运输体系形成的影响。本章将研究分析存在国有航空公司的情况下，对不同国家的社会福利和市场竞争绩效会产生什么样的影响；如果采用对国有航空公司倾向性政策，什么样的贸易政策工具以及政策实施的程度对本国的市场绩效和福利又是较优的。

9.1 引 言

目前仍在国际航空运输市场占据主导地位的传统双边贸易体制也在缓慢地开放和自由化，在过去的几十年中，新签订或修订的双边协定都在开始放松对运力、承运人指定、运价等的限制，但这些政策变迁并非连贯持续的，并且不同国家的政策演进具有非均衡性（Button，2009）。一直以来各国政府对国际航空运输业的发展态度就不一致。以美国、欧盟以及一些国内需求规模较小、地理位置偏远的发达国家为代表的自由主义国家倾向于更为开放的国际航空运输政策，这些政策倾向源自将航空运输视为实现其衍生需求（效应）的载体工具。作为人类跨地区沟通的运输工具，开放的国际航空运输被视为发挥促进经济增长、就业等直接效应和贸易、旅游、长期投资等其他间接效应的重要方式（Button 和 Taylor，2000）；另外，这些国家同时也是民用航空业的上游产业，特别是航空制造业产品的主要出口国，一个更为开放、快速发展的航空运输市场可以增加这些产品的出口机会（Alford 和 Champley，2007）。但这些效应的积极影响更多是事后估计，而事先的政策评估结果是无法确定的（Fu 和 Oum，2014），也就是说，更为自由的贸易政策的影响效果很难确定（Alves 和 Forte，2015），因此，保守的贸易政策在国际航空运输中也并不少见，尤其是对那些有一定国际需求但航空业却不够发达，缺乏竞争力的国家，如中国和印度。为了保护本国较小的市场份额不被外国承运人抢占，从而维护本国承运人，特别是国有承运人的利益，而非本国消费者、其他竞争者等的公共利益也就成为许多国家制定贸易政策时主张放弃更为自由开放的贸易政策时考虑的重要因素（Zhang 和 Chen，2003；Duval，2008；InterVISTAS，2015）。从市场竞争行为看，由于国有航空公司一直在航空运输业占有相当的比重（ICAO，2008），那么在一个本国国有航空公司，私有航空公司与国外航空公司共同参与竞争的双边混合寡占市场里，国有航空公司与一般的私有航空公司无论在经营目标还是经营效率等方面都有比较明显的差异（Doganis，2001；ICAO，2008）。而且国有航空公司总是可以通过各种各样的方式游说政府获得倾向性政策或者各种形式的运营补贴，甚至限制其他航空公司进入市场（Fjell 和 Pal，1996；Backx 等，2002），从而扭曲市场竞争秩序（Fjell 和 Pal，1996；Backx 等，2002）。从运营绩效看，国有航空公司更为低效（Boardman 和 Vining，1989），而从现有对国际航空运输的分析看，国有的和混合的航空运输公司效率确实更低（Backx 等，2002）。

从理论上，借助传统的贸易理论框架分析国际航空运输的开放政策、竞争政策对竞争与福利的影响是非常困难的。这主要是由于：一方面服务贸易的相关理论发展要严重滞后于最近几十年的全球服务贸易的快速增长（Francois 和 Hoekman，2010）；另一方面则来自服务贸易理论与一般商品贸易理论的明显差别，特别是对涉及国际运输等跨境交付的国际服务业（这些服务业通常是受一系列的双边或多边协议而不是一些常见的由世贸组织制定的规则约束；市场结构也不同于商品贸易），由于此类双边市场已经演变成为一个事实上的双边市场，受到诸多规制政策限制，且市场基本条件与一般商品贸易市场有很大差异，从而使得一般商品贸易模型的适用性大打折扣，这就造成相关的理论分析模型更为欠缺（Alves 和 Forte，2015）。

基于此，我们建立了一个混合寡占的双边竞争模型分析国际航空运输政策对市场竞争、福利的影响，重点关注两点：一是在双边市场条件下，若两国市场需求规模不同并且存在国有航空公司，那么，国有航空公司的存在对服务贸易的市场竞争绩效和各国社会福利会产生怎样的影响？二是关注贸易政策工具，如市场准入、服务贸易中政府对国有航空公司的倾向政策或补贴等政策安排，双边市场下两国政府采用什么样的贸易政策工具以及政策实施的程度对本国的市场绩效和福利又是较优的。此外，我们可以解释自由主义和保守主义的对立观点。

本章内容安排如下：第二部分将介绍关于单一混合国际航空运输市场的相关文献，包括国际混合寡占理论和国有承运人理论。第三部分提出了混合寡头模型，并讨论了 Cournot 模型、斯塔克伯格（Stackelberg）模型和补贴模型。第四部分，通过比较静态分析，分析市场竞争、绩效和福利。第五部分是结论。

9.2　混合寡占的单一国际航空运输市场的相关文献评述

国际航空运输双边体制下由于各国对国际航空运输市场开放与发展的态度不一致，并且国与国间的外交关系存在差异，这就造成一国与不同伙伴国达成的双边协定、不同国家间的双边协定都会存在很大差异。客观上增加了无论事前还是事后评估单一市场下贸易政策的直接和间接效应的难度（Pitfield，2009）。就本文研究所涉及的文献看，主要关注两个主题：单一国际市场以及在此市场条件下的混合寡占竞争。

与现有的分析航空运输自由化影响效应的经验文献（Fu 和 Oum，2014）相比，从理论上分析双边协定下贸易政策和市场竞争行为对各国福利的影响的文献相对就少得多了，这并不是由于理论分析不重要，更多是由于国际单一市场中，来自双方两个国家的需求被视作一个整体需求。因此，在整个需求函数中很难区别和分析每个国家的消费者剩余和社会福利。从仅有的研究国际航空运输市场的理论文献看，有几篇着重研究了航空公司在国际市场上代码共享对两国产生的影响，总体上代码共享这种商业合作形式虽然没有提升竞争，但是能够通过网络效应增加销量，降低价格水平（Brueckner，2001；Bilotkach，2007），但这些文献既没有考虑进入者数量的影响，也没有区分国别的需求和市场规模。另外一个方向则是根据单一市场的整体需求来研究贸易政策，比如对外开放政策、跨国并购以及进口关税和国内补贴等政策工具对整体市场绩效和社会福利的影响（Dadpay 和 Heywood，2006）。在整体需求下研究两个不同国家的贸易政策和市场竞争行为的模型几乎没有；但之前的研究并没有解决在一个整体需求函数下考查贸易政策和市场竞争行为对两个不同国家的单独的福利影响问题。Clarke（1998）曾经尝试用服务贸易的流入（Inbound）和流出（Outbound）两个流向需求的不同价格弹性来分析对两国福利的影响，但既没有考虑不同国家的航空公司间的互动竞争对价格的影响，在国别福利分析时也只是用流向来简单区分不同国家的需求；Pal 和 White（2003）、Dadpay 和 Heywood（2006）的模型中使用了一个非常苛刻的假设，设定本国旅行者与外国旅行者的比例是固定的，也就是说，消费者选择哪国的航空公司与市场竞争行为无关。因而，使用一个双边整体需求函数来研究单一市场下国别的竞争和福利效应一直是国际航空运输理论研究没有解决的问题。幸运的是，国际航空运输市场存在明显的本国偏好，也就是说，消费者在国际航班上更为偏好于选择本国的航空公司。Bruning（1997）、Bruning 等（2009）的研究发现，是否为本国承运人是旅行者购票时要考虑的仅次于价格的因素。在市场运营实践中，文化习俗、语言等差异会导致消费者更为倾向于选择本国承运人。另外，仅从技术上而言，航空公司很容易区分旅客的国籍。因而，这就使得我们可以按照消费者的国籍将单一市场分为两个细分市场。在此条件下，使得我们可以借鉴双边倾销的寡占模型（Brander 和 Krugman，1983）、混合寡占模型（Pal 和 White，1998）和细分国际市场贸易竞争模型（Ben-Zvi 和 Helpman，1988）来研究可以细分的单一国际服务贸易市场。

国有航空公司的存在将改变传统寡占贸易模型的分析结论。混合寡占模型中，国有航空公司与私有航空公司的差异主要体现在两个方面：一是国有航空公司承担了过多的社会责任。一般经济学理论认为，国有企业（航空公司）由政府出资成立或者控制股权，因而其目标函数应该包含政府的发展目标，其真正的目标函数应是航空公司自身利润与社会总福利的加总（Matsumura，1998；Bai 等，2000）。Dadpay 和 Heywood（2006）在研究国际航空运输市场竞争时，对国有航空公司也采取了这种假设方法。但也有观点认为，国有航空公司无力承担所有的社会福利，特别是私有航空公司的利润目标，因而采用了不同的设定方法，Sun 等（2005）在研究我国国有经济的最优比重时，认为国有企业的社会责任还要考虑社会的就业责任，因而将其目标函数设为整体社会福利与就业数量的加权（在模型中使用总收益来表征就业数量），而 Clark 等（2009）则认为运输航空公司更多考虑的是社会公众的利益，因而将国有航空公司的目标设定为航空公司自身利润与消费者剩余的加权。二是国有航空公司的成本效率问题，国有航空公司经常为经济学家所诟病的原因之一就是其运营缺乏效率，成本有效性要远远弱于私有航空公司，因而一些文献会假设国有航空公司有较高的边际成本或者有额外固定成本（White，2002；Long 等，2009），从经验文献看，国际航空运输业中的国有航空公司相对于私有航空公司也确实有较高的运营成本（Backx 等，2002）。无论从航空公司目标还是成本效率来研究国有航空公司，模型的初始条件的设定将对研究的结论起到直接影响。这也正是本书在研究中需要着重考虑的。

这部分在单一国际市场的前提下构建了一个混合寡占竞争模型，考虑了单一市场需求的可分性、国有航空公司与私有航空公司的目标差异。以此为基础，研究市场竞争行为对社会福利的影响，进一步地，研究不同市场需求的国家的开放政策、开放时序、补贴或国家援助等政策工具对双边社会福利的影响。

9.3 混合寡头模型

9.3.1 基本假设

假设两个国家 H 和 F 间存在不同规模的国际航空运输需求，不存在来自第三方的需求或者中转需求，两国通过一个典型的双边协定来规制该非对称的双边航空运输市场，当双边协议签订后，该市场将成为一个单一贸易市场，其反需求函数为 $P = P(Q)$。进一步地，假设两国的旅行者按照需求来源国不同分为来自本国 H 和来自外国 F 的两部分，具体地将两部分市场需求设为简单的线性需求函数：$p^H = a^H - Q^H$ 和 $p^F = a^F - Q^F$，这里用 $a^F + a^F = 1$ 将整体市场规模标准化为 1，$a^H > 0$，$a^F > 0$ 分别为两个国家不同规模的市场需求，同时也是两国需求占总市场潜在规模的比重。p^H 和 p^F 是细分市场上的价格。假设两国对等地分别指定来自本国的各（n + 1）家航空公司可以在该市场运营，H 国的航空公司分别为国有航空公司 s 和另外的 n 家私有航空公司，F 国的 （n + 1）家航空公司全部是私有航空公司，下标 s 和 i = 1，2，…，n 代表本国航空公司，j = 0，n + 1，n + 2，…，2n 代表外国航空公司，则该国家对航空运输市场成为一个混合寡占的单一国际市场。

航空公司的目标函数。假设所有的私有航空公司的目标为最大化其利润，而国有航空公司的目标则不同，根据 Sun 等 （2005），我们给出一个基本假设：一个国家参与、开放双边航空运输市场不仅关注其直接效应，还关注间接效应，这里假设经贸来往、人员流动以及拓展市场机会等"出口促进"的间接效应更多的是通过本国航空公司参与市场来实现的（本国航空公司需要有更大的市场份额）。进一步地，拥有国有航空公司的国家将拓展本国航空公司市场份额的社会责任赋予国有航空公司，而外国则只能通过市场自然竞争实现。因而，国有航空公司的目标除了包括其自身利润外，还包括本国所有航空运输公司在双边市场中占据的市场份额。这里，在 Clark 等（2009）设定的基础上，将国有航空公司的目标定义为航空公司自身利润与本国航空公司总产出的加权。

航空公司的利润来自两个细分市场，即 $\pi_{s,i,j} = \pi^{H}_{s,i,j} + \pi^{F}_{s,i,j}$，这同时也是私有航空公司的目标函数。对于国有航空公司 s，其目标函数为 $w_s = \pi_s + \theta Q_H$，这里 $\theta \in [0, 1]$ 表示国有航空公司最多能够承担与其利润目标同等的社会责任。所有航空公司在两个细分市场实现的总产量分别为 Q^H 和 Q^F，其中 $Q^H = q^H_s + \sum\limits_{i=1}^{n} q^H_i +$
$\sum\limits_{j=0,n+1}^{2n} q^H_j$，$Q^F = q^F_s + \sum\limits_{i=1}^{n} q^F_i + \sum\limits_{j=0,n+1}^{2n} q^F_j$，则两国需求者的消费者剩余为 $CS_{H,F} = \dfrac{1}{2}(Q^{H,F})^2$，各国的总社会福利 $WL_{H,F}$ 为该国消费者剩余和航空公司利润之和。Q_H 和 Q_F（$Q_H = q^H_s + q^F_s + \sum\limits_{i=1}^{n} q^H_i + \sum\limits_{i=1}^{n} q^F_i$，$Q_H = \sum\limits_{j=0,n+1}^{2n} q^H_j + \sum\limits_{j=0,n+1}^{2n} q^F_j$）分别为两国航空公司在两个细分市场中实现的总产量，$TQ = Q_H + Q_F$ 是行业总产量，$Q_{H,F}/(Q_H + Q_F)$ 代表每个国家在单一市场上的市场份额（$MS_{H,F}$）。假设所有的航空公司都有相同的边际成本，简单地，假设 $mc_{s,i,j} = 0$。

竞争行为与时序。假设所有航空公司进行寡占的数量竞争，单一市场由于已经按照国别区分了不同的市场需求，这时再区分航空公司的进出口行为已经没有实质的经济意义，只要能够得出各国的国别利益，包括消费者剩余、市场份额和社会福利。我们首先构建了一个静态的混合寡占数量竞争模型，分析其对市场绩效和消费者福利的影响；其次研究了动态的 Stackelberg 竞争模型，假设双边的单一市场是逐步开放的，即第一阶段，双方各允许一家航空公司进入市场，其中 H 国指定国有航空公司 s，F 国指定航空公司 O；第二阶段，其余的 2n 家私有航空公司进入市场；进一步地，我们可以将上述模型进行拓展，考查政府对国有航空公司提供补贴对竞争与绩效的影响，对应地也分为静态和动态两种情形。

贸易政策工具。假设政府能够使用的政策工具是外生的，即不考虑政府间谈判的讨价还价过程。市场准入以及运力限制是双边服务贸易市场中政府常用的限制行业生产能力供给的规制工具，这里用指定的航空公司数量来表征市场开放的程度，同时也在一定程度上表示产能限制。两国指定的航空公司数量的变化将对市场竞争的绩效产生影响。国有政府可以通过偏向政策影响国有航空公司进而对双方的市场绩效和社会福利产生影响，具体方式是政府可以增加或者减轻国有航空公司的社会责任程度 θ，进而会使均衡时的影响产生变化；在第 9.3.4 节的模型中，我们将这一外生变量拓展为政府对国有航空公司提供的运营补贴。同时，在国际航空运输发展的过程中，我们也可以看到，双边市场中各国市场需求和市场规模的不同也会对国家的国际航空运输政策产生明显的影响，因而市场规模的比较分析也是我们研究市场绩效的重要因素。我们为政策目标的权衡设定了一个基准：一个国家只有在相对市场绩效高于或不低于其相对市场需求规模时，才会开放或对其航空运输市场放松规制，这将在第 9.4.2 节中讨论。

9.3.2 Cournot 竞争模型均衡

考虑一个一般的 Cournot 数量竞争模型，假设所有航空公司同时决定在两个细分市场的产量水平以实现其目标函数的最大化，其目标函数为：

$$
\begin{cases}
w_s = p^H q_s^H + p^F q_s^F + \theta Q_H \\
\pi_i = p^H q_i^H + p^F q_j^F \\
\pi_j = p^H q_j^H + p^F q_j^F
\end{cases}
\tag{9.1}
$$

一阶最优条件如下：

对于航空公司 s：

$$
\begin{cases}
\dfrac{\partial w_s}{\partial q_s^H} = a^H - 2q_s^H - \displaystyle\sum_{i=1}^{n} q_i^H - \sum_{j=0,n+1}^{2n} q_j^H + \theta = 0 \\[4mm]
\dfrac{\partial w_s}{\partial q_s^F} = a^F - 2q_s^F - \displaystyle\sum_{i=1}^{n} q_i^F - \sum_{j=0,n+1}^{2n} q_j^F + \theta = 0
\end{cases}
\tag{9.2}
$$

对于航空公司 i = 1, 2, …, n：

$$
\begin{cases}
\dfrac{\partial \pi_i}{\partial q_i^H} = a^H - q_s^H - 2q_i^H - \displaystyle\sum_{-i} q_i^H - \sum_{j=0,n+1}^{2n} q_j^H = 0 \\[4mm]
\dfrac{\partial \pi_i}{\partial q_i^F} = a^F - q_s^F - 2q_i^F - \displaystyle\sum_{-i} q_i^F - \sum_{j=0,n+1}^{2n} q_j^F = 0
\end{cases}
\tag{9.3}
$$

对于航空公司 $j = 0$, $n+1$, $n+2$, $\cdots$, $2n$:

$$
\begin{cases}
\dfrac{\partial \pi_j}{\partial q_j^H} = a^H - q_s^H - \displaystyle\sum_{i=1}^{n} q_i^H - 2q_j^H - \sum_{-j} q_j^H = 0 \\[4mm]
\dfrac{\partial \pi_j}{\partial q_j^F} = a^F - q_s^F - \displaystyle\sum_{i=1}^{n} q_i^F - 2q_j^F - \sum_{-j} q_j^F = 0
\end{cases}
\tag{9.4}
$$

式（9.2）、式（9.3）、式（9.4）二阶条件小于零的最优条件同时满足（后文模型最优求解的二阶条件都同样满足目标函数最大化的要求）。将所有的一阶条件联立，得到每个航空公司在两个细分市场的纳什均衡数量解，$q_i^H = q_j^H = \alpha^*$，$q_i^F = q_j^F = \beta^*$ 和 $q_s^H = a^H - 2(n+1)q_i^H$，$q_s^H = a^F - 2(n+1)q_i^F$，其中 $\alpha^* = (a^H - \theta)/(2n+3)$，$\beta^* = (a^F - \theta)/(2n+3)$。均衡结果如表 9.1 所示。

9.3.3 Stackelberg 竞争均衡

在 Stackelberg 模型中，第一阶段，航空公司 s 和 O 被两国政府指定为市场的先进入者，它们分别同时在两个细分市场中选择产量。第二阶段，在观察到先行者的产量，新进入的私有航空公司同时决定它们的产量。我们使用逆推归纳法，得到该博弈的子博弈完美纳什均衡解。

（第二阶段）：新进入的 2n 家私有航空公司（$i = 1$, 2, $\cdots$, n 和 $j = n+1$, $n+2$, $\cdots$, $2n$）在观察到先行者的产量后选择它们的产量。目标函数为式（9.5）。

$$
\begin{cases}
\pi_i = p^H q_i^H + p^F q_j^F \\
\pi_j = p^H q_j^H + p^F q_j^F
\end{cases}
\tag{9.5}
$$

对应的一阶最优条件为：

$$
\begin{cases}
\dfrac{\partial \pi_i}{\partial q_i^H} = a^H - q_s^H - 2q_i^H - \displaystyle\sum_{-i} q_i^H - q_o^H - \sum_{j=n+1}^{2n} q_j^H = 0 \\[4mm]
\dfrac{\partial \pi_i}{\partial q_i^F} = a^F - q_s^F - 2q_i^F - \displaystyle\sum_{-i} q_i^F - q_o^F - \sum_{j=n+1}^{2n} q_j^F = 0 \\[4mm]
\dfrac{\partial \pi_j}{\partial q_j^H} = a^H - q_s^H - \displaystyle\sum_{i=1}^{n} q_i^H - q_o^H - 2q_j^H - \sum_{-j} q_j^H = 0 \\[4mm]
\dfrac{\partial \pi_j}{\partial q_j^F} = a^F - q_s^F - \displaystyle\sum_{i=1}^{n} q_i^F - q_o^F - 2q_j^F - \sum_{-j} q_j^F = 0
\end{cases}
\tag{9.6}
$$

表 9.1　均衡数量与价格

	市场 H					市场 F				
	p^H	q_i^H	q_j^H	q_0^H	q_s^H	p^F	q_i^F	q_j^F	q_0^F	q_s^F
Cournot; 补贴 I (*)	α^*	α^*	α^*	α^*	$a^H - 2(n+1)\alpha^*$	β^*	β^*	β^*	β^*	$a^F - 2(n+1)\beta^*$
Stackelberg (**)	α^{**}	α^{**}	α^{**}	$(2n+1)\alpha^{**}$	$a^H - 2(n+1)\alpha^{**}$	β^{**}	β^{**}	β^{**}	$(2n+1)\beta^{**}$	$a^F - 2(n+1)\beta^{**}$
补贴 II (†)	$\alpha^†$	$\alpha^†$	$\alpha^†$	$(2n+1)\alpha^†$	$a^H - 2(n+1)\alpha^†$	$\beta^†$	$\beta^†$	$\beta^†$	$(2n+1)\beta^†$	$a^F - 2(n+1)\beta^†$

$\alpha^* = \dfrac{a^H - \theta}{2n+3}$，$\beta^* = \dfrac{a^F - \theta}{2n+3}$；$\alpha^{**} = \dfrac{a^H - (n+1)\theta}{3(2n+1)}$，$\beta^{**} = \dfrac{a^F - (n+1)\theta}{3(2n+1)}$；$\alpha^† = \dfrac{a^H - (2n+1)\theta}{3(2n+1)}$，$\beta^† = \dfrac{a^F - (2n+1)\theta}{3(2n+1)}$

由式（9.6）可以得到 $q_i^H = q_j^H = (a^H - q_s^H - q_o^H)/(2n + 1)$ 和 $q_i^F = q_j^F = (a^F - q_s^F - q_o^F)/(2n + 1)$，将其代入式（9.5）中。

（第一阶段）：航空公司 s 和航空公司 O 决定在两个细分市场的产量水平，两家航空公司的目标函数如下：

$$\begin{cases} w_s = p^H q_s^H + p^F q_s^F + \theta Q_H \\ \pi_o = p^H q_o^H + p^F q_o^F \end{cases} \tag{9.7}$$

一阶最优条件为：

$$\begin{cases} \dfrac{\partial w_s}{\partial q_s^H} = a^H - 2q_s^H - q_o^H + \theta(n + 1) = 0 \\[2mm] \dfrac{\partial w_s}{\partial q_s^F} = a^F - 2q_s^F - q_o^F + \theta(n + 1) = 0 \\[2mm] \dfrac{\partial \pi_o}{\partial q_o^H} = a^H - q_s^H - 2q_o^H = 0 \\[2mm] \dfrac{\partial \pi_o}{\partial q_o^F} = a^F - q_s^F - 2q_o^F = 0 \end{cases} \tag{9.8}$$

求解式（9.8），可以得到：$q_i^{H**} = \alpha^{**}$，$q_i^{F**} = \beta^{**}$；$q_o^{H**} = (2n + 1)\alpha^{**}$，$q_o^{F**} = (2n + 1)\beta^{**}$，$q_s^{H**} = a^H - 2(2n + 1)\alpha^{**}$，$q_s^{F**} = a^F - 2(2n + 1)\beta^{**}$，其中 $\alpha^{**} = [a^H - (n + 1)\theta]/3(2n + 1)$，$\beta^{**} = [a^F - (n + 1)\theta]/3(2n + 1)$。相应的细分市场的均衡结果如表 9.1 所示。

9.3.4 政府补贴模型

双边服务贸易市场特别是国际航空运输的双边市场一般不存在关税等常规贸易政策工具。但在双边市场中，各国政府总是可以通过一些倾向性的政策来促进本国产业的发展，国家援助和补贴是航空运输市场的常用工具。在基础模型中，θ 被视为国有航空公司的社会责任负担或者政策负担，这里我们可以将其视为政府向航空公司 s 提供的运营边际补贴，从而保护国有航空公司在国际市场的竞争地位，也可以视为国有航空公司开辟拓展国际市场的一种补助，而国有航空公司为了获得更多的补贴，也有激励扩张其产量。国有航空公司的目标函数变为 $w_s = p^H q_s^H + p^F q_s^F + \theta(q_s^H + q_s^F)$，这里 w_s 可以看作是国有航空公司的净收益函数，包括从市场竞争中获得的利润和政府补贴。我们分析了静态的 Cournot 模型和动态的 Stackelberg 模型中补贴对市场绩效和消费者福利的影响。

9.3.4.1　存在政府补贴的静态竞争均衡 I（Cournot 模型）

静态情形下，虽然国有航空公司的目标函数 w_s 发生变化，但是最大化求解的一阶条件与第 9.2 节情形完全相同，最优解也相同。唯一有差异的是均衡时的 w_s 值将发生变化，但 w_s 值本身并不是我们研究的重点。因而此部分计算结果采用第 9.2 节的结果。

9.3.4.2　存在政府补贴的动态竞争均衡 II（Stackelberg 模型）

除了 w_s 以外，存在政府补贴的动态情形的假设条件、求解过程与第 9.3 节完全一致，根据式（9.6）得到结果，这里式（9.7）将变为式（9.9）：

$$\begin{cases} w_s = p^H q_s^H + p^F q_s^F + \theta(q_s^H + q_s^F) \\ \pi_o = p^H q_o^H + p^F q_o^F \end{cases} \tag{9.9}$$

则相应的一阶最优条件变为：

$$\begin{cases} \dfrac{\partial w_s}{\partial q_s^H} = a^H - 2q_s^H - q_o^H + \theta(2n+1) = 0 \\[2mm] \dfrac{\partial w_s}{\partial q_s^F} = a^F - 2q_s^F - q_o^F + \theta(2n+1) = 0 \\[2mm] \dfrac{\partial \pi_o}{\partial q_0^H} = a^H - q_s^H - 2q_o^H = 0 \\[2mm] \dfrac{\partial \pi_0}{\partial q_o^F} = a^F - q_s^F - 2q_o^F = 0 \end{cases} \tag{9.10}$$

我们可以得到：$q_i^{H\dagger} = \alpha^\dagger$，$q_i^{F\dagger} = \beta^\dagger$，进而有 $q_o^{H\dagger} = (2n+1)\alpha^\dagger$，$q_o^{F\dagger} = (2n+1)\beta^\dagger$，$q_s^{H\dagger} = a^H - 2(2n+1)\alpha^\dagger$，$q_s^{F\dagger} = a^F - 2(2n+1)\beta^\dagger$，其中 $\alpha^\dagger = [a^H - (2n+1)\theta]/3(2n+1)$，$\beta^\dagger = [a^F - (2n+1)\theta]/3(2n+1)$。相应的均衡价格及市场绩效指标值如表 9.1 所示。

9.4　竞争和贸易政策的影响

根据第 9.3 节计算的均衡结果，我们可以对市场和社会绩效进行比较分析和比较静态分析。本模型中的贸易政策工具可以用于分析双边市场中的市场准入（指定航空公司的数量）、国有航空公司承担的社会责任水平和政府对国有航空公司的补贴。该模型也可以分析在市场规模不同的情况下，各国实施贸易政策工具产生的不同影响。因此，我们首先关注一家国有航空公司和其竞争者间的竞争关系，其次进一步分析政策工具对市场价格、消费者剩余、市场份额和社会福利的影响。

9.4.1 航空公司间竞争行为的战略互动

根据以上四种情形的竞争均衡结果，我们可以分析航空公司间竞争的战略互动：在所有情形下航空公司均进行数量竞争。定义 $q_s^H = R_s^H(q_i^H, q_j^H)$ 为本国国有航空公司 s 在细分市场 H 上对其竞争对手，包括本国私有航空公司及国外私有航空公司的反应函数，从而 $q_{i,j}^H = R_{i,j}^H(q_s^H, q_j^H)$ 时，反应曲线如图 9.1 所示。所有四种情形下，$\partial q_s^H/\partial \alpha < 0$ 都成立，因而国有航空公司和私有航空公司在相同细分市场上的数量竞争是战略替代的，这与一般的混合寡占模型分析结论一致。而私有航空公司在相同细分市场中则是战略互补的（$\partial \alpha/\partial \alpha = 1$），这源于私有航空公司的同质性假设；因此，不同情形下细分市场上的竞争更多是一家国有航空公司和几家私有航空公司的竞争。即使在动态情形下，私有航空公司间的战略行为也是互补的，我们也可以得到 $\partial q_0^H/\partial \alpha = (2n+1) > 0$，先进入的私有航空公司较后进入者有先行优势，但这并没有改变私有航空公司战略互补性的基本性质。在静态情形下，因为航空公司的社会责任或获得额外政府补贴的机会，国有航空公司有激励在两个细分市场上扩大产量；因此其均衡产量水平要高于私有航空公司（$q_s^{H*} - q_{i,j}^{H*} = a^H - (2n+3)\alpha^* = \theta \geq 0$），这说明只要政府实施针对国有航空公司的偏向政策，在数量竞争模型中国有航空公司有数量扩张的激励。均衡数量优势与政策偏向程度直接相关。在动态竞争中，国有航空公司的产量应该严格大于私有航空公司，说明先行优势会强化国有航空公司扩张产量的优势，即使针对 F 国的先进入航空司 O 也是如此。在图 9.1 中，我们忽视了动态情形中航空公司 s 对航空公司 O 的反应曲线，除斜率不同之外（$\partial q_s^H/\partial q_0^H = -2$），该曲线与航空公司 s 对其他私有航空公司的反应曲线相似。这也正是我们构建的混合寡占模型的解释力。由于在两个细分市场上均衡结果是对称的，以上分析适用于细分市场 F 和整体市场。

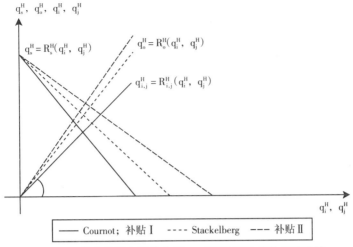

图 9.1　航空公司在细分市场 H 对其他竞争者的反应曲线

9.4.2　贸易政策的影响

以上构建的模型中，贸易政策工具是外生给定的，贸易政策对企业竞争行为和国家社会福利的影响可以通过比较静态分析来实现，政策包括市场开放程度（用航空公司数量表示）和国有航空公司的偏向型政策（包括社会责任和补贴）。指定航空公司的数量 n 是由 H 国和 F 国共同决定的；θ 则由 H 国决定。根据第二部分所述，航空公司是否是国有航空公司并非双边协定谈判的内容。同时，本书并非研究政策过程，而是考查政策工具及其实施对市场均衡和福利的影响。表 9.2 给出了政策工具比较分析的基本结果。

9.4.2.1　贸易政策对竞争的影响

命题 1　如果政府实施贸易政策：①在所有情形下全部政策都对细分市场的均衡价格、私有航空公司的均衡产量和利润影响为负。②市场开放在静态情形下对国有航空公司的均衡产量影响为负，动态情形下影响为正，在所有的情况下都对国有航空公司的利润影响为负；所有情形下偏向政策 θ 对一家国有航空公司的均衡产量影响为正，对一家国有航空公司利润的影响方向与政策实施的程度有关。③所有情形下，更为积极的开放政策对消费者剩余影响为正。

以上结论来自对市场均衡的比较静态分析，如表 9.2 所示。静态的混合寡占双边市场模型得到了与传统混合寡占模型近似的结论。市场准入自由化能够促进市场竞争，降低每家航空公司的均衡产量，由于 $p^H = \alpha$，$p^F = \beta$，增强竞争也会降低市场均衡价格，并减少每家航空公司的利润，这就增加每个国家在该行业中的消费者剩余和社会总剩余。而在动态情形下，后进入的私有航空公司数量的增加对国有航空公司的均衡数量影响为正，而对先进入的私有航空公司 O 和其他航空公司的均衡数量影响为负。这是由于作为第一个进入者，国有航空公司比同期进入的航空公司 O 有政策优势，$(q_s^{H**} - q_o^{H**} = (n+1)\theta$，$q_s^{Ht} - q_o^{Ht} = (2n+1)\theta$ 成立，在静态情形下有 $q_s^{H*} - q_o^{H*} = \theta$ 与 n 无关)，这种优势会随着 n 的增长而增强。与此同时，尽管在动态情形下，增加 n 对 q_s^H 的影响为正，影响值也小于为负的均衡价格边际影响的绝对值 (即 $\alpha(q_s^H)'_n - (\alpha)'_n q_s^H - (\alpha)'_n (q_s^H)'_n < 0)$，因此 n 对航空公司 s 的利润影响为负。总体上，即使在动态情形下，私有航空公司的数量增加也能降低市场价格水平，增加本国消费者福利。

国家对本国国有航空公司的偏向政策会减少私有航空公司的均衡产量，增强国有航空公司在单一市场上的产量扩张激励。这其中的基本逻辑是由于国有航空公司要么承担了政府给予的社会责任，要么获得了运营补贴，没有必要考虑消费者来自国内还是国外。这种对国有航空公司的正激励将会挤压私有航空公司的产出空间，从而对私有航空公司的利润产生负影响；对国有航空公司利润的影响则与政策干预的强度有关。偏向政策的实施会增加细分市场的总产出 (在同一细分市场上，θ 对航空公司 s 均衡产量的边际影响高于对所有私有航空公司的绝对影响，$\partial q_s^H/\partial\theta > |\partial(n*q_i^H)/\partial\theta|$ 总是成立)，进而对消费者福利产生正影响。

需要指出的是，根据各种情形的均衡结果，我们总是可以得到 $Q^{Ht} > Q^{H**} > Q^{H*}$，进而在每一个细分市场上得到 $CS^t > CS^{**} > CS^*$。这是由于国有航空公司在拥有偏向政策的同时也是动态情形下市场的第一个进入者，这增强了它的竞争优势，在每一个细分市场上占据更大的市场份额 (这与传统的 Stackelberg 模型结论并不一致，若令 θ = 0，则航空公司 s 将会成为完全的私有航空公司，并且我们假设所有的航空公司具有相同的成本结构，航空公司 s 的数量与 n 无关)，从而偏向政策的优势和先行者优势会转换为企业产出和回报，尤其是，细分市场的总产出会增加，提高消费者剩余。根据每个细分市场均衡结果的对称性，以上分析的所有结论都适用于细分市场 F 和整体市场。

9.4.2.2 贸易政策对社会福利和行业发展的影响

政府开放服务贸易的目标不仅关注行业经济和社会影响，还关注通过行业开放和发展产生的衍生效应，衍生效应 (如第二部分所界定的) 的实现则依赖于本

表 9.2　比较静态分析结果中贸易政策的影响方向

	q						π						CS	
	$(\alpha)'_n$	$(\alpha)'_\theta$	$(q^H_o)'_n$	$(q^H_o)'_\theta$	$(q^H_s)'_n$	$(q^H_s)'_\theta$	$(\pi^H_i)'_n$	$(\pi^H_i)'_\theta$	$(\pi^H_o)'_n$	$(\pi^H_o)'_\theta$	$(\pi^H_s)'_n$	$(\pi^H_s)'_\theta$	$(CS_{H,F})'_n$	$(CS_{H,F})'_\theta$
Cournot；补贴Ⅰ（*）	<0	<0		<0	<0	>0	<0	<0	<0	<0	<0	(1)	>0	>0
Stackelberg（**）	<0	<0	<0	<0	>0	>0	<0	<0	<0	<0	<0	(2)	>0	>0
补贴Ⅱ（†）	<0	<0	<0	<0	>0	>0	<0	<0	<0	<0	<0	(3)	>0	>0

注：n 和 θ 在各种情形的取值范围由 q>0 决定；定义 $\Delta a = \min(a^H, a^F)$，(1) $(\pi^H_s)'_\theta > 0$，当 $0 \leq \theta < \dfrac{(2n+1)}{4(n+1)}\Delta a$ 时成立；$(\pi^H_s)'_\theta \leq 0$，当 $\dfrac{(2n+1)}{4(n+1)}\Delta a \leq \theta \leq 1$ 时成立；(2) $(\pi^H_s)'_\theta > 0$，当 $0 \leq \theta < \dfrac{1}{4(n+1)}\Delta a$ 时成立；$(\pi^H_s)'_\theta \leq 0$，当 $\dfrac{1}{4(n+1)}\Delta a \leq \theta \leq \dfrac{1}{n+1}\Delta a$ 时成立；(3) $(\pi^H_s)'_\theta > 0$，当 $0 \leq \theta < \Delta a$ 成立；$(\pi^H_s)'_\theta \leq 0$，当 $\dfrac{\Delta a}{4(n+1)} \leq \theta \leq \dfrac{\Delta a}{2n+1}$ 时成立。

国航空公司在双边国际市场上的市场份额。

在对行业整体社会福利和市场产出的分析中，根据表 9.2 的计算得到 $\partial WL/\partial n > 0$，$\partial WL/\partial \theta > 0$，$\partial TQ/\partial n > 0$，$\partial TQ/\partial \theta > 0$ 在所有情形中均成立。这说明放松市场准入可以促进竞争，扩大行业的均衡产出，提高行业产生的整体社会福利，同时也可以促进行业本身的发展壮大。一家国有航空公司偏向政策的实施可以提高行业的均衡产出，增加社会总福利。所有政策工具影响的方向是一致的。这就可以解释为什么自由主义，尤其是那些没有国有航空公司的国家提出的自由主义，总是提倡消除所有扰乱市场竞争的政府补贴。

一国实施战略性贸易政策的最初意图并非关注全球行业利益，而是本国行业利益、国家利益和福利。基于本国的国家利益和行业发展的利益指定具体的行业贸易政策。在基本模型的假设下，我们将两个细分市场的规模定为总需求的比例。基于"一种需求，一种市场份额"的原则，有必要在考虑各国相对市场需求的变化后，计算政策工具对社会福利和市场份额变化的影响。为此，我们构建了针对 H 国的两个相对指标：ΔWL_H（$\Delta WL_H > 1$ 意味着本国从双边航空运输贸易中获得了超过自身市场需求的社会福利）和 ΔMS_H（$\Delta MS_H > 1$ 意味着本国在双边航空运输市场中占据了超过自身市场需求的市场产出）。其计算公式如下：

$$\Delta WL_H = \frac{WL_H}{WL_H + WL_H} / \frac{a^H}{a^H + a^F} \tag{9.11}$$

$$\Delta MS_H = \frac{Q_H}{Q_H + Q_F} / \frac{a^H}{a^H + a^F} \tag{9.12}$$

对式（9.11）和式（9.12）进行比较静态分析得出，$\partial \Delta MS_H/\partial \theta > 0$ 恒成立（证明见附录1），这意味着积极的偏向政策，如增加社会责任或国有航空公司补贴，会促进本国行业规模的发展。根据表 9.1 和表 9.2 的结果，偏向型政策只对国有航空公司的数量影响为正，对私有航空公司影响为负，且在所有情形下，正影响的值大于私有航空公司所有负影响的绝对值（静态情形中 $2(n+1) > (2n+1)$ 和动态情形中 $2(2n+1)(n+1) > (4n+1)(n+1)$，$2(2n+1)(2n+1) > (4n+1)(2n+1)$）。因此，实施一项偏向政策对 H 国的相对市场份额影响为正，这有利于本国的长远发展和行业间接效应的实现，或许也是一些保守国家支持或补贴国有航空公司的一个好借口。

市场进入自由化对 H 国有更强的政策和经济含义。我们在静态情形下可以得出 $\partial \Delta MS_H^*/\partial n < 0$，在动态情形下得出 $\partial \Delta MS_H^{**}/\partial n > 0$，$\partial \Delta MS_H^{\dagger}/\partial n > 0$（证明见本

章附录 2）。在静态情形下，国有航空公司有政策优势，但它必须在两个细分市场上与所有本国和外国的私有航空公司竞争。根据命题 1 的分析，如果允许更多的航空公司进入市场，开放竞争对国有航空公司均衡产出的影响将比对现有私有航空公司的产出影响更强（$2(n+1)>1$），反过来，会减少国家的整体市场份额。这也提供了这种判断的反向逻辑，即一个存在国有航空公司的国家在严格监管的双边市场上不能轻易开放市场准入，但可以通过偏向政策鼓励国有航空公司扩大市场产出或数量，以增加市场份额。根据命题 1 的分析，取消市场准入限制，对国有航空公司均衡产出的正影响大于在动态情形下通过先发优势对私有航空公司产生的正影响；因此，会提高 H 国的相对市场份额。式（9.12）中，相对市场份额主要由一国自身的外生需求规模 a^H 决定，受政策工具变量的影响，也就是说相对市场份额的值并不总是大于 1。

包括市场进入自由化和对国有航空公司的偏向政策在内的政策工具对相对社会福利的影响不明显。我们使用数值模拟方法研究政策工具对该指标的影响。由于 Stackelberg 和补贴 II 的结果在变化趋势中没有差别，只在数值上有所不同，所以我们只模拟 Stackelberg 的情形。

当模拟计算放松市场准入（私有航空公司的数量）对相对社会福利的影响时，为保证在任何情形下 $\alpha>0$，我们假设静态情形下 $\theta=0.1$，动态情形下 $\theta=0.05$，企业数量 n 为 0，1，…，5。当模拟计算偏向政策的影响时，我们设定 n = 2，在任何情形下 θ 的值受 $\alpha>0$ 限制，所以我们得出静态情形下 $0 \leq \theta \leq 0.4$，基于 a^H 值的动态情形下 θ 的最大值属于 ［0.13，0.2］。图 9.2 和图 9.3 是偏向政策和相对社会福利的关系，图 9.4 和图 9.5 是私有航空公司的数量与相对社会福利的关系。根据上面的分析和模拟，我们可以得到命题 2。

命题 2　①积极的贸易政策可以提高整体市场的均衡产出水平和社会福利；②国有航空公司的偏向政策对 H 国的相对市场份额有正的影响，在一定程度上提升 H 国的相对社会福利；③放松市场准入限制在静态情形下降低 H 国的相对市场份额，动态情形下提高 H 国的相对市场份额；当 H 国的需求规模相对较小时会降低社会福利；当 H 国的需求增长到一定水平时，可以提升社会福利。

根据图 9.2 和图 9.3 的模拟结果，在 H 国，加强对国有航空公司的偏向政策可以在一定程度上改善不同市场需求规模下的相对社会福利，模拟的两种情形下，总是存在 θ 的一个取值范围使得 $\partial \Delta WL_H / \partial \theta > 0$。但在一国国内需求规模比较小时，难以通过对国有航空公司的偏向政策获得更多的相对社会福利，只有当国内需求规模接近或者超过外国需求规模时，才会出现 $\Delta WL_H > 1$ 的情形。这也反映了一个事实，在一国行业处于成长阶段，国内市场较小时，对国有航空公司实施偏向政策，并不总是能提高本国在国际市场上的竞争优势。总的来说，对国有航空公司实施一定程度的偏向政策，可以提高国家的相对市场份额，增强行业发展对社会福利的影响。但是实施的政策空间受到具体市场条件的限制。

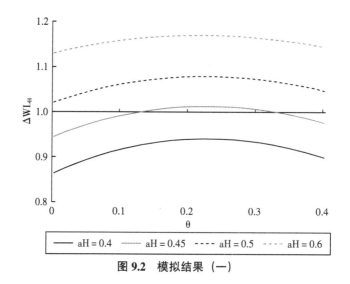

图 9.2　模拟结果（一）

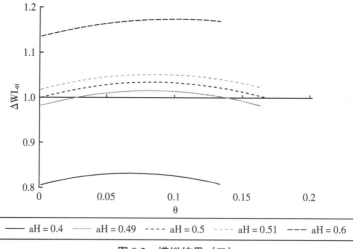

图 9.3　模拟结果（二）

　　H 国相对社会福利和放松市场准入的影响并不存在明显一致性，其变化与本国市场的需求规模紧密相关，如图 9.4 和图 9.5 所示。一国的市场需求规模会影响企业数量与社会福利的关系趋势，在我们模拟计算的两种情形中，当 H 国市场规模 $a^H \approx 0.55$ 时，趋势方向会发生根本性的变化。在所有情形中，当 H 国需求规模较小时，放开市场准入对本国福利影响为负，这种影响随着私有航空公司数量的增加而增强。当 H 国拥有需求规模优势时，放开市场准入对本国福利影

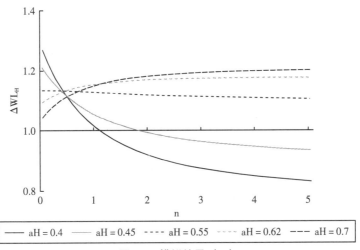

图 9.4　模拟结果（三）

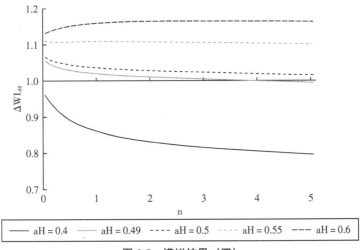

图 9.5　模拟结果（四）

响为正，但影响效应是逐步递减的。这揭示了在本国行业处于成长过程时，过度自由化并不适于双边市场，只有当行业及市场需求发展到一定规模时，一个开放的市场才能提高本国福利。

9.5 小 结

服务贸易政策影响国际服务贸易市场的竞争与绩效，在双边体制主导的国际航空运输市场更是如此。国际航空运输贸易政策对市场竞争与社会福利的影响一直缺乏经济学的理论解释，我们在严格的双边框架下构建了一个非对称混合寡占模型，通过市场细分方法分析单一市场的消费者剩余和社会福利。该模型在静态和动态两种情况下描述了一个拥有国有航空公司的国家的双边市场均衡，并将其扩展为分析政府补贴的均衡。此外，我们还分析了更开放的市场准入的影响，政府对国有航空公司的偏向政策，包括社会责任和补贴，以及其他有关市场均衡和福利的贸易政策工具。

细分市场竞争的均衡结果接近传统的混合寡占模型的分析结论；国有航空公司与私有航空公司间的数量竞争是战略替代，而私有航空公司间的竞争是战略互补。这是因为国有航空公司凭借偏向政策的优势总是可以在市场竞争中获得产出和利润优势。从贸易政策的影响看：对市场竞争的影响，放松市场准入在所有情形下都能够降低细分市场的均衡价格，降低私有航空公司的均衡产出，并降低所有企业的利润水平。不同的是在静态模型中放开市场准入对国有企业的产出是负影响，而在动态情形下则为正影响。从对行业总产出和总福利的影响看，积极的贸易政策可以提升整个双边市场的总体产出和社会福利。一个国家对国有航空公司的偏向政策能够在一定程度上提升本国的相对市场份额，提高本国的相对社会福利。放松市场准入则只有在动态情形下能够提高本国的市场份额，而在静态情形下则会降低本国的市场份额；同时，在本国需求规模较小时，放松市场准入会损害本国的社会福利，只有当本国需求规模达到整个市场需求的至少一半的时候，才能改善本国的社会福利。

从贸易政策对国家利益的影响来看，比较静态分析的结果是有意义的。本模型假设两国航空公司的生产能力没有差异，从国有航空公司与私有航空公司的差异着手，考虑了不同市场规模对市场均衡的影响，以及进一步对政策工具作用效果的影响。总之，如果国有航空公司获得偏向政策，总是能够在市场中获得超过竞争对手的产量和利润，进而扭曲市场竞争，降低市场运行的效率，这与经验分析得到的结论是一致的。但国有企业并非一无是处，在本国行业发展初期，适度的国有航空公司偏向政策对促进行业发展和改进社会福利能够起到积极作用（当市场规模较小时）；与此同时，保守的贸易政策通过限制国际竞争可以在一定程度上保护本国的幼小市场，而更开放的贸易政策必须与国家自身需求规模的发展相一致。本模型及其结论更适用于对具有较大需求规模和不同产业发展水平的两个国家之间的单一双边市场的分析；例如，欧盟—美国，中国—美国，意大利—美国，这是典型的不对称混合的双边市场。在中国—美国市场的例子中，我国在改革开放之初，航空运输需求规模相对较小且处于航空产业的起步阶段，因此政策层对市场开放的态度总是谨慎的，而美国对开放双边市场持相反的态度。目前，由于中国需求规模的增长，两国对双边国际航空运输市场的开放态度已完全逆转。

本章模型的均衡结果和相关分析严格限制在双边框架内，只考虑传统的第3、第4航权，不考虑其他航权的开放，如第5、第7航权以及国际中转和第三方需求等。此外，该模型没有考虑到两国产业发展的差异，忽略了一些异质因素，如地理位置、殖民影响和文化因素等。模型结论对传统的双边市场的贸易政策分析是有意义的，积极的贸易政策通过降低市场价格和增加总产出来促进市场竞争，从而提高整体的社会福利。

附录1

证明 θ 对 ΔMS 的影响

根据式（9.11）和式（9.12），我们可以得到：

Cournot 和补贴 I 情形：

$$\Delta MS_H^* = \frac{Q_H^*}{a_H(Q_H^* + S_F^*)} = \frac{1}{a_H}\left(\frac{1 - \dfrac{(n+2)(1-2\theta)}{2n+3}}{1 - \dfrac{1-2\theta}{2n+3}} \right) = \frac{1}{2a_H}\frac{(1+2\theta)n + 1 + 4\theta}{n+1+\theta}$$

$\partial \Delta MS_H^*/\partial \theta = (n+1)(2n+3)/2a^H(n+1+\theta)^2 > 0$

Stackelberg 情形：

$$\Delta MS_H^{**} = \frac{Q_H^{**}}{a_H(Q_H^{**} + Q_F^{**})} = \frac{1}{2a_H} \frac{3n + 1 + 2(n + 1)(3n + 2)\theta}{[3n + 1 + (n + 1)\theta]}$$

$$\partial \Delta MS_H^{**}/\partial\theta = (3n + 1)(6n + 3)/2a^H[3n + 1 + (n + 1)\theta]^2 > 0$$

补贴 II 情形：

$$\Delta MS_H^\dagger = \frac{Q_H^\dagger}{a_H(Q_H^\dagger + Q_F^\dagger)} = \frac{1}{2a_H} \frac{3n + 1 + 2(2n + 1)(3n + 2)\theta}{[3n + 1 + (2n + 1)\theta]}$$

$$\partial \Delta MS_H^\dagger/\partial\theta = (18n^2 + 12n + 3)/2a^H[3n + 1 + (2n + 1)\theta]^2 > 0$$

附录 2

证明 n 对 ΔMS 的影响

根据附录 1 的计算，我们得到：

Cournot 和补贴 I 情形：

$$\frac{\partial \Delta MS_H^*}{\partial n} = \frac{1}{2a_H} \frac{(1 + 2\theta)(n + 1 + \theta) - [(1 + 2\theta)n + 1 + 4\theta]}{(n + 1 + \theta)^2}$$

$$= \frac{1}{2a_H} \frac{[(1 + 2\theta)n + 1 + 2\theta + (1 + 2\theta)\theta] - (1 + 2\theta)n - 1 - 4\theta}{(n + 1 + \theta)^2}$$

$$= \frac{1}{2a_H} \frac{-2\theta + \theta + 2\theta^2}{(n + 1 + \theta)^2} = \frac{1}{2a_H} \frac{-2\theta + \theta + 2\theta^2}{(n + 1 + \theta)^2} = \frac{1}{2a_H} \frac{\theta(2\theta - 1)}{(n + 1 + \theta)^2} < 0$$

Due to $\alpha^* + \beta^* > 0$, we can get $1 - 2\theta > 0$. So $\partial \Delta MS_H/\partial n < 0$ always holds.

Stackelberg 情形：

$$\frac{\partial \Delta MS_H^{**}}{\partial n} = \frac{1}{2a_H} \frac{[3 + 2(6n + 5)\theta][3n + 1 + (n + 1)\theta] - [3n + 1 + 2(n + 1)(3n + 2)][3 + \theta]}{[3n + 1 + (n + 1)\theta]^2}$$

$$= \frac{1}{2a_H} \frac{[3 + 2(6n + 5)\theta](3n + 1) + [3 + 2(6n + 5)\theta](n + 1)\theta - (3n + 1)(3 + \theta) - 2(n + 1)(3n + 2)(3 + \theta)\theta}{[3n + 1 + (n + 1)\theta]^2}$$

$$= \frac{1}{2a_H} \frac{(12n + 9)(3n + 1)\theta + 3(n + 1)\theta - 6(3n^2 + 5n + 2)\theta + 2(6n^2 + 11n + 5)\theta^2 - 2(3n^2 + 5n + 2)\theta^2}{[3n + 1 + (n + 1)\theta]^2}$$

$$= \frac{1}{2a_H} \frac{(18n^2 + 12n)\theta + 2(3n^2 + 6n + 3)\theta^2}{[3n + 1 + (n + 1)\theta]^2} > 0$$

补贴 II 情形：

$$\frac{\partial \Delta MS_H^\dagger}{\partial n} = \frac{1}{2a_H} \frac{[3 + 2(12n + 7)\theta][3n + 1 + (2n + 1)\theta] - [3n + 1 + 2(6n^2 + 7n + 2)\theta][3 + 2\theta]}{[3n + 1 + (2n + 1)\theta]^2}$$

$$= \frac{1}{2a_H} \frac{(24n+12)(3n+1)\theta+(6n+3)\theta-6(6n^2+7n+2)\theta+2(24n^2+26n+7)\theta^2-4(6n^2+7n+2)\theta^2}{[3n+1+(2n+1)\theta]^2}$$

$$= \frac{1}{2a_H} \frac{(72n^2+66n+15)\theta-(36n^2+42n+12)\theta+(48n^2+52n+14)\theta^2-(24n^2+28n+8)\theta^2}{[3n+1+(2n+1)\theta]^2}$$

$$= \frac{1}{2a_H} \frac{(36n^2+24n+3)\theta+(24n^2+24n+6)\theta^2}{[3n+1+(2n+1)\theta]^2} > 0$$

第 10 章　产业发展阶段、国际航空运输政策和贸易体制

部分观点认为，国际航空运输政策应该与航空运输业的发展阶段相适应，国际航空运输政策的自由化应该与产业发展阶段相适应，"天空开放"是航空运输产业已经处于成熟阶段的国家采取的国际航空运输政策。本部分将研究航空运输产业成长与国际航空运输政策之间是否存在上述的关系。

此外本章结合第 2 章对国际航空运输体制的发展变化，进一步运用新制度经济学的理论和方法展开对国际运输政策体制的研究，归纳总结各种体制的优劣以及和一般国际贸易体制的关系，研究欧美国际航空运输体制的发展和变化以及中国国际航空运输体制的演变，为我国未来国际航空运输体制的选择提供依据。

10.1　航空运输产业发展阶段划分

产业生命周期理论将产业成长划分为不同的阶段。不同的学者划分方法不同。Gort 和 Klepper（1982）将产业成长划分为第一个厂商引入新产品的第一阶段、大量厂商进入的第二阶段、净进入几乎为零的第三阶段、净进入为负的第四阶段、再次出现净进入为零的第五阶段。在第五个阶段中可能出现新的创新，如果有新产品的出现，则新一轮成长再次开始。这个划分方式在国内研究中被广泛运用，并被简化为引入、大量进入、稳定、大量退出、产业成熟五个阶段。然而 Klepper 和 Graddy（1990）加入了技术内生化的分析维度，将上述产业成长阶段重新划分为三个阶段，第一阶段中厂商数量大量增加，第二阶段中厂商数量持续减少，第三阶段中厂商数量保持稳定。国内学术界习惯称这三个阶段为成长阶段、淘汰阶段和稳定阶段。对照 1982 年的划分，1990 年的划分基本上是将前三

个阶段合并为一个阶段，从而简化为三个阶段。

国内学者陈佳贵（1995）将企业的生命周期划分为孕育期、求生存期、高速发展期、成熟期、衰退期五个时期。向吉英（2007）将产业生命周期划分为形成期、成长期、成熟期、衰退期四个阶段。将陈佳贵（1995）和向吉英（2007）的生命周期划分方法与 Gort 和 Klepper（1982）以及 Klepper 和 Graddy（1990）进行比较，发现两种划分方法有类似之处。比如陈佳贵（1995）的孕育期、向吉英（2007）的形成期就与 Gort 和 Klepper（1982）的第一阶段引入基本等同。不同的是，陈佳贵（1995）和向吉英（2007）都引入了一个衰退阶段。

国内目前对产业生命周期的研究一般按照四个阶段来划分，只是存在称谓上的一些差异，比如有的将第一阶段称为投入期（窦佩林和李根，2010）。本书也将航空运输产业的成长划分为形成期、成长期、成熟期、衰退期四个阶段。在产业生命周期的不同阶段，航空运输产业在规模、技术与产业组织上呈现出不同特征。

10.1.1 形成期特征[①]

在一国航空运输产业的形成期，其运输总周转量、占综合交通运输体系比例及运输量增长速度都比较低。在这一时期产业技术还未成体系，无论是产业专有技术还是通用的技术，仍主要依赖引进或应用创新。在产业组织方面，这一时期产业内的企业数量较少，竞争不激烈，市场集中度较高。

10.1.2 成长期特征[②]

航空运输所提供的服务产品从本质上来说是一种衍生需求。伴随着社会经济的发展、地区间商贸往来的增多，航空运输逐步进入产业成长期。在此阶段，运输总周转量及增长率、占综合交通运输体系比例等指标迅速上升。在产业技术方面，这一时期产业自主创新能力增强，整个航空运输产业正在逐步摆脱对他国的技术依赖。在产业组织方面，国内市场逐步放松管制，大量新竞争者进入市场，竞争程度增加，市场集中度下降。

---

①② 李艳伟，郑兴无."天空开放"背景下我国民航运输产业成长路径研究［J］.南京航空航天大学学报，2014，16（2）：49-54.

10.1.3　成熟期特征①

当航空运输产业进入成熟期时，运输总周转量及增长率、占综合交通运输体系比例等指标增长速度放缓，维持在一个较稳定的水平。产业技术创新成为解决航空运输产业发展中的瓶颈问题和推进产业发展的主要力量。在产业组织方面，产业间横向与纵向的兼并成为产业发展的主旋律，产业内企业数量处于稳定状态，市场集中度提高。

10.1.4　衰退期特征②

根据第 7.1.2 小节的论述，如果出现了新的生产方式，催生新的运输方式产生，则航空运输产业不可避免会走向衰退。在衰退期，机队运力过剩，盈利能力下降，人才流失，行业内企业数量大幅度减少。

10.2　航空运输产业发展阶段的判定

在产业发展阶段判定方面，国内其他行业有较多的研究。较早的有范从来（2002）对 300 多家并购上市公司所处行业的发展阶段判定，窦佩林和李根（2010）对中国造船业所处发展阶段的判定，康媛媛和沈蕾（2014）对北京市战略新兴产业发展阶段的研究，王云等（2015）对中国煤炭业发展阶段的判定。

在产业发展阶段判断方法上，范从来（2002）使用了增长率产业发展阶段划分方法，窦佩林和李根（2010）、王云等（2015）均使用了龚柏兹曲线定量分析法，范从来（2002）和王云等（2015）还使用了依照增长率不同来划分发展阶段的计算判断法，康媛媛和沈蕾（2014）则使用了 Logisitic 模型。

上述方法中，除了增长率方法外，其他两种方法对数据的要求高，本研究拟采用较为简单的增长率方法来判定航空运输产业的发展阶段。但是范从来（2002）和王云等（2015）所使用的增长率方法并不相同。王云等（2015）是以

---

①② 李艳伟，郑兴无.“天空开放”背景下我国民航运输产业成长路径研究 [J]. 南京航空航天大学学报，2014，16（2）：49-54.

10%作为标准划分产业发展阶段的，即增长率小于10%时，产业处于形成期；增长率大于10%时，产业处于成长期；增长率下降到10%以下时，产业进入成熟期；如果出现负增长则产业进入了衰退期。而范从来（2002）是通过比较产业在两个相邻时期的增长率与所有产业部门的增长率来划分产业发展阶段。

尽管同为增长率判断法，但是范从来（2002）的方法更为可取，因为按照王云等（2015）的方法，增长率小于10%时既可能处于形成期，也可能处于成熟期，判断上存在一定困难。

因而，以范从来（2002）的增长率产业发展阶段划分方法为基础，加以修改后进行航空运输产业发展阶段的判定。使用的数据为1990~2014年的国际民航组织报表A运输总周转量，样本为与中国订立双边航空运输协定，并且能够获得上述期间数据的55个国家，另外再加上中国。具体计算和判断过程如下：

（1）计算1990~2002年各国和全球航空运输业平均增长率，分别记为T1和W1。

（2）计算2002~2014年各国和全球航空运输业平均增长率，分别记为T2和W2。

（3）判断产业发展阶段：

当T2 > T1，T2 > W2，产业发展阶段为形成期；

当T1 > W1，T2 > W2，且T1 > 0，T2 > 0时，产业发展阶段为成长期；

当T1 > W1，T2 < W2；或者T1 < W1，T2 < W2，且T2 ≠ 0时，产业发展阶段为成熟期；

当T1 < W1，T2 < W2，且T1 < 0和/或T2 < 0时，产业发展阶段为衰退期。

通过计算，得出56个国家的航空运输产业所处发展阶段，结果如表10.1所示。

表 10.1　部分国家航空运输产业发展阶段判定结果

国家	1990~1992年各国年均增长率（%）	1990~1992年世界年均增长率（%）	2002~2014年各国年均增长率（%）	2002~2014年世界平均增长率（%）	产业发展阶段	与中国ASA评分	是否与美国"天空开放"
阿尔及利亚	−0.40	4.30	4.40	5.80	成熟期	11.5	否
阿根廷	−0.50	4.30	6.50	5.80	成长—成熟期	11.5	否
埃及	3.70	4.30	6.70	5.80	形成期	13.75	否
埃塞俄比亚	6.00	4.30	17.20	5.80	成长期	7.5	是

续表

国家	1990~1992 年各国年均增长率（%）	1990~1992 年世界年均增长率（%）	2002~2014 年各国年均增长率（%）	2002~2014 年世界平均增长率（%）	产业发展阶段	与中国 ASA 评分	是否与美国"天空开放"
爱尔兰	10.50	4.30	17.30	5.80	成长期	2.25	是
奥地利	13.20	4.30	2.90	5.80	成熟期	20.75	是
澳大利亚	5.60	4.30	3.70	5.80	成熟期	16.75	是
巴基斯坦	0.20	4.30	1.00	5.80	成熟期	13.25	是
巴西	3.80	4.30	6.50	5.80	形成期	13.75	否
比利时	−3.50	4.30	12.50	5.80	成长—成熟期	12.75	是
冰岛	6.50	4.30	6.40	5.80	成长期	6.25	是
波兰	4.30	4.30	3.00	5.80	成熟期	5.25	是
德国	7.40	4.30	3.60	5.80	成熟期	16	是
俄罗斯	−11.70	4.30	11.40	5.80	形成期	14.75	否
法国	4.90	4.30	2.90	5.80	成熟期	14.25	是
菲律宾	2.20	4.30	8.50	5.80	形成期	9.25	否
芬兰	4.90	4.30	8.90	5.80	成长期	10.75	是
哥伦比亚	3.00	4.30	8.30	5.80	形成期	25.75	是
古巴	1.30	4.30	0.80	5.80	成熟—衰退期	5.25	否
韩国	10.20	4.30	3.70	5.80	成熟期	9.25	是
荷兰	7.60	4.30	3.00	5.80	成熟期	13.75	是
加拿大	4.60	4.30	4.50	5.80	成长—成熟期	19.5	是
捷克	5.40	4.30	4.60	5.80	成长—成熟期	9.25	是
肯尼亚	7.10	4.30	8.50	5.80	成长期	11.5	是
黎巴嫩	−0.30	4.30	5.70	5.80	成熟期	4	否
罗马尼亚	−0.30	4.30	8.20	5.80	形成期	12.5	是
马来西亚	10.40	4.30	6.50	5.80	成长期	29.75	是
毛里求斯	7.40	4.30	1.00	5.80	成熟期	13.75	否
美国	3.10	4.30	3.70	5.80	成熟期	26	不适用
孟加拉国	7.20	4.30	3.50	5.80	成熟期	7.25	是
秘鲁	3.20	4.30	17.60	5.80	形成期	15.5	是
摩洛哥	7.80	4.30	6.60	5.80	成长期	17.25	是
墨西哥	5.40	4.30	5.70	5.80	成长—成熟期	15.5	否

续表

国家	1990~1992年各国年均增长率（%）	1990~1992年世界年均增长率（%）	2002~2014年各国年均增长率（%）	2002~2014年世界平均增长率（%）	产业发展阶段	与中国ASA评分	是否与美国"天空开放"
南非	9.20	4.30	2.90	5.80	成熟期	14.5	否
葡萄牙	4.20	4.30	7.80	5.80	形成期	5.25	是
日本	4.00	4.30	0.00	5.80	成熟期	9.25	是
瑞士	3.30	4.30	4.80	5.80	成熟期	15.5	是
沙特	2.30	4.30	8.20	5.80	形成期	9.25	是
斯里兰卡	5.40	4.30	6.50	5.80	成长期	3	是
泰国	8.00	4.30	4.00	5.80	成熟期	29.75	是
突尼斯	4.70	4.30	6.70	5.80	成长期	9.25	否
土耳其	12.30	4.30	18.90	5.80	成长期	9.25	是
西班牙	5.60	4.30	4.50	5.80	成熟期	5.25	是
希腊	0.70	4.30	−0.50	5.80	衰退期	11.5	是
新加坡	9.60	4.30	2.30	5.80	成熟期	29.75	是
新西兰	5.90	4.30	2.40	5.80	成熟期	11.5	是
匈牙利	6.70	4.30	17.90	5.80	成长期	4.5	是
伊朗	2.20	4.30	5.90	5.80	形成期	9.25	否
以色列	4.30	4.30	1.00	5.80	成熟期	13.75	是
意大利	3.10	4.30	−0.20	5.80	衰退期	13.5	是
印度	2.90	4.30	12.60	5.80	形成期	5.25	是
印度尼西亚	0.60	4.30	13.60	5.80	形成期	29.75	是
英国	3.40	4.30	2.30	5.80	成熟期	23.75	是
约旦	1.60	4.30	3.80	5.80	成熟期	2.25	是
智利	9.70	4.30	5.30	5.80	成长—成熟期	24.75	是
中国	16.9	4.3	13.6	5.8	成长期	不适用	否

资料来源：世界航空运输数据来自国际民航组织航空运输报表A。

56个国家中一共有12个国家的产业处于形成阶段、12个国家处于成长阶段、23个处于成熟阶段、2个处于衰退阶段，另外还有6个处于成长阶段与成熟阶段之间、1个处于成熟阶段与衰退阶段之间。

由于按照增长率判定方法判定产业的发展阶段，需要的数据时间长度长一些，效果会更好一些，同时由于增长率判断法毕竟属于简单的判断方法，部分结果不一定与实际经验吻合。比如，孟加拉国的航空运输产业处于成熟阶段就不一定准确，还有就是葡萄牙的航空运输产业处于形成阶段也存疑。

10.3　航空运输产业发展阶段与国际航空运输政策的相关性

在上一小节中对部分航空运输产业发展阶段判定的基础上，本部分将分析国际航空运输政策与航空运输产业发展阶段是否存在国际航空运输政策应该随产业发展阶段而不同的关系，或者说"天空开放"要等到产业进入成熟阶段后才能推行。

在表 10.1 的后两列，分别为这些国家与中国订立的双边航空运输协定自由化程度得分以及其中除美国以外的国家是否与美国订立"天空开放"协定。

在与中国订立双边航空运输协定的 55 个国家中，双边航空运输协定自由化评分低于 5 分的国家的航空运输产业既有处于形成期的，也有处于成长期以及成熟期的，还有处于衰退期的；得分高于 15 分的国家的航空运输产业也包括了上述四类发展阶段；得分高于 20 分的航空运输产业包括了形成期、成熟期以及成长期与成熟期之间的形态。

另外，将这些国家按照航空运输产业发展的阶段归类计算平均的双边航空运输协定自由化水平，发现航空运输产业处于形成阶段国家的双边航空运输协定自由化程度平均得分为 13.2 分，形成阶段的为 13.7，成长阶段的为 10.1，成熟阶段的为 13.8，衰退阶段的为 12.5，成长与成熟过渡阶段的为 15.5。如果不考虑成长与成熟过渡阶段的 6 个国家，则形成阶段、成熟阶段和衰退阶段的差异不大，只有成长阶段的更低一些。但由于 6 个成长与成熟过渡阶段的国家的评分较高，如果将这些国家归入成长阶段，则成长阶段与其他发展阶段的差异会缩小。当然这里似乎有这样的启示，即成长阶段航空运输产业国家的国际航空运输政策可能更为谨慎。

再从 55 个国家中的 54 个是否与美国订立双边"天空开放"协定来考察国际航空运输政策与产业发展阶段的相关性。航空运输产业发展阶段处于形成阶段、成长阶段、成长—成熟阶段、成熟阶段、衰退阶段的国家与美国订立"天空开放"协定的比例分别为 58%、91%、67%、78%、100%。产业处于衰退阶段的国家订立"天空开放"协定的数量为100%，但由于国家仅有两个，从统计角度看，并不具有代表意义。其他阶段也不存在发展阶段越靠后，订立"天空开放"协定的比例也就越大的结论，成熟阶段的比例还小于成长阶段。

就上述分析看，国际航空运输政策与产业发展阶段的关系并不明确，目前的研究并不支持产业发展阶段越高，国际航空运输政策自由化越高的观点。由于数据以及方法方面的限制，还需做进一步的研究。

10.4　国际航空运输体制变迁及趋势

10.4.1　多边、双边、区域集团贸易体制的基本含义

在国际贸易体制类型中，主要有多边、双边、区域集团等体制。下面就这三种典型体制简述其基本含义。

10.4.1.1　多边贸易体制

"多边"是相对于区域或其他数量较少的国家集团所进行的活动而言的。世界贸易组织采取"多边贸易体制"。世界上几乎所有主要贸易国，都是该体制的成员，但仍有一些国家不是，因此使用"多边"（Multilateral）一词，而不用"全球"（Global）或"世界"（World）等词。

多边贸易体制有如下五项主要原则：第一是非歧视性，即一国不应在其贸易伙伴之间有所歧视，它们都被平等地给予"最惠国待遇"；也不应在本国和外国的产品、服务或人员之间有所歧视，要给予其"国民待遇"。第二是更自由的贸易，即通过谈判不断减少贸易壁垒，这些壁垒包括关税、进口禁令或进口配额等有选择地限制数量的措施，以及繁文缛节、汇率政策等其他问题。第三是可预见性，在世贸组织中越来越多的关税税率和市场规则受到约束，外国公司、投资者和政府应相信贸易壁垒不会随意增加。第四是促进公平竞争。第五是鼓励发展和经济改革，给予欠发达国家更长的调整时间、更多的灵活性和特殊权利（新华网，2005）。

10.4.1.2　双边贸易体制

所谓"双边贸易"（Bilateral Trade），是指两个国家或地区之间的贸易。双边

贸易体制具有缔结快、包括范围大、可持续缔结、"从能做的地方做起"等特点，并且可以为处理与多边主义的关系积累新的经验。

10.4.1.3 区域集团贸易体制

区域贸易体制泛指地理位置毗邻或因政治、文化、利益等方面认同而互相依存的一些国家或地区，为了实现各自利益进行的正式或非正式的贸易制度安排。其前提是逐步削减和消除各种阻碍区域贸易自由化的壁垒，借以促进该区域经济向纵深方向发展。

区域贸易体制属于区域经济一体化的范畴。其典型代表是早期的欧洲经济共同体，即现在的欧盟。

10.4.2 国际贸易体制的相关理论与发展变迁

权威地解释国际贸易体制及运行机制变迁的理论主要有两大流派：以吉尔平为代表的霸权稳定论以及以基欧汉和奈为代表的相互依赖论。尤其是后两者在其代表作《权力与相互依赖》（第 3 版）中，基于全球化与国家间相互依赖程度加深的现实，综合了霸权稳定论和相互依赖论两大流派的观点，提出了解释国际机制变迁的四种模式，即经济进程模式、总体权力结构模式、问题结构模式和国际组织模式。张斌（2003）进一步分析指出，20 世纪 70 年代前国际机制属于总体结构模式，而霸权之后的国际机制更符合问题结构模式和国际组织模式，并由此得出"问题结构模式和国际组织模式已成为乌拉圭回合之后多边贸易体制的两个侧面"的结论。

李扬（2008）认为多边贸易体制是一项公共产品，将多边贸易体制解释为摆脱贸易政策"囚徒困境"的一项制度安排，而谈判是多边贸易体系的驱动力量，谈判本身就是博弈过程，因此认为多边贸易谈判体制是一个博弈系统。陈树元（2007）以区域贸易协定及其对多边贸易体制的影响为研究对象，阐明了区域贸易协定的产生、内涵、存在依据，指出区域贸易协定是多边贸易体制的例外，并分析了其对多边贸易体制的影响。蔡宏波（2009）从单边贸易自由化、双边自由贸易、自由贸易协定网络三个层次建立递进式理论体系，并提出了双边自由贸易协定形成机制理论的整体框架。

从国际贸易谈判的多边、双边和区域集团体制的发展变迁来看，基本上达成共识的结论有：①无论是双边体制还是多边体制，均是代表不同驱动力量的一个博弈系统；②国际贸易体制在动态中发展演进，随经济进程模式的不同而不同，从总体结构模式走向问题结构模式，最终都会走向国际组织模式；③区域经济的一体化是世界经济一体化的过渡模式，因此区域集团体制是目前自由化程度最高的贸易体制；④国际贸易的多边体制自多哈回合几次谈判失败以来，短期内难有起色，多边贸易体制前景暗淡。在此背景下，相当一部分国家转向双边体制或区域集团体制的阵营。

10.4.3　国际航空运输体制的演变和发展趋势

从时间顺序看，国际航空运输体制经历了"单边主义下的双边—多边框架下的双边—双边为主、区域集团和多边为辅"的发展过程。

10.4.3.1　"二战"结束之前单边主义下的双边体制

在第 2.1.1 小节中已经提到在第一次世界大战前，航空运输活动发达的欧洲国家间就对"空域主权"与"航空自由"展开了争论，在 1910 年于法国巴黎召开的国际航空运输大会上坚持"空域主权"的英国与倡导"航空自由"的德法不能达成一致。此后，英国单方面宣布对领土上方空域完全的国家主权和控制权，其他国家纷纷效仿，国际航空运输的提供只能通过双边谈判解决。

"一战"后，《巴黎公约》和《哈瓦那公约》也未建立起国际航空运输的多边体制，首先《巴黎公约》和《哈瓦那公约》的缔约国都是区域性质的，不仅参与方有限，而且也没有解决全球国际航空运输服务提供的问题。但是，《哈瓦那公约》在美洲范围内解决了国际航空运输服务提供，授予了区域内国家第 5 业务权。这一点在第 2.1.2 小节中已经有详细的论述。就全球范围来看，国际航空运输仍然是双边体制。

10.4.3.2　芝加哥多边框架下的双边体制

在第 2.2 节中的分析说明，1944 年的多边《芝加哥公约》也仅仅实现在安全和技术管理方面的多边性，而没有能够在国际航空运输服务提供方面达成多边协议。《芝加哥公约》作为一个全球适用的公约，并未对国际航空运输做出直接规定。由于《芝加哥公约》第一次在多边体制下将国家空域主权原则明确下来，表明进入其他国家进行商业航空运营需要获得该国的授权。同时《芝加哥公约》也规定"任何缔约国在不违反第 6 条的规定下，可以订立与本公约各规定不相抵触的协议"，表明多边体制下对双边航空运输协定的接受。因此，在多边管理体制的框架内，各国可在不违反公约规定的前提下签订双边航空运输协定，并将协定在国际民航组织备案。简言之，这是一种在多边体制下的双边体制，或者也可以简单地说就是一种双边体制。因为多边体制下对缔约国订立的双边航空运输协定没有任何管辖权力。关于这个体制更详细内容参见第 2、第 3 章。

10.4.3.3　新趋势——双边体制为主、区域和多边体制为辅

在经济全球化深化发展、国际航空运输服务贸易的需求快速增长的今天，国际航空运输体制仍然维持《芝加哥公约》订立后的双边体制，但是出现了转折式迂回推进的趋势，国际航空运输领域的区域化、多边和"新型双边"也开始涌现。例如，既有内部区域集团体制（欧盟），又有欧盟和美国之间不同于传统双边体制的 OAA 等。

欧盟是区域性国际航空运输自由化程度最高的代表。欧共体自从 1987 年、1990 年开始的两个阶段对国际航空运输服务关系进行调整和放松规制之后，1993 年开始的第三阶段完成了把成员国之间的国际航空运输关系整合为欧盟内部关系，从此建立了欧盟单一航空运输市场（EU SAM）。这一"单一天空体制"成为国际航空运输区域集团体制的典型。

此外，2006 年欧洲共同航空区、2009 年东盟多边航空运输协定等事实上也都属于航空运输服务贸易的区域体制。

1995 年 1 月 1 日生效的《服务贸易总协定》（GATS）中空运附件首次在多边贸易体制下被纳入航空运输服务。然而事实上，空运附件这一多边国际航空运输体制的具体内容仅包括 3 项：飞机的修理和维护、航空运输服务的销售和营销、计算机订座系统。并且，GATS 清楚明确地把国际航空运输服务的核心内容——航权和与直接行使航权相关的服务排除在多边体制之外。

区域和多边体制的出现并未改变双边体制仍然占绝对主导地位的局面。

10.5　从国际贸易体制演变看国际航空运输体制的选择路径

10.5.1　国际航空运输多边、双边、区域体制的特点及优劣势

10.5.1.1　国际航空运输的特殊性

国际航空运输属于服务贸易，具有一般服务的属性，比如无形性、不能存储

等。此外，还具有自身的一些特殊性。在第 2.3 节中总结的影响国际航空运输体制的因素，其实也反映了航空运输服务的特殊性。政治层面，航空与国家成就和骄傲紧密联系在一起；军事层面，航空运输具有潜在的军事性和预备性，这一点早在"二战"中得到表现，最近在两次海湾战争和阿富汗战争中也得到表现；经济层面，航空运输产业链能够创造出较高的 GDP 以及就业岗位；谈判议题层面，国际航空运输体制的谈判议题主要表现在航权、运力、运价和航空公司指定数量和指定标准等方面，这已经在第 3、第 4 章中有详细的分析，这些议题在形式上与一般的服务贸易也有巨大的区别。

10.5.1.2　三种体制的特点、优劣势对照

论述一般性三种体制差异的文献比较丰富。陈树元（2007）从法理的角度指出区域贸易协定是多边贸易体制的例外条款，他通过对区域贸易体制与多边贸易体制的二者内涵的比较，提出了区域体制和多边体制是一种相得益彰、兼容协同的动态互补性竞争关系，二者通过相互作用、相互促进及相互转化，最终必将走向融合。

蔡宏波（2009）对双边 FTA 内在形成机制开展了基于福利函数各构成要素的实证考察。龚宇（2008）在论及国际航空运输服务自由化时指出，航空运输服务贸易多边与双边体制的最大区别是双边安排的灵活性，并就双边与多边体制的未来发展进行了展望。刘光溪（2007）、李扬等（2008），以及郑兴无（2010）均指出，多边贸易体制存在"搭便车"行为等。

为充分系统地分析航空服务贸易多边、双边、区域贸易体制的优劣势，表 10.2 从交易成本、操作性、"搭便车"行为、利益平衡、谈判议题、自由化程度对三种核心体制的差异予以比较对照。

表 10.2　国际航空运输不同体制比较

	交易成本	操作性	"搭便车"行为	利益平衡	谈判议题	自由化程度
双边体制	低	很强（从能做的地方做起）	不会产生	表面对等，但本质上可能利于强势一方	全面	低—高
多边体制	很高	很弱（必须频繁磋商）	很容易产生	利于各方利益平衡，利于弱势方	范围小	低
区域体制	较低	较强（区域内促成）	较少产生	各方利益较对等	全面	高

双边体制的交易成本低、能够做到表面上的对等，可以涵盖航空运输服务的所有领域，同时操作性强，即可以从能够做的地方做起，因而自由化程度可以很高，也可以很低，这一点从第 4 章和第 6 章的分析很容易看到。当然在利益平衡上，表面上是对等的，但可能本质上更利于地位强势的一方。

多边体制由于涉及的谈判主体众多，交易成本很高，这一点从世界贸易组织空运附件第二次审议无疾而终以及多哈回合谈判久拖不决就可以得到证明。另外，很容易产生"搭便车"行为，这也是美国抵抗国际航空运输多边体制的一个重要原因。多边体制下，航空运输谈判议题很窄，包括范围很有限，而且自由化程度很低，导致希望扩大国际航空运输自由程度的国家转而求助双边或者区域解决。当然多边体制有利于平衡各方利益，特别是弱小方的利益能够得到较好的保障。

区域体制的谈判主体在多边和双边之间，但由于经济制度趋同或地缘因素等，易于达成一致，因而交易成本也较低。同样区域内成员的发展程度相对接近，"搭便车"行为的产生也低于多边体制。在区域体制下，一般包含了全部航空运输服务的议题，利益也能较好平衡。一般来说，区域体制下国际航空运输服务的自由化程度水平高。

从上述分析看，双边体制是任何一个国家都可以选择的模式。对于希望控制自由化进程的国家来说，双边是一种更好的选择。对于发展水平接近，又希望达到较高自由化水平的多个国家来说，区域体制不失为一种好选择。多边体制目前来看仅仅是一个表达立场和观点的场所。

10.5.2　国际航空运输体制变迁

国际航空运输作为一种服务贸易，与一般的国际贸易条约与协定的谈判体制有一定的相似性，但是也存在很大的差异。从前述国际航空运输的发展历史可以粗略厘清国际航空运输体制的发展路径。

（1）早期幼稚低级阶段，都是单边主义下的双边体制。"二战"结束之前国际贸易体制可以认为是一种单边主义下的双边体制，国际航空运输体制也是单边主义下的双边体制。这种双边体制是一种简单的双向关系，如图 10.1 所示。

（2）"二战"结束之后是以可量化、易分割谈判议题为主的阶段，国际贸易体制主要是一种多边体制，标志就是《关税及贸易总协定》（GATT）的订立和生效。而国际航空运输体制则发展成为多边框架下的双边体制。

（3）多边体制下的区域经济一体化协定阶段。随着多边体制下进一步推进贸

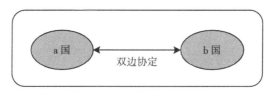

图 10.1　双边体制双向结构

易自由化的难度增加，区域内经济社会制度趋同或存在较明显的地缘政治因素等的国家之间，开始缔结自由化程度更高的区域贸易协定。伴随着欧共体、欧盟、美加墨自由贸易区等区域经济一体化的出现，先后出现了加勒比共同体多边航空运输服务协定、东盟多边航空运输协定、欧盟单一航空运输市场、欧洲共同航空区等数量众多的国际航空运输服务贸易一体化集团。

区域集团贸易体制下各国间关系如图 10.2 所示，国家与国家的市场边界不复存在，可以将区域集团内的国际航空运输视为"国内"航空运输，比如欧盟单一航空运输市场和欧洲共同航空区。还有一种情况是国家与国家的市场边界仍然存在，比如东盟多边航空运输协定。

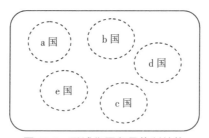

图 10.2　区域集团贸易体制结构

（4）双边模式逐步升级阶段，"区域集团—主权国家"间、"区域集团—区域集团"间的"新型双边体制"逐渐凸显。在一般贸易领域，有东盟"10+1"的自由贸易协定，美国—欧盟进行的双边贸易协定谈判。而在国际航空运输领域，有美国—欧盟的 OAA，欧盟—地中海国家的"天空开放"协定。欧盟委员会的"2015 欧盟航空战略"就希望寻求得到授权与东盟就两个集团之间的"天空开放"协议进行谈判，一旦成功即成为"区域集团—区域集团"间的"新型双边"典范。这两种"新型双边贸易体制"结构如图 10.3、图 10.4 所示。

从趋势上看，国际航空运输的双边体制自从"芝加哥会议"以来即被广泛采用并早已为大多数国家所青睐，仍然占据主导地位；WTO 下的国际航空运输多边体制受美国排斥一直处于边缘化状态；国际航空运输区域体制则逐渐增多。

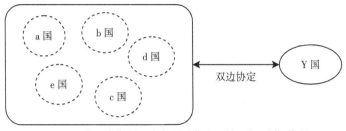

图 10.3　"区域集团—主权国家"间"新型双边"体制

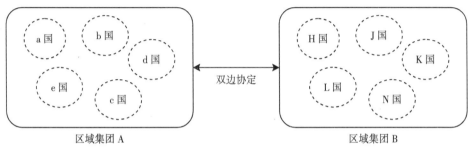

图 10.4　"区域集团—区域集团"间"新型双边"体制

10.5.3　美国、欧盟国际航空运输体制的选择路径

10.5.3.1　美国国际航空运输体制的选择路径

（1）美国一般国际贸易体制的发展变化。在"二战"后的绝大部分时间里，美国政府一直坚定地奉行全球多边贸易政策，并成功地推动了关贸总协定（GATT）的 8 次谈判。美国之所以在 GATT 体系下主张非歧视性原则，反对其他地区的区域合作行为，始终充当多边贸易体制的倡导者，在于此举可以最大程度地维护美国的全球利益（沈铭辉，2013）。

自 20 世纪 80 年代中后期起，美国的贸易政策发生了明显变化，开始接受并实施双边或区域自由贸易协定谈判。以 1994 年生效的北美自由贸易协定为标志，美国在国际贸易领域也开始谋求区域贸易自由化体制。

美国之所以从 20 世纪 80 年代开始从多边主义转向区域主义，主要原因在于相对欧盟、东亚以及以中国为代表的新兴经济体而言，美国的经济实力开始下降，在推动多边贸易谈判时，往往力不从心。特别是从乌拉圭回合谈判开始，美国就不得不通过形成北美自由贸易区和亚太经合组织等贸易集团，依靠集体实力"撬动"欧盟和日本在乌拉圭回合中的谈判立场，进而完成谈判（沈铭辉，

2013)。

2002 年 TPA 贸易促进授权（Trade Promotion Authority，TPA）再次生效后，美国更加频繁地使用"竞争自由化"谈判战略，实施方式是通过签署区域和双边 FTA 推动贸易自由化进程。

由于世界贸易组织框架下的多哈回合谈判迟迟不能完成，陷入了长达十多年的僵局，美国不满足于多边体制下的现状，从原来推进自由贸易区的策略调整到更为雄心勃勃的国际贸易规则框架的重新调整，积极参与并主导了跨太平洋伙伴关系协定（TPP）、跨大西洋贸易与投资伙伴协议（TTIP）和国际服务贸易协定（TiSA）等贸易谈判，并以此作为未来主导国际贸易体制框架的基础。这种做法，仍属所谓的"竞争性自由化"贸易政策，它是通过同时采用多轨道的方式，在全球、区域和双边层面上推动竞争性自由化，以此增强贸易自由化的杠杆作用，并在全球范围内产生影响（沈铭辉，2013）。

（2）美国国际航空运输体制。"二战"后美国希望的国际航空运输体制是多边框架下确定开放市场准入的原则，双边具体推进的方式。这一点在第 2.2 节中有关芝加哥会议中各方建议和分歧中已经有了比较详细的分析。但由于以英国为代表的部分国家希望建立一个对国际航空运输进行严格规制的多边体制，这一点与美国的目标相反，最终国际航空运输只能完全通过双边解决。

自 1992 年以后美国成功在双边体制下推进"天空开放"协定，并取得了巨大成功，在这样的背景下，美国在世界贸易体制下，一直反对扩展 GTAS 空运附件扩大管辖范围，就是在 TPP 和 TiSA 框架内也反对将航空服务的核心客货运纳入其中。

在可以预见的很长一段时间内，双边仍然是美国国际航空运输体制的基本选择。但是双边也非过去单一的国家与国家之间的双边，而是效仿欧美 OAA 协定，出现更多的"新型双边"协定。

10.5.3.2 欧盟国际航空运输体制的选择路径

从一般的国际贸易体制来看，从欧共体（1967 年）到建成欧洲统一大市场（1992），再到欧盟（1993）的正式成立，这一组织始终循着区域经济一体化的路径前行，其贸易体制同样也是区域集团体制的典型。区域外则是采用多边与双边自由贸易协定（FTA）并行的方式。

同一时期的国际航空运输体制也是一种多轨制。欧盟内部则通过第 3.2.3 小节中提及的三个阶段将成员国之间的国际航空运输整合成为单一航空运输市场，成为国际航空运输区域体制的典范。并进一步通过欧洲共同航空区将单一航空运输市场扩展到非欧盟国家，大大拓展了传统的区域体制的范围。在双边体制下，欧盟积极推进"新型双边"方式，与美国、地中海沿岸国家达成协议。在世界贸易组织多边体制下，欧盟也是力争扩展空运附件管辖范围的主力，在这一点上与美国形成尖锐的对立。

10.6　我国国际航空运输体制的演变

与对一般性的国际贸易体制研究众多形成鲜明对比，详细阐述我国国际航空运输体制的文献较少。

总的来看，我国国际航空运输体制的发展及路径选择，与一般国际贸易体制的发展既存在一致性也存在差异性。

在我国加入世界贸易组织之前，我国的国际贸易体制属于双边体制型，而同一个时期，我国的国际航空运输体制也属于双边体制型。在第 6 章中已经指出，在截至 2016 年 6 月与 118 个国家或地区订立的 136 份双边航空运输协定中，超过 70% 为中国加入世界贸易组织之前订立的。这样的状态与芝加哥会议所形成的体制是相吻合的。

在加入世界贸易组织后，一般国际贸易体制已经转轨为多边体制。2000 年，时任国务院总理朱镕基在新加坡举行的第四次中国—东盟领导人会议上首次提出建立中国—东盟自由贸易区的构想，这一构想开启了中国双边自由贸易区战略进程。国际贸易体制不仅有多边，也有双边，并有与区域组织之间的"新型双边"。

这个时期，我国的国际航空运输体制仍然是以双边为主，但是积极参与世界贸易组织框架下关于空运附件的多边审议以及多哈回合谈判中涉及航空运输的议题。在空运附件审议中，我国在扩展空运附件范围上有条件地支持了欧盟等国家的立场，并原则上赞同多哈回合谈判中可以增加涉及航空运输服务的议题。此外，我国还在 2010 年 11 月与东盟订立了第一份"新型双边"的航空运输协定，涉及运价、航空公司指定标准和数量等传统双边协定的内容。还与非洲民航委员会和欧盟建立了航空运输的磋商关系。

10.7 小　结

本章采用增长率方法对部分国家的航空运输产业发展阶段进行了评估，并将评估结果与国际航空运输政策自由化进行比较，发现目前的结果并不支持产业发展阶段越高，国际航空运输政策自由化越高的观点。由于数据以及方法方面的限制，还需做进一步的研究。

本章对国际航空运输体制演变进行了进一步总结，发现尽管双边体制贯穿了整个国际航空运输发展的历史，但在不同阶段存在较大差异。在"二战"之前，双边体制是在单边主义下被迫产生的，而在芝加哥会议后，则是在多边框架下产生的。在经济区域化的推动下，国际航空运输也出现了区域化的发展势头。此外，双边体制发展到现在，也出现了区域集团与一个国家之间的"新型双边"体制。研究也发现，尽管国际航空运输与一般贸易存在较大差异，但是两种体制在一定时期也存在相似之处。

通过对双边、区域和多边国际航空运输体制的比较，发现双边体制是任何一个国家都可以选择的模式。对于希望控制自由化进程的国家来说，双边是一种更好的选择。对于发展水平接近，又希望达到较高自由化水平的多个国家来说，区域体制不失为一种好选择。多边体制目前来看仅仅是一个表达立场和观点的场所。

研究发现，美国国际航空运输体制与其一般贸易体制存在较大差异，双边国际航空运输体制一直是美国所追求的一种体制，而欧盟国际航空运输体制也是一种多轨制，既有区域和传统双边体制，也有"新型双边"关系，而且还积极在世界贸易组织内推进多边进程。

中国国际航空运输体制一直是多边框架下的双边体制，但是最近也开始发展"新型双边"关系。

第 11 章　中国国际航空运输政策的抉择

本章的目的在于对中国国际航空运输业的发展政策提出建议。在构建了一个国际航空运输政策分析模型的基础上，结合前面各章的分析结论，提出能适合中国实际和发展战略导向的国际航空运输政策，以促进行业发展，保障经济社会发展的需求，满足中国参与经济全球化的需要以及国家"一带一路"倡议的需要。

11.1　构建国际航空运输政策分析模型

11.1.1　构建国际航空运输政策理论分析模型的必要性

为了更好地研究分析国际航空运输政策的形成与发展，增强国际航空运输政策研究的理论性，并能够从理论上阐述清楚国际航空运输政策是如何产生和如何发展变化的，需要构建一个完整的国际航空运输政策分析的理论框架，不仅可以尝试理论上的创新，也可以增强研究的系统性、可信性。

前面的分析也表明，欧盟、大洋洲、加拿大的"天空开放"与美国的"天空开放"政策存在差异，有一些差异甚至很大。因为国际航空运输业发展间面临的"约束条件"会因时因地而异，也就是说，不仅同一时间，不同的国家面临的约束条件不相同，即使同一个国家，在不同的时间，也会面临不同的约束条件。因而试图用一个单一的政策模式来概括全世界的国际航空运输政策注定不会成功。

因此，在分析和形成我国国际航空运输政策前，在前面研究其他国家国际航空运输政策演变的基础上，有必要建立一个国际航空运输政策形成与发展的基本理论分析模型，以此模型为基础，研究有代表性的国际航空运输政策的演化脉络，方能得出对我国政策制定有益的结论。

11.1.2 国际航空运输政策理论分析的基本模型

构建国际航空运输政策理论框架的出发点是古典经济学的"理性人"假设，即在经济活动中，决策主体所追求的唯一目标是自身经济利益的最优化。这里稍作扩展，也就是扩展为决策主体追求的是利益最大化，因为某些时候决策主体追求的最大化目标不一定能够用具体的经济利益指标来衡量，但一定是某种利益或某些利益的综合，而不是其他。

对于国际航空运输业，一方面，有自身的利益最大化目标；另一方面，其所属的经济社会又有自己的利益最大化目标，同时作为交通基础设施的国际航空运输业又应该服务于经济社会对利益最大化目标的追求。从经济学角度看，无论是国际航空运输业还是在国际航空运输业支持下的经济社会，在追求利益最大化目标时，都会面临一定的约束条件（这里将经济社会面临的约束条件限制为与国际航空运输有关的）。为了解除这些约束条件，就必须要有相应的政策措施，而这些政策措施中就包括了国际航空运输政策。那么国际航空运输政策是如何产生的呢？

为了更好地说明这个问题，利用图 11.1 进行分析。

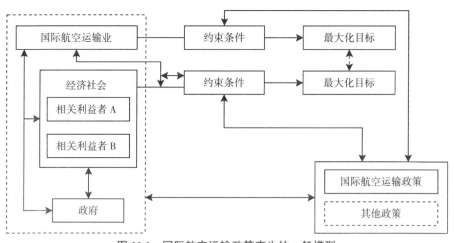

图 11.1 国际航空运输政策产生的一般模型

从图 11.1 可以看出，国际航空运输政策的产生动力来自对约束条件的解除，而约束条件的产生又是和不同主体的利益最大化目标相联系的。国际航空运输业和经济社会的最大化目标是有差异的，而这种差异导致的约束条件可能对国际航空运输政策产生了有冲突的要求。比如，在某个时期一个国家的国际航空运输业最大化目标之一是巩固国际航空运输市场份额，而面临的约束条件之一是外国航空公司的竞争压力。此时经济社会的最大化目标之一是如何在经济全球化中实现产业的升级换代，面临的约束条件是国际航空运输业不能提供足够的支撑。这时对国际航空运输政策的要求可能就出现了冲突。前者要求的是保护型的国际航空运输政策，后者要求的是更加开放型的国际航空运输政策，以便支持高新技术产业的发展，促进产业结构转型升级。同时在政策形成过程中，包括国际航空运输业、旅游、金融、进出口等在内的不同利益集团，对政策影响并不相同。特别是如果政策过程的透明性以及参与度不够，某些利益集团会取得优势地位，从而导致政策的偏向性更加明显。比如，在中国，由于行业的主要管理机构与从事国际航空运输的主要航空公司间一直存在紧密的"政商关系"，这可能就会使得在一定时期，政策制定会更为注重行业的利益最大化目标，而非经济社会的利益最大化目标，其他利益集团对经济社会发展整体目标中对国际航空运输发展的诉求受到一定程度的忽视或者压制。最终的国际航空运输政策尽管是国际航空运输业、政府、经济社会中各个相关利益者之间博弈的结果，但未必就是经济社会整体利益或集体利益最优的目标结果。

　　将上述分析框架用以分析欧美国际航空运输政策的变化更能说明问题。为什么美国从 1944 年开始就追求国际航空运输的自由化？在"二战"即将结束时，美国国际航空运输业的首要目标是拓展市场范围，而约束条件之一就是能否获得第 5 航权、自由提供运力以及自由定价的权利，这时需要的就是减少市场准入限制的自由化国际航空运输政策。而同时美国经济社会的最大化目标之一的国家安全和对战后秩序的维护需要机动性强的航空运输支撑，这里的约束条件就是能否维持庞大的民用机队为战时提供足够的空运能力，市场范围的拓展有利于维持庞大的运输机队，于是国际航空运输自由化政策成为当时追求的目标。到了 20 世纪 90 年代，行业的目标依然没有改变，而经济社会的最大化目标增加了经济全球化下大背景下对高效和便利的国际航空运输的需求，这个需求的增加实际上是其他相关利益者在参与博弈过程中，将自己的利益最大化目标上升为整个经济社会整体的需求。这时，经济社会面临的约束条件就是能够在世界范围内实现人员和货物快速位移的航空运输网络，因而国际航空运输自由化政策总体仍然维持，但是增加了货运第 7 航权、航空公司之间的合作安排等，以消除缺乏全球网络的约束。同时，为了维持国家安全对航空运输的需求，仍然保持对外国资本投资美国航空公司的限制，该限制从 1938 年以来就没有变动过。

再看欧洲的情况，"二战"后行业的目标是恢复和发展，经济社会的最大化目标之一是国家安全需要航空运输的支撑，前者的约束条件是美国国际航空运输的强有力竞争，后者的约束条件是航空运输弱小不足以为国家安全提供保障，特别是"二战"期间，美国提供的航空运输在破解"柏林封锁"中所表现出的不可替代的作用更加强化了欧洲国家对这个约束条件的担忧，因而都需要采取限制性的国际航空运输政策。到了欧洲单一航空运输市场建成之后，欧盟航空运输业的最大化目标也是拓展市场，这时候面临的约束也是获得更多的航权、更多的运力和更自由的定价权，而从经济社会的最大化目标来看，也有经济全球化大背景下对高效和便利的国际航空运输的需求。但欧洲在国家安全方面对航空运输的需求与美国不同，美国仍然要维持在全球的机动性，以维持其世界的主导地位，而欧盟则没有这方面的需求，因而欧洲的自由化国际航空运输政策就比美国更前进一大步，要求完全放开对航空公司的投资，在湿租、特许经营等方面也就没有限制了。此外，欧盟经济社会的利益最大化目标之一是减少国际航空运输中的管理成本和航空公司的合规性成本，这里的约束条件是包括国内航空运输政策在内的诸多政策，欧盟的国际航空运输政策就加入了将欧盟的安全、安保、环境、消费者保护、空管、经济规制、竞争和社会事务政策在其他国家实施的选择，从而使得欧盟在国际航空运输政策竞争中取得优势地位。

新西兰地处太平洋西南部，靠近南极洲，距离欧美等世界经济中心都很遥远，"二战"刚结束的时候，其经济社会的约束条件是如何与世界其他地方建立联系，而作为一个小岛国，马上发展自己的国际航空运输企业受到资源等方面的限制。因而在芝加哥会议上，新西兰建议组建国际卡特尔运营国际干线航空运输，其本质是确保本国参与国际航空运输的权利，维护行业的利益最大化目标，同时实现经济社会与世界沟通的利益最大化目标。发展到 20 世纪 80 年代以后，新西兰不仅仍然希望保持与世界的联系，更为重要的是希望获得经济全球化中相关产业的利益，这在第 2 章提及的 1998 年新西兰国际航空运输政策中已经有了详细的分析和介绍，在这个政策文件中明确指出"最大化包括贸易、旅游在内的新西兰的经济利益"。这个表述表明新西兰将政策目标的重心放在经济社会上，因而其国际航空运输政策不仅要求相互开放市场准入，也要求获得在其他国家开办航空公司的权利以及国内航权，大大超越了美国的"天空开放"政策。在 2012 年新的国际航空运输政策目标中重新提出了行业的目标，但是追求的仍然是与美国不同的"天空开放"政策。

11.1.3　形成国际航空运输政策的主要步骤

从图 11.1 的理论分析模型中，可以归纳出国际航空运输政策形成过程的主要步骤，具体如下：

第一步，分析国际航空运输政策制定中的各相关利益主体。政策制定涉及各方利益，因而这些相关利益者有可能通过影响政策制定从而获取利益，但不同的利益相关者影响政策的动力和能力不尽相同，需要进行相关的分析研究，进而为政策制定奠定基础。

第二步，明确某一时间国际航空运输业的利益最大化目标、国家经济社会与国际航空运输相关的利益最大化目标。不同时间阶段，国际航空运输业和国家经济社会的利益最大化目标是动态的，可能存在不同。同时，最大化目标可能是多重的，而不是单一的。特别是国家经济社会的最大化目标，有经济的、政治和军事的等。而作为国际航空运输业自身的最大化目标可能比较单一，主要是经济性质的。

第三步，根据国际航空运输业和国家经济社会各自的最大化目标确定相应的约束条件是什么。这些约束条件对最大化目标的实现构成约束，需要考虑可以通过什么样的政策措施加以消除。

第四步，平衡相关各方的利益，形成最终的国际航空运输政策。评估政府、行业以及前述相关利益者在国际航空运输政策形成过程中的地位和影响力，从而体现出国际航空运输政策对各方地位和影响的映射。

第五步，政策形成。根据前面几步的分析，形成相应的政策体系以指导政府、行业和其他相关利益者的活动。

第六步，政策实施的评估。国际航空运输政策在实施一段时间后，需要对政策进行评估。在政策评估中不仅要调查、了解各相关方的意见，也要对政策的社会福利效果进行评价。即不仅通过定性方法发现政策存在什么样的问题，也要通过定量方法分析政策是否对社会总体福利有所改善。社会福利总体是否改善是对政策成功与否评价的基本标准，同时也需要考察不同相关利益者的福利变化情况，研究利益受损者的损害状况，并决定是否需要对利益受损者进行补偿，以及如何补偿的问题。评估中还需要对行业和社会经济发展目标进行评估，从而决定是否需要进行新一轮的政策调整。

第七步，进行新一轮的政策调整。如果在评估过程中发现行业和社会经济发展目标有了调整，而且调整的幅度已经导致了约束条件的很大改变，则新一轮国际航空运输政策的调整就成为必然的结果，需要重复上面的几个步骤，形成新的国际航空运输政策。

11.2 我国国际航空运输政策制定中的利益分割

11.2.1 我国航空运输业利益分析

11.2.1.1 行业基本利益构成

航空运输业发展的现有结构既是我国改革开放的一个缩影，也在很大程度上体现着我国在改革进程中仍保有的种种限制市场发展与开放的诸多顽疾，譬如行业利益与国家利益不完全一致，多头管理依旧存在，国企民企市场竞争地位不平等，这些都源于行业发展与改革过程中出现的利益分化，进而导致相关部门为各自利益而各自为政的利益分割局面。这种局面实质上与我国现有的集权式管理体制相冲突，直接的结果是降低了决策的效率，但也使相关利益方基本能够在现有体制下找到表达自身诉求的方式。

我们将行业发展的利益分为三个层次：

第一个层次为国家利益，这里更一般的是用社会福利来体现，这是对行业发展对国家整体利益的影响衡量，既包含具体市场参与者，也包括相关部门（行业纠葛可能会产生负面效应）以及行业发展对整体社会的正向促进。

第二个层次为部门利益，虽然行业发展有其行政主管机关，但部分职能由其他国家行政机构管理，除了基本的外交、文化等，部分行业自身行为也并不是完全由行业主管机构管理，比如并购等垄断行为、航空器采购计划等归属不同的政府部门。

第三个层次为市场直接参与者的利益，主要指消费者剩余和生产者剩余，其中最主要的利益构成包括消费者剩余和以航空承运人为代表的生产者剩余。

11.2.1.2 行业发展中的利益分割

截至目前，我国民航运输业经过三个大的改革，已经建立了基本的市场体系。但一个基本的经验判断是在 2002 年以建立现代企业制度为目标的市场化改革之后，我国的民航业并没有大的变革。目前我国民航业的竞争结构与国家的经济、政治改革紧密联系在一起，相对稳定的市场结构也形成了一种相对固化的利益分配格局：三大航凭借其稳固的市场地位，无论在市场规模还是盈利能力等方面都是行业的主导者；部分未开放的辅助性部门企业凭借市场势力可以获得稳定的利润和资金回报率，比较典型的有中航油和中航信等企业。而从产业政策发展，特别是行业的国际贸易政策发展看，相对保守的或者保护主义的倾向虽然在逐步改变，但是很难做出未来将出现更为自由化的国际航空运输政策的经验判断。

（1）国有承运人拥有明显的先占优势（Pre-emptory Advantage）。在中国改革开放的进程中，"增量改革"是其中的一个典型特征，这在企业制度改革中体现得更为明显，从改革开放之初"乡镇企业"的兴起，到之后民营资本和私有企业可以进入一般性的竞争领域，一直到今日国有经济在国民经济中的比重不断下降。但无论从国家战略还是经济发展的实践看，国有企业在国民经济发展中的地位并没有被弱化，并且在很多行业中还拥有很强的垄断势力。这在航空运输业的发展中也有代表性，三大航在市场中的主导力量在近些年的发展中并没有被削弱，行业的部分业务环节目前仍然由国企垄断，绝大多数的机场目前仍然是由国有企业拥有或运营。

一般而言，传统的国有承运人或者央企承运人被认为在目前我国的航空运输业中占据着主导地位，这种主导地位多来自其为央企的属性，具体表现在：

1）大型的国有企业或者央企多数是从原来计划体制中的行业管理部门直接分离出来的，或者是由行业管理部门直接转为企业，从产业历史演化观点看，在从计划体制向市场体制转型的过程中，这些转型的企业往往是市场中最先的进入者，并且在资本、技术、生产要素甚至市场需求等方面都具有相当的影响力，这在很大程度上挤占了新进入者的市场空间，从而具有先天的"先发优势"。就国际航空运输而言，以三大航为代表的国有企业仍在市场中占据绝对的主导地位，图 11.2 总结了自 1993 年以来，国有航空公司和民营航空公司在我国国际航空旅客运输量中所占的比重，直到 2002 年海南航空才开始从事国际航空运输，而当时的海南航空的所有权还没有完全转化为民营企业，民营航空公司真正进入国际航空运输业务只是近几年的事情，即使到 2014 年，民营航空公司的运输量也刚刚达到全部运输量的 10%。而从提供的运力比例看，民营航空公司所占比重更低，而且从国际市场的细分结构看，民营航空更多经营中短途航线，而传统的优

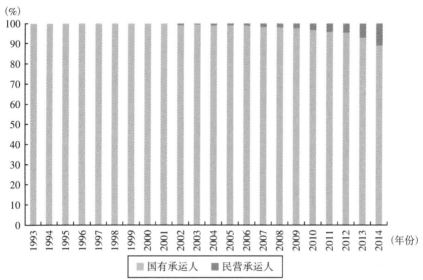

图 11.2　国有承运人和民营承运人在国际旅客航空运输量中所占比重

资料来源：ICAO。

势市场，如欧美澳等仍以三大航等国有承运人为主导。

2）政企间的天然联系。目前大型的国有民航企业仍然与行政体制存在非常紧密的关联（这是中国改革过程中的一个典型特征，虽然原有的企业都建立了现代企业制度，但政企还没有完全分开），较为典型的特征表现在：一方面，中央企业的领导者都曾经有过在中国民航局或者地方政府任职的经历；另一方面，三大航虽然归属国资委管理，但国资委更多的是履行资产管理的职能，而具体的经营业务仍然归属民航局。大型的央企往往被称为"共和国长子"，这也成为这些企业与政府机关在市场规制、产业政策等方面进行要价的基本理由。更多的理论解释则要来自威权制下的政府决策、政府及政党的合法性等（姚洋，2005；Qian，1994）。

3）与枢纽机场的紧密联系。一方面，我国大型枢纽机场都是国有企业，与三大航之间有天然联系。特别是三大航的主运营基地分别位于我国三大国际枢纽北京、上海和广州，历史上的"一脉相承"和各自在当地市场的影响力使得二者更容易形成紧密关系。另一方面，机场多属于地方政府或者首都机场集团，地方政府有发展航空运输的激励，也使得基地航空公司更能获得地方政府的支持，包括机场资源、时刻、补贴等。

（2）国有承运人在我国国际航空运输中的主导地位。

1）枢纽市场的主导权（Hub Dominance）。中国民航业改革的一个显性结果是三大航按照地域分别占据了我国三大国际航空枢纽城市市场，并且在长期的行业发展过程中形成了明显的市场控制力。表现为市场份额一家独大，抢先占有了多数的"黄金时刻"，对登机门、值机柜台等附属设施等匹配资源占有等。这种枢纽市场的主导权并非来自三大航的国有企业或者央企属性，更多的是由于航空运输企业发展本身的特征，早先进入者最开始运营的城市对市场来说必然是需求旺盛的航线，在机场时刻充裕的条件下也往往最先占据好的时刻，同时也是机场附设资源的早期使用者。这与美国、欧盟等自由化改革的发展是一致的（Graham，1997），欧盟在建立起单一内部市场后，欧盟大型承运人在进入欧盟成员国国际枢纽机场时也面临机场拥挤、时刻紧张等问题，之后更多的是进入了枢纽城市的其他机场或者二线城市的机场。因而，在时刻资源来自历史沿线的基本资源分配方式下，先占优势在国际市场中更为明显（Levine，1987；Borenstein，1989）。

从三大航在我国国际枢纽机场的实际运营看，三大航都占据着绝对的主导地位，表 11.1 是 2012 年我国三大国际枢纽机场的国际运输量中三大航的占比情况，这里的数据包括了国外航空公司的数据。北京、上海（包括浦东和虹桥）由于对外开放时间早，外航航班占比相对较多，但国航和东航仍占据主导性的市场份额，而南航在广州市场是明显的一家独大。

表 11.1　2012 年三大航占三大枢纽机场国际运输量比重

单位：%

	首都	上海	广州
CA	36.8	7.2	0
MU	3.1	36.5	0
CZ	0.2	1.5	66.6

资料来源：ICAO。

2）产业政策和贸易政策中的单独政策倾向（Policy Bias）。大型国有承运人在我国民航产业政策和贸易政策的形成过程中作用明显，在一些阶段甚至大到了一家企业可以影响行业政策的程度。

具体地，关于市场准入，其他承运人进入三大国际枢纽会面临重重阻隔，三大航可以凭借本地市场的主导优势游说行业管理机构和所在基地机场，为其他承运人进入设置多重阻碍，虽然这些阻碍并没有违反任何行业政策，但总是能够找到使新进入者无利可图的方式（典型的例子就是春秋航空（北京—上海线）进入北京市场后，由于航班时刻过早过晚的原因，在运营一段时间后退出）。Levine（1987）、Borenstein（1989）对基地航空公司与机场的关系的研究也指出，基地航空公司凭借与地方政府、机场的熟识关系，总是可以对后进入者形成非正式的进入阻碍。贸易政策的双边协定中，最开始我国的双边协定更多偏保守或者具有保护主义特征（Zhang 和 Chen，2000），保守型双边协定的初衷是保护国内正在成长中的航空运输业，特别是承运人，而在行业发展早期，能够从事国际航空运输，特别是国际长航线的，基本是三大航。因而在双边协定中，三大航的意见就显得更为重要，并且在双边协定谈判中，基本都能有承运人代表直接参与。双边协议的核心内容是对市场基本要素的确定，包括运力、指定、票价和航权。在票价基本市场化后，中方承运人"走出去"的能力较弱的前提下，运力和承运人指定对承运人而言就显得尤为重要。虽然目前多数与实际通航国家的双边协定已经从之前的一家或两家指定修订为多方指定，但在主要的航空运输市场中，我国三大枢纽至对方首都机场或者枢纽机场的航线基本已经被三大航占据。具体到双边协议的内容本身，特别是运力和指定，则是我们在政策过程中要重点研究的内容。

（3）枢纽机场的开放。国际航空运输市场的开放中，航空运输业的关键资源或者核心资源的匹配能力是至关重要的因素，这就需要机场、空域等因素的配合。我国国际市场开放过程中，基本以枢纽机场首先开放为主，从最开始的首都机场，逐渐加大浦东、白云机场的对外开放程度，到国家"十三五"规划中确定要"加快建设哈尔滨、深圳、昆明、成都、重庆、西安、乌鲁木齐等国际航空枢纽"。虽然在我国目前的国际航空运输市场结构中，北上广三大枢纽仍旧占据主导地位，但部分地区枢纽机场的国际化步伐在加快。在机场开放过程中，航班时刻、机场服务设施设备、空域等在很大程度上也会制约机场的对外开放能力。

（4）完全的市场势力还存在于行业的关联产业。虽然我国民航运输业已经建立了基本的市场制度，并且经历了多年持续的市场化改革，行业关联产业基本都已经实现了对民营资本和外资的开放，但依旧存在的多种行业性规制政策在实践中仍旧构成了实质上的进入壁垒，[①]比如计算机订票系统、航油、机场附设资源的开发权等，进入限制使得行业发展中多个行业还存在很高的竞争壁垒，直接结果是推高了承运人的运营成本，最终使消费者福利受损。

11.2.1.3　行业利益集团在行业发展中的利益诉求方式

利益集团影响贸易政策是贸易政策研究近 20 年来的一个重要方向，按照 Grossman 和 Helpman（2002）的总结，利益集团可以通过多种方式（比如提供信息、劝说政策制定者等）影响政策过程。但西方国家的政治体制和政策过程与我国威权体制的决策方式存在很大的差异。同时，具体的行业政策的制定过程与国家层面的法律、条例等政策过程也有明显的差别，基本上，很多行业规制的政策可能本部门就可以直接制定并执行。因而，我们根据利益集团影响我国民航产业政策及贸易政策的政策过程的程度不同，将利益集团影响政策过程的具体方式分为以下几种：

（1）直接参与决策。目前主管机构出台政策，均要听取行业主要从业者的意见；部分政策委托从业者先期提供政策样本，以获取更多信息；行业主要从业者直接参与贸易政策的指定和谈判。从我国近些年国际航空运输双边协定的谈判进程看，航空公司的意见至为重要，很多双边谈判中都会有来自三大航的代表直接参与，近几年的海南航空随着企业规模的扩大，也开始参与与部分国家的双边谈判进程。

（2）游说。国有承运人可以利用天然的政企关系直接游说行业主管机构，在政策倾向、补贴等方面影响政府决策，也可以利用国有企业的行业地位和身份从更高层级的主管机构获取政策支持，通过相关的行业协会、代理机构等进行游说，或者进一步借助地方政府发展航空运输特别是国际航空运输的热情，共同游说行业主管机关和更高层级的政府，为本地国际航空运输的发展争取更多的开放空间。

（3）讨价还价。利用自身的行业地位和对市场的影响力，与政府主管机构、地方政府等讨价还价，以获取对自身最大的利益。

无论从我国民航业改革的历史承袭，还是行业发展过程中形成的政商关系看，以三大航为主导的国有承运人在我国当前的国际航空运输市场中占据着主导

---

① Dixit（1996）认为，对于行业中的利益集团而言，成功游说的结果就是在现有的政策体系下，总是能够找到限制其他竞争者的方式，这也是利益集团影响政策过程的直接结果。

地位，这种主导地位并没有随着市场的持续开放发展而削弱，而且拥有先占优势的承运人还可以将这种优势持续地转化为市场上的竞争优势。

11.2.2 其他相关利益者的利益分析

图 11.1 中左面虚线框里面代表了主要的相关利益方。在国际航空运输政策的形成过程中，除了行业这个最直接的利益相关方之一外，政府部门也是一个最直接的相关利益方，此外，一般消费者、货主、上下游产业环节的航空器制造、旅游、金融等部门也构成相关利益方。

11.2.2.1 政府

政府作为国际航空运输政策的最终决策者和国有航空公司的实际控制人，不仅是市场活动的"裁判员"，也兼具"运动员"的特征。

政府作为市场的"裁判员"或者"守夜人"，中立性是天生的要求，但是作为政策这种公共产品的最终提供者，在政策提供中又有自己的"利益"，即实现经济社会的利益最大化。经济社会的利益最终由消费者和生产者两部分构成，政府可以通过把消费者利益向生产者转移，来实现经济社会利益最大化目标；也可以反其道而行之。在实践中，前者发生的可能性更大。Stigler（1971）认为，规制由行业谋取，并主要根据其利益被设计和运作，生产者对立法过程的影响较之消费者有明显优势。Posner（1974）则进一步提出了规制者被被规制者"捕获"的"规制捕获"理论，认为规制的设计和实施主要是为受规制产业的利益服务的。确立政府规制的立法机关或政府规制机构仅代表某一特殊利益集团的利益，而非一般公众。政府管制会给一般公众带来一些有益的因素，但这并非政府管制实际的初衷，它充其量不过是管制的意外结果而已。

此外，由于在我国的航空运输业中，政府拥有对三大航空公司控股权并且是行业主管者，导致政府产生天然的"父爱"情结，在政策的制定上，自觉或者不自觉地偏向国有航空公司以及行业的利益，而对其他利益相关方，特别是消费者利益重视不够。

11.2.2.2 消费者

旅客作为消费者比较分散，比如，2017 年中国航空公司承运的国际旅客就近 5600 万人次（不包括外国航空公司承运进出中国的国际旅客），2016 年中美国际航空运输市场旅客数量近 800 万人次（包括所有中外航空公司承运的中美之间的国际旅客），国际航空运输政策对个人的影响有限，因此，这里就存在奥尔森所说的集体行动的困难，即当施加压力以谋求某种政策的行为有利于集团的利益时，那么从个人利益出发，谁都不愿意去做（Olson，1965）。国际航空运输自由化程度越高，旅客从市场竞争中总体获利就越大；相反，旅客的总体损失也就越大。然而，从另一方面看，获利或者受损分摊到每名旅客上相对航空旅行总支出来说就不是很大了，甚至可以说较小。从个人利益出发，单个旅客作为消费者没有动力花费时间和金钱去影响国际航空运输政策的制定，或者在这个过程中表达自己的观点。

作为货主的消费者与旅客有所不同，货主相对比较集中，因而更愿意，也更容易去影响国际航空运输政策制定。同时，货运对一国经济社会的影响也更直接，其意愿也更容易被政策制定者关注。

最终，国际航空运输政策制定过程中，旅客的声音可能最容易被忽视。因而，在国际航空运输政策制定过程中，政府需要特别注意对这个群体的利益维护。

11.2.2.3　上下游产业

国际航空运输上下游产业环节的航空器制造、旅游、金融等部门的利益和国际航空运输业的利益也不尽一致。上游的航空器制造部门是国际航空运输业的生产工具提供商，其价格对下游的航空公司运营有重大影响。由于我国的大型民用航空器制造刚刚起步，在价格上不一定具有竞争力，因而，国际航空运输市场的竞争程度不高，对航空公司降低成本的压力也就相对更小，更有利于国内航空器制造商。

但是，下游部门的利益则更可能与航空公司的利益相悖。下游部门需要直接购入或者间接购入上游航空公司的服务，因而，必定希望降低航空旅行的价格，从而提升自己的竞争力。国际航空运输政策的进一步开放则是增加上游航空公司之间竞争的有效手段。

11.2.3　利益平衡

前文已经指出政府行业主管部门很难超脱成为国际航空运输政策制定中的"中立者"，作为政府行业主管部门如果认识到这一点，需要在政策形成中有"纠偏"意识，以防止政策过度的"偏向"。

过去由于国际航空运输业的利益最大化目标与经济社会的利益最大化目标存在一定的差异，因而导致对约束条件消除的手段在一定程度上有对立。而一般消费者，货主，下游产业环节的航空器制造、旅游、金融等部门等相关利益方的利益最大化目标更倾向于增加行业的竞争，与经济社会的利益最大化目标更为接近。因而导致了在国际航空运输政策制定中，政府行业主管部门左右为难的局面，进而可能偏向自己主管的行业。

但是，第 6 章的分析已经说明，对行业的保护已经历了一个较长的时间，现在政府部门需要更加关注其他相关利益方的利益问题。

目前还存在一个较大利益冲突的领域就是国家安全保障所需要的机动能力与国际航空运输业对两个市场资源的利用。需要处理好航空公司指定标准，从而既能确保国家安全所需要的机动能力，又能满足航空公司发展所需要的资源和市场。目前有效的外商投资民航业政策规定中方需要控股，[①]这里的控股从整个规定来看应该是绝对控股。可以考虑修改外商投资民航业政策，将部分国有航空公司仍然保留为中方绝对控股，其余的考虑采用相对控股的原则，从而在调整航空公司指定标准时可以更加灵活，又不影响国家安全需要时对机动能力的保障。

11.3　行业和经济社会利益最大化目标分析

本节将以前述各章的分析为基础，并结合其他的一些资料来确定行业和经济社会在目前和未来一段时间里的利益最大化目标。

11.3.1　行业利益最大化目标分析

在较长一段时间里，中国国际航空运输业发展的基本目标是确保行业的市场份额。尽管在 2005 年之前中方航空公司在中国国际航空运输市场占据的市场份额更大，但由于当时市场规模相对偏小，同时与外方航空公司市场份额的差距不大，确保市场份额的压力还是较大。从 2005 年开始，中方航空公司的市场份额急剧下滑，在 2009 年达到最低点（见图 11.3）。这一点与中美航空客运市场份额变化有较多的相似之处，即基本上在 2005 年市场份额被外方航空公司超过，也是在 2009 年左右达到市场份额的低谷。这说明在整个"十一五"和"十二五"期间，中国航空公司在市场竞争中面临的压力确实较大。

---

① 《外商投资民用航空业规定》（CCAR-201）（2002 年民航总局、外经贸部、发展计划委员会联合发布）。

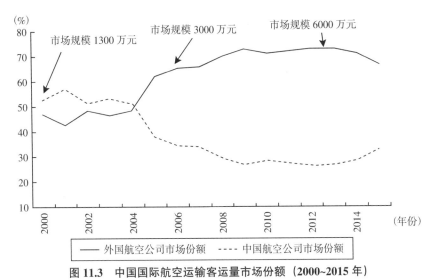

图 11.3　中国国际航空运输客运量市场份额（2000~2015 年）
资料来源：《中国民航统计年鉴》、ICAO 格式 A 统计数据、欧盟统计局、美国运输部 T-100 数据。

在这样的背景下，行业自然以确保市场份额作为自己的利益最大化目标。那么未来的"十三五"以及更长时间里，行业是否仍然以确保市场份额作为其利益最大化目标呢？

"十一五"和"十二五"期间，中国航空公司在中国国际航空运输市场中所占份额不高的原因除了随着中国国际航空运输市场规模不断扩大，外国航空公司大举进入，中方航空公司竞争力相对较弱外，还与国内市场保持高速的良好增长态势以及控制市场准入有关。2000~2010 年，尽管中国国际航空运输市场客运周转量的年均增长速度高达 12%，但国内航空市场客运周转量的年均增速更是超过了 16%，同时国内市场面临的竞争也小于国际市场，作为航空公司来说为了确保利益最大化，自然将市场重心放在了国内市场上，导致国际市场份额下降也就不足为奇了。

但是在"十二五"后期，中国航空公司在中国国际航空运输市场份额下滑的势头得到扭转，图 11.3 显示，中国航空公司的国际市场份额有了较大的回升，而图 5.13 则更是清楚显示中方航空公司在 2015 年的市场份额已经超越美国航空公司。中方航空公司市场份额的回升，与多种因素存在关联。首先，国内市场的竞争加剧，日益趋向饱和，同时在部分中短途航线，特别是繁忙航线上面临高铁的替代性竞争。其次，国内增长速度下降较快，整个"十二五"期间国内航空旅客周转量年均增长 9.7%，而国际航空旅客运输周转量年均增长 16.9%。图 11.4

表明，除了 2011 年的国际航空旅客周转量略低于国内外，其余年份均高于国内，特别是 2015 年国际航空旅客周转量比上一年增长超过 33%，而国内周转量增速还不到 10%。

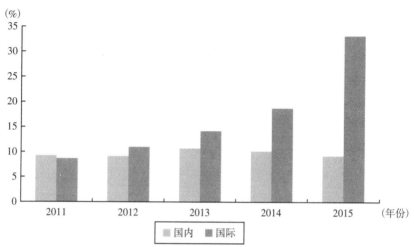

图 11.4 "十二五"期间中国航空客运周转量增长情况
资料来源：《中国民航统计年鉴》、中国民用航空局网站。

同时，国内航空公司加速布局国际市场，不包括地区航线在内的国际航线在 2014 年达到 490 条，而 2010 年仅有 302 条，年均增长 13%。表 11.2 为中国民用航空局网站统计的民航局受理航空公司开通国际航线申请的公示数量。2015 年航空公司申请开通国际航线的数量骤然上升，几乎比 2014 年翻了一番，2016 年继续快速上升。而且近两年，每个申请公示包含的开通航线数量也在上升，2013 年以来平均每份国际航线开通申请包含的航线从 1.1 条上升到 2016 年的 1.8 条。2016 年 3 月和 6 月公示的天津航空公司和春秋航空公司的国际航线开通申请分别包含了 8 条和 10 条国际航线。这表明后起的非国有航空公司也在加速进入国际市场。申请开通航线数量的年均增长速度在 2013~2016 年达到前所未有的 64%。

表 11.2 中国民用航空局受理开通国际航线申请公示数量

单位：条

时间	国际航线开通申请公示数量	申请开通航线数量
2013 年	35	40
2014 年	34	51

时间	国际航线开通申请公示数量	申请开通航线数量
2015 年	63	82
2016 年截至 11 月 28 日	100	176

资料来源：中国民用航空局网站。

另外，从国内航空公司国际航班增加看，最近几年的增长速度也很高。2012 年夏秋到 2015 年夏秋航季国际航班数量平均增长高达 30%，远高于 2006 年夏秋到 2015 年夏秋航季 17% 的平均增长水平，也高于 24% 的国内航班航季平均增速。[①]

同时，部分航空公司开始在国际资本市场上进行收购或者引入战略投资者，以布局未来的国际航空运输市场，这一点与第 7.1.2 小节中分析的全球航空联盟中出现了股权投资或者交叉持股的趋势是相吻合的。

在这样的背景下，未来中国国际航空运输业的利益最大化目标不应该再是如何维护市场份额，而应该是扩展市场范围和完善全球网络，确保通达性以及航空运输业国际资本市场的投资机会。

11.3.2　经济社会利益最大化目标分析

本部分论及的经济社会利益最大化目标是与国际航空运输有关的，包括国家"十三五"以及更长时期的经济发展目标、对外经济关系目标以及外交战略目标。

前面各章已经分析论证了航空运输与进出口贸易、投资等对外经济交往方面的关系，表明在经济全球化过程中，航空运输具有不可替代的作用。因而，将经济社会的利益最大化目标集中在上述领域。

党的十八届三中全会的决议提出构建开放型社会经济体制作为未来的发展战略，而在十二届四次全国人大会上通过的"十三五"规划纲要中则明确提出了"对外开放深度广度不断提高，全球配置资源能力进一步增强，进出口结构不断优化，国际收支基本平衡"的发展目标。此外，"十三五"规划纲要中也明确提出了经济社会在生态环境方面要达到"碳排放总量得到有效控制"的目标。这样的发展目标也就是在确保生态环境质量得到改善的前提下，在全球范围进行资源的有效配置，进而获得经济全球化的利益。

---

① 航季航班数据来源于民航局的航班计划，因而与实际的航班数量有差异。

为了实现上述的目标，政府提出了相关的一些战略举措。要实现在提升全球范围内资源配置的能力，就需要"全面推进双向开放，促进国内国际要素有序流动、资源高效配置、市场深度融合"，"建设国内国际通道联通、区域城乡覆盖广泛、枢纽节点功能完善、运输服务一体高效的综合交通运输体系"，"积极有效引进境外资金和先进技术，提升利用外资综合质量"，"支持企业扩大对外投资，深度融入全球产业链、价值链、物流链"，"完善境外投资发展规划和重点领域、区域、国别规划体系"，"实施优进优出战略，推动外贸向优质优价、优进优出转变，加快建设贸易强国。促进货物贸易和服务贸易融合发展，大力发展生产性服务贸易，服务贸易占对外贸易比重达到16%以上"。此外，为应对气候变化，要"主动控制碳排放，落实减排承诺，增强适应气候变化能力，深度参与全球气候治理，为应对全球气候变化做出贡献"。①

在国防建设领域，"十三五"规划提出"在经济建设中贯彻国防需求，在国防建设中合理兼顾民用需要"，"增强基于打赢战争和服务国家大局需要的组织动员、快速反应、支援保障能力"。

另外，就是国家在对外经济与外交方面，提出了一个前所未有的新倡议。2013年9月和10月，国家主席习近平在中亚和东南亚国家访问期间，先后提出共建"丝绸之路经济带"和"21世纪海上丝绸之路"的重大倡议，国家发展改革委、外交部、商务部2015年3月28日联合发布了《推动共建丝绸之路经济带和21世纪海上丝绸之路的愿景与行动》。在"十三五"规划纲要中提出"以'一带一路'建设为统领，丰富对外开放内涵，提高对外开放水平，协同推进战略互信、投资经贸合作、人文交流，努力形成深度融合的互利合作格局，开创对外开放新局面"。

总之，为实现2020年全面建成小康水平的经济社会目标，继续积极参与经济全球化是未来我国经济社会发展的必然要求，"一带一路"建设则是中国参与经济全球化的新举措。要通过产业结构的调整和升级改善贸易结构，要扩大对外投资获取生产分割的利益，要促进要素在国际间的有序流动，要坚持科学发展观参与全球气候治理。为保障国家安全，要寓军于民，提升快速反应和支援保障能力。

---

① 本段引号内的内容摘自"十三五"规划纲要。

11.3.3　两个目标的关系分析

一般来说，国际航空运输业利益最大化目标和国家经济社会发展的利益最大化目标既存在相互一致的地方，也存在一定的对立之处。

在过去较长的一段时间里，对立之处更为明显。这就是前面分析的在"十一五"期间以及"十二五"前半段，国内航空公司面对国外航空公司的竞争压力和国内市场的良好发展态势，从自身利益出发将关注点更多聚焦在国内市场上。然而中国自加入世界贸易组织后，参与经济全球化的程度前所未有，无论是对外贸易还是内向 FDI 和外向 FDI 均大幅度增长，这在第 7.1 节相关部分已有论述。在这样的背景下，经济社会利益最大化目标就与行业目标形成了对立。行业更希望保持市场份额，而在己方不愿意更多投入国际市场的情况下，国际航空运输市场的扩展和运力投入增长就受到中方航空公司的限制。经济社会参与经济全球化需要作为基础设施的航空运输提供强有力的支持，不仅要保障全球的通达性，更要保障满足市场的需求。

在未来的较长时间里，这种对立性将明显下降。上述分析表明未来一段时间里，我国国际航空运输业的利益最大化目标就是拓展国际市场，而构建开放型社会经济体制和"一带一路"建设说明我国参与经济全球化的进程不会逆转。

然而，在新的背景下，新的对立又可能产生。我国国际航空运输业在追求自己的利益最大化目标时，处理好与保障国家安全的关系就显得更为突出。

11.4　约束条件分析和消除手段

本节将在上述利益最大化目标分析的基础上，分析对行业以及经济社会实现利益最大化目标及其战略存在的约束条件。

11.4.1　行业利益最大化目标约束条件分析

我国国际航空运输业未来发展定位于完善全球航线网络，确保通达性，进一步拓展市场范围，并增加在航空运输业资本市场的投资机会。在这样的目标追求下，在双边国际航空运输体制下，会面临一些约束条件。由于前文（第 6.4.3 小结）已经对中国订立的双边航空运输协定自由化的情况进行了较为详细的分析，这里就不再重复，而是将焦点放在具体的政策工具约束下，以便更有针对性地提出政策建议。

（1）通航点和航权的制约问题。本书中的通航点一般指始发地和目的地（O&D）。尽管第 6 章的研究表明，总体上通航点的自由化程度相对较高，仅次于航空公司指定数量和包括代码共享在内的合作安排，但是具体到国家或者区域情况并不乐观。表 11.3 为截至 2016 年 6 月不同情况下通航点自由化程度的汇总。从全部双边协定的情况看，不限制通航点的比例仅为 28.8%。从通航国家来看，不限制通航点的比例为 35.7%，说明通航对通航点自由化程度有一定影响。从"一带一路"国家来看，[①] 不限制通航点的比例为 23.0%，低于总体水平。

表 11.3 通航点自由化程度汇总（2016 年 6 月）

	严格限制	部分限制	不限制	合计
全部国家或地区	40	44	34	118
通航国家	22	23	25	70
"一带一路"国家	30	17	14	61
亚洲	27	5	11	43
欧洲	9	19	9	37
南美洲	0	1	5	6
非洲	1	15	6	22
大洋洲	3	2	1	6
北美洲	0	2	2	4

注：严格限制是指始发地和目的地均有具体指定的地点，部分限制是指始发地或者目的地有限制。
资料来源：中国双边航空运输协定及其修订。

从区域来看，南美洲航点自由化程度最高，达到 83%，南美洲的通航国家有限，仅有 1 个，目前的意义不大，但是意味着未来航空公司有了空间。北美洲航点自由化程度次之，达到 50%，而且其余的 50% 也是部分限制，而非严格限制。但是北美洲的国家数量不多，仅有 4 个。大洋洲航点自由化程度垫底，仅为 16.7%。

总体上看，通航点限制还是相当严格的，对于航空公司拓展国际航空运输市

---

① "一带一路"国家总数为 68 个，有 7 个国家没有与中国订立双边航空运输协定。

场以及航线网络构成一定限制。特别是对于国家未来的经济全球化重点战略"一带一路"支持力度显得尤为不够，还需要大力加强。南美洲通航点的自由化程度利用不够，而大洋洲是南方航空公司"广州之路"国际化战略和"袋鼠航线"的重要节点，但通航点自由化程度垫底，需要消除这个限制。

就截至 2016 年 6 月的情况看，还没有一个双边航空运输协定对第 5 航权和第 7 航权没有限制，要么对第 5 航权的点或运力限制，要么对两者同时限制。对第 7 航权，主要是给予货运，而不包括客运（见表 11.4）。因而未来中方航空公司在全球网络完善中面临航权方面的重要限制。过去对第 5 航权以及第 7 货运航权自由化中方采取比较谨慎的态度，但对于通航国家还是有所倾斜的，对第 5 航权或者第 7 航权是严格限制中最少的。"一带一路"国家属于中等水平，均有提升的空间。在前面第 1、第 2 章研究中，已经表明美国为了助力其航空公司构筑全球网络，将第 5 航权作为重中之重，是有其道理的，因为第 5 航权是现有政策框架下扩展市场范围的主要选择。现在第 7 航权的允许，又增加了航空公司扩展市场范围的手段。我们需要为货运以及客运航空公司未雨绸缪。

表 11.4　第 5 航权和第 7 航权自由化程度汇总（2016 年 6 月）

	严格限制	部分限制	不限制	合计
全部国家或地区	46	72	0	118
通航国家	19	51	0	70
"一带一路"国家	23	38	0	61
亚洲	14	29	0	43
欧洲	13	24	0	37
南美洲	4	2	0	6
非洲	9	13	0	22
大洋洲	4	2	0	6
北美洲	2	2	0	4

注：严格限制是指不允许第 5 航权或者第 7 航权，部分限制是指对运力或者航点有限制。
资料来源：中国双边航空运输协定及其修订。

（2）运力的制约问题。本部分的运力一般指第 3、第 4 航权运力，有关第 5 航权和第 7 航权的运力问题已经合并到前述分析中，因为第 5 航权授予往往与运力和航点挂钩。

运力的自由化程度相对较低，与航权一起处于靠后位置。全部双边协定中，仅有 8 个协定没有限制运力，而采用事先规定这种最为严格限制的措施的比例在全部协定中高达 88%，在通航国家中也有 83%，在"一带一路"国家中为 84%（见表 11.5）。大洋洲的情况最为糟糕，全部为事先确定运力。2016 年 12 月初，中国与澳大利亚修订了双边航空运输协定，将运力调整为不受限制。为了统一截止时间，研究表格中不再调整。

表 11.5　运力自由化程度汇总（2016 年 6 月）

	严格限制	部分限制	不限制	合计
全部国家或地区	104	6	8	118
通航国家	59	4	7	70
"一带一路"国家	51	3	7	61
亚洲	34	2	7	43
欧洲	36	1	0	37
南美洲	4	1	1	6
非洲	22	0	0	22
大洋洲	6	0	0	6
北美洲	2	2	0	4

注：严格限制是指运力需要事先确定，不限制是指对运力自由决定，其他确定运力的方式归入部分限制。
资料来源：中国双边航空运输协定及其修订。

为了更好地说明运力可能在未来对中方航空公司构成限制，在研究中采集了 flightglobal 提供的 2016 年 6 月的国际航班数据，以此计算出中国与主要国际航空运输伙伴各方的每周航班数量，发现在多数中国主要的国际航空运输市场上，中方的航班数量已经超越对方航空公司，而且部分市场的运力已经接近使用完毕，如表 11.6 所示。

表 11.6　中国部分国际航空运输市场运力使用情况（2016 年 6 月）

市场	中方每周航班数量	外方每周航班数量	备注
中国—韩国	713	600	可能接近运力限制
中国—日本	794	320	可能接近运力限制
中国—新加坡	134	101	运力基本不限
中国—德国	55	49	
中国—俄罗斯	46	109	

续表

市场	中方每周航班数量	外方每周航班数量	备注
中国—法国	51	39	可能接近运力限制
中国—荷兰	19	30	可能接近运力限制
中国—意大利	38	0	
中国—澳大利亚	24388（座位数）	2700（座位数）	可能接近运力限制
中国—新西兰	30	7	
中国—加拿大	53	30	
中国—美国	175	145	东部（1区、2区）接近运力限制

资料来源：flightglobal 航班数据库。

运力目前已经对航空公司快速扩张航线网络和市场构成一定限制，未来的限制可能更为严重。因为外方航空公司已经感受到中方航空公司扩张的压力，不一定愿意像以往那样督促本国政府放松限制。

（3）航空公司指定标准制约问题。在第 6.4.3 小节中已经分析指出航空公司指定标准是自由化程度最低的，表 11.7 进一步给出了更为详细的情况。在全部双边航空运输协定中，仅有 11% 采用的部分限制，通航国家的比例也没有超过16%，而且主要还是欧盟国家需要履行欧洲法院关于成员国双边航空运输协定违反欧盟法律的裁决（见第 3.2.3 小节），因而在与欧盟 10 个国家对航空公司指定标准的修订中均为单方面允许欧盟采用共同体利益原则，而对中方仍然维持多数所有权和实际控制权原则。而在与中国订立双边航空运输协定的全部欧盟 27 个现有成员国中，仍然有 17 个没有修订。[①]

表 11.7　航空公司指定标准自由化程度汇总（2016 年 6 月）

	严格限制	部分限制	不限制	合计
全部国家或地区	104	13	0	118
通航国家	59	11	0	70
"一带一路"国家	60	1	0	61
亚洲	42	1	0	43

① 与中国没有订立双边航空运输协定的唯一欧盟成员国为塞浦路斯。英国已经与中国修订英方航空公司指定标准，英国脱欧后又会涉及是否重新修订的问题，或者英国通过加入欧洲共同航空区（ECAA）来维持限制，一切需要英国完成脱欧后才能确定。

	严格限制	部分限制	不限制	合计
欧洲	27	10	0	37
南美洲	5	1	0	6
非洲	22	0	0	22
大洋洲	6	0	0	6
北美洲	4	0	0	4

注：严格限制是指传统的多数所有权和实际控制权要求；不限制是指协定双边均可采用主营业地标准指定航空公司；其他指定标准方式归入部分限制，比如一方可以采用共同体利益原则或者主营业地原则。

资料来源：中国双边航空运输协定及其修订。

亚洲唯一与中国采用单方主营业地标准的国家是尼泊尔。南美洲国家厄瓜多尔与中国采用的是单方部分主营地标准而非完全的主营地标准，即主营业地标准仅适用于拉丁美洲国家或其居民在厄瓜多尔有住所，且中方与这些拉丁美洲国家有双边航空运输协定。

传统上采用严格限制的航空公司指定标准，一方面是为了与国内限制外国投资者对本国航空公司投资的国内政策相配合，另一方面是为了限制"挂方便旗"的航空公司进入本国国际航空运输市场。这种限制在一定时期内发挥过一定积极作用，但在经济全球化的今天则限制了跨国航空公司的形成。这也是国际性极高的航空产业反而没有出现跨国航空公司的根本原因，这在第 7.1.2 小节中已经有过分析。

目前，国内航空公司不仅需要拓展双边国际航空运输市场，更需要拓展全球网络，这就涉及其他国家投资设立航空公司建立国际枢纽营运的问题，而这绕不开航空公司指定标准。只有积极推动双边航空协定中放松航空公司指定标准，才能为航空公司创造条件。

当然由于航空公司指定标准在一定程度会涉及国家安全问题，需要妥善处理好二者之间的关系。美国一直维持航空公司多数所有权和实际控制权的标准就是出于这方面的考虑。但是，并非美国所坚持的，我们就应该坚持，正如不能盲目跟随美国式的"天空开放"一样，因为二者之间的关系并非非此即彼。

（4）运价制约问题。从总体情况来看，中国订立的双边航空运输协定中运价的自由化程度好于航权和航空公司指定标准。然而从通航国家来看，部分限制与不限制的协定数量仅占 14%，低于航空公司的指定标准（16%）。"一带一路"

部分限制和不限制的 7 个国家中只有 3 个通航，运输量大的仅有澳大利亚，格鲁吉亚和柬埔寨的运输量较小，如表 11.8 所示。

表 11.8　运价自由化程度汇总（2016 年 6 月）

	严格限制	部分限制	不限制	合计
全部国家或地区	96	10	12	118
通航国家	60	6	4	70
"一带一路"国家	54	4	3	61
亚洲	38	1	4	43
欧洲	31	4	2	37
南美洲	1	3	2	6
非洲	19	1	2	22
大洋洲	5	0	1	6
北美洲	2	1	1	4

注：严格限制是指运价需要双边批准，不限制是指自由决定运价，部分限制包括始发地原则、双边否决等。

资料来源：中国双边航空运输协定及其修订。

价格是市场竞争的核心。拓展国际航空运输市场，获取市场优势，价格竞争是基本的手段，当然不是唯一的手段。不能由于在很长一段时间内，我国国有航空公司在国际航空运输市场上的经济效益不佳，对价格竞争手段采取了回避的方式。从其他行业走向国际市场的经验看，从比较优势看，价格竞争始终是我国商品和服务在国际市场的重要竞争手段，航空运输服务也应该不例外。尽管目前就是在双边批准的市场，也有较为激励的价格竞争，但毕竟在程序设定上就已经限制了航空公司的自由度，因此需要考虑这个约束问题。

（5）现行国际航空运输政策对行业效率提升的约束。我国航空运输业要走向世界，开拓更为广泛的国际市场，需要与其他国家的航空公司同台竞争，体现竞争能力的重要标志就是不断提升的生产效率。第 8 章中的量化分析表明，现行国际航空运输政策并未有效促进航空运输业效率的提升，其根本原因在于现有国际航空运输政策鼓励竞争不够，而没有足够的竞争压力，行业也就缺乏提升效率的动力。

（6）其他约束条件。

1）自办地面服务。是否允许自办地面服务等商务活动问题，一般不出现在中方的标准双边协定文本中，而是通过谅解备忘录方式谈判解决，甚至早于双边协定的订立。由于自办地面服务可以增进地面服务竞争，从而提升服务效率，有利于航空公司提高服务质量，还能降低成本。因而，欧美发达国家一般倾向于在双边协定中要求获得自办地面服务的权利。过去中方由于航空公司没有大踏步"走出去"，希望获得自办地面服务的动力不够，因而一般对允许自办地面服务很慎重。目前的形势与过去完全不同，中方航空公司在外国机场也面临如何提升服务效率、降低成本的问题。自办地面服务在一定程度上可能构成对航空公司的限制。

2）机场起降时刻。能否获得起降时刻，是在运力和航权均有保障的条件下实际开通航线的一个基本前提。目前多数国家的门户枢纽机场或多或少需要航班时刻协调，构成了对航空公司的一个物理性限制。

3）环境保护。在前面分析欧美"开放航空区"协定时就指出环境保护问题有可能成为"绿色贸易壁垒"，形成对发展中国家发展国际航空运输的限制，发动机噪声和发动机二氧化碳排放标准对中方航空公司的影响不大，主要还是减排方面的市场化措施，这方面的限制影响在第 7.1.2 小节中介绍国际民航组织第 39 届大会通过的全球国际航空运输二氧化碳抵消机制时有较为详细的分析。

4）劳工保护。欧美"开放航空区"协定开启了"蓝色贸易壁垒"的先河。如果要求全球航空运输业的劳工标准趋同，包括中国在内的发展中国家国际航空运输领域的劳动力成本竞争优势就会下降。这个约束与环境保护不一样，还仅仅是一种威胁，而环境保护的约束已经成为现实。

11.4.2　经济社会利益最大化目标约束条件分析

这里的约束条件是前文论及的在分析经济社会利益最大化目标时与国际航空运输相关的约束条件。

11.4.2.1　中方航空公司需要提升有效支撑国家的经济全球化战略的能力，相关产业链的价值没有得到充分挖掘

"十一五"和"十二五"时期，随着中国经济全球化的广度和深度提升，国际航空运输规模高速增长，在第 5 章中分析得出我国航空公司承运的国际航空运输正高速增长，在本章中对国际航空旅客运输总体市场的分析也是如此。国际航空货运总体市场也不例外，2000~2015 年，货运量年均增长 8.2%，高于 7.6% 的国内增长水平；2010~2015 年，年均增长 6.1%，远远高于 3.5% 的国内年均增长

率。但是中方航空公司占据的市场份额远远低于外方航空公司，无论是客运还是货运，我方市场份额基本占有 1/3，高达 2/3 的市场份额被外国航空公司占据。而美国航空公司在美国国际航空运输市场的市场份额一般在 48%~58%（客运）和 40%~50%（货运）。

这也是第 5 章关于中国国际航空运输周转量不是经济增长和进出口贸易增长的格兰杰原因的根源，因为有这么多的国际航空运输被外国航空公司承运。

尽管国家参与经济全球化的结果并未受到不利影响，但是中方航空公司的支撑显然不如外方航空公司。只是简单从结果看，也没有什么不利之处。

更为重要的是，航空运输作为产业链中的一环，上接航空制造，下承旅游和金融等商务服务，在国家的产业结构升级和调整中可以发挥重要的拉动作用，这在第 2.2.3 小节中关于国际航空运输体制形成的经济因素中有所分析。

因而可以说经济社会在追求利益最大化目标时面临的与国际航空运输有关的约束是国际航空运输如何有效支撑国家进一步参与经济全球化和发挥产业带动作用。

11.4.2.2 国际航空运输对"一带一路"外交和发展战略的支撑有待加强

在"一带一路"沿线 68 个国家中，还有 7 个国家没有与我国订立双边航空运输协定，未通航国家达 28 个。这些未通航国家主要分布在中东欧及南欧和西亚北非，属于"一带一路"的 18 个中东欧及南欧国家中有 15 国未通航，西亚北非 16 国中有 8 国未通航。我国在《推动共建丝绸之路经济带和 21 世纪海上丝绸之路的愿景与行动》（以下简称《愿景与行动》）中明确提出"安全高效的陆海空通道网络基本形成，互联互通达到新水平"的目标，显然航空运输距离"网络基本形成"和"互联互通"还存在较大的差距。

此外，对于《愿景与行动》中提出的"拓宽贸易领域，优化贸易结构""拓展相互投资领域"和"优化产业链分工布局，推动上下游产业链和关联产业协同发展"，国际航空运输业在目前的状况下，也不能很好地提供相匹配的服务。因为根据前述相关章节研究，国际航空运输与贸易、投资和生产方式均有密切的关系，而中国与"一带一路"国家的国际航空运输服务无论是协定订立、通航，还是协定自由化程度都还有极大的提升空间。

而第 7 章的定量分析已经证明国际航空运输自由化对贸易和投资有积极作用，特别是与发展中国家的国际航空运输自由化效果更为明显。而且，母国企业决定外向 FDI 时，国际航空运输的便利是一个极为重要的因素。在"一带一路"倡议中,中方未来可能有较多对外投资流向这些国家,国际航空运输应该先行铺路。

《愿景与行动》还明确提出要"拓展建立民航全面合作的平台和机制",对于什么叫"全面",可能需要在合作中去探索。为了实现《愿景与行动》中提出的"推进建立统一的全程运输协调机制"和"解决投资贸易便利化问题"的愿景,必须尽量降低国际航空运输领域政策分割带来的规制成本和合规成本,[1] 为建设"全面合作的平台"做出具体贡献。

11.4.2.3 国际航空运输对经济社会对外经济关系调整的配合

经济社会发展中往往存在一定的不确定性,特别是对外经济贸易关系不仅受世界经济周期的影响,还容易受到政治和外交关系的影响。后者往往是突发性的,存在很大的不确定性。

因而,国际航空运输应具备配合国家经济贸易和投资调整的能力,调整方向就是"一带一路"这个国家外交和发展倡议。上面的分析表明国际航空运输在"一带一路"国家是存在约束的。

11.4.3 约束条件的消除

11.4.3.1 通航点和航权

始发地和目的地的限制应该考虑分阶段逐步完全取消。首先应取消与"一带一路"国家之间的通航点限制;其次应取消与跨大洲国家之间的通航点限制;最后应取消与同大洲国家或者相邻国家之间的航点限制。

这样分阶段地消除约束条件是基于如下的考虑:第一,"一带一路"是国家未来的对外发展和外交重点,国际航空运输更应发挥基础设施的支持作用。但前面的分析说明,航点限制在与"一带一路"国家订立的双边航空运输协定中还比较严重,因而应放在首位。第二,跨大洲的航点限制也影响我国航空公司的全球网络布局,应放在较为重要的地位。第三,考虑到国际枢纽竞争问题,相邻国家的航点完全取消限制应放在最后。

航权方面,和"一带一路"国家之间应允许第 5 航权和第 7 航权不受限制的航点。之所以将第 7 航权考虑在内,并且没有区分客货运,是为航空公司在国外

---

① 请注意在第 4.3 节中分析欧盟双边航空运输协定时的一个结论就是欧盟正致力于对国际航空运输关系进行政策输出,一方面可以降低运输成本,另一方面在政策竞争中获得优势地位。

建立营运枢纽提供条件保障。只有在一定数量国家之间提供第 7 航权才能够形成网络效应，如果仅在少数几个国家内允许第 7 航权，无助于航空公司形成有规模的网络。对于非"一带一路"国家应争取用 10 年左右时间逐步取消第 5 航权和第 7 航权（货运）航点限制，客运第 7 航权则应在不同大洲的国家之间经过 10~15 年逐步普遍允许。

11.4.3.2　运力

首先，应在 10 年左右取消对第 3、第 4 航权的运力限制，同时取消对"一带一路"国家的第 5 航权和第 7 航权的运力限制；其次，再经过 5 年的时间，取消对非"一带一路"国家的第 5 航权和第 7 航权（货运）运力限制；最后，逐步取消对客运第 7 航权的运力限制。

11.4.3.3　航空公司指定标准

航空公司指定标准是一个比较复杂的问题，既涉及国内投资政策，也涉及国家安全问题。可以在不改变国内航空公司投资政策的基础上，考虑设计比较复杂的航空公司指定标准系统，即非单一的指定标准，既包括多数所有权和实际控制权，也包括主营业地和共同利益。

与"一带一路"国家之间，通过 10~15 年的时间，建立起包括主营业地和共同利益在内的指定标准，这样可以为我国航空公司"走出去"创造条件。再经过 10 年左右的时间逐步过渡到与非"一带一路"国家也采用"主营业地和共同利益"标准。

11.4.3.4　运价

与"一带一路"国家逐步采用"双不批准原则"，经过 10 年过渡到完全的"自由定价原则"，仅在出现掠夺性定价或者倾销价格时，政府才进行干预。

与非"一带一路"国家在 10 年内，分不同情况，采用"始发地原则"或者"双不批准原则"。个别国家视具体情况，也可以考虑采用"自由定价原则"。

11.4.3.5　与国际航空运输相关其他约束条件的消除

应逐步在所有类别的双边航空运输协定中允许指定航空公司自办地面服务，为航空公司改善服务质量、提高效率创造条件。

在双边航空运输协定中，应在环境保护条款中明确规定针对国际航空运输环保政策开展合作，不单方面设立针对国际航空运输的环保政策，任何环保政策应考虑国际航空运输的发展空间，不应增加国际航空运输不必要的成本。

在劳工保护方面，应坚决反对在全球国际航空运输领域设立统一的劳工标准。双边协定中也可以增设劳工保护条款，但是应明确写明劳工标准要与各国经济社会发展阶段相适应，也要与各国国内劳动法规相适应。

航空运输业所需要的飞行驾驶和机务维修人员需要专门的特定技术，培训周期也较长，一些国家这个行业的快速发展往往导致这类人员短缺。比如，中国在航空运输的高速发展中面临严重的飞行人员短缺。目前，尽管我国航空公司也可以雇佣其他国家包括飞行员和空乘在内的专业人员，但依照目前国家的《外国人在中国就业管理规定》，需要办理工作许可证、工作签证和就业证，而如果根据政府间的双边协定中的相关规定，则可以免办工作许可证。因此，通过"天空开放"国际航空运输政策在双边航空运输协定中增加对人员流动的许可，可以减少航空公司办理手续的程序，提高效率。另外，人员流动也是双向的，其他国家，比如"一带一路"国家可能需要引入我们高级的行业专业人员，包括管理和飞行等领域。通过人员对外流动，也可以扩展我国在航空运输业的影响力。

政策"走出去"。欧盟在其"天空开放"政策中将政策输出作为一个内容，一方面减少了航空公司的合规成本，另一方面也扩大了欧盟对行业的影响力和话语权。中国也应考虑在未来推行的"天空开放"政策中将与航空运输相关的安全、安保、环境、消费者保护、空管、经济规制、竞争和社会事务等政策在更大范围内适用。

11.4.3.6 对经济社会发展约束条件的消除

需要消除的约束条件包括：

（1）需要我国国际航空运输业大力拓展国际市场和国际网络，承接更多的国际航空运输，从而带动国内相关产业的发展，提升在产业链中的地位，有助于中国在以生产分割为特征的经济全球化中获取更多的利益。

（2）国际航空运输业要减少排放，从而有助于国家生态环境方面的目标得以实现，并履行控制碳排放的国际承诺。

（3）"一带一路"国家间适用于国际航空运输的政策差异。这在第10.3.2小节相关部分中有过分析，要搭建"一带一路"国家间"民航全面合作的平台"，差异的消除应该是这个合作平台的应有之义，从而为实现全程运输协调和贸易便利化做出行业贡献。

（4）国家安全保障所需要的机动能力。现代化战争中，航空运输提供的机动能力是其他运输无法替代的，为了维护国家的安全，需要在空军之外保持一支能够随时供一定规模军队以及各类物资快速机动的机队，做到军民深度融合。

11.5 政策形成

根据本章以及前面各章的分析，最终归纳出未来 5~10 年的中国国际航空运输政策。

11.5.1 政策目标

我国国际航空运输政策的目标是：在我国航空运输业国际化过程中，减少国际航空运输市场的准入障碍，助力航空公司拓展市场范围、完善全球网络，增强市场的竞争性，提升行业竞争力；为国家在经济全球化过程中，提升在产业链和价值链中的地位提供强有力支持；满足国家发展战略、对外经贸关系、国家安全和可持续发展的需要。

上述目标包括两个部分，第一部分是针对行业发展的目标，第二部分是经济社会发展目标与行业作用的结合，在前面第 10.2 节中已经有了较为详细的分析。在两个目标之间加入增强市场竞争和提升行业竞争力作为连接。从行业看，减少市场准入障碍，扩展市场范围，必然面临更加激烈的竞争，而行业需要通过竞争来提升竞争力，只有竞争力提高了，才能更好地支撑经济社会的发展目标。

国家发展战略主要指的是"一带一路"倡议，对外经贸关系主要指的是对外贸易和 FDI。满足国家安全需要就是强调航空运输在机动性方面不可替代的作用。可持续发展则指明航空运输业在气候变化等环境事务领域应当承担的责任。

11.5.2 政策重点

在减少市场准入障碍方面：首先考虑取消始发地和目的地限制，其次考虑取消第 3、第 4 航权运力限制，最后考虑不受限制的第 5 航权和货运第 7 航权及航空公司指定数量不受限制。

在运价方面，采取自由定价，只有在出现不公平竞争的情况下，政府才进行干预。

在航空公司指定标准方面，要增加航空公司在全球投资的机会，分层次实施不同的资本流动政策。

在航空运输专业人员流动方面，鼓励专业人员的流动。

允许航空公司之间的多种商业合作安排。

在政策协调和合作方面，将我国的航空安全、航空安保、竞争政策等在一定范围普遍适用。

关于上述政策在第 11.4 节已经有了分析，不再重复。

11.5.3 实施策略与方式

实施有差异的"天空开放"国际航空运输政策。可以考虑如下三个层次的"天空开放"：

第一层次，这是最高层次的"天空开放"，主要针对"一带一路"国家，包括不受限制的市场准入、自由定价、允许多种商业合作安排以及基本不受限制的资本和人员流动，逐步适用中国与航空运输领域相关的安全、安保、环境、消费者保护、空管、经济规制、竞争和社会事务等政策，以发挥航空运输在"一带一路"倡议中的基础作用。

第二层次，与欧美发达国家的"天空开放"政策，包括不受限制的市场准入、自由定价、允许多种商业合作安排和人员流动不受限制，但维持对资本流动的限制，即维持传统的航空公司指定标准，视不同情况逐步开放资本流动。

第三层次，针对周边分流我国长程客货源国家的"天空开放"政策，主要维持对通航点的限制，以确保我国国际航空枢纽的建设和竞争地位，同时维持传统的航空公司指定标准。

在国际航空运输体制方面，根据前述第 2、第 9 章的研究，双边体制仍然应该是基本的政策推进路径，但可以考虑采用新型双边的模式以及区域化的模式。

中国与东盟的"10+1"是推行新型双边的一个较好的平台，因为目前已经有了较好的基础。区域化模式可以探索在"一带一路"的框架下进行，改变目前中国与"一带一路"国家的双边航空运输协定自由化程度低于平均水平的状况，支持国家的对外倡议。由于"一带一路"国家数量众多，可以先在较小的范围内实施，比如，将中国—东盟目前的新型双边提升到区域模式，在成熟后向中亚和南亚国家发展扩大。

在区域模式下，探索将我国的航空安全、航空安保、竞争等政策在其他国家直接适用的可能性或者实现最大可能的相互承认。

11.6　小　结

本章构建了一个国际航空运输政策过程的分析模型，依照这个模型，对行业和经济社会的利益最大化目标进行了分析，发现在新的条件下，两个最大化目标的对立已经与过去完全不同。行业和经济社会实现利益最大化目标时面临的约束条件分析说明通航点、航权、运力、运价以及航空公司指定标准等是需要共同解决的问题，而国家安全则是在追求行业目标时需要平衡的经济社会目标。

此外，分析了国际航空运输政策形成过程中的各相关利益方，表明行业在政策制定过程中具有较大的影响力，政府也更倾向于倾听行业的声音。

通过对利益最大化目标、约束条件和消除约束条件的分析，确定在国际航空运输政策目标确定中将支持包括"一带一路"在内的国家发展和外交战略作为国际航空运输政策需要支持的重要经济社会目标，行业则以拓展市场范围、完善全球网络为基本目标。为达上述目标，需要逐步增加市场准入和国际航空运输业的投资机会，并探索将我国的航空安全、航空安保、竞争政策在其他国家直接适用的可能性或者相互承认规制决定。双边仍然应该是基本的政策推进路径，但可以考虑深化与东盟的新型双边模式，上升到区域模式，并向其他"一带一路"国家拓展。改变目前中国与"一带一路"国家的双边航空运输协定自由化程度低于平均水平的状况，支持国家的对外战略。

同时，分析了中国"天空开放"国际航空运输政策的共性和特殊性，提出了分层次实施"天空开放"的政策建议。

第12章 结 论

12.1 主要结论

通过对国际航空运输体制和政策发展变化历史过程的分析，发现"天空开放"的思想早在航空出现之初就孕育在"航空自由"的思想里，美国也绝非是1978年放松国内航空规制之后，将"天空开放"作为其航空公司竞争力提升后的归宿。自"二战"以后，美国一直将国际航空运输作为扩张其影响力和获取经济全球化利益的重要基础，从而不懈地追求建立一种市场准入宽松的国际航空运输政策。尽管美国没有能够建立起与关税及贸易总协定（GATT）类似的国际航空运输服务贸易多边体制，但美国通过1992年以来20多年的努力，已经将"天空开放"协定推广到了全球120多个国家。而其他的一些国家或者区域集团则将"天空开放"的内涵进一步深化，不再仅仅局限于市场准入的放松，比如，欧盟将航空运输业的国际投资机会以及政策趋同作为重要的政策工具，而澳大利亚和新西兰则将国内航权的开放置于重要地位。

一定的生产方式需要一定的交通运输条件与之相适应。人类发展的历史说明，每一次大的生产方式变革都伴随着交通运输方式的变革，航空运输则是与生产分割为特征的当代经济全球化相适应的运输方式。在中国参与经济全球化的过程中，伴随着对外贸易和投资的高速增长，国际航空运输也高速发展。因而国际航空运输市场对中国航空运输业具有极强的重要性。国际航空运输市场是我国航空公司资源配置的重要场所，同时也为我国航空公司提高竞争力水平提供了一个更为开放的竞技平台。然而，面对宏观经济和对外贸易的持续快速发展，我国航空运输业的市场准入和市场竞争水平无法适应快速增长的航空运输需求。同时，由于我国与118个国家或者地区订立的双边航空运输协定自由化水平还较低，并且缺乏一个透明、长远的政策目标，相关利益方的利益平衡还不完善，因而尽管国际航空运输自由化对贸易和投资有着积极的促进作用，我国国际航空运输业对经济社会发展的促进作用以及对产业链和价值链提升作用却还没有得到充分发挥。

研究发现，中国周边除了北边的蒙古和西北的中亚国家外，从东到西与21个国家或者地区订立了"天空开放"协定，特别是日韩以及阿联酋和土耳其的"天空开放"会对中国的部分洲际航线造成分流。通过计量发现，中国国际航空运输政策没有促进行业效率的提升。这就说明中国采取的"渐进"式开放措施更多关注在位航空公司利益，压抑了竞争，不利于行业更好提升效率，发挥基础设施的作用。

我们在严格的双边框架下构建了一个非对称混合寡占模型，通过市场细分方法分析单一市场的消费者剩余和社会福利。从对行业总产出和总福利的影响看，积极的国际航空运输政策可以提升整个双边市场的总体产出和社会福利。在本国需求规模较小时，放松市场准入会损害本国的社会福利，只有当本国需求规模达到整个市场需求的至少一半时，才能改善本国的社会福利。

通过对部分国家的航空运输产业发展阶段进行评估，发现国际航空运输政策与产业发展阶段之间并不存在产业发展阶段越高，国际航空运输政策自由化越高的相关性。但第9章的分析表明，一国国际航空运输市场的规模较小时，一定程度的保护是有利于社会总体福利的。

对双边、区域和多边国际航空运输体制进行比较研究，发现对于希望控制自由化进程的国家来说，双边是一种更好的选择。对于发展水平接近，又希望达到较高自由化水平的多个国家来说，区域体制不失为一种好选择。多边体制目前来看仅仅是一个表达立场和观点的场所。

最后构建了一个分析和制定国际航空运输政策的模型，对行业和经济社会的利益最大化目标进行了分析，发现在新的条件下，两个最大化目标已经基本趋同。行业和经济社会实现利益最大化目标时面临的约束条件分析说明，通航点、航权、运力、运价以及航空公司指定标准等是需要共同解决的问题，而国家安全则是在追求行业目标时需要平衡的经济社会目标。在国际航空运输政策目标确定中将支持包括"一带一路"在内的国家对外开放倡议作为国际航空运输政策需要支持的重要经济社会目标，行业则以拓展市场范围、完善全球网络为基本目标。为实现上述目标，需要逐步增加市场准入和国际航空运输业的投资机会，并探索将我国的航空安全、航空安保、竞争政策在其他国家直接适用的可能性或者相互承认规制决定。双边仍然应该是基本的政策推进路径，但可以考虑与东盟采用新型双边模式、与"一带一路"国家采用区域化模式。还提出了分层次实施中国"天空开放"国际航空运输政策的建议，并总结了中国"天空开放"政策的特殊性。

12.2　需要继续完善和研究的问题

本研究虽然已经告一段落，但在研究过程中，发现对如下的问题还需要展开后续研究：

第一，深入研究行业发展阶段与国际航空运输政策的关系。本书中对行业与政策的相互研究还很初步，需要从理论上和实证上进行更全面的研究，以便得出更全面的结论。

第二，还需要研究国际航空运输政策形成中各利益相关者相互博弈的内在机理。本书仅仅对各利益相关者及其关系进行了定性分析，并未建立完整的分析框架进行全面和深入的研究。

第三，国际航空运输自由化是否促进了世界范围内劳动这种生产要素的流动也是一个需要厘清的问题，现有的研究仅有少量的定性分析，需要在未来进行深入分析研究。

参考文献

［1］罗伯特·奥布莱恩，马克·威廉姆斯. 国际政治经济学（第四版）［M］. 北京：中国人民大学出版社，2016.

［2］蔡宏波. 双边自由贸易协定的理论重构与实证研究［D］. 厦门大学博士学位论文，2009.

［3］陈佳贵. 关于企业生命周期与企业蜕变的探讨［J］. 中国工业经济，1995（11）：5-13.

［4］陈树元. 论区域贸易协定及其对多边贸易体制的影响［D］. 郑州大学硕士学位论文，2007.

［5］阿维纳什·迪克西特. 经济政策的制定：交易成本政治学的视角［M］. 北京：中国人民大学出版社，2004.

［6］丁成良，纪成君. 基于 VAR 模型的中国进口、出口、实际汇率与经济增长的实证研究［J］. 国际贸易问题，2014（12）：91-101.

［7］丁鹤编. 中国外事警察概要［Z］. 内政部审定，1937.

［8］丁建平，刘敏. 中欧双边贸易的规模效应研究：一个引力模型的扩展运用［J］. 世界经济，2016（6）：100-123.

［9］窦培林，李根. 我国造船产业生命周期判定及发展对策研究［J］. 中国造船，2010，51（4）：227-233.

［10］范从来，袁静. 成长性、成熟性和衰退性产业上市公司并购绩效的实证分析［J］. 中国工业经济，2002（8）：65-72.

［11］高铁梅. 计量经济分析方法与建模［M］. 北京：清华大学出版社，2009。

［12］雨果·格劳秀斯. 论海洋自由或荷兰参与东印度贸易的权利［M］. 上海：上海世纪出版社，2013.

［13］G.M.格罗斯曼，E.赫尔普曼. 利益集团与贸易政策［M］. 北京：中国人民大学出版社，2005.

[14] 龚宇.从欧美"开放天空"实践看国际航空运输服务自由化之路径选择 [J].国际经济法学刊，2008，15（1）：308-309.

[15] 郭廷以.中华民国史事日志 [Z].中央研究院近代史研究所，1975.

[16] 国际条约集（1917~1923）[M].北京：世界知识出版社，1961.

[17] 贺富永，王盛蕾.论国际航空运输管理体制发展历程及基本走向 [J].北京航空航天大学学报（社会科学版），2015，28（5）：62-63.

[18] E.赫尔普曼，保罗·克鲁格曼.市场结构和对外贸易 [M].上海：上海人民出版社，2009.

[19] 黄勇峰，任若恩，刘晓生.中美两国制造业全要素生产率比较研究 [J].经济学（季刊），2002（4）：7-14.

[20] 罗伯特·基欧汉，约瑟夫·奈.权力与相互依赖（第三版）[M].北京：北京大学出版社，2002.

[21] 罗伯特·吉尔平.国际关系政治经济学 [M].北京：经济科学出版社，1989.

[22] 姜长英.中国航空史 [M].北京：清华大学出版社，2000.

[23] 康媛媛，沈蕾.战略性新兴产业生命周期判断及发展模式选择 [J].南方金融，2014（3）：15-20.

[24][德]柯武刚，史漫飞.新制度经济学——社会秩序与公共政策 [M].北京：商务印书馆，2004.

[25] R.科斯，A.阿尔钦，D.诺斯.财产权利与制度变迁 [M].上海：上海三联书店，上海人民出版社，1994.

[26] 保罗·克鲁格曼，茅瑞斯·奥伯斯法尔德.国际经济学（第五版）[M].北京：中国人民大学出版社，2002.

[27] 李文峰.贸易政策过程 [D].中国社会科学院研究生院博士学位论文，2001.

[28] 李艳伟，郑兴无."天空开放"背景下我国民航运输产业成长路径研究 [J].南京航空航天大学学报，2014，16（2）：49-54.

[29] 李杨.多边贸易体制的博弈机制 [J].国经贸探索，2008，24（5）：16-20.

[30] 刘光溪.共赢性博弈论——多边贸易体制的国际政治经济学分析 [M].上海：上海财经大学出版社，2007.

［31］刘戒骄. 生产分割与制造业分工 ［J］. 中国工业经济，2011（4）：148-157.

［32］卢伟，郑兴无. 中美航空运输市场客源流失研究 ［J］. 国际商务研究，2013（2）：66-76.

［33］罗家伦. 革命文献 ［M］. 台北：中央文物供应社，1958.

［34］民航总局史志办公室. 中国航空公司、欧亚中央航空公司史料汇编 ［M］. 北京：中国民航出版社，1997.

［35］诺思. 经济史中的结构变迁 ［M］. 上海：上海三联书店，1991.

［36］托马斯·普格尔，彼得·林德特. 国际经济学 ［M］. 北京：经济科学出版社，2001.

［37］饶世和. 飞翔在中国上空——1910~1950 年中国航空史话 ［M］. 沈阳：辽宁教育出版社，2005.

［38］沈铭辉. 美国的区域合作战略——区域还是全球——美国推动 TPP 的行为逻辑 ［J］. 当代亚太，2013（6）：71-72.

［39］盛斌. 国际贸易政策的政治经济学：理论与经验方法 ［J］. 国际政治研究，2006，43（2）：73-94.

［40］施炳展，冼国明，逯建. 地理距离通过何种途径减少了贸易流量 ［J］. 世界经济，2012（7）：22-41.

［41］施炳展. 文化认同与国际贸易 ［J］. 世界经济，2016（5）：78-97.

［42］王铁崖编. 中外旧约章汇编（第三册）［M］. 北京：生活·读书·新知三联书店，1959.

［43］王云，朱宇恩，张军营，王冰. 中国煤炭产业生命周期模型构建与发展阶段判定 ［J］. 资源科学，2015，37（10）：1881-1890.

［44］吴敬琏. 当代中国经济改革教程 ［M］. 上海：上海远东出版社，2010.

［45］吴余德. 抗战时期日伪合办的民航事业 ［A］//1940 年代的中国（上卷）［M］. 北京：社会科学文献出版社，2009.

［46］向吉英. 产业成长的动力机制与产业成长模式 ［J］. 学术论坛，2005（7）：49-57.

［47］小岛清. 对外贸易论 ［M］. 天津：南开大学出版社，1984.

［48］谢明. 历史年鉴之 1921 ［M］. 合肥：安徽教育出版社，2009.

［49］国际贸易体制和规则 ［EB/OL］. 新华网，http：//news.xinhuanet.com/world/

2005–11/07/content_3744630.htm.

　　[50] 徐百齐. 中华民国法规大全［M］. 北京：商务印书馆，1936.

　　[51] 姚洋. 泛利性国家［J］. 新制度经济学研究，2005（6）：1–10.

　　[52] 余淼杰. 国际贸易的政治经济学分析：理论模型与计量实证［M］. 北京：北京大学出版社，2009.

　　[53] 张斌. 多边贸易体制的变迁：一个国际机制理论的解释［J］. 世界经济研究，2003（7）：51–52.

　　[54] 张军，吴桂英，张吉鹏. 中国省际物质资本存量估算：1952~2001［J］. 经济研究，2004（10）.

　　[55] 张晓峒. EVIEWS 使用指南与案例［M］. 北京：机械工业出版社，2007.

　　[56] 张心澄. 中国现代交通史［M］. 上海：上海书店出版社，1992.

　　[57] 郑兴无. WTO 与航空运输业的开放［M］. 北京：经济管理出版社，2000.

　　[58] 郑兴无. 国际航空运输服务贸易的理论、政策与实证研究［M］. 北京：中国经济出版社，2010.

　　[59] 郑兴无，李艳伟，金永利. 欧美"天空开放"及其启示［J］. 综合运输，2008，40（4）：96–100.

　　[60] 中国第二历史档案馆编. 中华民国史档案资料汇编第五辑第一编财政经济（九）［M］. 南京：江苏古籍出版社，1994.

　　[61] Adler, N. and Hashai, N. Effect of open skies in the Middle East region［J］. Transportation Research Part A，2005，39（10）：878–894.

　　[62] Aleksynska, M. and Havrylchyk, O. FDI from the south: The role of institutional distance and natural resources［J］. European Journal of Political Economy，2013，29（3）：38–53.

　　[63] Alford, E. and Champley, R. The impact of the 2007 US–EU open skies air transport agreement［R］. ITA Occasional Paper，2007（07–001）.

　　[64] Alves, V. and Forte, R. A Cournot model for analysing the effects of an open skies agreemen［J］. Journal of Air Transport Management，2015（42）：125–134.

　　[65] Anderson, J. E., Borchert, I., Mattoo, A. and Yotov, Y. V. Dark costs, missing data: Shedding some light on services trade［R］. Working Paper 21546, National Bureau of Economic Research，2015.

［66］ Anderson, J. E., Vesselovsky, M. and Yotov, Y. V. Gravity, scale and exchange rates ［R］. Working Paper 18807, National Bureau of Economic Research, 2013.

［67］ Anderson, J. E. The changing incidence of geography ［J］. American Economic Review, 2010, 100 (1): 106–116.

［68］ Anderson, J. E. A theoretical foundation for the gravity equation ［J］. American Economic Review, 1979, 69 (1): 106–116.

［69］ Anderson, J. E. and Wincoop, E. V. Gravity with gravitas: A solution to the border puzzle ［J］. American Economic Review, 2003, 93 (1): 170–192.

［70］ Anderson, J. E. and Wincoop, E. V. Trade costs ［R］. Working Paper 10480, National Bureau of Economic Research, 2004.

［71］ Arthur, W. B. Increasing returns and path dependence in the economy ［M］. Ann Arbor: Univ. of Michigan Press, 1994.

［72］ Arvis, J. F., Duval, Y., Shepherd, B., Utoktham, C. Trade costs in the developing world: 1996–2010 ［J］. World Trade Review, 2016, 15 (3): 451–474.

［73］ ATAG Aviation Benefits beyond Borders ［M］. Geneva: ATAG, 2012.

［74］ Australian Productivity Commission. Impact of competition enhancing air services agreements: A network modelling approach ［R］. Staff Research Paper, 1999.

［75］ Backx, M., Carney, M. and Gedajlovic, E. Public, private and mixed ownership and the performance of international airlines ［J］. Journal of Air Transport Management, 2002, 8 (4): 213–220.

［76］ Bai, C. E., Li, David D., Tao, Z. G. and Wang, Y. J. A multitask theory of state enterprise reform ［J］. Journal of Comparative Economics, 2000, 28 (4): 716–738.

［77］ Bai, J. Panel data models with interactive fixed effects ［J］. Econometrica, 2009, 77 (4): 1229–1279.

［78］ Baier, S. L. and Bergstrand, J. H. Do free trade agreements actually increase members' international trade? ［J］. Journal of International Economics, 2007, 71 (1): 72–95.

［79］ Baier, S. L. and Bergstrand, J. H. The growth of world trade: Tariffs, transport costs, and income similarity ［J］. Journal of International Economics, 2001, 53

（1）：1–27.

[80] Bailey, E. E., Graham, David R. and Kaplan, Daniel P. Deregulating the airlines [R]. MIT Press, Cambridge, Mass, 1985.

[81] Baldwin, G. and Pustay, M. W. Trade and transportation: The impact of the 1995 transborder air services accord [J]. Transportation Journal, 2004, 43(2): 5–15.

[82] Baldwin, R. and Taglioni, D. Gravity for dummies and dummies for gravity equations [R]. Working Paper 12516, National Bureau of Economic Research, 2006.

[83] Barbot, C., Costa. A. & Sochirca, E. Airlines performance in the new market context: A comparative productivity and efficiency analysis [J]. Journal of Air Transport Management, 2008 (14): 270–274.

[84] Barnum, J. W. Carter administration stumbles at bermuda [M]. Regulation: AEI Journal on Government and Society, 1978: 18–30.

[85] Barrett, S. D. Flying high: Airline prices and european regulation [M]. Gower Publishing Co., Aldershot, UK and Brookfield, 1987.

[86] Behar, A. and Venables, A. J. Transport costs and international trade [A]// André de Palma, Robin Lindsey, Emile Quinet & Roger Vickerman (eds). Handbook of transport economics [M]. Edward Elgar, 2011.

[87] Beilock, R.and Freeman, J. The effect of rate levels and structures of removing entry and rate controls on motor carriers [J]. Journal of Transport Economics and Policy, 1987, 21 (2): 167–188.

[88] Belderbos, R. Antidumping and tariff jumping: Japanese firms' DFI in the european union and united states [J]. Weltwirtschaftliches Archiv, 1997, 133 (3): 419–457.

[89] Ben-Zvi, H. and Helpman, E. Oligopoly in segmented markets [EB/OL]. NBER Working Paper No. 2665, http: //www.nber.org/papers/w2665, 1988.

[90] Bergstrand, J. The gravity equation in international trade: Some microeconomic foundations and empirical evidence [J]. Review of Economics and Statistics, 1985, 67 (3): 474–481.

[91] Bilotkach, V. Complementary versus semi-complementary airline partnerships [J]. Transportation Research Part B: Methodological, 2007, 41 (4): 381–393.

[92] Blašková, M. Towards to liberalisation measuring in air transport [J]. Transport Problems, 2014, 9 (2): 35–39.

[93] Blonigen, B. A. and Slaughter, M. J. Foreign affiliate activity and U.S. skill upgrading [J]. Review of Economics and Statistics, 2001, 83 (2): 362–376.

[94] Blonigen, B. A. Firm–specific assets and the link between exchange rates and foreign direct investment [J]. American Economic Review, 1997, 87 (3): 447–465.

[95] Blonigen, B. A. Tariff–jumping antidumping duties [J]. Journal of International Economics, 2002, 57 (1): 31–50.

[96] Boardman, A. E. and Vining, A. R. Ownership and performance in competitive environments: A comparison of the performance of private, mixed, and state–owned enterprises [J]. Journal of Law and Economics, 1989, 32 (1): 1–33.

[97] Borenstein, S. Hubs and high fares: Dominance and market power in the U.S. airline industry [J]. Rand Journal of Economics, 1989 (21): 344–365.

[98] Brander, J. A. and Krugman, P. R. A "Reciprocal Dumping" model of international trade [J]. Journal of International Economics, 1983, 15 (3-4): 313–321.

[99] Brueckner, J. K. The economics of international codesharing: An analysis of airline alliances [J]. international Journal of industrial organization, 2001, 19 (10): 1475–1498.

[100] Brun, J. F. Carrère, C., Guillaumont, P. and Melo, J. Has distance died? Evidence from a panel gravity model [J]. World Bank Economic Review, 2005, 19 (1): 99–120.

[101] Bruning, E. R. Country of origin, national loyalty and product choice [J]. International Marketing Review, 1997, 14 (1): 59–74.

[102] Bruning, E. R., Hu, Michael Y. and Hao, W. Cross–national segmentation: An application to the NAFTA airline passenger market [J]. Journal of Marketing, 2009, 43 (11-12): 1498–1522.

[103] Burke, T. Influences affecting international aviation policy [J]. Law and Contemporary Problems, 1949, 11 (3): 598–608.

[104] Button, K. and Taylor, S. International air transportation and economic

development [J]. Journal of air transport management, 2000, 6 (4): 209-222.

[105] Button, K. J. and Vega, H. The effects of air transportation on the move-ment of labor [J]. GeoJournal, 2008, 71 (1): 67-81.

[106] Button, K. J. The impact of globalization on international air transport activity-past trends and future perspective [R]. Presented at the OECD/ITF Global Forum on Transport and Environment in a Globalising World held 10-12 November 2008 in Guadalajara, Mexico, 2008.

[107] Button, K. J. The impact of US-EU "Open Skies" agreement on airline market structures and airline networks [J]. Journal of Air Transport Management, 2009, 15 (2): 59-71.

[108] Call, G. D. and Keeler, T. E. Airline deregulation fares and market behavior: Some empirical evidence [A]//Andrew F. Daugherty (eds). Analytical Studies in transport economics [M]. Cambridge University Press, 1985: 221-247.

[109] Canadian transport commission [J]. Air Transport Monitor, 1985, 1 (2).

[110] Caves, Douglas W. Air transport and its regulators: An industry study [M]. Harvard University Press, 1962.

[111] Caves, Douglas W., Laurits R. Christensen and Tretheway, M. W. U.S. trunk air carriers, 1972-1977: A multilateral comparison of total factor productivity [A]//Thomas G. Cowing and Rodney E. Stevenson (eds.). Productivity measurement in regulated industries [M]. Academic Press, 1981.

[112] Caves, Douglas W., Laurits R. Christensen and Tretheway, M. W. Economies of density versus economies of scale: Why trunk and local service airline costs differ [J]. Rand Journal of Economics, 1984, 15 (4): 471-489.

[113] Caves, Douglas W., Laurits R. Christensen and Tretheway, M. W. Pro-ductivity performance of U.S. trunk and local service airlines in the era of deregulation [J]. Economic Inquiry, 1983, 21 (7): 312-324.

[114] Ceglowski, J. Does gravity matter in a service economy? [J]. Review of World Economics, 2006, 142 (2): 307-329.

[115] Ceha R., Ohta H. Productivity change model in the airline industry: A parametric approach [J]. European Journal of Operational Research, 2000, 121 (3): 641-655.

[116] Céline, C. Revisiting the effects of regional trade agreements on trade flows with proper specification of the gravity model [J]. European Economic Review, 2006, 50 (2): 223–247.

[117] Chala, B. W. and Lee, H. H. Do regional trade agreements increase bilateral greenfield investment? [J]. Journal of Economic Integration, 2015, 30 (4): 680–707.

[118] Charnes, Abraham, Gallegos, Armando and Li, Hongyu. Robustly efficient parametric frontiers via multiplicative DEA for domestic and international operations of the Latin American airline industry [J]. European Journal of Operational Research, 1996, 88 (3): 525–536.

[119] Chow, G. C. Capital formation and economic growth in China [J]. Quarterly Journal of Economics, 1993, 3 (108): 809–842.

[120] Chow, G. C., Li K. W. China's economic growth: 1952–2010 [J]. Economic Development and Cultural Change, 2002, 51 (1): 247–256.

[121] Clark, Derek J., Jørgensen, F. and Pedersen, Pål A. Strategic interactions between transport operators with several goals [J]. Journal of Transport Economics and Policy, 2009, 43 (3): 385–403.

[122] Clarke, H. Optimal air service agreements [J]. Economic Analysis and Policy, 1998, 28 (2): 169–186.

[123] Cochrane, R. A. A possible economic basis for the gravity model [J]. Journal of Transport Economics and Policy, 1975, 9 (1): 34–49.

[124] Cohen, B. J. American foreign economic policy: Essays and comments [M]. Harper, New York, 1968.

[125] Cooper, R. N. The economics of interdependence [M]. Columbia University Press, 1968.

[126] Cosmas, A. C., Belobaba, P. and Swelbar, W. Framing the discussion on regulatory liberalization: A stakeholder analysis of open skies, ownership and control [J]. International Journal of Aviation Management, 2011, 1 (1–2): 17–39.

[127] Cosmas, A., Belobaba, P. and Swelbar, W. The effects of open skies agreements on transatlantic air service levels [J]. Journal of Air Transport Management, 2010, 16 (4): 222–225.

[128] Coulibaly, S. Evaluating the trade effect of developing regional trade agreements: A semi-parametric approach [J]. Journal of Economic Integration, 2007, 24 (4): 709-743.

[129] Creel, Michael and Farell, Montserrat Economies of scale in the U.S airlines industry after deregulation: A fourier series approximation [J]. Transportation Research E, 2001 (37): 321-336.

[130] Dadpay, A. and Heywood, J. S. Mixed oligopoly in a single international market [J]. Australian Economic Papers, 2006, 45 (4): 269-280.

[131] Daniels, J. and Ruhr, M. V. D. Transportation costs and U.S. manufacturing FDI [J]. Review of International Economics, 2014, 22 (2): 299-309.

[132] Deardoff, Alan V. Determinants of bilateral trade: Does gravity work in a neoclassical world? [A]//Jeffrey Frankel (eds.). The regionalization of the world economy [M]. Chicago: University of Chicago Press, 1998.

[133] Deardorff, Alan V. International Provision of Trade Services, Trade, and Fragmentation [J]. Review of International Economics, 2001a, 9 (2): 233-248.

[134] Deardorff, Alan V. Fragmentation in simple trade models [J]. The North American Journal of Economics and Finance, 2001b, 2 (2): 121-137.

[135] Deseatnicov, I. and Akiba, H. Exchange rate, political environment and FDI decision [J]. International Economics, 2016, 148 (12): 16-30.

[136] Dixit, Avinash K. The making of economic policy: A transaction-cost politics perspective [M]. MIT Press, 1996.

[137] Dobson, A. P. The other air battle: The American pursuit of post war civil aviation rights [J]. The Historical Journal, 1985, 28 (2): 429-439.

[138] Doganis, R. Air transport: A case study in international regulation [J]. Journal of Transport Economics and Policy, 1973, 7 (2): 109-133.

[139] Doganis, R. The airline business in the 21st century [M]. London: Routledge, 2001.

[140] Doganis, Rigas. Flying off course: The economics of international airlines [M]. London: Routledge, 2013.

[141] Drazen, Allan. Political economy in macroeconomics [M]. Princeton: Princeton University Press, 2010.

[142] Dresner, M. and Tretheway, M. W. Modeling and testing the effect of market structure on price: The case of international air transport [J]. Journal of Transport Economics and Policy, 1992, 26 (2): 171–184.

[143] Duval, D. T. Regulation, competition and the politics of air access across the Pacific [J]. Journal of Air Transport Management, 2008, 14 (5): 237–242.

[144] Egger, P. and Pfaffermayr, M. Distance, trade, and FDI: A hausman-taylor SUR approach [J]. Journal of Applied Econometricsi, 2004, 19 (2): 227–246.

[145] Egger, P.H., Merlo, V. and Wamser, G. Unobserved tax avoidance and the tax elasticity of FDI [J]. Journal of Economic Behavior & Organization, 2014, 108 (12): 1–18.

[146] Eicher, T. S., Helfman, L. and Lenkoski, A. Robust FDI determinants: Bayesian Model Averaging in the presence of selection bias [J]. Journal of Macroeconomics, 2012, 34 (3): 637–651.

[147] European Civil Aviation Conference. Report on intra-european scheduled air fares [M]. European Civil Aviation Conference, 1981.

[148] FAA. The economic impact of civil aviation on the U.S. economy [M]. Washington, DC: FAA, 2015.

[149] Färe, R., Grosskopf, S. Sickles, R. C.: Productivity? of US airlines after deregulation [J]. Journal of Transport Economics and Policy, 2007, 41 (1): 93–112.

[150] Fethi, M. D., P. M. Jackson and T. G. Wayman–Jones. Measuring efficiency of european airlines: An application of DEA and tobit analysis, discussion paper, efficiency and productivity research unit [D]. University of Leicester, UK, 2000.

[151] Findlay, C. C. Effects of australian international air transport regulation [J]. Journal of Industrial Economics, 1985, 34 (2): 199–216.

[152] Fjell, K. and Pal, D. A mixed oligopoly in the presence of foreign private firms [J]. Canadian Journal of Economics, 1996: 737–743.

[153] Francois, J. and Hoekman, B. Services trade and policy [J]. Journal of Economic Literature, 2010, 48 (3): 642–692.

[154] Froot, K. A. and Stein, J. C. Exchange rates and foreign direct invest-

ment, an imperfect capital markets approach [J]. Quarterly Journal of Economics, 1991, 106 (4): 1191–1217.

[155] Fu, X., Oum, T. H. Air transport liberalization and its effects on airline competition and traffic growth—An overview [R]. in the Economics of International Airline Transport, Emerald Group Publishing Limited, 2014: 11–44.

[156] Fu, X. W., Oum, T. H. and Zhang, A. M. Air transport liberalization and its impacts on airline competition and air passenger traffic [J]. Transportation Journal, 2010, 49 (4): 24–41.

[157] Ghosh, S. and Yamarik, S. Are regional trading arrangements trade creating? An application of extreme bounds analysis [J]. Journal of International Economics, 2004, 63 (2): 369–395.

[158] Gillen, D. W., Harris, R. and Oum, T. H. Measuring the economic effects of bilateral liberalization air transport [J]. Transportation Research Part E: Logistics and Transportation Review, 2002, 38 (3–4): 155–174.

[159] Gillen, D. W., Oum, T. H and Tretheway, M. W. Airline cost and performance: Implication for public and industry policies [D]. Centre for Transportation Studies of University of British Columbia, Vancouver, 1985.

[160] Gillen, D. W., Harris, R. and Oum, T. H. A model for measuring economic effects of bilateral air transport liberalisation [D]. International Colloquium on Air Transportation, Toulouse, 1998.

[161] Good, David H., Roller, Lars–Hendrik and Sickles, Robin C. Airline efficiency differences between Europe and the US: implications for the pace of EC integration and domestic Regulation [J]. European Journal of Operational Research, 1995, 80 (3): 508–518.

[162] Gopinath, M. and Echeverria, R. Does economic development impact the foreign direct investment–trade relationship? A gravity–model approach [J]. American Journal of Agricultural Economics, 2004, 86 (3): 782–787.

[163] Gordon, R. The measurement of durable goods prices [M]. University of Chicago Press, 1990.

[164] Gort, M. and Klepper, S. Time paths in the diffusion of product innovations [J]. General Information, 1982, 92 (367): 630–653.

[165] Graham, B. Air Transport liberalization in the European Union: An assessment [J]. Regional Studies, 1997, 31 (8): 807–822.

[166] Graham, D. R., Kaplan, D. P. and Sibley, D. S. Efficiency and competition in the airline industry [J]. Bell Journal of Economics, 1983, 14 (1): 118–138.

[167] Grossman, G. and E. Helpman. Protection for sale [J]. American Economic Review, 1994, 84 (4): 833–850.

[168] Grossman, G. M. and Helpman, E. Special interest politics [M]. Boston: MIT Press, 2001.

[169] Grossman, Gene M. and Helpman, E. Interest groups and trade policy [M]. Princeton University Press, 2002.

[170] Grubert, H. and Mutti, J. Taxes, tariffs and transfer pricing in multinational corporate decision making [J]. Review of Economics and Statistics, 1991, 73 (2): 285–293.

[171] Hartman, David G. Tax policy and foreign direct investment in the united states [J]. National Tax Journal, 1984, 37 (4): 475–487.

[172] Hartman, David G. Tax policy and foreign direct investment [J]. Journal of Public Economics, 1985, 26 (1): 107–121.

[173] Hartnell, A. G. International air services and the territory of Papua and New Guinea—Some current issue [J]. Federal Law Review, 1971 (4): 310–336.

[174] Helpman, E., and P. Krugman. Market structure and foreign trade [M]. MIT Press, 1985.

[175] Henderson, D. J. and Millimet, D. Is gravity linear? [J]. Journal of Applied Econometrics, 2008, 23 (2): 137–172.

[176] Hill, J.K. and Méndez, J. Factor mobility and the general equilibrium model of production [J]. Journal of International Economics, 1983, 15 (1–2): 19–26.

[177] Hines, James R., Jr. Forbidden payment: Foreign bribery and american business after 1977 [R]. NBER Working Paper No. 5266, 1996.

[178] Hooper, P. Has liberalisation stalled? [J]. Journal of Air Transport Management, 2014 (41): 17–21.

[179] Hummels, D. Transportation costs and international trade in the second era of globalization [J]. Journal of Economic Perspectives, 2007, 21 (3): 131–154.

[180] Hummels, D., V. Lugovskyy and A. Skiba. The trade reducing effects of market power in international shipping [J]. Journal of Development Economics, 2009, 89 (1): 84–97.

[181] Humphreys, B. and Morrell, P. The potential impacts of the EU/US Open Sky Agreement: What will happen at Heathrow after spring 2008 [J]. Journal of Air Transport Management, 2009, 15 (2): 72–77.

[182] ICAO (International Civil Aviation Organization). Economic contribution of civil aviation [EB/OL]. Montreal: ICAO, https://www.icao.int/Meetings/AMC/MA/2005/ATWorkshop/C292_Vol1.pdf.

[183] ICAO. List of Government-owned and privatized airlines (unofficial preliminary compilation) [EB/OL]. https://www.icao.int/sustainability/Documents/PrivatizedAirlines.pdf, 2008.

[184] ICAO. Multilateral/regional agreements, arrangements and commitments for liberalization [EB/OL]. https://www.icao.int/sustainability/SiteAssets/Pages/Eap_ER_Databases/Multilateral%20Agreements%20List_Sept_2016.pdf, 2016.

[185] ICAO. Overview of regulatory and industry developments in international air transport [EB/OL]. https://www.icao.int/Meetings/a39/Documents/Overview_of_Regulatory_and_Industry_Developments_in_International_Air_Transport.pdf, 2016.

[186] ICAO. Policy and guidance material on the economic regulation of international air transport [Z]. 2008.

[187] ICAO. The paris convention of 1910: The path to internationalism [EB/OL]. http://www.icao.int/secretariat/PostalHistory/1910_the_paris_convention.htm, Accessed January 2013.

[188] InterVISTAS. The economic impact of air service liberalization [Z]. 2006.

[189] InterVISTAS. The economic impact of air service liberalization-updating the landmark 2006 study to reflect the new realities of commercial passenger aviation [Z]. 2015.

[190] InterVISTAS. The impact of international air service liberalisation on brazi [Z]. 2009.

[191] Irarrazabal, A., Moxnes, A. and Opromolla, L. D. The tip of the iceberg: A quantitative framework for estimating trade costs [J]. Review of Economics

and Statistics, 2015, 97 (4): 777–792.

[192] Ismaila, D. A., Warnock–Smith, D. & Hubbard, N. The impact of air service agreement liberalisation: The case of Nigeria [J]. Journal of Air Transport Management, 2014 (37): 69–75.

[193] Itani, N., O'Connell, J. F. and Mason, K. Towards realizing best–in–class civil aviation strategy scenarios [J]. Transport Policy, 2015 (43): 42–54.

[194] Jacks, D. S. J., Meissner, C. M. and Novy, D. Trade booms, trade busts, and trade costs [J]. Journal of International Economics, 2011, 83 (2): 185–201.

[195] Jacks, D. S. J., Meissner, C. M. and Novy, D. Trade costs, 1870–2000 [J]. American Economic Review: Papers & Proceedings, 2008, 98 (2): 529–534.

[196] Johnson, D. H. N. Rights in Air Space [M]. Manchester University Press, 1965.

[197] Jones, C. and Temouri, Y. The determinants of tax haven FDI [J]. Journal of World Business, 2016, 51 (2): 237–250.

[198] Jones, R. and Kierzkowski, H. The role of services in production and international trade: A theoretical framework [M]. In The Political Economy of International Trade, Basil Blackwell Inc, 1990.

[199] Jordan, W. A. Producer protection, prior market structure and the effects of government regulation [J]. The Journal of Law and Economics, 1972, 15 (1): 151–176.

[200] Jordan, W. A. Performance of regulated canadian airlines in domestic and trans–border operations [M]. Department of Consumer and Corporate Affairs, Canada, 1982.

[201] Kassim, H. and Stevens, H. Air transport and the european union [M]. Europeanization and Its Limits, Springer, 2009.

[202] Kassim, H. and Stevens, H. Air transport and the european union [M]. Macmillan, 2010.

[203] Ke, J. Y. F. & Windle, R. J. The ongoing impact of the US–China air services agreements (ASAs) on air passenger markets [J]. Transportation Journal, 2014, 53 (3): 274–304.

[204] Keohane, R. O. and Nye, J. S. Power and interdependence, third edition [M]. Longman Publishing Group, 2000.

[205] Kimura, F. and Lee, H. H. The gravity equation in international trade in services [J]. Review of World Economics, 2006, 142 (1): 92-121.

[206] Klepper, S. and Graddy, E. The evolution of new industries and the determinants of market structure [J]. Rand Journal of Economics, 1990, 21 (1): 27-44.

[207] Klepper, S. and Simons, K. L. Industry shakeouts and technological change [J]. International Journal of Industrial Organization, 2005, 23 (1-2): 23-43.

[208] Kogut, B. and Chang, S. J. Platform investments and volatile exchange rates: Direct investment in the U. S. by japanese electronic companies [J]. Review of Economics and Statistics, 1996, 78 (2): 221-331.

[209] Krasner, S. D. State power and the structure of international trade [J]. World Politics, 1976, 28 (3): 317-347.

[210] Lapham, B. and Ware, R. A dynamic model of endogenous trade policy [J]. Canadian Journal of Economics, 2001, 34 (1): 225-239.

[211] Lee, D. Y. New evidence on the link between exchange rates and asset-seeking acquisition FDI [J]. The North American Journal of Economics and Finance, 2013, 24 (1): 153-158.

[212] Lee, J. W. and Swagel, P. Trade barriers and trade flows across countries and industries [J]. Review of Economics and Statistics, 1997, 79 (2): 372-382.

[213] Lee, S-H., Xu, L. L. and Chen, Zhao. Competitive privatization and tariff policies in an international mixed duopoly [J]. The Manchester School, 2013, 81 (5): 763-779.

[214] Lee, Boon L. & Worthington, Andrew C. Technical efficiency of mainstream airlines and low-cost carriers: New evidence using bootstrap data envelopment analysis truncated regression [J]. Journal of Air Transport Management, 2014 (38): 15-20.

[215] Lei, Z., Yu, M., Chen, R. and O'Connell, J. F. Liberalization of China-US air transport market: Assessing the impacts of the 2004 and 2007 protocols [J]. Journal of Transport Geography, 2016, 50 (1): 24-32.

[216] Levine, M. Airline competition in deregulated markets: Theory, firm

strategy and public policy [J]. Yale Journal of Regulation, 1987 (4): 393–494.

[217] Lijesen, Mark G., Nijkamp, P., Pels, E. and Rietveld, P. The home carrier advantage in civil aviation [J]. In Advances in Airline Economics, 2006 (1): 215–234.

[218] Limao, N. and Venables, A. J. Infrastructure, geographical disadvantage, transport costs, and trade [J]. The World Bank Economic Review, 2001, 15 (3): 451–479.

[219] Lissitzyn, Oliver J. International air transport and national policy [M]. Stud. in Am. Foreign Relations, No. 3, New York: Council on Foreign Relations, 1942.

[220] Long, N. V. and Stähler, F. Trade policy and mixed enterprises [J]. Canadian Journal of Economics/Revue Canadienne Déconomique, 2009, 42 (2): 590–614.

[221] Lowenfeld, A. F. A new takeoff for international air transport [J]. Foreign Affairs, 1975, 54 (10): 36–50.

[222] Maillebiau, E. and Hansen, M. Demand and consumer welfare impacts of international airline liberalization: The case of the north atlantic [J]. Journal of Transport Economics and Policy, 1995, 29 (2): 115–136.

[223] Matschke, X. and Sherlund, S. M. Do labor issues matter in the determination of U. S. trade policy? An empirical reevaluation [J]. American Economic Review, 2006, 96 (1): 405–421.

[224] Matsumura, T. Partial privatization in mixed duopoly [J]. Journal of Public Economics, 1998, 70 (3): 473–483.

[225] Mayer, T. and Zignago, T. Notes on CEPII's distances measures: The GeoDist database [R]. CEPII, WP No.2011–25.

[226] McCallum, J. National borders matter: Canada–U.S. regional trade patterns [J]. American Economic Review, 1995, 85 (3): 615–623.

[227] Micco, A. and Serebrisky, T. Competition regimes and air transport costs: The effects of open skies agreements [J]. Journal of International Economics, 2006 (70): 25– 51.

[228] Morrison, S. A. and Winston, C. Enhancing the performance of the deregulated air transportation system [M]. Brookings Institution, Washington, 1989.

[229] Mundell, R. A. International trade and factor mobility [J]. American Economic Review, 1957, 47 (3): 321-335.

[230] Norman, V. D. and Venables, A. J. International trade, factor mobility, and trade costs [J]. The Economic Journal, 1995, 105 (433): 1488-1504.

[231] North, D. C. The contribution of the new institutional economics to an understanding of the transition problem [M]. Wider Perspectives on Global Development Edited by UNU-WIDER et al., 2005.

[232] Novy, D. Gravity redux: Measuring international trade costs with panel data [J]. Economic Inquire, 2013, 51 (1): 101-121.

[233] OECD/WTO. Aid for trade and value chains in transport and logistics [R]. OECD/WTO, 2013.

[234] Olson, M. The logic of collective action [M]. Cambridge: Harvard University Press, 1965.

[235] Oum, Tae Hoon, Yu, Chunyan and Fu, Xiaowen. A comparative analysis of productivity performance of the world's major airports: Summary report of the ATRS global airport benchmarking research report—2002 [J]. Journal of Air Transport Management, 2003, 9 (5): 285-297.

[236] Paas, T., Tafenau, E. and Scannell, N. J. Gravity equation analysis in the context of international trade: Model specification implications in the case of the european union [J]. Eastern European Economics, 2008, 46 (5): 92-113.

[237] Pal, D. and White, M. D. Mixed oligopoly, privatization, and strategic trade rolicy [J]. Southern Economic Journal, 1998, 65 (2): 264-281.

[238] Parker, D. The performance of BAA before and after privatization [J]. Journal of Transport Economics and Policy, 1999 (33): 133-134.

[239] Patel, B. A Flight Plan Towards Financial Stability The History and Future of Foreign Ownership Restrictions in the Unitecl States Aviation Industry [J]. Journal of Air Law and Commerce, 2008, 73 (3): 487-525.

[240] Persson, T. and Tabellini, G. E. Political economics: Explaining economic policy [M]. Boston: MIT Press, 2002.

[241] Piermartini, R. and Rousová, L. Liberalization of air transport services and passenger traffic [R]. World Trade Organization, Staff Working Paper ERSD-

2008-06.

[242] Piermartini, R. and Rousová, L. The sky is not flat: How discriminatory is the access to international air services? [J]. American Economic Journal: Economic Policy, 2013, 5 (3): 287-319.

[243] Pitfield, D. E. The assessment of the EU-US open skies agreement: The counterfactual and other difficulties [J]. Journal of Air Transport Management, 2009, 15 (6): 308-314.

[244] Pogue, L. W. International civil air transport—Transition following WW II [R]. Massachusetts Institute of Technology Flight Transportation Laboratory Report FTL-R79-6, 1979.

[245] Posner, R. A. Theories of economic regulation [J]. The Bell Journal of Economics and Management Science, 1974, 5 (2): 335-358.

[246] Poyhonen, P. A tentative model of the volume of trade between countries [J]. Weltwirtschaftliches Archiv, 1963 (90): 93-99.

[247] Qian, Y. Y. A theory of shortage in socialist economies based on the "Soft Budget Constraint" [J]. American Economic Review, 1994, 84 (1): 145-156.

[248] Rhoade, D. L. Evolution of international aviation phoenix rising, 2nd edition [M]. Ashgate, 2008.

[249] Sand, P. H., Freitas, J. S. and Pratt, G. N. An historical survey of international air law before the second world war [J]. McGill Law Journal, 1960a, 7 (1): 24-42.

[250] Sand, P. H., Freitas, J. S. and Pratt, G. N. An historical survey of international air law since 1944 [J]. McGill Law Journal, 1960b, 7 (2): 125-160.

[251] Silva, J. M. C. and Tenreyro, S. The log of gravity [J]. Review of Economics and Statistics, 2006, 88 (4): 641-658.

[252] Silva, J. M. C. and Tenreyro, S. Further simulation evidence on the performance of the Poisson pseudo-maximum likelihood estimator [J]. Economics Letters, 2011, 112 (2): 220-222.

[253] Sims, C. A. Macroeconomics and Reality [J]. Econometrica, 1980, 48 (1): 1-48.

[254] Stigler, G. J. The theory of economic regulation [J]. Bell Journal of Eco-

nomics, 1971, 2 (Spring): 3–21.

[255] Sun, Q. Y., Zhang, A. M. and Li, J. A study of optimal state shares in mixed oligopoly: Implications for SOE reform and foreign competition [J]. China Economic Review, 2005 (16): 1–27.

[256] Surovitskikh, S. & Lubbe, B. The Air Liberalisation Index as a tool in measuring the impact of South Africa's aviation policy in Africa on air passenger traffic flows [J]. Journal of Air Transport Management, 2015 (42): 159–166.

[257] Swenson, Deborah L. Foreign investment and mediation of trade flows [J]. Review of International Economics, 2004, 12 (4): 609–629.

[258] Taneja, N. A comparison of airline fares for scheduled services [D]. European and US Domestic Markets, 1983.

[259] Thomas, A. V. W. and Thomas, A. J. Theories of trade in international law and their influence on air commerce [J]. Southwest Law Journal, 1953 (7): 219–257.

[260] Tinbergen, J. Shaping the world economy [M]. New York: Twentieth Century Fund, 1962.

[261] Trefler, D. International factor price differences: Leontief was right! [J]. Journal of Political Economy, 1993, 101 (6): 961–987.

[262] United States Government Printing Office. Proceedings of the international civil aviation conference [M]. Chicago, Illinois, 1948.

[263] Vogiatzoglou, K. He triad in southeast asia: What determines U. S., EU and Japanese FDI within AFTA? [J]. ASEAN Economic Bulletin, 2008, 25 (2): 140–160.

[264] Wang, J. J. and Heinonen, T. H. Aeropolitics in East Asia: An institutional approach to air transport liberalization [J]. Journal of Air Transport Management, 2015, 42 (1): 176–183.

[265] Wang, Yan and Yao, Yudong. Sources of China's economic growth 1952–1999: Incorporating human capital accumulation [J]. China Economic Review, 2003 (14): 32– 52.

[266] Warner, S. M. Liberalize Open Skies: Foreign Investment and Cabotage Restrictions Keep Noncitizens in Second Class [J]. The American University Law Re-

view, 1993 (43): 278–292.

[267] Wei, Shang-Jin. How taxing is corruption on international investors? [J]. Review of Economics and Statistics, 2000, 82 (1): 1–11.

[268] White, M. D. Political manipulation of a public firm's objective function [J]. Journal of Economic Behavior & Organization, 2002, 49 (4): 487–499.

[269] Wilson, J. S., Mann, C. L. and Otsuki, T. Assessing the benefits of trade facilitation: A global perspective [J]. The World Economy, 2005, 28 (6): 841–871.

[270] Windle, Robert J. The world's airlines: A cost and productivity comparison [J]. Journal of Transport Economics and Policy, 1991, 35 (1): 31–49.

[271] Windmeijer, F. and Silva, J. M. C. Endogeneity in count data models: An application to demand for health care [J]. Journal of Applied Econometrics, 1997, 12 (3): 281–294.

[272] Wojahn, O. W. Bargaining for open skies [J]. Journal of Air Transport World Wide, 2001, 6 (1): 77–97.

[273] Wooldridge, Jeffrey M. Econometric analysis of cross-section and panel data [M]. MIT Press, Cambridge, MA, 2002.

[274] World Bank. Global economic prospects 2004 [M]. Washington, DC: World Bank, 2003.

[275] World Trade Organization. World trade report 2013 [M]. Geneva: World Trade Organization, 2013.

[276] WTO. Quantitative air services agreements review (QUASAR) [R]. S/C/W/ 270/Add.1, 2006.

[277] Wu, Y., He, C., Cao, X. The impact of environmental variables on the efficiency of Chinese and other non-Chinese airlines [J]. Journal of Air Transport Management, 2013 (29): 35–38.

[278] Yeats, A. J. Just how big is global production sharing? [J]. Policy Research Working Paper 1871, World Bank, 1998.

[279] Yuen, Andrew Chi-Lok and Zhang, Anming. Effects of competition and policy changes on Chinese airport productivity: An empirical investigation [J]. Journal of Air Transport Management, 2009 (15): 166–174.

[280] Zhang, A. M. and Chen, H. M. Evolution of China's air transport development and policy towards international liberalization [J]. Transportation Journal, 2003, 42 (3): 31–49.